KB260968

풍물굿 연구

풍물굿 연구

풍물굿 연구

김원호 지음

학민사

□ 머리말

시인 김남주의 시는 매양 이러했다.

> 낫 놓고 ㄱ자도 모른다고
> 주인이 종을 깔보자
> 종이 주인의 모가지를 베어버리더라
> 바로 그 낫으로
>
> —「낫」 전문

그는 '남민전' 사건으로 1979년 34세에 투옥되어 43세에 출감했다. 그리고 세상에서 6년을 산 다음 49세에 암으로 죽었다. 감방에서 우유곽 은박지에다 못 도막을 갈아 80년 광주를 울분으로 새겨놓은 시편들로부터 『사상의 거처』까지 6권의 시집을 우리에게 남겨 놓았다.

근본적으로 시적 진실성을 가지는 그의 시는, 단호하고 선명한 투쟁과 변혁의 노래, 자기의 존재에 대한 회한과 그만큼의 자각 의식, 그리고 그것들에 대한 갈망과 노력에서 조금도 벗어나지 않았다. 그러나 그의 미덕은 역시 시와 그 시의 놓일 자리를 같이 두었다는 데 있다. 그는 시와 현실에서 공히 '굵직굵직한 결단과 거침없는 실천'을 하였고, 이는 고스란히 80년대의 시적 존재의 의미를 현실로서 확장, 강화시켜 주었다. 그리고 그것은 다시 그 '스스로를 소신공양하여 80년대를 버텨' 세우게끔 하였다.

이것이 우리가 김남주를 기억하고 사랑하는 이유이다.

그는 출옥한 이듬해에 그를 10년 옥바라지한 사람과 결혼하고 늦자식까지 두었다. 그리고 참으로 얼마 있지 않아 암과 투병 끝에 결국 눈을 감았다. 그리고 '회한과 울분이 깊고깊은 우주적 인생관으로 심화 확대' 된 다음의 시를 숙제처럼 우리에게 남겨주었다.

내가 심고 가꾼 꽃나무는
아무리 아쉬워도
나없이 그 어느 겨울을
나지 못할 수 있다.
그러나 이 땅의 꽃은 해마다
제각기 모두 제철을
잊지 않을 것이다.

내가 늘 찾은 별은
혹 그 언제인가
먼 은하계에서 영영 사라져
너는 누구도 찾지 않을 수 있다.
그러나 하늘에서는 오늘밤처럼
서로 속사일 것이다.
언제나 별이

내가 내켜 부른 노래는
어느 한 가슴에도
메아리의 먼 여운조차
남기지 못할 수 있다.

그러나 삶의 노래가
왜 멎어야 하겠는가
이 세상에서……

무상이 있는 곳에
영원도 있어
희망이 있다.
나와 함께 모든 별이 꺼지고
모든 노래가 사라진다면
내가 어찌 마지막으로
눈을 감는가.

　　　　　　　　　　—「나와 함께 모든 노래가 사라진다면」 전문

　김남주 시인이 암과 막바지로 싸우고 있을 때, 진보적 사상지 『이론』의 편집장이었던 정운영 선생은 그 책 서문에 다음과 같이 썼다.

　우리 시대의 시인, 『이론』 창간호에 축시 「노동의 대지에 뿌리를 내리고」를 보내준 김남주가 지금 강인하게 투병중이다. 『이론』 독자들의 염력을 모아 독재의 독아에서 이겨낸 그가 병마와의 투쟁에서도 이기도록 기도하자. 사람의 일을 이루기 위해 하늘의 힘마저 빌리는 것은 훌륭한 유물론자의 자세이다.

　유물론은 '인간이 자신의 삶과 자기자신을 형성하는 과정으로서 실천'을 사고의 중심에 놓는다. 그리고 유물론의, 그 특유의 투쟁과 건설의 역사는 실천의식이 갖는 진정성을 의심치 않게 한다. 그러나 유물론이 사회·역사의 진보와 더불어 인간의 개성과 영혼을 풍성하게 하는 것으로의 발전과정이 채 모색·정착되기 전에 그 운동 자체가 혼미해져 버렸다. 물질이 의식을 규정한다는 명제 수준을 벗어나지 못하고, 그 자체로서 숱하게 단순한 내·외적 오해와 곡해로 점철되어버린 것이 남한 유물론의 짧은 역사인 것이다.

따라서 '근대적', '과학'적 진리의식과 태도가 나름대로 엄정했고, 구체현실에 대한 현실적 실천이 남달랐음에도 불구하고 남한 유물론자는 역설적, 혹은 본질적이게도 현실에 아직 편협한 이미지로, 그리고 그것으로 역사를 실패한 물리적 진보주의자의 인상으로 강하게 남아 있다.

그런데 그러한 유물론자인 정운영이 사람의 일을 이루기 위해 하늘의 힘마저 빌어보자고 한다. 염력을 모아보자고 한다. 관념론의 표본적 태도로서 이제는 기도하자고까지 한다. 이 무슨 노곤한 유물론자의 감상(感傷)인가!

그러나 나는 여기서 세상이 변한 것과, 따뜻한 유물론을 새로이 본다. '낯익고 새로운' 희망의 유물론을 새삼 본다. 염력을 모으는 김남주의 정운영과, '내켜 노래부르는' 정운영의 김남주가 묵시로, 이면으로 현실 정화시켜 내는 그 안타까움과 바램, 그리고 의욕과 희망을 본다. 아직 역사를 책임지고 그 변화를 읽으려 하고, 고통과 희망의 열정을 헌신의 내용으로 하는 유물론을 본다. 그 따뜻함을 진실로 느낀다.

김남주의 정운영은 인간이 할 바와 '아직은' 못할 바를 현실에서 같이 추동하는 성속일여(聖俗一如)의 굿정신을 가지고 있다. 현실─미래의 삶을 리얼리티로 하는, 존재론적 자기 고백과 그 앞뒤의 정화(淨化)의례, 그것이 다시 현실적 생활력을 마련해 내는 굿정신을 가지고 있는 것이다.

정운영은 "사람의 일을 이루기 위해서 하늘의 힘마저 빌어보자"고 했다. 이는 '사람의 일'을 이루기 위해서 사람이 할 바를 다 해야 한다라는 것, 즉 인간·사회적 실천이 내포된 이야기이다. 그 중요성이야 새삼 강조할 필요도 없다. 그래야만 하늘의 힘마저 빌어진다. 그러나 이는 선차성의 문제가 아니다. 오히려 사람의 일과 하늘의 힘은 현실에서 같이 있는 것이다. 아니 하늘의 힘마저 이미 사람의 일인 것이다.

우리의 굿에서는 이것은 존재론적 기본 태도이다. 세계에 대한 태도이자 내용이며, 인간의 기반 의식이다. 즉 구체와 추상이 일여된 존재로서의, 가장 솔직하고 진지한 기본적 인식／실천 태도인 것이다.

굿은 '항상 살아있는' 우리의 미분(未分)된 정신사이자 그것의 '인문' 화(人文化) 과정이다. 그것은 존재론 차원이라는 강한 현실성과 생동력으로 현실—이상을 전유해 내면서, 아울러 아주 독특한 문화—예술적 미의식을 낳았다. 굿은 '아름다운 현실'이자 '다면적 실제'이며, 대동(大同)의 미학이자 그 아름다움이다. 굿은, 언제나 이미, 어떤 근원적인 삶의 실상으로서 우리 정서의 바탕에 깔려 있는 것이다.

풍물굿은 그러한 굿 정신을 충분하게 가질뿐더러, 독특한 시간성을 열어 인간 스스로에 대해 가심〔淨化〕의 의례를 하는 행위이다. 풍물굿은 '인간의' 신격(神格), 성속일여의 굿정신, 그 깊이로 발현—환원되는 빼어난 예술성, 그리고 그것이 적층된 문화의식이 그 근간을 이룬다. 풍물굿은 자신의 독특한 언어체계로, 강력한 몸의 의식으로 당대를 열고 사회—역사의 인문적 가치를 마당밟이한다. 스스로 정화(精華)되고 문화되어 세상을 가심한다.

풍물굿은 놀이가 아니다. 정확하게 말하자면, 놀이성을 가지나 전체 절차의례와 연관된, 그것으로 정화되고 고양된 최고 수준의 놀이성을 가진다. 인간의 자체 시간만으로는 안되는, '인탁(人託)의 시간으로 열리는 몸'으로만이 가질 수 있는 놀이성을 가진다.

현실의 시간만으로 놀아버리고 풀어버리자는 난장식 놀이판, 그리고 그것은 은연중 깔아놓은 잘못된 대동성에 대한 의식, 그것이 귀결시키는 잘못된 판의 설정, 언어의 실종 등이 풍물굿을 그 동안 천박하게 변질시켜 왔다. 놀이성이라는 것은 절차의 과정과 결과로 부차되는 것일 뿐이다. 풍물굿은 '풍물놀이'가 아니다.

사물놀이는 풍물굿이 모태지만 그것의 언어와 절차과정을, 특히 가심의 의식성(儀式性)을 포기하고 음악적 특질만 차용해 갔다. 그리고 스스로 발전해 갔다. 따라서 사물놀이와 그것의 변화들은 이제 풍물굿과는 별개의 언어와 연행 방법으로 분화, 발전되고 있다. 풍물굿과 사물놀이가 비슷한 음악 질료적 소재를 사용한다고 해서 아직도 닮은 꼴이나 같은 영역이라고 여겨서는 안된다. 둘은 언어체계와 목적의식이 전혀 다르다. 사물놀이는 풍물굿이 아니다.

농악경연대회에서 하는 농악들도 겉보기에는 풍물굿이지만 그 내용은 풍물굿의 시간성과 언어를 포기한다. 마찬가지로 가심의 절차의식은 애초부터 없다. 30여 분의 시간으로, 쫓기듯 시위하는 것같은 이 대회용 농악들은 현실/예술적 감동보다는 경박한 볼거리로 이벤트화한다. 그런데 문제는, 자체의 시간을 잃어버리고 매스컴의 시간성과 무대적 시간-환경성으로 변종된 이것이 풍물굿 전반에 대한 부정적인 인상을 강력하게 심어주고 있다는 것이다. 그래서 풍물굿이 오랜 세월 축적해 왔던 문화적 기반까지 갉아먹는다.

풍물굿의 창작노력들은 과도하게 연극성에 경도되고, 종합예술이라는 것에 잘못 천착되어 있다. 풍물굿은 연극적 이야기 구조가 있어야 시대성을 잘 담아낼 수 있다고 주장된다. 그러나 많은 경우 소설적 이야기만 남는다. 풍물굿은 없고 풍물굿의 질료들이 그 이야기에 누덕누덕 붙어 연극적 효과를 창출한다. 언어와 그것의 일관성은 날아가고 효용성으로만 차출되는 것이다.

또, 종합예술은 선언만 되고 그만큼 위로만 받는다. 그래서 내적 발전에 게을러진다. 여러 장르들의 발전된 차이성으로, 그래서 높은 수준으로 종합되지 않고 맛뵈기로만 조합된다. 현실/예술성의 종합, 그 빼어난 종합성은 아직 없다. 물론 풍물굿은 종합예술이 아니다.

자체의 시간성과 그 절차과정을 거세당하고, 단순하게 놀이화되고, 독특한 언어체계가 해소되어 다른 장르성에 부차화되고, 심지어 사물놀이가 풍물굿의 계승처럼 인식되어지는 이러한 상황은 풍물굿 전반에 대한 점검을 필요로 한다.

이 책에 실린 글들은, 이러저러한 일을 하다가 다시 풍물굿을 하기 시작한 요 몇년 사이에 새삼 생각되어진 것들을 정리한 글이다. 그러나 두 개는 묵은 글이다. 「풍물굿과 공동체적 신명」은 80년대에 '김인우'라는 이름으로 썼던 글이고, 「풍물굿 운동에 대한 제언」은 1991년에 '91 연대'라는 창작풍물판굿을 만들며 썼던 글이다.

앞의 글은 풍물굿이 왜 재생되기 시작했나, 그 문화적 요구의 힘은 무엇인가를 반추하는데 도움이 되었으면 하고, 뒤의 글은 지금과는 상황이 많이 다르지만, 풍물굿이 살아있는 현장 속에서 어떤 고통으로 접맥되어가나를 다시 살펴보았으면 하기 때문에 이 책에 실었다.

풍물굿은 이제 게으름에서 벗어나 자체의 시간성·언어·사회성·의미망을 명확히 회복하여, 스스로의 절차성으로 할 바를 한번 다해 보아야 한다. 이제까지 풍물굿 스스로 할 수 있는 것조차도 다해보지 못했다. 제대로 된 해석조차 해보지 못한 것이다.

이 책이 계기가 되어 풍물굿에 대한 활발한 논의들이 개진되었으면 한다.

풍물굿 연구

차 례

풍물굿론(論)

풍물굿의 사유 공간과 존재 시간

문(文)화 · 문화(化) · 언어

더늠되는 큰 굿

풍물굿의 사유공간과 존재 시간

이면의 현실

범피중류

효녀 심청이가 공양미 삼백석에 몸이 팔려 남경 선인을 따라 인당수에 빠져 죽으러 가는 뱃길 대목의 소리가 그 유명한 〈범피중류〉이다.

범피중류(泛彼中流)[1] 둥덩실 떠나간다 / 망망(茫茫)한 창해이며 탕탕(蕩蕩)한 물결이로구나 / 백빈주(白蘋洲)[2] 갈매기는 홍요안(紅蓼岸)[3]으로 날아들고 / 삼상(三湘)[4]의 기러기는 한수(漢水)로만 돌아든다 / 요량[5]한 남은 소리 어적(漁笛)이언마는[6] / 곡종인불견(曲終人不見)의 수봉(數峰)만

---

1) 바다 한가운데로 배가 가는 것을 묘사한 것.
2) 흰 꽃이 피는 부평초가 가득한 섬.
3) 붉은 여뀌가 가득한 언덕.
4) 三江.
5) 嘹喨 : 소리가 맑고 멀리 들림.
6) 어부들의 피리소린 듯 하건마는.

푸르렀다[7] / 애내성중 만고수(欸乃聲中 萬古愁)[8]난 날로두고 이름인가 / 장사(長沙)[9]로 지나갈제 가태부(賈太傅)[10]는 간곳 없고 / 굴삼려(屈三閭)[11] 어복충혼(魚腹忠魂)[12] 무량(無恙)[13]도 허도든가 / 황학루(黃鶴樓)[14]를 당도허니 일모향관 하처시(日暮鄕關 何處是)요 / 연파강상(煙波江上)의 사인수(使人愁)[15]는 최호(崔灝)의 유적이로구나 / 봉황대를 당도허니 삼산(三山)은 반락 청천외(半落靑天外)요 / 이수중분 백노주(二水中分 白鷺州)[16]난 이태백이 노는데요 / 심양강을 당도허니 백낙천(白樂天) 일거(一去)후의 비파성이 끊어졌다[17] / 적벽강을 거져가랴 소동파[18] 노던 풍월 의구하여 있다마는 / 조맹덕 일세지웅(一世之雄) 이금(而今)의 안재재(安在哉)요[19] / 월락오제(月落烏啼) 깊은 밤의 고소성외(姑蘇城外)다가 배를 매니 / 한산사 쇠북소리는 원근을 상응하여 객선의 뎅뎅 떨어진다.[20]

---

7) 唐詩人 錢起의 시 구절. '노래소리 그치자 사람은 보이지 않고 / 강물 위에 산봉우리만 푸르렀구나'.

8) 어부들의 노질하는 소리에 모든 시름이 들어 있구나.

9) 중국 호남성의 중심지.

10) 賈誼. 漢人. 굴원이 멱라수에 빠져 죽고 백년쯤 지난 후 장사의 태부가 되어 상수를 지나면서 글을 지어 물위에 던져 그의 넋을 위로했다 함.

11) 楚의 삼왕족을 맡아보는 삼려대부의 벼슬자리에서 쫓겨나 「離騷經」「漁父辭」를 짓고 강물에 빠져 죽었음.

12) 물에 빠져 죽은 屈平의 넋.

13) 위로의 말.

14) 양자강에 위치한 누각. 현존치 않음. 촉나라의 비위가 신선이 되어 학을 타고 가다 이곳에 머물렀다하여 생긴 이름.

15) 당 현종 때의 시인인 최호의 시 「황학루」의 끝 구절. '날은 저무는데 내 고향은 어디쯤일까 / 강물 위에 피어오르는 안개는 시름만 더해주네'.

16) 이백의 「登金陵鳳凰臺」의 한 구절. '삼산은 반쯤 가려 푸른 하늘 저쪽으로 떨어져 있고 / 두 줄기로 나뉜 강물은 백로주를 끼고 흘러가는구나.' 백로주는 양자강 가운데 있는 모래섬.

17) 심양강은 양자강의 한 줄기. 당나라 시인 백낙천이 늙은 기생이 타는 비파 소리를 들으며 심양강에서 「琵琶行」을 짓고 놀았음.

18) 소동파는 송나라 시인으로 「赤壁賦」가 유명함.

19) 한 때의 영웅이었던 그 사람(조조)은 지금 어디에 있느냐. 「적벽부」의 한 구절.

— 김소희 「심청가」 중 〈범피중류〉 대목(서울음반 CD)

그런데 이 심청가의 〈범피중류〉 대목은 뜻밖에도 유장하게 불리워져서 우리를 놀라게 한다. 인당수로 가는 뱃전에 앉아서 바라본 고사(古事)적 풍광이 일견 풍류 선비가 낙조를 빌어 감상적 자탄(自嘆)으로 세상을 평면하듯 호흡의 커다란 변화없이 평범하게 그려진다. 도대체 죽으러 가는 사람의 심사나 광경이 아닌 것이며, 바로 앞뒷전에서 직태(直態)되는 애원이나 처절의 대목까지 망각되어지는 것이다.

우조와 계면조

이 〈범피중류〉 대목은 상식으로 판단한다면 '슬픈' 계면조이어야 할 것이다. 그러나 이 대목은 진양조의 장단에 우조의 조(調)를 갖고 있으며, 이른바 가곡(歌曲)목을 원용(援用)하여 청아한 느낌마저 주고 있다. 슬퍼야 할 계면조가 아니라 담담온화한 우조인 것이다.

아다시피 판소리의 기본조에는 우조, 계면조, 그리고 평조가 있다. 이를 보통 성음이라고 일컫는데, 대개 이는 창법이나 발성법에 의한 소리의 성질인 음색이나 음질을 이른다. 우조와 계면조는 서양음악의 장조와 단조에 비교되어 우리를 간혹 혼동에 빠뜨리는데, 왜냐하면 장조·단조의 조는 선법(旋法), 즉 선율 형태나 음계를 이르고 있고, 우리의 조는 창법(唱法), 즉 소리의 표현 내용을 이르고 있기 때문이다. 그래서 백대웅은 '길'이라는 말을 써서 선법이라는 말을 대체하

---

20) 당나라 시인 장계(張繼)의 시 「楓橋夜泊」에서 따온 말. '月落烏啼霜滿天 江楓漁火對愁眠 姑蘇城外寒山寺 夜半鐘聲到客船.' 달이 질 무렵에 까마귀가 새벽인 줄 알고 울고 가는데 하늘에는 서리 기운 가득하고 강기슭의 단풍과 고깃배의 등불이 잠못 이루는 내 눈에 비친다 고소성에 배를 매니 한산사의 한밤 쇠북소리가 멀리 나그네 배까지도 들려오누나.

여 그 혼동을 피하고 있다.[21]

이러한 우리의 조에 대한 개념을 살펴보면,

조에는 두가지가 있는데 그 하나는 우조(羽調)요, 다른 하나는 계면조(界面調)이니 이것은 결국 목청(음색)이므로 우조는 어떤 것이며 계면조는 어떤 것이라고 설명하기가 자못 어렵다. 직접 소리를 들어서 지적하여 분별할 수 있는 것이고, 말로는 형용할 수 없으나 대체로 그 범위만 들어서 말하자면, 우조는 기해단전(氣海丹田) 즉 배 속에서 우러나오는 소리인 담담연(淡淡然) 온화하고도 웅건청원(雄建淸遠)한 편이고, 계면조는 후설치아(喉舌齒牙) 사이에서 나오는 소리이니 평평연(平平然) 애원(哀怨)하고도 연미부화(軟味浮華)한 편이다.[22]

창악에는 기본조처럼 전하여 오는 우조와 계면조라는 두 조가 있다. 이 말은 양악의 무슨 장조니 단조니, 또는 당악(唐樂)이나 아악(雅樂)에서 쓴 평조니 우조, 계면조와는 그 조격(調格)이 다르다. 창악에서 우조, 계면조라 함은 일종의 창제(唱制)로 창인의 창하는 그 목청을 단순히 분류한 것으로, 즉 음색과 음량을 청각에 의해서 분별한 것이고, 어떤 악리(樂理)적 근거와 악보상의 분석이 아닌 것이다. 따라서 소리의 한 유별이라 할 것이다.

(우조는) 창의 성음이 뱃속에서 우러나오므로 소리가 장중하고 웅화심장(雄和深長)함을 바탕으로 하여 온화하면서 씩씩한 느낌을 주는 창법,

---

21) 백대웅, 「판소리에 있어서의 우조·평조·계면조」, 『한국 전통음악의 선율구조』. 백대웅은 판소리에서의 '길'을, 선율형태를 분석해서 구성음의 기능과 음정 관계를 규명한 선율의 구조틀이라고 정의한다. 따라서 그는, 〈범피중류〉는 우조 성음의 평조길, 〈화초타령〉은 평조의 성음과 우조길 등으로 선법과 창법을 엄격히 분류해서 칭하고 있다.

22) 정로식, 『조선창극사』, 동문선, 32쪽.

(계면조는) 성음이 미려청고(美麗淸高)하고 애원처절(哀怨悽絶)하며 감상적이다. 한스럽고 고독한 애수가 얽히어질 때는 독특한 계면조의 정서어린 창법이 더욱 효과적인 것이다. 예컨대 우조가 화란춘성(花爛春成)의 만물이 성장하는 봄을 상징한다면, 계면조는 서리 내리는 가을 달밤에 기러기 소리를 상징한 격조(格調)와 같다고 할 것이다.[23]

위 두가지 조에 현존의 명창들은 평조라는 창법의 개념을 더하여 세 가지로 대별하고 있다.[24] 이 평조의 성음을 신재효·정현석·김연수·한범수는, "청정하게 도는 목, 은은한 청계수가 얼음 밑을 흐르는 듯, 웅심화평(雄深和平)의 평성(平聲), 화사한 봄날의 풍정을 그리는 듯한 창조(唱調), 그 기상과 소리는 사람으로 하여금 평화자락(平和自樂)하는 마음을 금치 못할 것이다"[25]라고 했다. 즉 판소리에서의 조는, 서양음악의 음계나 선법 이름으로서의 조라기보다는 창법의 의미나 내용 상황에 대한 느낌으로서의 성격을 지칭한다.

그런데 계면조의 소리는 전체 판소리중 우조·평조에 비해 훨씬 많은 양을 차지하고 있는데다가 이른바 서편제 계통의 창자들로 인해 우리에게 많이 익숙해져 있는 반면, 우조는 상대적으로 그러하지 못하다. 일반석으로 진양장단에 계면조로 불리워지는 대목은 "비애에 잠겨 애절히 탄시하거나, 슬픈 사연을 간질이 호소하거나, 비장 혹은 비참한 정경"[26]이 벌어진다. 진양장단에 우조로 불리워지는 대목은, "영웅적인 인물이 유유히 그의 웅지를 술회하거나, 영웅적인 인물의 호탕한 거동, 신비한 인물의 엄숙한 거동이 유유히 구현(具現)되거나,

---

23) 박헌봉, 「창악의 음조와 발성」, 『판소리의 이해』, 창작과비평사, 139쪽.

24) 백대웅, 같은 책, 46쪽.

25) 백대웅, 같은 책, 54쪽에서 재인용.

26) 이보형, 「판소리 사설의 극적 상황에 따른 장단조의 구성」, 『판소리의 이해』, 창작과비평사, 184쪽

장엄하고 화평스럽고 유유한 정경이 벌어진다."[27] 이 우조가 '그 성질 그대로' 드러나는 소리의 대목이 그 유명한 〈적성가〉이다.

적성(赤城)의 아침날의 늦인 안개는 피어 있고 / 녹수(綠水)의 저믄 봄은 화류동풍(花柳東風) 둘렀는듸 / 요헌기구(瑤軒綺構) 하최외(何崔嵬)난 임고대(臨高臺)로 일러 있고 / 자각단루(紫閣丹樓) 분조요(紛照耀)난[28] 광한루를 이름이로구나 / 광한루도 좋거니와 오작교가 더욱 좋다 / 오작교가 분명허면 견우직녀 없을소냐 / 견우성은 내가 되려니와 직녀성은 게 뉘랴 될고 / 오날 이곳 화림중(花林中)에 삼생연분(三生緣分)[29]을 만나를 볼까!
— 김소희, 「춘향가」 중 〈적성가〉 대목(서울음반 CD)

〈적성가〉는 판소리 「춘향가」의 초입에 나오는 노래이다. 이몽룡이 삼남 제일승지(三南 第一勝地)라는 광한루에 나들이나와서 사면 경치를 살펴보며 장부의 웅지를 읊는 대목이다. 고음이 돋보이는, 인정받는 수준높은 노래이다. 이 대목 전에는 아버지를 따라 갓 남원에 온 이몽룡이 책실에서 글을 읽다가 오월 단오절 일기화창한 춘흥을 못이겨 나귀타고 방자 거느려 남원의 사면 경치를 살펴보는 대목이고, 〈적성가〉 다음 대목은 이몽룡이 술상 받아놓고 취흥으로 글까지 지어 읊은 후 팔도강산 누대경계를 손꼽아 헤아려 보기도 하다가 그 와중에 그네 타는 춘향을 드디어 발견하는 대목이다.

〈적성가〉는 가곡 · 가사 · 시조의 창조를 판소리화한 대목으로 일찍이 송만갑이 "〈적성가〉는 하나다"고 할만큼 평우조의 특색인 화평하

---

27) 이보형, 같은 책, 184쪽.

28) 唐 시인 王勃의 시 「臨高臺」의 구절을 그대로 읊은 부분이다. '赤城映朝日 綠水繞春風' '紫閣丹樓紛照耀 碧房金殿相玲瓏'. 적성은 적성산을 말함. 푸른 물이 흐르는 늦은 봄날에 꽃과 버드나무는 봄바람이 둘러 부는데, 구슬같은 다락은 어찌 저리 아슬하냐. 붉은 빛의 아름다운 누각은 찬란히 빛난다.

29) 전생 · 이생 · 후생의 연분.

고 감미로운 맛이 사설의 내용에 부합되어 운치있게 표출되고 있다. 따라서 〈적성가〉 대목은 아직 본격적인 갈등구조에 들어가기 전의 평온한 느낌을 고스란히 전한다. 풍광도 아침 풍광이다. 한마디로 〈적성가〉는 소리 자체뿐 아니라 그것이 만들어내는 분위기도 그야말로 화평정대한 느낌을 주는 깨끗한 노래이다.

그러나 그뿐이다. 소리 자체의 예술적 수준이야 정평이 나있는 대목이지만, 그 이면의 수준은 학동 이몽룡의 연배나 성격의 단면이 밝게 엿보이는 정도이다. 〈범피중류〉같은 기막힌 '우조의 이면'은 없는 것이다. 물론 이 대목의 역할이 그러하기 때문에 자기소임을 다하고는 있다. 그래서 천상 겉보기의 우조 성격에서 전혀 벗어나지 않는다.

이면(裏面)

그런데 〈범피중류〉가 〈적성가〉같은 그러한 성격의 우조로 불리워지는 것이다. 심청이가 죽으러 가는 대목임에도 불구하고 왜 계면이 아니라 우조인가? 비애나 비탄으로 처절해야 할 대목에서 왜 담담연한 것인가?

그것은 '이면(裏面)'의 리얼리티 때문에 그러하다. 예술·현실을 높이 만족시켜 주는 그 이면의 질에 이 '우조 성음 평조 길'인 〈범피중류〉의 매력이 있는 것이다.

판소리는 사설의 내용에 맞추어서 소리해야 한다고 한다. 이것을 "이면(裏面)에 맞게 소리해야 한다"고 한다. 즉 판소리는 서사적인 내용을 담은 극적인 성악곡이기 때문에 이야기의 전개에 따라 사설의 극적 상황이 여러 가지로 변용되는데, 그 '이면에 맞게 소리하기 위하여'는 음악이 유기적으로 결합하여야 한다.

신재효는 그의 「광대가」에서 판소리의 몇가지 요소를 들었는데, 사설에

나타난 문학성, 가수의 너름새에 나타난 연극성, 가수의 득음(得音)에 나
타난 음악성이라고 말하고 있다…… '끌어내는 목', '도도와 올리는 목'
과 같은 선율 구성적인 기교, 중모리 진양조같은 장단 구성적인 기교, 달
아두고 놓아두고 걸치고 하는 리듬 구성적인 기교, 애원성(哀怨聲) 흐르
는 목 음아질타(喑啞叱咤) 호령소리와 같은 조(調∶旋法) 구성적인 기교
를 두고 이른 것이다.[30]

즉 사설의 문학성과 소리라는 음악성이 얼마만큼 유기적으로 결합
하여야 하는가를 말하고 있다.

이처럼 표현 기교가 다기롭다는 것은 곧 판소리 음악이 지닌 사실성과
밀접한 관련이 있다는 것을 뜻한다고 하겠다.…… 판소리 창자들의 전문
적인 술어로 '이면'이란 말이 있다. 그리고 이 말을 '이면을 그린다'고 쓰
는 때도 있고, '이면이 맞지 않는다'고도 하며, 심지어는 '이면 찾다가 소
리 못한다'고도 한다. 물론 이 낱말의 어원은 명백하지 않으나, 그 뜻은
리얼리티(reality)라는 말과 같다고 할 수 있을텐데, 리얼리티를 찾는다면
그 음악은 사실성을 띠게 마련일 것이다.[31]

이면을 사실성있는 표현 정도로 해석하고 있다. 리얼리즘에 대한
많은 오해가 사실성과 현실성을 혼동, 혼용하는 데서 비롯된다. 많은
경우가 리얼리즘을 사실성 즉 현실 개연성으로 여기고 있는데, 위 인
용문도 마찬가지이다. 진정한 리얼리즘이란 현실의 리얼리티, 현실의
현실성의 깊이를 뜻하는 것이다. 비(非)가치판단적 사실의 개연성에
대한 보고가 아니라, 즉 현실의 건조한 보고서가 아니라 그 사실의
당대적 유의미성을 당대의 문제의식으로 공론화시키는 것, 즉 동태

---

30) 이보형, 같은 책, 182쪽.
31) 정병욱,「판소리의 寫實性과 庶民精神」,『판소리의 이해』, 창작과비평사, 62쪽.

적으로 현실을 진일보시키려는 노력이 있어야 진정한 현실성, 즉 리얼리티를 얻을 수 있다. 그럼에도 불구하고 위 인용문은 리얼리티를 찾으려 하는 것이 이면을 그리는 것이란 지적을 하는 것만큼은 타당하다.

표면적 주제만 살핀다면, 판소리는 전래적인 도덕률을 재확인한다고 할 수 있다. 그래서 흔히 판소리가 뜻하는 바가 다음과 같다고들 한다.

「춘향가」는 열(列)을 권장하고, 「심청가」는 효(孝)를 권장하고, 「박타령」은 우애를 권장하고, 「매화타령」은 음란한 것을 징계하고, 「토끼타령」은 어리석은 것을 징계하고, 「화용도타령」은 지혜로운 장수를 칭송하며 간웅(奸雄)을 징계한다.

그러나 이와 같은 표면적인 주제는 겉으로 내세우는 구실에 지나지 않는다. 작품의 사설에 그대로 나타나 있어도, 열이니 효니 우애니 하는 것들 때문에 판소리가 청중의 마음을 뒤흔들었던 것은 아니다. 양반 좌상객이라도 점잖지 않게 판소리를 즐기는 구실은 그런 데서 찾을 수 있어도, 진심으로 좋아했던 것은 교훈이 아니고 오히려 교훈에 대한 비판이다.
이면적 주제는 무어라고 정리해 말하기는 어렵지만, 판소리를 속속들이 이해하는 사람이라면 누구나 알 수 있고, 작품의 이면에 더욱 명확하게 나타나 있다.[32]

조동일은 '정리해서 말하기 어렵기 때문에' 이면적 주제를 구체적으로 주장을 하지는 못하고 있다. 표면적 주제는 설명을 통해 나타나고, 이면적 주제는 장면과 대화로 이루어지는 사건의 구체적인 전개

---

32) 조동일, 「판소리의 전반적 성격」, 『판소리의 이해』, 창작과비평사, 26쪽.

에서 나타난다고 하는 정도로 정리를 하고 있다.

구전으로 전수되는 판소리는 사설의 음악적 표현이 잘 되었는가 잘못 되었는가 하는 문제가 '소리'의 미적 내지 질적 우열을 판단하는 기준의 하나가 된다. 즉 '이면을 잘 그렸다, 잘못 그렸다', 혹은 '이면에 맞는다, 안 맞는다' 하는 표현으로 판소리의 미적 기준은 평가되어 오고 있다.[33]

사설 내용에 따라 감정을 표출하는 것을 '이면에 맞는 소리'라고 하므로 판소리 사설이 음악을 결정하는 일차적인 기준이 된다는 사실에 주목할 필요가 있다. 그러나 그 일차적 구성이 되는 방법과 정도는 결국 창자의 음악성에 의하여 이루어지므로 이에 따라 판소리의 질적 우열이 가려진다.[34]

백대웅은 "사설을 해석하고 성격을 결정짓는 창자의 음악성과 이면 해석의 차이"가 판소리의 미학적인 측면과 예술성 차원을 달리한다고 하며, 특히 음악적 표현방법을 중심으로 서로 다른 이면의 해석들을 이야기하고 있다.[35]

이렇듯 이면이란 어떤 내용의 표현 그 자체는 아니다. 그것은 소극적 이면찾기일 뿐이다. 서경과 서사는 있는데, 서정의 의식성이 보이지 않기 때문이다. 제대로 되는 이면이란 그러한 표현의 현실성, 그리고 삶문화적 동질성을 적극적으로 드러내야 하며, 나아가 그것을 미래지향시키어야 한다. '이면의 이면', 또는 '이면의 이면성'을 찾고

---

33) 백대웅, 「판소리 선율의 시대적 변천」, 『한국 전통음악의 선율구조』, 도서출판 어울림, 160쪽.
34) 백대웅, 같은 책, 31~32쪽.
35) 〈삼고초려〉 대목(50쪽), 〈장승타령〉 대목(57쪽), 〈토끼가 수궁을 빠져나오는 대목〉 (173~74쪽) 등의 해석 차이.

그리는 것, 이것만이 진정한 예술성이 된다.

더늠, 소상팔경

그렇다면 〈범피중류〉는 어떠한 이면을 가져야 하길래 우조를 택한 것일까?

〈범피중류〉 대목은 일제 때까지만 해도 흔히 「심청가」 중 〈소상팔경〉이라 했다. 그런데 요즘은 단가 〈소상팔경〉과 구별하기 위해서인지 흔히 〈범피중류〉라 한다.[36]

아다시피 소상팔경(瀟湘八景)이란 중국 호남성의 소수(瀟水)와 상수(湘水)가 합류한 소상강의 여덟가지 절경을 말하고 있다. 철종 때의 명창 정춘풍이 짜넣은 〈소상팔경〉은 그러한 경치를 운치있게 읊고 있는, 단순한 서경적인 단가의 성격이 짙다.[37]

---

36) CD 해설, 「판소리 명창 김창룡, 그 손녀 김차돈」, LG미디어.
　　유영대, 「심청가의 형성과 전승계보」, 『판소리』, 1988년, 전북신서6.
37) 송만갑 방창(倣唱)의 〈소상팔경가〉. 정로식, 『조선창극사』, 98~99쪽. 현재 이 단가는 일제 시대의 명창 이화중선의 소리가 있는데, 당시의 SP 음반의 크기의 한계 때문에 소리의 뒷무문을 잘라내고 1~4 대목만 전해진다.(《한국의 위대한 판소리 명창들 3— 이화중선》, 신나라의 CD)
　　1. 산악이 잠형(潛形)하고 음풍이 노호(怒號)하여 수면에 듣는 소리 천병만마(千兵萬馬) 서로 맞아 철기도창(鐵騎刀槍)이었는 듯, 첨하 끝에 급한 형세 백척폭포 쏘아오고 대숲을 흩뿌릴 제 황영(皇英)의 깊은 한을 잎잎이 호소하니 '소상야우(瀟湘夜雨)'라 하는데요.
　　2. 칠백평호(七百平湖) 맑은 물은 상하천광(上下天光)이 푸르렀다. 얼음바퀴 문득 솟아 중천에 배회하니 계궁(桂宮)항아(姮娥) 단장(丹粧)할 제 새 거울을 열어논 듯 적막한 어룡(魚龍)들은 세(勢)를 얻어 출몰하고, 풍림(楓林)에 귀아(歸鴉)들은 빛을 놀라 사라지니 '동정추월(洞庭秋月)'이 아니냐.
　　3. 연파만경(煙波萬頃)은 하늘에 닿았는데 오고가는 상고선(商賈船)은 순풍에 돛을 달아 북을 둥둥 울리면서 어기야 더기야 저어갈 제, 보아 알진 못하여도 다만 앞에 섰던 산이 문득 뒤로 옮아가니 '원포귀범(遠浦歸帆)'이 이 아니냐.
　　4. 수명사명양상태(水明沙明兩峙苔)에 불승청원각비래(不勝淸怨却飛來)라. 날아오는

「심청가」가 간단한 내용의 서사물 형태에서 오늘의 형태가 되기까지에는 여러 명창들의 더늠에 의해서 그리 되었는데,[38] 〈범피중류〉 대목은 명창 전도성의 더늠이라 알려지고 있다. 이때도 이 대목은 〈역로(歷路) 소상팔경가(瀟湘八景歌)〉라고 소개되고 있지만[39] 정춘풍의 〈소상팔경가〉가 그저 풍광을 묘사한 서경적인 단가로 그치는데 비해, 〈범피중류〉 대목은 아주 중요한 이면을 분명히 가려내고 있다. 그를 말하기 전에, 이 더늠을 두고 웃지못할 해석들이 있는데,

심청이 인당수로 팔려가는 과정은 양자강을 배경으로 하는 지명의 연속이며…… 이로 볼 때 「심청가」는 영웅소설이 그 배경을 중국으로 설정한 것과 같은 양상의 작품이라고 할 수 있다…… 본래 중국적 배경의 '심청 이야기'가 청중의 호응을 받아 이에 걸맞은 향토성이 반영되었기 때문에, 이는 중국의 것도 아니고 우리나라의 것도 아닌 지명의 혼란을 초래한 것

저 기러기 갈순 하나를 입에다 물고 일점이점 점점마다 행렬지어 떨어지니 '평사낙안(平沙落鴈)'이 이 아니냐.

5. 격상어촌양삼가(隔峅漁村兩三家)에 밥짓는 연기 일고, 반조입강번석벽(返照入江飜石壁)은 거울낯을 열어논 듯 파조귀래(罷釣歸來) 배를 매고 유교변(柳橋邊)에 술을 사니, 송림에 던진 새는 지는 해를 세월 울고 벽파(碧波)에 뛰는 고기는 비낀 볕 맞아 노니 '어촌낙조(漁村落照)'이 아니냐.

6. 천지자욱 분분비비(紛紛霏霏) 내리는 양은 분접(粉蝶)이 싸우는 듯 왜곡한 늙은 가지 옥룡(玉龍)이 서려 있고, 기괴한 성낸 바위 염호(鹽虎) 엎쳤는 듯 강산이 변화하여 은세계를 지었으니 '강천모설(江天暮雪)'이 이 아니냐.

7. 청담(淸淡)한 새 얼굴은 가는 구름 머무는 듯 주천(奏川)에 고운 집 스무 자 별여 있고 농사농수 뵈일 적에 '산시청람(山市晴嵐)' 구경하고.

8. 만리청산(萬里靑山)이요, 일편고성(一片孤城)이라 달 떨어지자 가마귀 가옥가옥 서리 가득한 하늘에 난데없는 쇠북소리 객선(客船)에 뎅뎅 울려오니 '한사모종(寒寺暮鍾)'이 이 아니냐.

38) 『조선창극사』에 소개된 명창들의 더늠은 김채만―초압(삯바늘질), 김제철―심청 탄생 대목, 백근용―곽씨부인 장례(상여치레), 주상환―젖동냥 다니는 대목, 최승학―심청의 동냥자청, 정창업―중타령, 이창윤―부녀이별, 전도성―범피중류이다.

39) 정로식, 같은 책, 204쪽.

이다.[40]

　판소리로 불리워지면서부터 차츰 중국화하기 시작하여, 이제는 그만 그 국적조차 의심스러울 정도로 이상스러운 이야기로 변질되고 말았다.[41]

　심청가에 소상팔경이 덧붙는 것은 변모기의 중요한 양상이다. 우선 인당수라는 바다가 등장하기 때문에 바다를 그린 삽입가요가 필요했으며, 소상팔경은 그런 점에서 아주 적절한 노래였다. 소상팔경에 등장하는 중국의 지명이 심청가와 밀접한 관련을 맺을 필요는 없으며, 오직 바다나 강가의 정황을 보여주기 위하여 채택된 노래…… 그렇지만 이 노래가 어려운 한시를 포함하고 있으며, 심청이가 만나는 인물이 이비, 굴원, 오자서 등 충효를 상징하는 인물들인 점으로 미루어 보건대, 보수적 의식으로의 변화라는 비판을 면하기 어렵다.[42]

　심청가는 대체로 전체의 짜임새와는 무관하게 슬픈 소리라는 인상이 지배적이었다. 대체로 곽씨 부인이 유언하는 대목, 상여나가는 대목, 추월만정 등은 진양＋계면조 가락으로 불리운다. 진양＋계면은 비애에 잠겨 애절히 탄식하거나 비참한 정경을 연출할 때 수용되는 조이다. 예외적으로 〈범피중류〉는 진양＋우조로 불리는데, 탕탕한 물결, 망망한 바다의 정경을 보여주는 데는 힘을 느끼게 하는 우조가 이면에 맞으리라 생각된다.[43]

등이다.

물론 〈범피중류〉 대목도 처음에는 그저 배타고 가는 풍경 대목으로

---

40) 정병헌, 「판소리의 형성과 변모」, 『판소리』, 1988, 전북신서 6, 250쪽.
41) 성현경, 「판소리 문학으로서의 심청전」, 『동아연구 5』, 서강대.(유영대, 「심청가의 형성과 전승 계보」, 295쪽에서 재인용)
42) 유영대, 「심청가의 형성과 전승계보」, 1988, 전북신서 6, 294~95쪽.
43) 유영대, 「심청가의 비장미와 골계미」, 『전통문화』, 1987. 1, 75쪽.

필요했었고, 그만큼의 서경(敍景)적 수준의 더늠으로 출발되었을 것이다. 그러나 더늠은 광대의 해석력, 즉 철학적 바탕을 필요로 하며, 그러한 더늠의식을 통해야만 소리는 성장한다.

이면을 표현하는 음악성과 사설의 해석은 연주가인 광대의 철학적 바탕 위에서 결정된다. 그래서 특정한 광대에 의하여 짜여진 어떤 부분이 만인의 공감과 격찬을 받게 되면 그 부분은 누구의 '더늠'이라고 해서 특정적인 창법으로 인정받게 되는데, 더늠은 후배 광대들에 의해서 계승되는 경우가 많다.[44]

게다가 명창이 애써서 만들어낸 더늠은 그 자체로 완성태로 굳어지는 것이 아니라 그 더늠이 현실의 시간과 공간에서 살아나가는 과정을 겪는다. 수많은 창자들의 연행을 통해서, 그 창자들과 관중들과의 교호를 통해서, 그 사이에, 그것들이 녹아난 문화적 평가가 적층(積層)되면서 그리 된다. 그것의 결과, 또는 원인으로 창자들의 성음과 길까지도 변화되는 것이다.[45] 그 결과 수준높은 예술성으로 발전되어

---

44) 백대웅, 「판소리 선율의 시대적 변천」, 『한국 전통음악의 선율구조』, 도서출판 어울림, 160쪽.

45) 창자의 음악성은 결국 판소리의 질적 우열을 가리기 때문에 대개 수많은 소리판의 현장에서 그러한 수많은 더늠들이 창작—재창작의 과정을 거치면서 좋은 소리는 살아남게 되는 것이다. 백대웅은 몇가지의 예를 들어 다음과 같은 좋은 분석을 하고 있다.
"장판개의 〈제비노정기〉는 계면길이지만 김명환 명고수는 우조(계피지른 성음)라고 말하고 있으며, 5명창의 한사람인 이동백이 부른 「춘향가」 중 〈천자뒤풀이〉도 계면길이지만 현존 명창들은 계면조라고 하지 않는다.
이와 같은 예는 조상현 창 〈방아타령〉, 성창순 창 「흥보가」 중 〈화초장타령〉, 이화중선 창 〈사랑가〉 등에서도 볼 수 있는데, 그 구성음들이 계면길의 선율형태이지만 사설의 내용이 슬프지 않기 때문에 성음이나 표현을 슬프게 하지 않는다. 따라서 그 부분을 계면조라 하지 않는다. 또한 〈곽씨 부인 죽음과 심봉사 절규〉는 우조길이지만 슬프고 앞이 캄캄한 감정을 표현하므로 명창들은 이 부분을 계면조라고 말한다.
……계면길의 구성음을 가진 선율형태는 슬픈 감정만을 표현하는 데 그치지 않고

오늘까지 살아있는 것이 있는 반면 그렇지 않은 것은 도태된다. 즉 진정한 더늠은 명창의 창작 개념으로 끝나는 것이 아니라 수많은 연행의 역사를 통해 '더늠되어 나가는 것'이다.

위의 엉터리 해석들은 이와같은 연행의 역사와 그 살아있는 축적을 무시하기 때문에 명창들의 더늠의 노고와 그것의 예술·현실적 승화 과정[46]을 철저히 폄하시킨다. 진정한 더늠의 뼈깎는 노고와 그것의 대

발성에 따라서는 여러가지 감정을 표출하게 되는 점에 관심을 가져야 하고, <u>그 여러 가지 형태의 계면길은 구성음의 특징적인 기능이 변하는 결과를 가져온다.</u> 다른 말로 하면 발성(성음)의 변화에 따라 판소리의 길을 이루고 있는 구성음의 성질은 바꾸어진다. 즉 계면조(계면길)는 흔히 '평으로 내는 목' '떠는 목' '꺾는 목' '엇청' 등의 구성음으로 이루어져 있는데, 평조성음으로 발성하는 계면길인 추천목에서는 떠는 목을 떨지 않고 꺾는 목은 흘러내리는(퇴성) 창법을 쓴다.

또한 〈범피중류〉는 평조길이지만 우조 발성(우조 성음)을 주로 하기 때문에 <u>그때그때의 표현에 알맞는 음의 성질을 갖게 된다.</u> 또한 구성음의 기능이 바뀌어 전혀 다른 선법처럼 들리는 것이 호걸제인데, 그 구성음들은 평조와 같으나 청(key, 본청)과 기능만 달라진 것이다.

이와 같이 <u>성음과 길의 조합에서 나타나는 여러 가지 현상은 판소리 길의 변형으로 발전해서</u> '더늠청'이 붙고, 그 결과 5음계인 판소리의 길이 6음 내지 7음이 되는 발전적인 형태를 갖게 된다." (백대웅, 위의 책, 31~32쪽. 밑줄—필자)

46) 옛 명창 전도성의 소리하는 대목을 한번 보자. (명고수 송영주의 구술)

"내가 제일 많이 접해온 명창으로는 전도성인디, 그는 창도 기맥히게 잘했지만 이 넘을 그려내는 솜씨가 일품이었어. 칠월 열엿새날이 우리 할아버지 생신인디, 그날이면 그 양반이 빼놓지 않고 우리집에 오셔서 날샐 때까지 밤새도록 소리를 했어. 한번은 흥보가를 허는디, '쌀과 돈이 많이 나온다' 허는 대목인디, 요새는 그저 잠깐 '돌아섰다 돌아보면 도로 하나 가득허고, 돌아섰다 돌아보면 돈과 쌀이 도로 가득' 허여 몇 번 되아내다 보면, 한 2, 3분 되아내다 보면 돈이 얼마고 쌀이 얼마였다라고 아니리로 말허는디, 그 양반은 달랐어요. 전도성 명창은 한 1미터 80 가량의 키였는디, 그 양반 소리를 헐 때면, 한산 세모시 두루마기를 입었는디, 이 대목을 헐 때는 팔을 딱 걷어올리고 드러부어내는디, 영락없이 궤속에서 돈과 쌀을 되아내는 형용이여. 그런디, 한 20분을 되아내. 자식은 낳고 형님에게 쫓겨나서 그렇게 굶수렸던 흥부 내외가 논과 쌀을 만났으니 참, 팔이 부러질 정도로 몸이 움직일 수 있는 한도까지는 되아낸다는 그런 느낌이제. 휘모리로 되아내는디, 갓이 뒤꼭지에가 늘어붙고 속적삼 밖으로 두루매기까지 땀이 철떡철떡 젖어 있고, 목이 탁 쉬어서 소리가 안나오고, 기진맥진헐 정도까지 되어내다가 주저앉는데서 끝이 나는거여.

중과의 관계, 그리고 이곳저곳에서의 환호와 질타와 애정으로서의 오랜 교호, 그 사이에서 자라나는 현실적 이면들, 그리고 그것으로서의 예술적 진보성이 묵과되고 있는 것이다.

그렇다면 다시 돌아와서 〈범피중류〉는 도대체 어떤 이면을 가지고 있어서 예술적 현실성을 가지는가? 왜 그래서 우조인가?

심청이 남경 선인에 몸이 팔린 후, "눈 어둔 백발부친 영별하고 죽을 일과 사람이 세상에 남겨났다 15세에 죽을 일이 이리 허여도 뜻이 없고 저리 허여도 생각이 없어 식음을 전폐하고 뜬눈으로 밤을 새우"다가(심청자탄가), 눈물섞어 부친 앞에 마지막 상 올리고(사당하직), 끝내는 부친의 목을 안고 기절한다. 심봉사 발 둥둥 구르며 탄식을 하고(심봉사 자탄), 결국 심청은 선인들을 따라간다(선인따라). 진양조, 중중모리, 아니리, 진양조, 중중모리, 중모리로 이어지는 이 대목은 죽음의 별리에 걸맞게 시종 비감어리게 진행된다.

〈범피중류〉의 뒷대목도 심청이 드디어 인당수에 투신하기까지 중모리, 엇모리, 자진모리, 휘모리가 모두 계면조와 어우러져서 비감한 느낌이 더욱 강조된다. 그 다음은 물론 수정궁의 시간 속으로 들어가고, 뺑덕어미 중심의 골계가 있고 난 연후에는 우리가 알고 있는 행복한 결말이다.

따라서 〈범피중류〉 대목은 상식적으로 생각하면 비감어린 느낌에서 벗어나면 안된다. 더구나 〈범피중류〉 대목은 심청 자탄 대목부터 인

한 번은 「심청가」를 들었는디, 시골마당이 상당히 넓어. 7월이라서 농한기도 지나고, 따로 극장도 없어서 전명창이 오면 인근 마을 사람들까지 우리 마당에 한 4~5백 명이 모여서 소리를 들었어. 〈범피중류〉를 그야말로 유장허게 소리를 내더니, 심청이가 인당수에 가서 빠져 죽기 직전, 도사공이 도화동을 가리켜 주니까 심청이가 거그다 대고 합장배례를 허거든. '아버지 부디 편안하시오' 라고 기도하다가 '아이고 아부지' 하면서 그 키 큰 광대가 부채를 딱 떨구면서 앞으로 꺼꾸러지니까, 물에가 빠지는 형용을 하니까, 4~5백명 모였든 관중들이 '우—' 하고 전부 쓰러지드라고".

(유영대, 「심청가의 형성과 전승계보」, 294쪽에서 재인용)

당수 투신까지 죽음의 긴장과 두려움이 가장 높은 대목이다. 그런데 강조했다시피 이 대목은 청아한 느낌까지 주는 담담온화한 우조로 흐른다. 이 엄청난 표현(형식), 내용의 이율배반성은 왜 일어나는가? 죽으러 가는 길목에 왜 중국의 풍광이 산수풍경으로 고즈넉하게 읊어지는가?

그런데, 그럼에도 불구하고 우리의 비장함은 정체되는게 아니라 더욱 깊어지는 이 일은 또 무엇 때문인가?

비장, 비장미

담담함으로 더욱 비장해진다! 〈범피중류〉가 그러하다.

예술적으로 비장하다는 것은 일상의 슬픔이란 정서와는 다르다. 일상의 슬픔이라는 것은 최루성 눈물로 단순화되어지지만 비장하다는 것은 슬픔의 서정―서사적인 개체―역사의 깊이를 가진다.

비장미를 갖는다는 것은 현실의 슬픈 정서로 마름하는 것이 아니라 사실 현실에 대한 인식의 심화, 그리고 그 응축된 한 모금의 서정이 주는 보다 미래―지순한 낙관의식을 새로이 갖는다는 것이기 때문이다. 그래서 비장미는 고금동서를 막론하고 모든 예술의 뛰어난 형식미로 존재해왔다.

더구나 우리의 계면이라는 것은, 진정한 의미의 계면이라는 것은, 그것의 의식과 정서는, 희로애락 차원의 슬픔 자체만이 아니다. 그 슬픔뿐 아니라 비장과 현실과 영혼과 존재로 에돌려지고 아우라져서, 소리나지 않는 먼데 한숨, 또는 더 깊은 뜨거운 숨 한 자락으로 친근해지는 그러한 형식미인 것이다. 〈육자백이〉는 누에실 뽑듯이 진양으로 한없이 이어지는 신세타령과 같은 겉보기와는 달리 새겨 들을수록 오히려 우리에게 (살아간다는) 곡진한 기쁨을 깊은 이면으로 반추하게 해주며, 〈홍타령〉의 못다한 사랑이라는 것, 그것의 간곡한 슬픔은 심지어 그 사랑의 깊이의 흥을 선사해 주고 있지 않은가?

오랜 슬픔과 곡진한 기쁨, 간곡한 애원(哀怨)과 흥겨움, 이 겉보기 상극(相剋)의 상생화(相生化), 그 복합·동일성이 갖는 현실 친화력은 사실 오랫동안 문화되어 왔던 우리 삶의 친근한 현실인 것이다. 즉 우리의 진정한 비장, 계면이란 그것의 현실성, 즉 리얼리티를 수준 높게 가질 수밖에 없다.

새로운 시간 속으로

〈범피중류〉를 소극적으로 해석하면, "죽으러 가는 사람이나, 무사한 항해를 위해 산 사람을 제물로 용왕에게 바치는 사람이나, 그런 사연의 노래를 부르는 사람이나, 듣는 사람이나 인생의 무상함을 느끼게 되는 대목"[47]이다. 그러나 이는 앞에서 예로 든 〈적성가〉의 경우와 마찬가지로 '소극적 이면'일 뿐이다.

〈적성가〉는 날것의 우조로서 소극적 이면을 가진다. 풍부한 표현력, 높은 기량이 요구되는, 멋진 고음의 흐름이 있는 소리로 자족되는 대목일 뿐이다. 그래서 표현(형식)과 이면(내용)이라는 동전의 양면을 편의상 굳이 분리해서 말하자면, 이면의 예술성은 높되 현실 깊이는 출중하지가 않은 것이다. 이 대목의 소리가 유명한 것만큼 춘향가 전체의 이면적 유명성을 높이지는 못하고 있는 것이다.

수많은 성음과 길로 결합되는 판소리의 표현성은 극적 상황이나 감정의 표현뿐만 아니라 창자의 해석력 및 철학까지도 표현되어야 한다. 〈범피중류〉가 우조의 성음을 택함으로써, 이 대목의 정서를 형식 이완시켜 내어 극도의 담담미를 보여주는 것은 그만큼 죽음과 삶의 철학이라는 깊은 주제의 내용적 긴장을 새로운 차원으로 열어야 하기

---

47) 콜럼비아 유성기 원반(2), 「판소리 명창 김창룡, 그 손녀 김차돈」, LG미디어의 CD 해설집.

때문이다.

〈범피중류〉의 진정한 예술적 미덕은 전혀 새로운 시간을 만들어낸다는 데에 있다. 심청의 시간, 창자의 시간, 청중의 시간, 예술의 시간, 현실의 시간 등이 아니라 '이면의 현실·예술 리얼리티'라는, 예술로 승화된 현실이라는 새로운 차원의 시간을 만들어 내고 있는 것이다.

〈범피중류〉 대목은 그저 풍광 묘사도 아니고, 심청이의 관점도 아니고, 화자(창자)의 관점도 아니고, 관중의 관점도 아니다. 모든 시점이 없어진다. 정확하게는 새로운 시간의 관점이 드러난다. 심청, 창자, 관중, 풍광 등 그 전부 다가 만들어내는 소리, 현실, 현재, 예술공간들이 버무려져서 어느덧 하나의 기제로, 새로운 차원으로 되어버리는 시간이 만들어지는 것이다.

그 시간이란 죽음·삶에 대한 우리의 기반 의식이다. 구체, 또는 관념의 구체인 소상강에 배가 띄어져서 그 강의 풍경이 읊어지는 것이 아니라 삶과 죽음의 경계, 그 의식의 강물에 우리 민족의 죽음·삶의식이 흘러가는 것이다. 우리에게 죽음·삶의식이란 호상(好喪)에 풍장굿이 나가고, 다시래기로 밤을 새우며,[48] 죽은 사람을 위한 씻김굿에 오히려 산 사람이 위로와 희망을 받는 그런 컨벤션인 것이다. 〈범피중류〉는 아주 강력한, 그렇게 오랫동안 훈련된 우리의 공동의 삶의식의 기반을 건드리고, 그것의 문화를 공명, 공감시킨다. 〈범피중류〉

---

48) 장례에 가무를 행하던 풍습에서 유래되었다는 진도 다시래기는 마을에 초상이 나면 상제를 위로하기 위하여 신청(神廳)에서 다시래기패들을 초청하여 노래와 춤, 재담으로 상두꾼들과 함께 밤을 새우며 노는 민속가무극적 놀이이다. 구체적인 놀이 거리가 구분되어 있으며, 싱딩히 짜임새가 있나. 가상제놀이, 거사와 사당놀이, 상여놀이, 가래소리, 여흥으로 되어 있다. 거사와 사당, 중 사이에 벌어지는 남녀관계가 풍자적으로 엮어지며, 판소리, 남도 잡가, 진도 민요, 북춤, 보릿대춤, 병신춤 등의 흥겨운 놀이판이 되어버린다. 이 놀이판의 몸짓이나 재담, 노래 등은 일상적인 도덕률에 구애를 받지 않을 만큼 적나라하다.

는 그것의 예술화인 것이다.

예술적 현실은, 현실이면서 다른 시간(차원, 층)을 갖는 것을 이른다. 즉 현실과 그 메타 현실이 독특한 언어로 중첩―재생(再生)되는 리얼리티이다. 그래서 예술은 '늘 새롭고 넓은', '남이 가본 적이 없는' 존재의 높이와 깊이 속을 파고드는, 그러면서도 보편성을 지향하는, 그러므로 마침내 삶, 보편성, 의미의 깊이를 증대시키는데 감각의 육화로써 기여하고 그것을 본질로 삼는다. 이것이 예술의 진정한 현실성이다. 많은 사람들이 곡해하고 있듯이 사실의 단순 반영은 리얼리티가 아닌 것이다. 그렇기 때문에 이러한 예술적 현실은 미래를 예감할 수 있는 것이고, 고스란히 인문적 진보성을 갖게 된다. 판소리의 이면이 가져야 할 현실성도 마찬가지인 것이며, 〈범피중류〉의 예술적 현실도 마찬가지의 질을 갖는다.

이로 인해 범피중류 뱃길은 이제 심청이가 가는 슬프디 슬픈 죽음의 뱃길이 아니라, 우리 존재와 그 한계의 슬프고도 비장한 고백과 회한과 가심과 다짐의, 살아간다는 진정성이라는, 문화적 뱃길이 되어 버린다. 아주 익숙하게도.

아, 예술은 이렇듯 구체의 공간을 문화적 정체성과 그 동질성을 갖는 추상의 시간으로 만들어 놓고, 그 추상을 더욱 곡진한 삶의 리얼리티를 갖는 구체의 현실 공간으로 승화시켜 놓는다. 이 대목으로 인해 판소리 「심청가」는 심청의 고난과 영화의 부침이라는 줄거리가 아니라 우리 삶의 공통분모를 어르어내는, 현실성있는 '소리의 이야기'로 우리의 감동을 이끌어내는 것이다.

따라서 이 우조의 성음은, 그 담담함은 강물의 풍광을 묘사해야 하기 때문에 그런 것이 아니라 우리 삶철학의 담담함, 그 비장의 현실적 담담함이 된다. 따라서 이 대목이 형식 계면의 연속성을 버리고 내용 계면의 시간을 획득하는, 형식 우조로 전이되어 불리워지는 것이 타당할 수밖에 없는 것이다.

정리하자면, 〈범피중류〉는 필멸의 고통을 가질 수밖에 없는 인간이 스스로 만들어낸 신화적 공간에서의 담담한 비장미를 가진다. 피안(彼岸) · 차안((此岸)의 경계선을 흘러가며 삶 · 죽음의 한계 끝까지 간 서정의 그 유한—인간존재론적 깊이, 그것의 겸허한 자기 고백, 그만큼의 현실성의 승화, 그 현실에 대한 진지한 애정의 돈독화, 그리고 '소리'로 살아난 그 예술적 에스프리가 다가간 성속일여(聖俗—如)의 엄정하게 단아한 눈물 한 방울의 총화를 가지고 있는 것이다.

물론 〈범피중류〉라는 이 시간은 그 앞뒤에 축적되고 전개될 여러가지 희비극의 과정(비장과 골계의 교대 · 교호적 흐름)에 놓여 있기 때문에, 즉 「심청가」라는 덩어리와 예술 내적 관계에 있기 때문에 그것이 응축시켜 내는 한 가지의 정수(精髓)일 뿐이다. 그러나 그 정수와 전체의 이 기막힌 더늠 관계 의식은, 「심청가」라는 소리의 생애를 근 200여년 동안 살아오게 하면서 '삶의 소리'로서 우리에게 감동을 주고 있는 것이다.

따라서 판소리는 어느 것 하나 소중하지 않은 대목이 있을 수 없다. 잘된 판소리는 이미 그 줄거리를 떠나서, 이러한 문화적 공감의식이 미래지향된, 즉 예술시간으로 현실 확대된 공간에서의 예술적 감동의 부침, 그것으로 깔려지는 기제를 갖게 되기 때문이다.

특히 〈범피중류〉같은 '눈' 대목의, 그러한 서정의 담담한 응집력, 그 '우조의 강물' 같은 현실담담연함은 이미 또 겉보기 심청의 '효' 이야기를 넘이시게 해주지 않는가. 그래서 범피중류, 강 한가운데를 떠가다가 다음으로 도착하는 수정궁의 노골적 신화적 시간도 현실성의 연장으로 받아들여지고, 결말 보은(報恩)에는 청중이, 이미 스스로 감동을 할 수밖에 없는 것은, 즉 심청이의 이야기가 아니라 이미 나의 '문화적 애기'가 되기 때문이다. 마치 씻김굿같이, 보은받은 죽은 심청이가 우리 산 사람을 위해 씻김을 해주는, 그 성속일여의 자기 정화가 되기 때문이다. 겉보기 소설적 줄거리로서의 윤리적 효 의식을 넘어서는, 소리·문화적 감동이 되는 것이다.

「수궁가」의 〈범피중류〉

〈범피중류〉 대목은 판소리 「수궁가」에도 나온다. 정응민, 임방울 등 일부 명창들의 「수궁가」 바디에서 별주부가 토끼를 유인하여 수궁에 들어가는 대목이 그것이다. 이 역시 바다를 그려야 할 대목에서 삽입 가요가 필요해서 당시의 소상팔경을 더늠해 넣은 것이다. 그런데 같은 노래임에도 불구하고 그 감동이 다르다. 감동의 내용과 질이 다른 것이다.

용궁 훈련대장을 시켜준다는 꾀임에 빠져 토끼가 물가까지는 당도하나, 출렁거리는 물이 무서워 "발랑 드러누워 가지고 낯바닥을 반찬 되작거리듯 되작되작 허고 드러누"[49]워서 갈까말까를 고민하고 있는데, 때를 잡은 별주부가 번개같이 달려들어 토끼 뒷다리를 앞니로 우드득 물고 깊은 곳으로 헤엄쳐서 들어간다.

별주부 등에 토끼가 하릴없이 앉아서 수궁으로 들어가는데, 별주부가 "네 이놈 가만히 앉아서 소상팔경이나 구경해라"라고 한 연후에 이 〈범피중류〉 대목이 나온다.[50] 그리고 뒷 대목은 안면을 바꾼 별주부의 용궁과, 아차 속아 넘어간 토끼가 '용궁지하에 필사당퇴(必死當兎)'에 처하는 대목이다.

---

49) 박동진, 「수궁가」(SKC의 CD).

50) 박동진의 「수궁가」의 소상팔경은 위 김소희의 「심청가」 범피중류보다 뒷 대목이 더 있는데, 다음과 같다. 원래 전도성의 「심청가」 소상팔경 더늠은 이 뒷대목까지 포함된다.
　　"진회수를 건너가니 격강(隔江)의 상녀(商女)들은 망극한을 모르고서 연롱한수월롱사(煙籠寒水月籠沙) 후정화(後庭花)만 부르더라. 소상강을 들어가니 악양루 높은 집은 호상(湖上)에 떠있고, 동남으로 바라보니 오산(吳山)은 첩첩 초수(楚水)는 만중(萬重)인디, 반죽지(班竹枝) 젖은 눈물은 이비한(二妃恨)을 띠여 있고, 무산(巫山)의 돋는 달은 동정호에 가 비쳤네, 상하천광(上下天光) 거울 속에 푸르렀다. 창오산 저문 연기 참담허여 황능묘에가 잠겼구나."(박동진, 「수궁가」, SKC의 CD)

이 모든 대목은 긴아니리, 자진모리, 또 아니리, 진양의 소상팔경, 긴아니리, 자진모리, 긴아니리로 이어지는데, 모든 대목에 지나칠 정도로 골계가 넘쳐난다. 이 한가운데에 소상팔경이 들어가 있는 것이다.

이 대목이 불러지고 나서 "토끼가 사면을 바라보더니만은 허허 신선이 살디로구나"라고 풍광에 대한 감탄을 한다. 즉 이 삽입가요는 그야말로 풍광 묘사의 역할밖에 하지 못하고 있다. 「심청가」의 〈범피중류〉가 창자와 청중의 문화적 정체성을 새삼 드러내고 처지를 공명시켜 깊은 이면의 예술성으로 삶의 리얼리티를 승화시켜주는 것이라면, 「수궁가」의 이 대목은 소리 자체의 흐름에 있는 소리 한 대목의 의미를 벗어나지 못한다. 하다못해 토끼의 불안 반 기대 반의 심리, 별주부의 반 흐뭇, 반 노심초사의 심사라는, 우리가 기대할 수 있는 최소한의 이면조차도 보이지가 않는다.

더늠에 있어서 삽입가요 자체가 중요한 것이 아니라, 좋다고 무조건 우겨 넣는 것이 아니라, 그것이 어떤 철학—미학의 바탕과 방법과 표현이 되어야 하는지를 「수궁가」의 〈범피중류〉가 「심청가」의 〈범피중류〉와는 다른 차원에서 예시해 주고 있다.

광란의 아리아

우리의 〈범피중류〉처럼 서구 음악에서 최고의 노래중 하나로 치는 것이 '광란의 장면'이다. 어떤 동질성과 차이가 있을까? 그 감동의 기제 방식과 인식의 방법을 살펴보자.

도니제티(G. Donizetti의) 오페라 「루치아(Lucia di Lammermoor)」 중 제3막이 유명한 〈광란의 장면(Scena dela Pazzia)〉이다. 벨칸토 오페라의 최고의 장면중의 하나로서 '광란의 아리아'라고 불리워진다.

이 오페라는 월터 스코트의 소설 『람메르무어의 신부』를 바탕으로 카마라노(Salvatore Cammarano)가 쓴 대본에 의해 1835년에 완성되었다. 낭만주의가 풍미하던 19세기 전반, 이탈리아 오페라에는 '광란의 장면'이 유행처럼 번지고 있었고, 그 광란의 장면이 나오는 오페라 중에서도 가장 유명한 것이 「루치아」이다. 줄거리는 다음과 같다.

두 원수 가문의 남녀 에드가르도와 루치아가 사랑에 빠지자 여자의 오빠 엔리코는 남자가 변심했다고 속여 강제로 다른 가문 자제와 결혼을 시킨다. 남자는 여자가 변심을 한 줄 알고 결혼식장에 쳐들어와 난동을 부리다가 쫓겨난다. 모든 사실을 알아챈 여자는 미치광이가 되어 첫날밤 신랑을 죽이고 피로연장을 난장판으로 만든 후 자살한다. 남자는 여자가 변심한 줄 알고 무덤가를 배회하다가 여자의 관을 운구하는 장례행렬에서 자초지종을 듣고 자기도 자살한다.[51]

「로미오와 쥴리엣」과 비슷한 줄거리를 가진 비극 오페라이지만, 이 아리아는 그 앞에서 불러지는 6중창 〈이 순간 누가 나를 가로막는가〉와 더불어 아주 유명한 아리아다. 특히 그 표현력의 어려움 때문에 기교가 아주 뛰어난 소프라노들만이 부른다. 이 〈광란의 아리아〉는 하얀 나이트 가운을 입은 채, 강제결혼한 남자 아르투로를 죽인 피묻은 손을 섬짓하게 드러낸 채 배회하는 루치아가 3막에서 부르는 노래이다. 오페라 아리아로서는 보기 드물게 16분을 끄는 대작(?)[52]일 뿐더러 '광기로 폭발하는 아름다움의 절규'[53]의 대목답게 이 노래는 온갖 감정이 극한으로, 여러 갈래로 흐르며 중첩된다. 주요한 가사의 흐름은 다음과 같다.

부드러운 음성

---

51) 김정환, 『음악이 있는 풍경』 1권, 이론과실천사, 1997, 351쪽.
52) 김소희의 〈범피중류〉는 6분여.
53) 김정환, 앞의 책, 351쪽.

그의 음성 나를 사로잡네! 아, 저 음성
내 맘 깊은 곳에 스며드네
에드가르도! 나는 그대의 것
에드가르도, 아 나의 에드가르도
그래요, 나는 그대의 것
가슴 시리는 한기 온몸이 떨려오네
휘청거리는 내 다리
저기 저 샘가로 그대여 나와 함께
그래요, 내 곁에 앉아주오
아아 솟아오르는 저 무서운 환상
우리를 갈라 놓으려 하네
아아, 아아, 에드가르도
신성한 제단의 발 아래
흩뿌려진 장미꽃…… 하늘의 조화

신이시여, 들으시나요
아, 그것은 결혼식 축가, 아, 결혼식 축가
우리의 결혼식은 준비되고, 아, 나는 행복해요!
에드가르노, 에드가르도, 아 나는 행복해요
가슴으로 느끼는 이 큰 기쁨
어찌 말로 다하리오!
향은 피어오르고
신성한 촛불이 환하게 타오르네
신부님이 오시었소
그대 오른손을 나에게 주오…… 아 기쁜 날
신은 그대를 나에게 주셨으니
이 모든 즐거움

> 부드러운 하늘의 미소
> 우리 삶도 그러하리라
>
> 쓰디 쓴 눈물은 흘러
> 온 대지를 뒤덮고
> 저기 저 하늘 위
> 나는 기도하리라 그대 위하여
> 오직 그대 오심에
> 하늘은 더없이 아름다워라
> 아아 그렇게
> 쓰디쓴 눈물은 흘러……

이 노래는 아주 달콤한 세레나데의 분위기부터 광포한 두려움까지 감정의 정서가 심하게 부침한다. 꿈, 현실, 두려움, 행복함, 환상…… 이 교차한다.

"그이와의 만남을 기뻐하다가도 다음 순간에 귀신에게 쫓기고, 행복한 결혼을 꿈꾸다가도 다음 순간에는 그이를 배신할 수밖에 없었던 저 끔찍한 순간이 되살아오는 마음, 급기야는 하늘에서 그이를 기다려보지만, 그 하늘조차도 내게 맑은 나날일 수 없는 심정"[54]이 그려지는 것이다.

따라서 고통의 한계에 처한 루치아의 이 길고 긴 노래는 정상적인 표현으로는 도저히 가까이 갈 수 없는 마음의 상태를 나타내기 위해서 어떤 비상한 음악적 방법이 고안될 수밖에 없다. 이 노래는 빠르기도 극단적으로 부침하고, 박자도 여러번 바뀌는데, 특히 고음으로 이어지는 카덴짜 부분은 인간 목소리 기량의 한계를 보여준다.

---

54) 문호근, 『내가 사랑한 음악 속의 사람들』, 개마고원, 1998, 99쪽.

그런데 원래 벨칸토라는 말은 '곱게 노래부르기' 정도로 번역될 수 있는 말이지만, 곱게 노래 부르는 기법으로 이렇게 인간이 다다를 수 있는 한계상황의 마음을 표현하려다 보니까 그야말로 초절적(超絶的) 기교를 만들어냈던 것이다.

그러나 그것보다도 이 아리아에서 절묘한 매력을 보여주면서 중요한 역할을 하는 형식미가 하나 있다. 오케스트라의 반주 이외에 플루트가 조주(助奏, obbligato)로 나와 이중창같은 역할을 하는 것이다. 루치아와는 달리 아주 온화한 음색과 선율로 이어지는 이 조주는 마치 루치아가 가상의 상대와 대화를 하는 것같은 느낌을 준다. 물론 구체적인 대상이 아니라 정서의 부침을 걷는 루치아의 심리적 상대이다. 그 무형의 상대는 루치아의 정서를 먼저 열어주기도 하고, 환상의 달콤한 춤의 상대가 되기도 하고, 그를 발전시키는 어릿광대의 익살을 보이기도 하고, 다시 불안한 암시를 주고, 같이 노래부르다가 카덴짜에서는 둘만의 이중창을 하기도 하다가 없어진다.

카덴짜가 '그들만의 기량'을 보여주는 것에 비해 이 조주는 마치 우리 살풀이춤의 천 자락같이 구체와 추상을 넘나들며[55] 루치아를 증폭시켜주는 일뿐만 아니라, 청중의 상상과 교감하면서 현실 추상력을 높여준다. 이 아리아는 초절—형식적 기교를 넘어서는 '현실적 기교'로시의 미덕인 섯이다.

루치아와 심청은 그 처지와 상황이 다르지만 죽음을 눈앞에 둔 고통에 처해 있기는 마찬가지이다. 마지못해 살인하고 곧 자살할 루치아와, 활인을 위해 스스로 살신을 한 연후에 보은받는 심청은 과연 누가 더 예술적 현실성을 가질까?

물론 둘 다이다. 그러나 차이는 있다. 〈범피중류〉는 담담연한 '현실의 우조'를 빌어와 예술적 리얼리티의 깊이를 더한 반면, 〈광란의 아

---

55) 다음 글 「문(文)화·문화(化)·언어의 변증법」의 '살풀이' 부분을 참조할 것.

리아〉는 그 감정의 부침, 그것의 표현을 극대화시켜 삶의 서정의 깊이를 드러낸다. 따라서 〈범피중류〉는 현실로 (인)문화되어 들어오고, 〈광란의 아리아〉는 현실에서 맛볼 수 없는 감동으로 인간을 고양, 순화시킨다. 〈광란의 아리아〉가 예술, 기교적으로 충분하고 충만한 표현으로서 직태(直態)하는 감동이라면, 〈범피중류〉는 (인)문화의 축적에 기반하고 그 과정에 놓여나는, 보다 문화—세계관적인 동인 속에 현실—미래의 동일성으로 존재하는 것이다. 아주 강력한 공동의 삶의식으로 문화되는 것이다.

이것은 예술의 문화 차이이다. '우리 것'과 '서양 것'을 우격다짐으로 분류하지 말고 감수와 향유의 구체성으로 '예술의 문화적 차이'의 독특함을 발전시켜야 한다는 것을, 그리고 그 향유의 방법과 현실성을 찾아나가기를 〈범피중류〉가 우리에게 숙제를 주고 있다.

〈광란의 아리아〉는 '삶과 죽음의 절창'으로 끝난다. 그러나 〈범피중류〉는 '삶과 죽음의 현실 절경' 그 자체인 것이다.

김매자의 질굿

올림픽 폐막식이 벌어지고 있는 종합운동장. 캄캄한 밤이다. 행사장을 꽉 메운 사람들은 축제의 뒷끝에 서서 놓여진 가벼운 흥분에 휩싸여 있다. 〈뱃노래〉의 느린 후렴 부분 '어기야—어야, 어허—야하'가 불리워지고 조명이 들어온다. 넓은 운동장 한복판을 가로 지른, 완만한 에스자 곡선의 조형물이 드러난다. 사람의 키 정도 높이의 단이다. 곧 뱃노래와 섞인 〈범피중류〉가 김소희에 의해 그 특유의 진양으로, 우조로 불리워진다. 푸른색 조명 속으로 하얀 옷을 입은 수백명의 무용수들이 등장한다. 그들의 발길과 몸들이 닿자마자 그 단순한 조형물은 강이 된다. 무용수들이 강 속으로 들어온다. 긴 한삼 자락을 천천히 흩날린다. 꽃잎을 던지는 것같기도 하고, 몸을 던지는 것같기도 하다. 그리고 그들은 물결이 되고, 그 물결은 흘러간다. 출렁거리고 강이 된다. 그 강이 흘러간다.

신기(神旗)들이 등장한다. 농기와 만장기 형상을 한 150여개의 깃발군이다. 그러나 각각은 제법 자유롭다. 돛이 되고 배가 된다. 그리고 흘러간다. 수백척의 선단이면서 하나의 배가 된다. 신격이 되고, 꿈이 되고 새로운 시간 속으로 흘러간다. 여전히 뱃노래의 후렴에 섞인 〈범피중류〉는 계속되고 있다. 돛대들이 기울고, 세워지고, 노가 되고 떠남이 된다. 무용수와 깃발로 물결이 일고 배가 일렁인다. 중모리 장단. 다시 깃발이 제껴지고 배들이 눕혀지고 인생살이가 눕는다. 그리고 다시 세워지고…… 바람이 보이고, 가슴이 막막해지고, 비릿해지고, 그리움이 되고, 세상이 잊혀진다. 그 시간 속에서 뭔가가 정화된다. 애틋해진다. 그리고 벅차다. 그리고 또 세상이, 세상에 대해, 넓어진다.

〈뱃노래〉가 자진모리로 바뀐다. 시간이 뛰어간다. 무용수들이 뛰어가고 깃발이 출렁이고 배가 흘러간다. 강물은 길이 되고, 이미 다른 시간이 되어 어디론가 흘러간다.

〈범피중류〉가 눈에 보이게 연행되었는데, 그 소리가 죽지 않는다. 소리의 탁월한 길의 의식이 눈에 보이는 길의 의식으로 다시 탁월해진다. 상상의 영역이 눈의 영역으로 좁혀졌음에도 불구하고 그 상상의 즐거움과 광대무변함은 줄지 않는 것이다. 연행된다는 것의 힘을 단박에 보여준다.

그런데 이러한 탁월한 길의식이 우습게도 서울올림픽 폐막식 식후 행사의 이벤트로 보여졌다. 김매자, 임학선, 윤덕경의 안무. 7분여의 짧은 연행. 제목은 〈떠나는 배〉이다. 이별의 이벤트라 칭해진다.

그러나 참으로 의외의 일이 벌어진 것이다. 80년대의 정치적 상황을 호도하는데 이용되고, 그리고 관제문화 특유의 보여주기식 이벤트로의 예술 동원이라는 선입견에 의해 당시에는 백안시했던, 올림픽의 부대 행사중 하나인 이 〈떠나는 배〉가 보기드문 예술적 깊이로 살아나는 것이다. 그것도 규모의 미학을 뚜렷이 보여주면서. 단순한 일상 일탈의 이벤트성에 함몰되지 않고 일상성으로의 철학적 환원이 일어나는 것이다.

이별의 미학이 뚜렷이 있기 때문이다. 이벤트성을 이겨내는 예술의 힘이 있는 것이다. 그곳에 참석한 다른 나라의 사람은 그 분위기말고는 언감생심 꿈도 못꾸는 이별－만남의 현실 변증법이 있는 것이다. 600여 명의 무용수들이, 강과 물결과 돛대와 배가 되어 이별과 삶·죽음의 현실의식과, 그것으로 이미 익숙하고 친근한 세상 속을 흘러간다. 세상의 다른 시간을 열어 세상 속으로 들어온다. 그러한 세상의 길, 시간의 길로 흘러다니며 사람들이 정화(淨化)되는 것이다. 이러한 삶철학의 축복이 또 있을 수 없다. 별리의 축원이라니! 이 절절하고 포만된!

그 길을 〈범피중류〉가 열고 스스로 무화(無化)된다. 그리고 세상을 인문화시켜낸다. 7분여의 짧은 시간으로 억겁의 시간의식을 세상에 갖다 놓는다. 〈범피중류〉가 일개 판소리의 '눈' 대목으로서의 예술적 절창을 넘어서서, 스스로 현실 절경이 되어 상상의 공간을 넘어서서 몸의 시간으로 들어온다. 소리가 연행되어 길의 의식(意識)이 길의 의식(儀式)이 되었다. 길의 굿이 되었다.

이제, 좀 더 나서서 온전한 길의 굿 자체인 풍물굿의 길굿 속으로, 그 사유의 시간 속으로 들어가보자.

시간으로 열리는 몸

길의 굿

길굿(＝질굿)은 그야말로 길을 다니면서 치는 굿이다. 동네 샘굿 치러 가는 길, 마당밟이 하러 가는 길, 그리고 판굿의 초입길……

질굿에 대한 아주 흔한 오해가 두가지가 있는데, 하나는 이동을 목적으로 한다는 것이고, 다른 하나는 분위기를 띄워 사람의 참여를 독려하는 가락이라는 것이다. 질굿은 이동만을 목적으로 하지 않는다. 오히려 '이동만을 위한 이동'을 위해서는 가락이 따로 있다.[56]

그리고 질굿은 단순히 구경에의 참여만 독려하는 것[57]이 아니라 풍물굿적인 통과의례를 엄정하게 집행하는 '절차의 굿'으로서 역할한다. 풍물굿에서의 길이란 사람이나 우마차가 다니는 길의 의미가 아니기 때문이다.

그런데 질굿을 치지 않는 경향이 요즈음의 추세이다. 이는 '절차가 법수대로 진행되어 굿으로서의 할 바를 다하는' 큰굿이 점차 보기 드물어지기 때문이다. 현재 풍물굿판의 대다수는 이른바 대회굿(대회용 농악)인데, 이 30여 분의 짧은 굿에서 질굿은 등장용으로 생색 정도

---

56) 진안(중평)굿에서는, 아주 짧은 거리를 이동할 때 쓰는 가락으로 〈보통 열두마치〉가 있다. 10박으로 되어 있는, 절름거리는 박이다.

‖갱 │ │갱 │ 미│갱 │갱 │ 미│개 │갱 │ ‖

　같은 박자 형태를 갖는 남원굿의 〈일채굿〉은, 짧은 거리 이동뿐 아니라 다음과 같은 역할도 있다. 굿의 새로운 '거리'를 시작할 때, 즉 굿의 '거리'와 '거리'를 이을 때 그를 고지하고 치배들의 합류를 재촉하고 새로운 굿판의 분위기를 상황지울 때 이 굿을 친다. 전자의 경우는 〈일채굿〉 가락만 치고, 후자의 경우는 〈일채굿〉 거리가 있다. 즉 일채굿―잦은삼채―휘모리 순(順)의 굿거리가 있다.

‖갱 │ │갱 │ │개 │갱 │ │개 │갱 │ ‖

(임실)필봉굿의 〈참굿〉도 남원굿과 마찬가지이다.

‖갱 │ │갠 │ 지│갱 │갱 │ │깨 │깨 │ ‖
‖개 │개 │갠 │ 지│갱 │갱 │ │깨 │깨 │ ‖

위 가락들은 기본 가락이고, 물론 변주는 다양하다.

57) 일제 시대 신파극이나 서커스 공연할 때 풍물굿패를 앞장 세워 길놀이를 했다고 한다 (마찌바리). 이는 신식 브라스 밴드로 행진하며 사람을 동원하는 홍보활동과 그 내용은 진배없다. 그 길놀이 때 질굿을 쳤는지 안쳤는지 모르겠지만, 사람을 동원하는 호객행위 정도로 질굿을 여기고 치는 버릇이 '길놀이'라는 이름으로 요즘의 풍물판굿에서도 남아있는 것같다.

만 내다 만다. 주어진 시간이 그럴 수밖에 없다. 아무리 짧게 쳐도 한 '거리(場)'를 다 절차의 의미대로 치자면 주어진 시간이 절반 이상이나 흘러가 버리기 때문이다.[58] 게다가 빠른 가락에 익숙한 요즘 사람들이 좋아하지 않는다고 아예 생략하는 것도 다반사이다.[59]

이른바 창작 풍물판굿을 시도하는 젊은 굿패들도 질굿을 소홀히하기는 마찬가지이다. 질굿이 갖고 있는 그 특성을 발전시키지 못하고 있다. 새로운 시간으로 인도하는 길의 굿, 그것의 상상력이 보이지가

진안(중평)굿에서는, 이른바 광고가락이라고 하는 〈갖은(가진) 열두마치〉가 있다. 다음의 일곱 장단을 순서대로 친다.

```
‖갱 |   |갱 |   |개 |갱 |   |갱 |   |개 ‖
‖갱 |   |갱 | 미|갱 |갱 |   |갱 |   |개 ‖
‖갱 |   |갱 | 미|갱 |갱 | 미|개 |갱 |   ‖ ×2
‖개 |갱 |   |갱 |   |갱 |므르|개 |갱 |   ‖ ×2
‖갱 |   |   | 미|갱 |갱 |   |갱 |   |   ‖
```

"굿판이 벌어지면 쉴틈이 없으므로 처음에는 상쇠가 쇠를 놓고 쉰다. 그래서 부쇠가 치는 가락이라고 한다. 부쇠가 가락을 치다가 구경꾼들이 많이 모이면 상쇠가 판을 이끈다."(봉천놀이마당, 『민속교육자료집』, 우리교육사, 1994, 295쪽)

짧은 거리의 이동에는 〈보통 열두마치〉, 사람을 불러모으는 것은 〈갖은 열두마치〉로 분리되는데, 남원굿의 〈일채굿〉과 (임실)필봉굿의 〈참굿〉은 그 두 개의 역할을 같이 한다.

58) 질굿은, 연행될지라도 그 의미가 살려면 '시간의 규모'가 필요하다. 그렇지 않다면 가락만 남고 굿은 없어진다.

59) 대중들의 현재적 기호(嗜好)가 대중성의 절대적 기준이 될 수 없다. 진정한 대중성이란, '대중이 좋아하니까, 아니니까'가 판단의 마지막 절대선이 아니라, 그 호(好) 불호(不好)의 진정한 미학적 가치, 또는 호불호를 넘어서는 것의 모든 당대적 가치를 미래 지향시키려는 의식이 기준이 되어야 한다. 즉 가치 추수(追隨)가 아니라 가치 지향시킬 수 있는 지점을 찾아내고, 그것으로부터 감동과 깨달음과 재미의 예술·현실을 예견하는 것이 예술에서의 대중성의 의미이다. 무엇을 위한 어떤 대중성이냐가 선(先)사고 되어야 하는 것이다. 진정한 대중은 한가지 층위, 한 가지 성격, 그리고 한가지 시간성의 정서를 가지고 있는 것이 아닐 뿐더러 그 정서에 대한 나름의 사고력이 있다. 그 모든 것을 무화시키고 그저 현재의 대중의 감각이 좋아하면 대중성이 있다고 여기는 것은 오히려 대중을 모욕하는 것이다. 대중은 이미 있는 자신의 정서에 대한 위문 잔치를 예술이라고 여기지 않는다.

자세한 것은 이 책의 수록 글 「더늠되는 큰굿」을 참조할 것.

않는 것이다.

하여튼 애물단지처럼 여겨지고 있는 것이 질굿이다. 그런데 사물놀이 앉은반(선반에서는 아님)에서 치는 길굿(오채질굿, 영남길군악)은 애시당초 가락만 있고 '길'은 없을 뿐인데도 길굿의 정신에 가까워 보인다. 뭔가 의식(儀式)적 분위기가 있기 때문이다.

그러나 그야말로 '잠깐의' 분위기 정도이다. 질굿은 새로운 통과의례의 통로를 만들어내는 '길의 의식'인데, 사물놀이의 목표는 굿거리·삼채·짝쇠 등으로 이어지는, 가락의 화려한 '음악적 변주' 자체가 그 목적이기 때문이다.

분명한 것은 질굿이 없다면 큰굿을 칠 수가 없고, 큰굿이 주가 되지 않는 풍물굿은 죽어간다. 상징적 의미로 그러하다는 것이 아니라 질굿이 있어야만이 굿판이라는 새로운 시간을 열 수가 있기 때문이다.

풍물굿을 빠르기로 구분했을 때 많은 부분이 자진모리와 휘모리의 빠르기로 되어 있다. 질굿은 굿거리조와 비슷한 빠르기와 느낌을 갖는 몇 안되는 가락 중의 하나이다. 그렇다고 굿거리처럼 자유롭게 풀어지는 가락이 아니라 자체의 규칙을 갖고 있는 좀 딱딱한 가락이다. 그리고 굿거리처럼 때로는 푸지게 놀아버릴 수 있는 가락은 아니다. 질굿들의 모양새와 특징을 우선 검토해 보자.

좌도굿의 질굿

이른바 전라 좌도굿[60]으로 많이 알려진 풍물굿은 (임실)필봉굿, 진

---

60) 전라좌·우도굿의 구분은 옛 굿의 특징 정도로 국한시켜서 구분지어야 한다. 마치 건 널 수 없는 강처럼 적대적으로 우열을 따지면서 구별하는 분위기가 있는데 이는 억지가 많은 주장이 대부분이다. 옛 상쇠들도 의아해 하고 있는 점이다. 예전에는 그렇게 엄격하게 구별되지 않았다. 이 책에서는 특징 정도의 의미로 구분해서 사용한다. 자세한 것은 이 책의 2부 수록 글 「좌도굿, 좌도굿정신」을 참조할 것.

안(중평)굿, 남원굿인데, 질굿은 그 구성이 대개 비슷하다. 좌도굿에서 〈오채질굿〉은 필봉굿에만 보이는데, 질굿 대신 치거나 〈채굿〉의 앞 대목에 친다.

▲ 필봉굿의 질굿 가락

```
‖갱 |갱 |    |갱 |    |개 |갠 | 지|갱 |갱 |    |개 ‖
‖갱 |   |    |갱 |    |개 |갠 | 지|갱 |갱 |갱 |   ‖
‖갱 |   |갱 |    |갱 |개 |갱 |개개|갱 |갱 |갱 |(갱)‖

‖갱 |갱 |갱 |갱 |갱 |갱 |갱 |개개|갱 |갱 |갱 |갱 ‖홑가락
(갱    |갱 |갱 |뚜듯|갱 |갱 |갱 |뚜듯|갱 |뚜듯|갱 |갱    )접(=겹)가락
```

남원굿에서는 〈질굿〉, 필봉굿에서는 〈외마치질굿〉, 진안굿에서는 〈(풍년)질굿〉이란 부른다. 필봉굿과 남원굿은 가락이 거의 같고, 진안굿은 앞가락의 두 번째 징점(點)의 가락만 다르다.[61]

장구 가락은, 남원굿만 '장구적' 편성이 뚜렷하고, 필봉굿과 진안굿

---

61) * 남원굿의 질굿 가락
```
‖갱 |갱 |    |갱 |    |개 |갠 | 지|갱 |갱 |    |개 ‖
‖갱 |   |    |갱 |    |개 |갠 | 지|갱 |갱 |갱 |   ‖
‖갱 |   |갱 |    |갱 |개 |갱 |개개|갱 |갱 |갱 |   ‖

‖갱 |갱 |갱 |개개|갱 |개 |갱 |개개|갱 |개개|갱 |갱 ‖
```

* 진안굿의 질굿 가락
```
‖갱 |갱 |    |갱 |    |개 |갱 | 미|갱 |갱 |    |개 ‖
‖갱 |   |    |갱 |갱 |    |미갱| |미갱|갱 |    |개 ‖
‖갱 |   |갱 |    |갱 |    |갱 |므리|갱 |갱 |갱 |   ‖

‖갱 |갱 |갱 |므리|갱 |갱 |갱 |므리|갱 |므리|갱 |갱 ‖
```

은 거의 쇠가락과 같이 치는 쇠편성 장구가락이다.[62]

첫 세 장단은 이른바 앞가락이고, 네번째 장단이 본가락이다. 본가락을 주로 치고 앞가락은 이따금씩 치면서 앞가락과 본가락은 교대된다. 앞가락은 머리[63] 역할도 한다.

이 외마치 질굿의 본가락은 보통 접가락으로 많이 친다.[64]

‖갱 |갱 |갱 |뚜듯|갱 |갱 |갱 |뚜듯|갱 |뚜듯|갱 |갱 ‖

‘뚜듯’ 은 막음쇠 한번으로 청음과 탁음 두 질의 소리를 같이 결합한 소리이다. 필봉굿과 진안굿은 이 막음쇠를 엄지까지 사용해서 강하게 막아 대비가 심하여 아주 질박한 맛의 소리를 내고, 남원굿은 막음쇠를 살짝 걸쳐 지나가기 때문에 날렵한 붙임새의 소리가 난다.

필봉굿과 진안굿에 대해 최초로 논문을 발표한 김현숙은 좌도 질굿의 구조를 ‘가진형 + 외장단형’ 이라고 분류하고,[65] “외마치 질굿은

---

62) 남원굿의 질굿 장구 가락

‖덩 |덩 |다래|덩 | 기|덩 |덩 |닥기|닥대|궁깨|닥 |다다‖
‖덩 |다래|라래|더더|더더|덩 |덩 |닥기|닥대|궁깨|닥 |다다‖
‖덩 |다래|덩 |다래|덩 |다래|더궁|구궁|다구|궁기|덩 |다라‖

‖덩 |덩 |다대|궁깨|궁 |다래|덩 |닥기|닥대|궁깨|닥 |다라‖

63) 가락의 종류와 빠르기, 강약, 그리고 분위기를 결정하는 첫가락. 탈춤의 불림같은 것.

64) 진안굿도 마찬가지이다.

‖갱 |갱 |갱 |므리|갱 |갱 |갱 |므리|갱 |므리|갱 |갱 ‖

남원굿의 질굿 본가락은 굿거리조의 꾸밈음을 많이 붙이고 그 변화도 심한 경향이 있어 사실 질굿적인 맛이 덜하다.(제3부에서 소개되는 「남원농악 가락보」 참조)

65) 쇠가락을 악구형(樂句型)으로 분류하면, 외장단형, 음양대비형, 가진형, 허튼형이 있는데, 각각 외장단이 반복되는 형, 양·음의 성질을 가진 악구가 대비되는 형, 둘 이상의 장단이 주기를 이루는 형, 불규칙한 악구형을 이른다.(김현숙, 『호남좌도 농악에 관한 연구―임실과 진안의 판굿을 중심으로』, 서울대 석사학위 논문, 1985, 41~42쪽)

한편 정병호는, 굿거리, 덩덕궁(잦은몰이), 다드래기(휘몰이)를 기본 가락이라고 하고, 외가락(한가락만을 반복하는 것), 암채숫가락(2박의 반복), 느린 가락에서 점차 빨라지는 가락, 내드림과 맺고 푸는 가락(단순한 가락을 냈다가 달고 가서 조이고 가락을 뒤집었다가 맺고 푸는 것)을 특수박의 가락이라고 분류하고 있다.(「현장을 통해본 농악의 특징과 전승 문제」, 『한국의 민속예술』, 234쪽)

가진형의 가락이 내드름으로 연주된 후 외장단형이 오래 반복되고 그 사이사이에 가진형이 한번씩 삽입된다. 즉 외장단형과 가진형이 결합된 형태이다. 그러나 오래 반복 연주되는 외장단이 주가 되고 가진형의 가락은 한 장단만의 반복 연주로 인한 지루함을 환기시키고 치배들의 호흡을 재점검하는 변화형과 같은 역할을 한다고 하겠다. 길을 행진하는 치배들은 정신적으로는 휴식을 취할 수 있어야 하고, 따라서 혼돈을 일으키지 않도록 가장 단순한 구조인 외장단형이 필요하게 되는 것이다"[66]라고 설명하고 있다.

그러나 김현숙은, 가락의 성격 분석이 없고, 또 외마치질굿 가락 자체만에 대해 얘기하고 있어서 질굿에 대한 해석이 실용적인 차원에 머문다.[67]

질굿은 한 '거리'로서의 질굿이어야 유의미해진다. 풍물굿판에서 질굿은 어떠한 역할과 의미체가 되어야만 하는데, 그것은 한 굿거리로서 '풍물굿적 이야기'의 처음과 과정과 맺음이 있는 것으로서 자기 직분을 다해야만 그렇게 될 수 있는 것이다. 길을 다니면서 치는 것에만 어울린다면야 사실 질굿보다는 삼채류 가락이 더 적절하고 적법하다.

많은 치배들이 경험했겠지만, 단순히 길을 걸어 다닐 때는 삼채류 가락이 편하고 자연스러울 뿐더러 걸어다니기에, 즉 행진하기에 발까지 맞아 떨어진다. 더구나 보통빠르기의 삼채뿐 아니라 징 3점 들어가는 늦은삼채부터 반(半)구보, 또는 잦은 걸음의 잦은삼채까지 그 걸음의 운영 방법도 무궁무진할 수 있다.

---

66) 김현숙, 앞의 글, 44쪽.

67) 밤에 굿을 많이 치는 예전에는 길을 다닐 때 장애물이 있으면 뒤에 오는 치배들에게 신호를 해주기 위해서 치는 가락이 앞가락이라고 전해져 내려오는 이야기도 있는데, 이것도 마찬가지의 실용적 해석이나 질굿에 대한 에피소드에서 벗어나지 않는다. 질굿은 이러한 실용적 해석이 대부분이다.

빠르기뿐 아니라 걸어다닌다는 맛도 여러 가지로 난다. 삼채류는 그 종류도 많고 이음새도 자연스러운 것이 많기 때문이다. 국립국악원에서 발행한 『한국음악』 27집(사물놀이)에서 나온 삼채류의 빠르기를 종합해보면, 풍물굿보다 보통 빨리 치는 사물놀이임에도 불구하고, 1분간에 70박부터 120박까지의 빠르기를 가지고 있다. 보통 사람이 걷는 걸음걸이의 빠르기와 비슷하다.

창피한 예이지만, 어떤 행사에 풍물굿이 시가행진으로 동원되어 길을 다닐 때 질굿을 치는 경우는 거의 없고 대개 삼채류 가락을 치며 길을 다닌다. 이렇듯 실용적으로 따진다면야 삼채류 가락이 길을 다니면서 치는 길굿으로는 실제로 잘 어울린다.

현재의 질굿은, 굿거리보다 조금 빠르기는 하지만, 오금을 주어 춤을 추지 않는 한, 그러한 박자 사이의 시간을 춤으로 찾아먹지 않는 한 박에 맞추어 발을 띄어 놓을 수가 없다. 보통걸음으로 걸어다닐 수 있는 박자는 아니다. 즉 춤의 박자이지 걸음의 박자는 아닌 것이다. 길을 다니면서 칠 수 있는 박자가 아닐 뿐더러 그러한 가락의 성격으로서도 불합리한 편이다. 물론 삼채류도 오금을 주고 춤을 추지만 질굿에 비해서는 덜하며 걸음걸이에 가까운 편이다.

그렇다면 실용적이지도 않은 가락으로 왜 질굿을 편제해 놓았을까? 그리고 왜 그것을 질굿이라고 부르는가?

그것은, 질굿이 다녀야 할 길은 현실의 길이 아니기 때문이다. 아니, 반쯤은 현실의 길이고 반쯤은 비현실의 길, 즉 반(半) 추상화된 길의 굿이기 때문이다. 질굿은 반드시 신기(神旗)의식으로 신격의 내림을 받아 그것을 인간이 가지고 다니는 길이어야 한다.[68] 즉 신격의

---

68) 마을굿과 그것의 신격인 마을 수호신(서낭신, 당산나무 등)에 대한 구체적 의례가 많이 존재하고 있었던 옛굿에만 신기에 영받는 의식이 필요한 것은 아니다. 염원과 가심의 필요성이 존재하는 한 현대에도 그 신기 의식(儀式)은 필요하다. 단지 상징적인 의미로 그리해야 한다는 것이 아니라 당대의 염원과 가심 의식(意識)도 진정으로 의례화

시간을 인간의 신성공간으로 나르면서 신격의 시간과 인간의 시간을 절합시키는 과정이다. 따라서 성(聖)과 속(俗)의 길, 두가지가 다 필요한 것이 풍물굿판이다. 우리 풍물굿에서는 그러한 길이 있어야 판의 시간, 즉 일상·비일상의 시간을 열 수가 있다.

새로운 시간

외마치질굿의 본가락은 기본적으로 주술성을 가진다. 동어반복(tautology)되는 리듬은, 특히 타악만의 리듬은 한곳으로의 몰입력이 강하기 때문에 기본적으로 주술적이다. 주술은 자연성을 이탈한다. 즉 현실의 시간과 일상을 벗어나려는 경향이 있다.

물론 샤만―신앙적 주술은 보다 초자연적, 신비적 경향을 띠고, 그 목적도 길흉을 점치고 화복(禍福)을 가져오는 것이지만, 풍물굿적 주술은 보다 신명―제의(祭儀)적이다. 즉 그 목적이나 주술적 순도(純度)가 신탁(神託)의 소극적 대상으로서가 아니라 인간 입장에서의 적극적 신인융합(神人融合)을 꿈꾸는, 제의적 축제의 성격을 가지는 것이 풍물굿이기 때문이다.

게다가, 그리고 관건인데, 풍물굿적 주술은 여러 가지 장치의 탁월한 예술적 기제를 갖기 때문에 '예술적 주술성'을 가질 수밖에 없다. 주술적 목표에 짓쳐들어가는 것이 아니라 그 과정의 인간의 사유와 상상과 시간의 풍부함을 오히려 자랑해낸다.(그래서 거꾸로 이제 주술성은 보다 인간화된다 : 人託) 예술이란 기본적으로 유한 존재인 인간의 자기 고백, 그것의 정화(淨化)·정화(精華)이기 때문이다.

풍물굿 전반에 걸쳐 이 신명―제의적, 예술적 주술성은 기반된다. 풍물굿 가락 하나하나가, 그 변화의 부침이 심할지라도, 기본적으로

______

시킬 수 있다는 것이다. 왜냐하면 풍물굿은 인탁(人託)의 시간으로 하는 존재론적 행위이기 때문이다. 후술하는 '인탁의 민중적 리얼리티'를 참조할 것.

동어반복되지 않는 것이 없기 때문이다. 가락 자체도 그렇고 가락의 구성에서도 그러하다.

외마치질굿의 본가락은 극한적인 단순리듬이다. 몰입성이 단순하고 직접적이다. 특히 필봉굿의 외마치질굿 홑가락은 '김(징)길산 돈닷돈 김(징)기리산 돈닷돈' 하는데, 12박중 변화는 한 군데밖에 없다. 그 변화도 박을 이등분하여 단순하게 쪼갠 것 하나일 뿐이다. 접가락은, 가락의 변화가 두 번 더 늘었고 그것을 막음쇠를 이용하여 듣기 좋은 특이한 소리를 낸다. 홑가락보다는 급한 느낌을 주나 몸과 마음의 집중력이 좋으며 절름거리는 느낌까지 준다. 홑가락이 담담한 길을 안내한다면, 접가락은 길 가는 사람을 달구어대는 느낌을 준다.

김현숙은 길을 행진하는 치배들이 정신적으로는 휴식을 취할 수 있어야 하고, 따라서 혼돈을 일으키지 않도록 하는 가장 단순한 구조인 외장단형이 질굿 본가락이라고 해석하고 있는데, 실용적 관점만 배제시킨다면 정신적 휴식이라는 가락 성격 해석은 참신하다.

사실 질굿을, 그 환경을 잘 조성하고 그 의미를 알아 '정성들여 진지하게' 치게 되면 경험하는 일인데, 질굿이 익게 되면 그 안에 있건 밖에 있건 반쯤 자아가 이탈된 무의식적이고 초의식적 몽롱한 상태가 된다. 사람들은 저마다 그런 상태로 이완되거나 뭔가의 정리되지 않는 상상의 공간으로 빠져든다. 확연히 일상의 시간을 벗어나게 되는 것이다. 물론 이 경지는 아직 익지 않은, 기초로서의 시간이다. 그리고 당연히 다음의 굿 '거리'로 그 시간은 보다 유의미체로 가공되는 것이다.

따라서 이 시간은, 일상 공간의 정신적 휴식이라기보다는 사실 새로운 시간으로 진입되는 몸—마음 이완, 그리고 그 공간에서 본격직 신명—제의를 만들어 내기 전의 정신 긴장된 상태, 그 둘의 복합이다. 정신적 휴식이 아니라 비일상의 시간으로 몸과 마음이 상승하는 것, 정확하게 몸과 마음이 비어지는 것, 어떤 무의식의 공간에 떠 다니는 것이 된다.

그런데 이 시간은 다시 현실로 돌아온다. 앞가락이 있기 때문이다. 가락의 느낌 자체가 단순 동어반복을 깰 뿐더러 가락의 생김새도 가진형, 즉 순서가 있는 가락이다. 정신을 차리지 않을 수 없다. 따라서 이 앞가락은 이동하면서 치지 않고 대개 제자리에서 서서 친다. 이동하다가도 멈춰서서 쳐야 한다. 현실의 시간감을 맞추어내야 하기 때문이다. 이 짧은 가진형의 앞가락을 치면 곧 다시 본가락, 즉 아까의 시간으로 간다.

본가락의 예술−주술적 시간으로의 끈질긴 몰입, 그리고 앞가락이 다시 현실시간으로 피이드백(feed-bag)시키고, 다시 본가락으로 상상의 공간으로 진입하고, 그리고 그 자체가 반복되는, 게다가 알듯 모를듯 빠르기가 조금씩 조여지는, 이 질굿 자체의 구조는 그야말로 성과 속의 시간을 절합(articulation)−적층(積層)시켜 낸다. 이 시간의 중첩이 기초지어져야만 인간의 존재론적 자기 정화(淨化)의 시간, '슬프고도 아름다운' 축제, 본격적인 풍물굿적 신명−제의로 가는 '길'이 열린다.

필자가 임실의 필봉굿을 배우러 들락거릴 때가 70년대 말인데, 그때의 경험 한 도막. 필봉굿은 1978년 전주 대사습놀이 때 장원을 받으면서 밖으로 알려지기 시작했다. 당시의 전북대 탈춤반이 처음으로 필봉을 답사했고, 당시 '연탈'(전국 대학 탈춤반 연합)로 관계있던 홍익대 탈춤반과 서울대 총연극반, 그리고 전북대 탈춤반 세 팀으로 첫 전수가 이루어졌다. 당시 풍물굿은 탈춤부흥운동의 여파로 대개 탈춤반이 대학가로 갓 소개하기 시작했고, 연극반은 마당극운동과 더불어 풍물굿을 배우기 시작할 때이다.

필자는 매해 여름과 겨울에 전수를 들어왔고, 80년 한 해는 아예 마을에 거처를 정해놓고 살았다. 당시 김현숙은 서울대 국악과 1학년 학생이었는데, 그 배우기 어렵다던 영산가락을 앉은 자리에서 배워버리는 총명함으로 우리들의 기억 속에 강한 인상으로 남아 있다.

필봉마을은 면소재지가 있는 갈담에서 한 2키로미터 정도 떨어져 있는 산골마을이다. 면에서 밤재로 가는 좁은 비포장 도로로 조금 가다보면 닥나무를 찌는 가마가 있고, 거기서 한참을 더가면 조그만 다리 하나가 나오는데, 그곳에서 왼쪽으로 꼬부라져 산 초입에 저 멀리 위로 올려다 보이는 마을이다. 마을에서 굿이 이루어지면, 그 닥나무 가마터에까지 굿소리가 묻어 내려온다. 필봉마을 자체 마당밟이가 있던 날, 필자가 어떤 일로 굿치는 시간에 늦어져 갈담부터 걸어올라가게 되었는데, 벌써부터 바람결에 이어졌다 끊어지는 굿소리가 들리기 시작했다. 이 때부터 가슴이 달떠서 발이 땅에 붙어 있질 않다가 다리께에서 동네 입구로 꼬부라져 들어 굿소리가 본격적으로 앞으로 확 다가서자 가슴이 벅차고 울렁거리며 눈물이 핑 돌아 한참을 어쩔 줄을 몰라했다. 질굿이었다. 그리고 그 질굿을 좇아 굿판으로 올라가는 시간의 길은 그야말로 어떤 것이었는지도 모를 정도로 나 자신과 그 현실의 시간을 잊어버렸다. 그저 질굿만 어디선가부터 어디론가로 나와 같이 길을 가고 있을 뿐이다. 오래전부터 익숙하게. 호접몽갖고는 안되는, 한 대여섯 겹을 어디 갔다온 것같은.

단순 동어반복의 본가락과 이따금씩 재를 넘어가는 듯한 앞가락이 교호하는 이 질굿은 멀리서 들을수록 꿈결같이 아득한 정서를 준다. 그 꿈같은 시간이라니…… 현실의 시간만으로는 도저히 갈 수 없는 길을 가는, 존재 자체 공간의, 실재와 관념의 어떤 경계선을 따라 흘러가는 것같은 그 시간……

당시 필봉굿은 그 짜임새와 규모가 좋아서 부흥리, 이목리, 가목리, 회진리 등 인근 마을뿐 아니라 순창, 임실읍까지 걸립굿을 디녔다. 낯선 동네로 질굿을 어르어 들어가면 동네 사람들이 조용히 마중나온다. 왁자지껄 나오는게 아니고 한 둘씩 속으로만 은근히 반겨준다. 굿판을 준비하는 사람들만 이리저리 바쁠 뿐이다. 몇 사람, 속없이 신명이 급한 사람 빼고는 질굿부터 놀러 나오지는 않는다. 조금씩 조용히 시간속으로 들어올 뿐이다.

홍과 신명은 아직 시작되지 않는다. 이는 질굿의 시간관으로 오랫동안 훈련된 굿자세이다. 그러한 문화이다. 이 길의 시간으로 통과의례되어야지만 이어지는 그 다음의 가심과 축제로서의 신인융합의 규율과 자유로 짜여지는 시간은, 좋은 굿판을 경험해본 사람이라면 알 수 있는 그런, 인간의 질서가 아닌, 그 질서로는 못말리는 신명의 '흐드러진 질서'의 굿이 될 수가 있다. '잘 차려진 굿판서 신명 못내는 것 맨치로 큰 빙신이 웁는 법잉께로'의 굿판이 되는 것이다.

구체로의 상승

질굿이 새로운 시간의 길을 열어 놓고 드디어 판굿의 초입으로 들어오면서부터는 새로운 성격과 역할을 갖는다. 새로운 시간의식(意識)을 만든 것으로 소임을 다하고 소멸하는 것이 아니라 판굿의 한 굿거리, 즉 '질굿' 거리[69]를 구성하게 된다. 그래서 이제까지 만들어온 길의 시간성을 쌓아논 채, 그것을 밑천으로 또 다른 시간의 경과구를 만드는데 참여한다. '길의 질굿'과 '판의 질굿'이 중첩되며, 또 무언가를 만들기 시작하는 것이다.

길의 질굿은 판으로 들어와서 잠시 온존된다. 그리고 조금씩 조여

---

69) '거리', 또는 '굿거리'란 일반적으로 장(場)의 개념을 가진다. 풍물굿은 독자적인 정서를 만들어내는 여러개의 굿거리로 구성되어 있다. 질굿, 채굿, 호호굿, 영산, 도독잽이굿 등이 그것이다. 각 (굿)거리들은 소리를 내고 닫기까지 저마다 독자적인 내용과 형식을 가진다.

예를 들어, 남원굿 판굿의 질굿(거리)의 형식은, 질굿 가락—삼채로 넘는 가락—삼채 본가락—잦은삼채로 넘는 가락—잦은삼채—두마치로 넘는 가락2—두마치—두마치 맺는 가락—된삼채 내는 가락—된삼채 본가락—두마치로 넘는 가락1—두마치—두마치 맺는 가락으로 구성되어 있다. 물론 주요 가락의 흐름은 사이가락이나 이음새를 뺀, 질굿—삼채—잦은삼채—두마치—된삼채—두마치이다.

진다. 메타된 시간성이 사람의 호흡으로 조금씩 전이되어진다. 시간 의식(儀式)이었던 길의 질굿이 판의 논리에 의해 판의 질굿으로 드러난다. 시간이 바뀌고 공간이 들어선다. 즉 연행되기 시작하는 것이다. 이제 질굿은 눈에 보이게 된다. 눈에 보이는 시간성, 즉 연행되는 시간 의식이라는 구체성을 얻는다. 그것은 이제 사람의 정서로 포착되는 시간이 된다. 추상된 시간이 메타된 채로 사람의 구체 공간으로 다시 들어온 것이다. 구체로의 상승이다.

그리고 본격적으로 그러한 길의식의 절차를 연행한다. 사람의 숨소리와 신명으로. 길의 질굿 속에서 몸과 마음으로만 흘러다니던 박자의식도 이제는 현실 굿의 박자에 맞춰진다. 걸음걸이도 오금지어지기 시작한다. 단순히 노는 것이 아니라 굿으로서의, 정화의 춤이 바야흐로 시작되는 것이다.

판굿으로서의 질굿 절차(질굿가락 조이기 - 삼채 - 잦은삼채 - 두마치 - 된삼채 - 두마치)는, 길의식(儀式)을 현실 속에서 강화한다. 이 절차의 경과 부분들은 앞 절차의 주의식(主儀式)이 맺이부분으로 그대로 흘러가서 맺도록 하는 단순 경과구 역할에 머물지 않는다. 질굿의 삼채와 잦은삼채는 '길의식의 삼채'와 '길의식의 잦은삼채'이다. 따라서 '길굿의 삼채'란 길의식을 보다 육화(肉化)시키는, 사람의 시간으로 팽창시키는 삼채이고, '길굿의 잦은삼채'란 길의식을 포만시키고 이미 메타된 시간성을 다시 현실·사람의 시간성으로 또 한번 열정적으로 메타시키는 '상승하는 구체'의 시간이다.

이러한 질굿의 삼채와 잦은삼채는 '영산의 삼채'나 '춤굿의 잦은삼채'가 아닌 것이다. 혹 겉보기 가락이 같다고 해도 통과의례되는 내용이 다르기 때문에 그 연행 방식도 달라져야 한다.[70]

---

70) 좌도굿중 여러 굿거리에서 뒷절차의 관형구로 많이 공통되어 있는 것이 잦은삼채(갠지갱굿) - 두마치인데, 사실 이 절차는 앞의 주의식에 따라 할일과 그에 따른 정서가 달리 만들어져야 한다. 똑같은 가락일지라도 내용뿐 아니라 굿치는 자세까지 달라져야

길과 판이 중첩되며 질굿은 '새로운 시간 속의 현실성'이 된다. 새로운 시간이란 일상비일상이 중첩된 시간이고, 그 메타화된 현실성을 전제시켜 놓고 다시 구체의 현실로 재진입되는 것, 그것이 바로 '새로운 (시간 속의) 현실'이다. 새로운 시간 속의 현실성은 '경과해 온' 현실, 즉 '굿적 현실'이 되는 것이다. 이제 풍물굿은 '구체추상더 높은 구체'로 발전되는 현실성이라는 리얼리티를 얻게 된다. 본격적인 가심을 위한 기반이 조성된 것이다.

굿판을, 시간 의식의 변화를 통한 추상의 공간, 즉 성속일여의 장으로 만들어 내고, 다시 그 추상의 시간성을 경과하여 더 높은 구체성으로 현실화시키는 것, 그것이 질굿(거리)이다. 그래야 풍물굿은 굿적 현실성을 얻어 신탁의 선물이 아니라 인탁으로서의 신인융합(神人融合)이 될 수가 있다.

오채질굿

오채질굿은 불규칙 박자이다. 이른바 절름거린다. 2분박과 3분박이 섞여 있는 가진형의 혼합박자이다.

오채질굿은 이른바 전라 우도굿에 발달되어 있다. 그 거리의 짜임새와 역할이 우수하다. 우도굿의 오채질굿에 대해 이보형은 다음과 같이 얘기하고 있다.

농악의 판굿에서 쇠가락이 가장 치밀하게, 그리고 가장 음악성이 높게

하는 것임에도 불구하고 현장의 굿은 대부분 관형적 후렴구로서 동일시 해버린다. 게다가 주의식과 상관없이 무조건 놀아버리는 것으로 통일시켜 버리고 있기까지 하다.

같은 굿가락의 관형구들은 앞의 절차에 의해 부단히 차이를 가져나가야 한다. 가락이나 가락의 구성뿐 아니라 연행방식과 춤의 태(態)까지 보다 '주절차적'이어야 한다. 주요하게 더늠하여야 할 부분이다.

구성된 대목을 추리자면 호남 우도농악 오채질굿, 호남 좌도농악의 채굿, 호남농악의 영산, 호남 우도농악 설장고를 들겠는데, 이 가운데 오채질굿을 첫째로 꼽고 싶다. 이것은 호남 우도농악 판굿의 첫머리에 농악대들이 둥글게 동그라미를 그리며 바른편으로 돌며 치는 쇠가락으로 먼저 매우 빠른 2박과 3박이 아주 복잡하게 구성된 오채질굿을 치고, 이것을 몰아서 자진오채굿을 치고나서 농악대들이 왼편으로 돌며 좌질굿을 치고, 이어서 풍류굿이라 하여 굿거리를 치며 돌고, 다시 바른편으로 돌며 양산도가락을 치고, 늦은삼채를 돌리고 된삼채로 몰아붙이고, 세산조시로 몰아가다 마친다.[71]

각 지역의 오채질굿을 살펴보자.

▲ 이리농악의 오채질굿

〈오채질굿〉

```
‖당 |   |당 | 다|당 |당 |   다|당 |당 |      ‖
‖당 | 다|당 | 다|당 |   |다대|당 |당 |당     ‖
‖당 |당 |   |다대|당 |다대|당 |당 |당 |    ‖
‖당 |딩 |   |다르르르…  닥|다르르르… 닥‖
‖당 |딩 |   |당 |낭 다|당 |다당 |당 다|당  ‖
```

〈좌질굿〉

```
‖당 |   |당 |   |다 |당 |당 |   |다 |당 |당 |       ‖
‖다 |당 |당 |   |다 |당 |당 |   |다 |당 |당 |    ‖
‖당 |   |다 |당 |   |다 |당 |당 |   |다 |당 |당 |    ‖
‖다 |당 |   |당 |   |   |다 |당 |   |당 |   |   ‖
```

<hr>

71) 이보형, 「전통적인 짜임새 부족한 '사물놀이와 재즈'」, 『전통문화』 1985년 10월호, 146쪽.

‖당 │　│당 │　│다 │당 │　│다 │당 │　‖

〈우질굿〉

‖당 │　│당 │당 │　│당 │　│당 │당 │　‖
‖당 │　│당 │　│다 │당 │당 │　│다 │당 │당 │　‖
‖다 │당 │당 │　│다 │당 │당 │　│다 │당 │당 │　‖
‖당 │　│다 │당 │　│다 │당 │당 │　│다 │당 │당 │　‖

오채질굿은 느리게 시작되어 좌질굿에서 우질굿으로 이어지며 아주 빨라진다. 옛날에는 외약오채(좌질굿), 바른오채(우질굿)로 불렸다고 한다. 아주 빠른 우질굿과 느린 질굿으로 이어진다.(봉천놀이마당, 『민속교육 자료집』, 우리교육사, 247쪽)

▲ 김제농악의 오채굿

〈느린오채〉

‖갱 │　│갱 │　│개│갱 │갱 │　│개│갱 │갱 │　‖
‖갱 │　│갱 │　│개│갱 │　│개개│갱 │갱 │갱 │　‖
‖갱 │갱 │　│개개│갱 │개개│갱 │갱 │갱 │　‖
‖갱 │갱 │　│개르│르리│딱 │개르│르리│딱 │
‖갱 │갱 │　│개갱 │갱 개│개갱 │개갱 │갱 개│개갱 ‖

〈좌질굿〉

‖갱 │　│갱 │　│개 │갱 │갱 │　│개 │갱 │갱 │　‖
‖개 │갱 │갱 │　│개 │갱 │갱 │　│개 │갱 │갱 │　‖
‖갱 │　│갱 │　│개 │갱 │갱 │　│개 │갱 │갱 │　‖
‖개 │갱 │　│갱 │　│개 │갱 │　│갱 │　│개 │개 │갱 │　‖
‖개 │갱 │　│개 │갱 │　‖

〈우질굿〉

‖갱 ｜ ｜갱 ｜   ｜개 ｜갱 ｜갱 ｜   ｜개 ｜갱 ｜갱 ｜   ‖

‖개 ｜갱 ｜갱 ｜   ｜개 ｜갱 ｜갱 ｜   ｜개 ｜갱 ｜갱 ｜   ‖

‖갱 ｜ ｜갱 ｜   ｜개 ｜갱 ｜갱 ｜   ｜개 ｜갱 ｜갱 ｜   ‖

‖갱 ｜ ｜개 ｜갱 ｜   ｜갱 ｜   ｜개 ｜갱 ｜   ‖

▲ 고창농악의 오채굿

〈오채굿〉

‖갱 ｜ ｜갱 ｜   ｜개갱｜갱 ｜   ｜개갱｜갱 ｜   ‖

‖갱 ｜ ｜개갱｜   ｜개갱｜   ｜개개｜갱 ｜갱 ｜   ‖

‖갱 ｜갱 ｜   ｜개개｜갱 ｜개개｜갱 ｜갱 ｜갱 ｜   ‖

‖갱 ｜갱 ｜   ｜개리｜르리｜르리｜   ｜개리｜르리｜르리｜   ‖

‖갱 ｜갱 ｜   ｜갱 ｜   ｜개 ｜웃 ｜갱 ｜개 ｜갠 ｜   ｜지갠｜

　갠지｜갱 ｜개 ‖*

‖갱 ｜갱 ｜   ｜갱 ｜   ｜개 ｜웃 ｜갱 ｜개 ｜개갱 ｜갱 개｜개갱 ｜개갱 ｜

　갱 개｜개갱 ‖**

* 원래 고창판굿에 있는 오채굿 가락.

** 원래 오채굿에서 마지막의 굿거리 반배가 없어지고 양산도가 들어온 것은 여성
농악단의 활동과 관련이 있어 보인다. 현재는 이 가락으로 주로 친다.

〈된오채굿〉

‖갱 ｜ ｜갱 ｜   ｜개 ｜갱 ｜   ｜개 ｜갱 ｜   ‖

‖갠 ｜ ｜지｜갠 ｜   ｜지｜갠 ｜   ｜지｜개 ｜개 ｜갱 ｜   ‖

‖개 ｜갱 ｜   ｜개 ｜개 ｜갱 ｜   ｜개 ｜갱 ｜   ‖

‖개리｜르 ｜딱 ｜개리｜르 ｜딱 ‖

▲ 국립국악원의 오채질굿

〈오채질굿〉

‖갱 | |갱 | 개|갱 |갱 | 개|갱 |갱 | ‖
‖갱 | |개갱| |개갱| |개개|갱 |갱 | ‖
‖갱 |갱 | |개개|갱 |개개|갱 |갱 |갱 | ‖
‖갱 |갱 | |개르|르르|(갯)|개르|르르|(갯)‖
‖갱 |갱 | |갱 |갱 개|갱 |개갱 |갱 개|갱 | ‖

〈잦은 오채질굿〉

‖갱 | |갱 | |개 |갱 | |개 |갱 | ‖
‖갠 | 지|갠 | 지|개 |지 |개 |개 |갱 | ‖
‖개 |갱 | 지|개 |지 |개 |개 |갱 | | ‖
‖개 |갱 | |갱 | |개 |갱 | |개 ‖
‖개 |갱 | |개 |갱 | |개 |갱 | ‖

〈좌질굿〉

‖갱 | |개 |갱 | |갱 | |개 |갱 | ‖
‖갱 | |갱 | |개 |갱 | |개 |갱 | ‖
‖갠 | 지|갠 | 지|개 |지 |개 |개 |갱 | ‖
‖개 |갱 | 지|개 |지 |개 |개 |갱 | ‖

　

이상의 오채질굿 가락은 우도굿이다. 이 오채질굿은 다음의 질굿(우도질굿, 풍류굿)으로 이어진다.

좌도굿에서는 필봉굿에만 오채질굿이 있지만, 우도굿의 오채질굿과는 그 역할과 구성이 다르다. 남원굿이나 진안굿에서는 채굿이나 마치굿으로서 그 이름은 있으나 질굿은 아니다. 필봉굿에서 가진질굿이라고도 하는 오채질굿 가락은 다음과 같다.

```
‖갱 |   |   |갱 |   |개 |개 |갱 |     ‖
‖갱 |갱 |   |갠 |   지|개 |갱 |깨 |개   ‖
‖갱 |   |갱 |   지|개 |갱 |   |개 |갱 |     ‖
‖갠 |   지|갠 |   지|개 |갠 |   지|개 |갱 |     ‖
‖갱 |갱 |   지|갱 |갱 |   지|갱 |갱 |     ‖
```

임실 필봉의 오채질굿은 현재는 판굿에서만 쓰이고 있으나 옛날에
는 외마치질굿 대신에 많이 쓰였다고 한다. 박자가 불규칙하여 치기
가 어렵고, 맛을 내기가 어렵다고 스스로 진단한다.[72]

좌도굿의 오채질굿 거리는 구성에 있어서도 우도굿과는 다르다. 오
채질굿—영문삼채—갠지갱—이음새—휘모리로 되어 있다.

위 가락들에서 보다시피 오채질굿류는 상당히 불규칙한 박으로 구
성되어 있다. 국립국악원의 오채질굿의 각 가락을 분박(分拍)으로 분
석해보면, 오채질굿 가락은 2+3+3+2 / 2+2+3+3 / 3+2+2+3 /
3+3+3 / 3+3+3 으로 되어 있고, 자진오채질굿 가락은 2+3+3+2
/ 2+2+3+3 / 3+3+3 / 3+3+3 / 3+3+3, 좌질굿은 3+2+3+2 /
2+3+3+2 / 2+2+3+3 / 3+3+3 으로 구성되어 있는 혼분(混分)박
자이다.

---

72) 임실 필봉굿 가락보는 출간된 적이 없기 때문에 여러 가지 가락보가 돌아다닌다. 천리
안 사물놀이 동호회의 자료실에 올라온 작자 미상, 「호남 좌도 필봉 풍물굿」이 가장
짜임새있게 임실 필봉굿을 소개하고 있다.(go samul로 동호회에 들어가서 사물동 전
용자료실의 43번을 찾으면 된다. ID가 YOUNHOON이란 사람이 97년에 올려놓았다)
목차는 다음과 같다.
   1. 풍물굿을 배우려는 젊은이들에게—상쇠 양순용
   2. 필봉 풍물이 있기까지
   3. 굿패의 짜임 및 옷차림
   4. 굿의 종류—마당밟이(뜰밟이)를 중심으로
   5. 판굿가락과 진풀이

이 혼합박자는 이른바 절름거리는 박자이다. 왜 질굿에, 길을 다니는 행진가락에 이 심하게 불규칙한 절름거리는 박자를 썼을까?

절름거리는 시간

박자의 기본소(素)인 2분박과 3분박이 혼합되면 시간도 혼합된다. 박(拍)의 길이라는 물리적(physical) 시간만 혼합되는 것이 아니라 시간의 의미도 혼합된다. 그래서 시간이 절름거리고, 일상은 깨진다. 일상의 호흡도 아니고, 그렇다고 무의식의 리듬도 아니다. 오채질굿이 그러하다.

그러나 규칙적인 박자도 그 내용으로는 절름거리는 것이 있다. 좌도굿의 외마치질굿이 그러하다. 이것을 먼저 살펴보자.

외마치질굿은 우선 겉보기에 가진형(갖춘형)의 규칙(앞가락)과 외장단(본가락)의 규칙, 그 둘이 결합된 규칙의 틀을 가진다. 그리고 나아가 외장단의 끊임없는 반복, 그리고 그 반복을 깨는 가진 장단들, 즉 반복의 규칙을 벗어나게 하는 규칙성, 그 둘의 결합이 된다. 규칙이 규칙을 깨버려 비규칙성을 만들어내고, 그 비규칙성을 반복시킨다. 그러나 반복의 형식은 반(半)규칙적이다. 판의 상황과 상쇠의 주관에 따라 운영되기 때문이다. 즉 형식이 있는 불균등한 반복이다.

그러나 이 '규칙들의 비규칙성'의 내용은, 규칙들을 깨어버리는 것이 아니라 사실 그러한 규칙성의 환기이다. 새삼 환기시키는 것이다. 왜냐하면 질굿 가락 덩어리를 여전히 반복시키니까. 규칙으로 비규칙성을 만들어 규칙과 그것의 새로움을 온존시킨다. 이는 다른 말로 일상들의 비일상이 일상을 새삼 환기시켜주는 것이다.

그렇다면 이제 외장단은 '규칙들의 비규칙성'이 새삼 '환기' 시켜내는 규칙성이지 그 자체로는 규칙이 아닌 것이 되어버린다. 그리고 그 '환기'의 반복은 점점 더 '비(非)' 규칙인 것이 되어간다. 이제 무엇이 규칙이고 비규칙인지가 소용없는 일이 되어버린다. 왜냐하면 가장 중요한데, 내용이 이제 규칙성과 비규칙성으로 절름거리기 시작하니까. 현실의 시간이 절름거리고, 일상 · 비일상이 절름거리니까.

겉보기에는 규칙과 규칙이 반복되는 규칙성. 그러나 그 규칙들이 만들어내는 비규칙성에 의해 그것이 만들어내는 내용은 겉보기의 규칙성이 죄다 허물어지고 규칙과 비규칙성이 '무화(無化)되어 존재하는' 색즉시공(色卽是空), 규칙 · 비규칙의 일여(一如)상태가 되는 것이다. 시간과 시간, 일상과 비일상, 현실과 비현실, 성과 속이 일여되는 것이다.

그래서 외마치질굿이 담담연한 겉보기와는 달리 그 이면은 오히려 강력한 새로운 시간성을 만들어내는 것이다.

오채질굿은 외마치질굿과는 달리 리듬 구조 자체가 겉보기에 규칙과 비규칙이 내포 — 외연으로 공존한다. 가진형의 틀을 혼합박자가 구성해 주기 때문이다.

오채질굿에서 리듬소(素), 즉 다른 시간을 갖는 기본원소(2와 3) 서넛이 결합한 한 장단(징 1점), 그것의 비규칙성은 가진형태의 한 가락(징 5점)의 규칙으로 내포된다. 역으로, 이 가진형의 한 가락 전체는 비규칙적인 장단들로 외연된다. 비규칙의 규칙성이라는 구성, 즉 규칙과 비규칙이 한몸이라는 모양새를 가지게 된다. 그리고 이 덩어리는 반복된다.

그래서 규칙적인 징의 점수를 가지는 가진형의 이 틀거리는, 징의 점수로는 규칙적이어야 하지만 그 몸은 규칙적이지 못하다. 따라서 가락틀 자체가 사실 규칙적이지 않게 된다.

그리고, 풍물굿에서의 장단의 개념은 어떤 길이를 깆는 박자, 그리고 그것의 반복이라는 뜻보다는 그 박자의 분박(分拍)의 조합 개념으로 더욱 유의미하게 해석된다. 따라서 박자 전부가 길이라는 개념으로 살아나는 것이 아니라 한 분박, 또는 두 분박이 생략되는 것으로,

그리고 그것들의 조합으로 의미롭게 구성된다고 보는 것이 타당할 뿐더러 연행 현실에서도 그렇게 운영되는 것이 대부분이다. 즉 박자의 길이가 그 상태로 보존되는 것이 아니라 비어있는 것으로서 적극적으로 발언을 한다. 게다가 2분박, 3분박이 혼합되어 결합되는 박자는 조합을 아무리 잘해도 끊임없는 연속성을 가지려 한다. 즉 시작과 끝이 애매하며 불안하다. 그래서 겉보기의 징점 수는 사실 가락의 규칙성에 큰 영향을 미치지 않는다. 즉 징점의 규칙성보다는 징점 5배수로서의 규칙성, 즉 개별 장단이 아닌 가락이라는 덩어리가 반복된다는 것이 차라리 의미로울 뿐이다.

따라서 오히려 징의 점수로서가 아니라 각 개별장단의 특성들(특히 네번째 장단같이 확연한 것)에 의해 오채질굿이 규칙된다는 것이 의미로서 확인된다. 형식부터서가 아니라 내용의 형식으로 그렇게 되는 것이다. 그래서 비규칙적인 구성을 갖는 개별 장단이 이제는 규칙성을 확보해 주고, 그 틀거리의 구조가 비규칙적인 것이 되어 버린다. 이 역시 규칙과 비규칙성이 내용 · 형식으로 혼용되어 무화되는 것이다. 그것의 결과는 물론 다른 차원의 시간성을 준다. 규칙과 비규칙의 의미는 없어지고 새로운 시간성의 자짐만 남게 된다.

이제 오채질굿은 그 시간성으로 절름거리게 되는 것이다. 일상의 시간과 비일상의 시간이 혼합되면서 일상도 아니고 비일상도 아닌, 그러한 시간의 공간, 성속일여의 '길'을 따라서 절름거리는 것이다.

외마치질굿은 겉보기 담담, 내용으로 절름거리고, 오채질굿은 내용뿐 아니라 그 형식도 절름거린다.

한 장단이 같은 시가(時價)로 나뉘면 기본적으로 규칙적인 리듬감을 갖지만, 그 장단 안에서 2박과 3박들이 불규칙하게 조합되면 다른 리듬감이 된다. 즉 혼합박의 독특한 리듬감을 갖는다. 장단이 규칙적인 것의 리듬원칙은 분할하는 것(divisive)이고, 2박과 3박이 불규칙하게 조합되는 것같이 혼합박자가 되면 그 원칙은 부가하는 것(additive)이

된다.[73]

외마치질굿은 현실과 그 의식을 분할하고, 그 분할한 것으로 새로운 시간을 짠다. 짠다라기보다 흐르게 한다. 오채질굿은 이 두가지 영역들이 복잡하게 짜여진다. 오채질굿은 분할과 부가(附加)가 내포―외연이지만 실은 징 5점의 순환으로만 규칙, 즉 분할이고, 징 5개의 장단, 즉 가락 전체는 부가이다. 가락이 절름거리면서 현실을 짜르고 깁고 편집한다.

김현숙은, "농악의 혼합박자는 그 용도면에서 '밟는 장단'으로, 그 기능면에서 '부정장단'으로 불려질 수 있고, 치배들은 일상적인 리듬과 다른 이 가락으로 의식장소를 밟아 정화하고, 자신들의 일상생활에서 벗어나 제의에 참여하게 되는 것이다"[74]라며 혼합박자를 밟는 장단, 즉 판굿마당을 밟아 부정을 가시고 제의장(祭儀場)을 정화하는 것으로 본다. 그리고 마당밟이 때의 가내행악(家內行樂)으로는 반드시 혼합박자의 질굿이 쓰이고, 복합박자의 외마치질굿은 사용되지 않음을 주지시키고 있다.

채희완은, 한국춤에 있어서 맺고 푸는 연결점의 고리 역할을 보다 철저히 하면서도 보다 자유분방하게 하는 경우가 있는데, 그것을 '엇박을 타는' 대목이라고 한다.

'엇박을 타는' 대목은 평범한 순차적인 진행구조에 한 가닥의 파란을 일으킨다. 딱딱하고 일률적인 시공간적 구조를 일그러뜨리는, 엄정한 절제 속에서의 일탈이며 평상적인 흐름에 대한 파격이다. 이러한 파격이나 일탈은 일상성을 파괴하고 전도시킨다. 그러나 그렇다고 해서 있는 것 모두를 격렬한 파괴로써 온통 뒤집어 엎는 것이 아니라, 있는 것을 있는 것 그대로 놓아두면서 그 있는 것을 한꺼번에 들어올렸다간 딴 자리로 옮겨

---

73) 박미경, 『한국의 무속과 음악』, 세종출판사, 1996, 148쪽.
74) 김현숙, 앞의 논문, 69쪽.

모양을 바꾸어내는, 이를테면 가장 지속적이고 은근한 뒤흔듦이다.

이렇게 해서 일상성은 새로운 국면을 맞이하고 새로운 활기를 부여받는다. 그러나 그것은 어디까지나 순리적이고 동시에 우호적이어서 저항감보다는 오히려 친근감을 더해준다. 꾸밈은 꾸밈이되 인위적임을 거부하는 꾸밈 속에서 새로운 일상성으로 되돌아오는 것이다. 이러한 자연스런 파격에서부터 한국적 해학은 비롯되고, 이러한 '푸근한 웃음'은 한국 예술 전반에 걸쳐 두루 나타난다.[75]

일률적인 시공간적 구조를 일그러뜨리는 은근한 뒤흔듦이 오히려 새로운 일상성으로 되돌아오게 하는 것, 즉 춤이 엇박을 타는 것이 풍물굿의 질굿의 절름거리는 것과 비슷한 시간성을 보여준다.

장단이라는 것은 사실 연행 차원, 특히 춤에서는 편의적인 것일 뿐이다. 즉 박자와 그것의 체계의 규칙성이라는 것은 필요조건일 뿐이다. 그렇지 않으면 박자가 활용되는 것이 아니라 그것에 얽매이게 된다. 이는 특히 풍물굿에서처럼 오랫동안 대회굿같이 발맞추기가 요구되어지는 판에서 훈련되어져서 더욱 심하게 드러난다. 춤을 춘다고 하지만 그것은 춤의 내용이 제각각, 그리고 그것의 덩어리로서 살아나는 것이 아니라 장단의 규칙성에 발을 맞추어 춤의 흉내만 내어 버리는 것이 된다. 발림과 춤이 원천적으로 죽어버리고, 따라서 개성이 죽고, 그것이 모여서 갖는 덩어리 의식이 죽는다. 즉 약속과 자유라는 현실 의식이 날아가 버린다.

좋은 풍물굿판이나 좋은 춤에서는 박자가 절름거린다. 박자 자체가 규칙적이어도 그 내용은 절름거린다. 그래서 종내는 박자 자체도 그를 지향한다. 절름거린다는 것은, 박자 자체가 절름거린다는 것이 사실 아닌 것이다. 절름거리는 좋은 춤은 현실의 박자, 그 단순 규칙성

---

75) 채희완, 「한국 전통무용의 성격」, 『전통문화』 1986년 1월호, 157쪽.

을 이겨낸다. 그것을 무시할 뿐더러 무화시키기까지 한다.

물론 박자 체계 자체가 없어지지는 않는다. 그러나 그 빠르기의 의미와 색깔은 내재화된다. 그 내재된 힘으로 겉보기 박자도 사실 맞춰진다. 이따끔씩 어쩌다 맞는 것이 아니라 그것 자체가 춤에 있어서 박자가 맞는다는 내용·형식이다. 무화되어 맞춰진다. 내용이 형식미를 완결시켜준다. 그래서 박자의 의미 자체가, 그 설정된 본원의 의미가, 그 사람과의 진정한 관계가 산다. 박자의 약속이 아니라 약속의 의미가 사는 것이다.

그 약속의 의미는 최소한 개성을 보이게 해준다. 굿판에 끼여드는, 그 간단한 도굿대춤도 그런 의미를 정확히 가지는 아주 좋은 춤이다. 잘추는 도굿대춤을 가만히 들여다 보면 사람이 먼저 앞서가거나, 손만 앞서가거나, 뒤따르거나, 춤이 내려오거나, 같이 질러가거나, 달려가거나, 호흡을 멈춰버리거나 하면서 그 춤의, 판의 자성(自性)을 드러내는데 그렇게 자연스러울 수가 없다. 박자를 맞추는 것이 아니라 박자를 '타는' 것이다. 즉 내용으로서의 리듬성이 있다.

형식의 리듬과 내용으로 유관한 그 '꽉짜인 자연스러움'의 미학이 있는 것이다. 이것이 장단의 의미이다. 그리고 당연히 그 춤은 익었다. 좋은 풍물굿판에서는 모든 사람들, 그리고 그것들의 흐름이 그렇다. 사람의, 내용의 리듬성을 탄다. 박자를 이겨내고 유관하는 것으로 리듬을 타는 것이다. 그것은 겉보기에 절름거릴 수밖에 없다. 절름거려 현실성을 이어나간다. 아주 중요한 미적 감수의 기준이다. 대중들의 박수를 겉보기 군대같은 일사불란한 발림과 춤에 유도시키지 말고 저마다의 개성이 얼마나 사람다운 협화의 리얼리티를 만들어내는가, 그래서 오히려 그 개성들은 현실적으로 빛나는가에, 그 친구하고도 새로움에 감농으로 일여시켜야 한다.

질굿은 행진용 가락이 아니다. 발을 맞추어 길을 걸어다니는 리듬이 아니다. 발을 맞추는 리듬이 아니라 새로운 시간성의, 몸·정신 리

듣이다.

질굿은 걸어 다니는 발에 맞지 않는다. 외마치질굿은 가락의 빠르기 자체가 걸음이 아니라 차라리 춤에 가깝다. 오채질굿은 더 발에 맞지 않는다. 박자가 불규칙한 데 일상에서 항상 규칙적으로 사용해 온 발걸음에 맞을 리가 없다. 그래서, 질굿이 발에 맞지 않는다고 걱정할 필요가 없다. 어차피 현실의 발은 맞지 않는다. 억지로 맞출 필요가 없다. 발을 맞추고 안맞추고의 문제가 아닌 것이다. 그야말로 괜한 걱정일 뿐이다. 오히려 그 걱정을 딴 의념(疑念)으로 훈련시켜야한다.

그 의념이란 길의 정신이다. 구체로의 현실—추상의 현실—더 높은 구체로의 현실을 경과시키는 길을 만들어야 한다. "시간 의식의 변화를 통한 추상의 공간, 즉 성속일여의 장으로 만들어 내고 다시 그 추상의 시간성을 경과하여 더 높은 구체성으로 현실화시키는 것", 그것이 길의 정신이고 굿적 현실성이다.

'좋은 굿판'에서 그러한 길을 자주 다녀봐야 발도 맞아진다. 아니, 새로운 차원의 리듬 의식이 생겨난다. 그러한 시간 의식과, 의식으로서 몸과 마음의 춤으로 훈련되어야 현실의 발도 맞을 수가 있다. 걸음이 아니라 성속일여의 춤으로 맞춰지는 것이다. 그것은 '시간의 춤'이고, 인탁(人託)의 춤이다.

풍물굿판에서 그런 춤의 훈련이 오래된 사람들, 그런 경험이 오래 축적된 옛어른들은 그래서 박자에 몸뿐만 아니라 심지어 발까지도 자연스럽게 잘 맞추어낸다. 오채질굿에 몸의 리듬을 맞추어내는 것이다. 지금 풍물굿은 그러한 시간이 필요하다. 시간의 춤을 축적시킬 현실의 시간이 필요한 것이다. 그래서 풍물굿은 문화가 되어야 하는 것이다. 아니, 그래야 풍물굿은 문화된다.

사물놀이의 질굿

사물놀이에서도 오채질굿을 치는데,

　사물놀이가 치는 호남 우도농악은 오채질굿의 장엄한 가락을 치기 전의 순서가 있는데, 이것은 새로 지어 넣은 것이 아니고 걸립패들이 판굿치기 전에 장고 치는 것, 청령 부르는 것, 얼림굿 치는 것을 응용한 것이다. 이어서 오채질굿, 자진오채질굿, 좌질굿, 굿거리, 양산도, 느진삼채, 자진삼채, 세산조시(자진가락)로 몰아감으로 해서 형식상으로는 호남 우도농악 판굿의 오채질굿과 다른 점이 없으나, 사물놀이의 경우에는 이완될 경우에는 한없이 느슷하고, 긴박할 때에는 인간의 극한에까지 조여 몰아붙이는 맺고 푸는 기교의 확장 리듬의 점차적인 변주가 고조되어 극한적으로 응용됨으로 해서, 그리고 최고의 높은 연주 기량을 발휘하므로 해서 청중의 넋을 뽑고 있는 것이다.[76]

　사물놀이가 호평을 받은 것중의 하나는 오채질굿이라는 혼합박자를 살 다루었다는 것이다. 규칙적이지 않은 박자체계를 가지는 가락을, 신상되면서도 자연스럽게 들리는 리듬감으로 외화시킨 것이 대단한 미적 감수의 쾌감을 주기 때문일 것이다. 강약과 빠르기를 잘 직조할 수 있는, 기본기가 화려하게 탄탄한 것도 물론 일조를 하였다.
　그리고 이 가락 자체가 절름거려 일상의 리듬감을 벗어날 뿐더러 바로 앞의 어름굿과 청령의 도움을 받아 뭔가의 의식적 분위기를 만들어내기 때문에, 또 상대적으로 느린 빠르기의 가락이기 때문에 내용적 긴장감을 충분히 주고 있다.

---

76) 이보형, 앞의 글, 146쪽.

그러나 문제는 그 내용적 긴장감이 음악—리듬적 결과를 목표하기 때문에 이 가락의 원래의 내용·형식적 긴장감, 즉 길굿으로서의 길이 목표되지 않는다. 애시당초부터 질굿은 아닌 셈이다. 질굿의 가락 형식을 차용했을 뿐이다. 따라서 질굿은 음악적 카타르시스로 결과되고, 풍물굿이 갖고 있는 여러 가지 차원의 기제들은 포기된다. 사물놀이 앉은반의 태생적 한계일 수밖에 없다.

당연히 사물놀이는 오채질굿의 절차과정이 무시될 수밖에 없어 새로운 시간성을 만들지 못하며, 기술, 음악적 질만 남게 되는 것이다. 이보형의 말을 종합하면, "맺고 푸는 기교의 확장 리듬의 점차적인 변주의 극한으로 청중의 넋을 뽑아버리는" 것이 된다. 사물놀이가 아무리 음악적 감동을 목표로 한다고 하더라도 사람의 넋을 뽑아버리면 안된다. 사실 좋은 음악은 넋을 현실로 중층시킨다. 넋이란 것은 당대성으로 문화되어야 할 현실의 내용과 형식인 것이며, 감동과 깨달음의 질로 승화되어야 할 예술적 내용과 형식이다.

그러나 썩어도 준치. 질굿의 정신이 사물놀이에도 잠깐 살아있다. 풍물굿판에서, 마지 못해 잠깐 치는 질굿, 굿거리조로 변용시켜 놀아버리는 질굿, 행진용으로 여겨 '길' 의식을 단절시켜버리는 질굿 등 '생각없이 치는' 요즘의 질굿들보다는 사물놀이 오채질굿이 훨씬 더 '질굿' 적이다. 질굿의 의식적 분위기가 살아있기 때문이다. 그 분위기는 사물놀이의 다음 가락들, 다음 진행의 커다란 밑천이 된다. 왜냐하면 의식적 판의 냄새를 오채질굿이 깔아놓기 때문이다.

그럼에도 불구하고 분위기 환기 정도이다. 오채질굿으로 일상·비일상의 시간성을 만들지 못하기 때문에 판 전체의 강력한 무형적 에네르기로는 기반되지 않는다. 즉 사물놀이는 징 5점의 '오채' 가락을 화려하게 남겨 놓았는지 모르겠지만, '길' 굿으로서의 의미절차나 체계를 버렸다. 그러면서 그 길의 정신도 포기되었다. 희미한 옛사랑의 그림자, 그 분위기 빼고는.

로드 무비

청년 두 사람이 있다. 히피인 이 둘은 LSD에 취한 몽환 속에서 오토바이를 타고 미국 서부에서 남부로 길을 떠난다. 60년대 말, 미국은 마틴 루터 킹 목사가 백주 대낮에 한 백인의 총에 맞아 죽어갔으며, 반전주의자이며 가장 유력한 대통령 후보로 지목되었던 로버트 케네디는 선거 직전 피살당했다. 68년 혁명은 실패로 끝나고 베트남의 산하를 뒤덮는 융단폭격 아래 선거는 닉슨의 승리로 막을 내렸다. 반동의 70년대가 막을 올리고 있었다. 밥 딜런, 지미 헨드릭스, 그리고 우드스탁 등으로 상징되는 저항문화의 청년들은 그러한 시대의 '길'을 모터싸이클을 타고 관통해 간다. 체제를 이탈하여 어디에도 속하기를 거부하며 끊임없이 이어지는 길 위에 오르는 것이다. 이것은 근본적인 부정의 세계이다. 그러나 그 길의 여정에서 이 히피들이 안락을 구하는 것은 자신들만의 소규모 이상사회와 그 테두리를 벗어나지 못하게 하는 마약뿐이었다. 이들은 나약한 평화주의자일 뿐인 것이다. 미국의 60년대 저항의 수준이다. '미국을 찾아' 떠난 이 두 히피들은 길고 긴 길 끝에 보수적인 남부의 한 시골길에서 머리가 길고 예절이 없다는 이유로 마을 사람들에게 간단하게 총에 맞아 사라진다.

(영화 〈이지 라이더(Easy Rider)〉)

30대의 평범한 가정주부인 델마. 그녀는 안정된 결혼생활을 보내고 있으나 간혹 '내가 이렇게 인생을 보낼 수는 없어'라고 자신을 되돌아본다. 하지만 현실에서는 아무 것도 할 수가 없다. 델마의 고교동창이며 카페의 웨이트리스가 직업인 독신여성 루이스와는 둘도 없는 친구이다. 델마는 수줍고 우유부단하며, 루이스는 고집세고 활달한 성격을 가지고 있다. 이 둘은 가까스로 획득한 주말여행을 떠나게 된다.

반복된 생활에서 탈출했다는 자유스러움으로 모든 것이 신나고 매혹적이다. 그러나 잠깐 머물던 시골 술집에서 한 남자가 델마에게 추근거리다가 결국은 겁탈하려는 것을 루이스가 그만 총으로 쏴죽이고 만다. 그들의 여행길은 도피의 길로 바뀌게 되며, 모험 여행은 시작된다. 경찰의 추격이 시작되고, 그녀들도 어쩔 수 없는 사건들이 벌어지고, 그 사건들이 점점 더 커져 나중에 이들은 극렬한 악당들로 치부된다. 이 새로워진 길의 시간이 처음에는 두렵고 불안했으나 점점 더 현실의 시간을 탈출하는 것에 대해 말로는 설명할 수 없는 쾌감을 맛본다. 그러나 결국 경찰의 맹추격에 막다른 곳으로 몰리고, 그들은 다시 그 일상의 시간으로 되돌아가는 것을 포기하고 그랜드캐년 협곡의 낭떠러지 끝으로 차를 몰아 떨어진다.

평범한 가정주부 델마와 독신녀 루이스의 휴가여행은, 일상의 이탈로서의 그 길은, 이들의 뜻과는 전혀 상관없는 방향으로 치닫는다. 권위적인 남편에 억눌려 살았던 델마는 자신의 진정한 기쁨을 찾고, 루이스는 묻어두었던 과거의 아픔을 치유한다. 그러나 그 대가는? 이들에게는 다시 현실세계로 되돌아 가는 것이 허락되지 않는 것이다.

이것은 90년대의 영화이다. 페미니즘의 영화라고 하지만 그 힘들고 어려운 '페미니즘의 길'에 비해서, 영화는 모험은 가득하지만 소극적 현실탈출의 발로를 벗어나지 못한다.   (영화 〈델마와 루이스〉)

1930년대 미국의 공황기. 소작농의 아들로 무장강도를 하다 복역중 모범수로 석방된 남자는, 까페 여급을 하다 그만 두고 집에서 무료하게 보내는 여자네 차를 훔치려다 둘이 자연스럽게 어울려져버린다. 둘은 서로 건달끼가 닮았다고 느낀다. 남자가 어수룩한 자존심을 살리기 위해 슈퍼마켓을 털다가 그만 둘은 동업자 강도의 처지가 되어버린다. 일상 생활에 만족을 느끼지 못하는 이들은 환경과 처지가 비슷해 죽이 잘맞아 차도둑, 무장강도로 신나게 돌아다닌다. 그 길의 여정 속에서 자동차 정비공, 남자의 형 내외가 엇비슷한 동기로 이들에게 합류한다. 이 본격적 갱 무리들은 그러나 아직도 어수룩하고 천진난만하다. 단지 내일이 없는 불안한 사회분위기 속에서 '그저 신나게' 살자는 의식밖에 없다. 당연히 죄책감같은 것은 없이 은행을 털고 다닌다. 그 와중에 남자의 형은 경찰과 총격을 벌이다가 죽고, 형수는 잡히고 그들은 정비공의 집에 은신하게 된다. 그러나 경찰의 덫에 걸려 이 남자와 여자는 수백발의 총에 난사당해 벌집이 되어버린다.

여자는 그러한 길 가운데에서 죽어가면서, 잠깐 겪었던 무한한 자유스러움, 이제 시작된 남자와의 사랑, 아직 미처 다하지 못한 삶의 안타까움, 그리고 '까닭없이' 죽어가야 하는 분노 등이 복합된 말못한 애절함의 표정을 잠깐 보여주며 눈을 감는다.

(영화 〈우리에게 내일은 없다〉)

이 영화들은 로드 무비이다. 즉 길의 영화이다. 영화 속에서의 길은 대개 인생으로 상징되고, 그 길의 과정은 인생유전(人生流轉)으로 예술화된다. 따라서 로드 무비는 길을 삶의 어떤 보편적이자 특수한 과정으로 여기고, 그 길을 다니며 인생이라는 주제를 강하게 부각시켜 무엇인가를 생각하게 해준다. 그리고 모든 삶에 그 시대와 시대정신이 있듯이 좋은 로드 무비는 당대적 삶의 질곡을 그 당대의 문제의식으로 드러낸다.

유럽은 미국과 좀 다르다. 세상에 대한 저항이 느껴지기보다는 인생의 행로를 환기시키는 길을 택한다.

제목도 '길'인 영화 〈La Strada〉.

잔파노는 떠돌이 곡예사다. 몸에 칭칭 감긴 철쇠를 힘으로 절단해내는 곡예가 장기이다. 그것을 보고 던져주는 푼돈으로 이성을 잃도록 술을 마시고 창녀의 집을 전전한다. 거칠고 포악하며, 의심이 많고 맹수처럼 거칠다. 이 잔파노에게 가난한 소녀 젤소미나가 1만 리라에 팔려간다. 머리가 좀 모자란 듯한, 그래서 백치미가 풍기는 젤소미나는 곡예의 조수 조릇을 하며 같이 길을 떠돌며 맹수같은 잔파노의 성적 노예가 되고 만다. 포악과 탈주와 감금, 린치의 연속에서 울화가 치밀 정도로 젤소미나는 그 고통을 참아낸다.

잔파노는 일행의 악사에게 젤소미나가 마음을 판다하여 그 악사를 찔러 죽이기까지 한다. 젤소미나가 이제는 극한까지 간 울음을 터뜨리자 이 악한도 이 백치의 순정무구를 더 감당할 수 없었던지 도망치고 만다. 길은 계속되고 5년이 지났다. 여전히 길에서 방랑곡예를 하고 있는 잔파노가 어느 항구에서 슬프디 슬픈, 귀에 익은 멜로디를 듣는다. 젤소미나가 곧잘 흥얼거렸던 노래다. 술에 취해 웅크리고 있던 잔파노는 젤소미나의 환상을 감당할 수 없어 짐승처럼 울어댄다. 그가 보인 최초의 눈물인 것이다.

이 영화는 로드 무비의 걸작이라 칭해진다. 거친 인생행로 뿐아니라 길에서 신과 인간의 관계, 믿음과 영혼의 문제까지 파고드는 수작의 길 영화이다.

미국의 로드 무비들은 여러 가지 구체적인 권력으로부터 도피하거나 근대적 주체성을 확보하기 위해 '길'을 그들 삶의 화두로 선택했다. 그러나 유럽의 영화들은 '길'을 통해 삶의 재정비와 재배치가 이루어진다. 그러나 '길' 영화의 기본적인 전제와 동기가 자아의 복구와 구원에 있다면, 따라서 자아에게서 이미 상실된 부분은 무엇이며, 또 길에서 찾아야 하는 것은 무엇일까?

영화 〈삼포가는 길〉에 등장하는 백화는 과도기적 산업화와 도시화가 배출한 표본적 여성상이다. 허름한 주막과 지방 선술집을 전전하는 백화는 그녀 스스로 인정하듯이 빛이 바랜 헌 치마와 같은 인생을 살고 있다. 고향도 집도 가족도 없는 그녀에게 길은 춥고 냉담한 곳이지만, 그녀에게 유일한 안식처를 제공하는 공간이기도 한다. 눈이 쌓인 언덕길을 온전한 고무신조차 없이 달려가야 하는 그 길에서 그녀는 따뜻한 인간미를 깨우치기도 한다.

찾아갈 사람 한 명 없는 백화는 길에서 영달과 정씨를 만나게 되며, 그들과 함께 70년대식의 새로운 가족관을 형성하게 된다. 그러나 백화와 두명의 남자에게 은신처나 일시적인 쉼터는 있지만, 그들이 함께 가꿀 수 있는 안락한 터는 제시되지 않는다. 산업화가 팽창한 70년대의 한국사회는 오히려 전체주의적 성격을 띠며 삼포라는 고향에 대한 정씨의 기억조차 변모시켜 버린다. 나그네의 인생은 연장되며, 고향은 여전히 '길'에 있게 된다.

귀향을 꿈꾸는 한 노인이 있다. 회장으로 불리우는 그는 비록 지금은 거동이 불가능하고 실어증마저 걸린 불우한 위치에 있지만, 피난 이후 남한에서 자수성가한 실향민이다. 죽음을 앞둔 인간이 본능적으로 원하게 되는 '귀향'은 분단으로 전혀 이루어질 리가 없는 현실이다. 노인이 유일하게 간직한 그의 과거나 고향의 징표는 이제는 빛이 바랜 사진 한 장뿐이다. 노인을 '특별하게' 간병하는 간호원은 노인의 배설물을 받아내는 온갖 궂은 일을 도맡아 한다. 노인의 고집으로 동해바다 북쪽 끝까지 그 노인을 데려오지만, 결국 후환을 두려워 하는 노인의 아들에게 노인을 뺏기고 만다. 스스로 갈보, 핫백(물주머니)이라는 단어를 쓰며 그녀는 자신과 노인의 관계를, 죽은 아내의 뼛가루를 짊어지고 다니는 한 나그네, 간호원의 전생의 남편이라고 점괘지어진 그 나그네에게 설명한다. 간호원은 이제 노인뿐 아니라 나그네의 동반자가 되어 이 두 남자가 모두 갈망하는 기억과 회상을 대변하게 된다. 그러나 나그네와 동행하는 서울로의 귀향길에서, 나그네의 죽은 아내가 환생한 혼을 지니게 되는 간호원은 길에서 벌어진 굿판에서 무아지경에 빠지고 만다. 분단과 귀향과 삶과 죽음의 문

제는 여전히 길에 있다.   (영화 〈나그네는 길에서도 쉬지 않는다〉)

  영화 〈서편제〉 후반부에서 송화는 동생이 서울로 돌아가자 같이 살던 주막집 주인의 호의에도 불구하고 또다시 길을 떠난다. 장님임에도 불구하고 송화는 길로 복귀했을 때 오히려 더 잘 어울린다. 길이 내포하는 의미는 불변성과 안락함보다는 이동성이나 서러움 등을 더 강조한다. 제국주의의 영토확장, 노동인구의 이동, 전쟁, 분단, 산업화 등이 끊임없이 요구해온 실향, 혼란, 재배치 등은 우리의 본질적인 주체성의 의미까지 상실하고 의문하게끔 한다. 역사적으로 판단했을 때 길을 주제로 삼은 영화들이 민족주의와 귀향을 함께 잡아맴으로써 개인적인 욕망들을 국가적인 알레고리의 장치로 기호화시키는 것은 어쩌면 당연한 현상일지도 모른다.

  로드 무비는, 그 길은 일상의 이탈로부터 출발한다. 그를 통해 삶의 근본적인 문제와 그것의 현실적인 문제들을 되돌아보게 한다. 새로운 시간 개념으로 현실의 시간을 성찰하고 재정비한다. 비일상의 일상, 새로운 시간의 질인 이 길은 우리의 기억을 회상하게 하며, 일상적인 삶의 터전을 제고하게 하고, 사회와 국가의 정체성을 탐닉하게 한다. 현실에 저항하고 여러 가지 사회적 폭력장치에 저항하게 한다. 삶의 행로 자체를 심리적으로 드러나게 해주기도 한다. 좀더 안정된 주체성과 화목한 공간들을 수색하고 갈망하기도 한다. 그러나 이러한 희망들은 끊임없이 좌절된다. 그러나 또, 이 길 속에서 자아의 복귀와 구원은 끊임없이 갈망된다.

길

  이미 날은 어두워졌고 시간은 9시에 가깝다. 한두 개의 백열등과 촛불만이 제단을 비추고 있고, 마지막 몇분간의 준비가 끝나면 사람들은 모두 모여 당골의 출현에 눈을 모으고 있다. 당골이 노래를 시작하면 향내와 노래가 섞여 애처로운 분위기가 감돈다. 사람들은 그녀의 슬픈 노래를 주의 깊게 듣는다. 당골은 젯상이나 고인(반주자)들을 보며 매우 느린 반주에 맞춰 화려하게 장식된 선율을 3,4절 부르는데, 한 절이 끝날 때마다 후렴이 뒤따른다. 노래의 가사는 '늙은 만년주야, 다시 젊기 어렵구나', '불쌍하신 망자신' 등으로 삶의 무상과 죽음의 허망함, 그리고 돌아간 이에 대한 애석함을 그리고 있다. 그때의 후렴은 '신이여! 나날이 오늘만 같이……' 식으로, 그 경우가 경사스러운 것임을 강조하고, 고인들은 후렴마다 당골과 함께 부른다.[77]

씻김굿의 두번째 절차인 '초가망석' 의식이다. '초가망석'은 초대 의식이다. 누군가를 초대하는데, 이처럼 절차가 뚜렷하고, 설렘과 위엄이 있고, 우아하고, 절절하고, 아름다울 수가 없다.

휴지부도 없이 갑자기 속도가 빨라지면서 당골은 장식이 풍부한 가락과 복잡한 리듬을 사용하기 시작한다. 고인들은 반주를 하면서 각기 자유롭게 노래에 참여하여 화려한 당골의 선율에 가락을 얹는다. 그때 당골은 모든 자연신들을 의식에 초청한다. 당골은 연행의 시간과 장소를 고하기 전에, 고래부터의 기원에 관련된 것을 얘기한다. 그녀는 세상의 맨 첫 무당인 '공심'에 대하여 언급하고, 신화나 역사적인 사건들을 간략하게 죽 열거한다. 하늘과 땅, 사람, 그리고 농사나 운송같은 일들을 만들어낸 신화적인 인물들에 대해 언급한다. 또 공자나 부처같은 역사적인 인물에 대해서도 얘기한다. 그녀는 조선이라는 나라에 대해서도 얘기하고, 왕조에 따라 세워진 수도와 여타 지방들, 그것의 역사적인 사건들을 간략하게 말한

---

77) 박미경, 앞의 책, 57~58쪽.

다. 이 모든 것이 끝나면, 굿이 열리는 날짜와 시각, 장소, 굿을 의뢰한 가족의 성(姓)을 고한다. 가족들이 제사음식을 차리는데 성심성의껏 하였음을 고한 후 마침내 의식의 목적을 털어놓는다 : 가신과 조상신의 보호 아래, '삼엔율락(다양한 악기의 소리)'과 '만반진수(맛있는 여러가지 음식)'로 가득 채운 '야락잔치(마당에서의 잔치)'를 벌일 것인데, 이는 돌아간 이를 씻겨 저 세상으로 안전하게 인도하고자 함이라고, 당골은 모든 신들이 이 잔치를 즐기시고 가족들에게 복을 달라고 빈다. 그녀는 "이 잔치에 부디 하강하소서"라는 종지부같은 선율로 노래를 끝낸 후, 쉬지 않고 이어서 춤을 추기 시작한다.

타악 합주가 화려하게 뒷받침하기 시작한다. 징을 치는 이는 징 안에 손을 넣어 치켜들고, 징판 안쪽을 손바닥을 사용하여 기술적으로 울림을 막아가며 아름다운 싱코페이션 리듬을 창출한다. 당골은 양손에 길고 감각적인 지전을 들고, 양손을 앞으로 내밀어 마치 느리게 북을 치는 것처럼 오른팔이 올라가 있을 때는 왼팔은 내리는 식으로 출렁거린다. 당골은 양팔을 벌리고 지전을 늘어뜨린다. 뻗은 팔을 빠르게 탄력있게 굽혔다 펴면서 희고 탐스러운 지전의 술을 팔에 느슨하게 걸쳐놓고 동작을 멈춘다. 고인은 활기찬 리듬에 맞춰 구음 가락을 열심히 부른다. 그러나 당골의 동작은 매우 억제되어 있다. 가만히 서서 겨우 알아볼 정도로 위 아래로 움직이거나, 발꿈치를 들었다 놓았다 할 뿐이다. 한 마리 하얀 갈매기처럼, 단지 바람에 펼친 날개를 맡기고 우아하게 공중에서 부유하는 것이다.

다시 당골은 단호한 태도로 공간을 맴도는데, 여전히 지전을 양손에 든 채 한 팔은 어깨에 걸치고 한 팔은 내려 뜨리고 있다. 한순간 망설이는 듯하다가 팔의 모양을 바꾼다. 그녀는 젯상을 마주 보는 처음의 위치에 오게 되면 두 개의 지전을 위쪽으로 흔들면서 팔을 율동적으로 들어 올린다. 하얗고 구불거리는 지전의 술은 제단의 희미한 불빛을 반사하면서 당골의 머리 위 차일로 차 올랐다가 급격히 떨어진다. 이러한 동작과 자세를 반복하면서 당골은 역동적인 대비를 보여주는데, 전반적으로 매우 느리고 억제되어 있는 춤동작에 종종 빠르고 단호한 동작을 삽입시키는 것이다. 그녀의 춤동작은 꽉 채워져 있어 위로, 밖으로, 멀리까지 뻗쳐 나간다.

씻김굿은 겉보기에 죽은 이를 위한 의식이다. 그러나 실은 죽은 사람의 혼을 씻어주는 의식을 통해 오히려 산 사람들이 위안을 받는 의식이다. 사람들에게 슬픔보다는 기복(祈福)이나 경축, 영화굿에 가깝다고 받아들여진다.[78]

특히 신의 대리자로서 공수의 위엄을 갖는 강신무보다는, 지역의 공동체 삶에 기거를 하며 민중들의 희로애락의 구체적 질을 알고 그를 승화시켜줄 예술적 기제가 탁월한 세습무들이 하는 씻김굿은 보다 산 사람들과 친근하다. 의식의 주재자인 당골은, 단순한 의식전문가가 아니라 구획지어진 여러 예술적인 요소를 의식이라는 형식에 혼합하는 예술가요, 음악가, 춤꾼 혹은 배우이다.

그리고 굿판에 참여하는 사람들은 그 친화력으로 인해 단순한 방관자가 아니라 그들의 비판적 반응이 재수용되는 방식으로, 어떤 의미

---

78) 씻김굿은 죽음에 관계된 의식임에도, '굿'은 종종 즐거운 것으로, 본질적으로는 '재미있는 것'으로 여겨진다. 사람들은 자유롭게 웃고 농담을 하고, 먹고 술을 마신다. 노래와 춤을 즐긴다. 윷같은 놀이도 한다. 심지어 의식의 노래나 춤까지도 사람들을 즐겁게 해줄 수 있다. 연행자들이 노래를 하면 환호하고 추임새를 넣는다. 절차가 끝날 때마다 방금 마친 의식에 대해 촌평을 한다. 연행자들이 쉬고 있을 때 적당한 때를 보아 사람들은 '진짜' 오락을 주문한다. 연행자들 대부분은 판소리 한 대목이나 육자배기같은 세련된 민요로 응답하고, 유행가도 부른다.

어떤 의식에서는 사람들이 수동적인 청중으로만 있지 않는다. 집 한켠에 모여 있지 않고 몇 시간씩 계속 직접 노래를 부르고 춤을 춘다. 오랜 시간 특정한 민요를 부르기도 하는데, 후렴과 번갈아 가며 노래 가사를 바꾸어 부르고, 후렴은 합세하여 헤테로포니(Heterphony : 2명 이상이 같은 가락을, 음고와 리듬을 약간씩 변주하여 노래하는 것)로 부른다. 대부분 사람들은 모두가 아는 곡들을 골라 박수를 쳐 가며 큰 소리로 열심히 부른다.(박미경, 같은 책, 85쪽)

연행 후 그들은 노래와 춤이 얼마나 좋았는지, 당골의 소리가 어땠는지, 당골과 고인이 잘 어우러졌는지에 대해 흥분해서 떠들기도 한다.(박미경, 같은 책, 95쪽)

로 보면 공헌자가 되는 것이다. 따라서 의식은 당골과 산 사람들의 욕구와 상상력을 채우는 공동의 장이 될 수밖에 없다.

씻김굿 절차에서도 신이 내리는데, 이때 내리는 것은 망자의 영혼이고, 당골이 굿 절차마다 초청한 신들은 초연한 존재로 있다. 당골에게는 절대로 신이 내리지 않으므로 당골 자신은 신의 대리자가 되지 않는다. 절차의 집행자일 뿐이다. 즉 보다 신탁(神託)의 질이 인간의 편에 많이 서있는 편이다. 그럼에도 불구하고 씻김굿은 기본적으로 신탁의 절차이다.

이러한 씻김굿의 초입 저녁부터 다음날 새벽까지의 현실·비현실, 일상·비일상이 넘나드는 시간을 경과하면, 다음날의 현실을 맞는 모든 사람들은 온몸과 마음이 개운하고 기운이 충만해진다. 현실대면력이 말할 수 없을 정도로 고양된다. 씻김굿은 속(俗)과 성(聖)이 서로를 상생시켜 현실이자 미래지향의 에네르기로 가득차 있는 리얼리티의 시간성을 가져내고 또 스스로 경과한다. 따라서 씻김굿은 밝고 진솔한 의식일 뿐더러 음악과 춤으로 가득찬 의식이고, 사람들의 상상력으로 충만한, 그러한 예술성의 아름다운 현실이다.

씻김의 시간은 다음과 같은 기본 절차를 가진다.

1. 안땅 — 방안에서의 의식
2. 초가망석 — 신을 청하는 의식
3. 손굿 — 마마신에 대한 의식
4. 제석굿 — 번영신에 대한 의식
5. 조상굿 — 조상신을 위한 의식
6. 씻금굿 — 죽은 이를 위한 의식
7. 중천 — 잡다한 영들을 위한 대접

첫번째 거리의 의식인 '안땅'의 목적은 집안의 악령이나 부정함을 몰아내고, 수호신인 성주와 조상께 그날의 일정을 고하는데 있다. 일종의 터닦음, 정화(淨化)의 확인이다.

두번째 거리인 '초가망석'에 이르러서야 비로소 현실을 빌어 신을 청하게 된다. 자연신을 청하고 그 내력을 열거하며 친화를 강조하여 그들이 이 잔치에 하강하기를 빈다.

초대 의식인 '초가망석'은 무굿에서의 질굿같은 대목이다. 풍물굿의 질굿처럼 신인융합의 길을 여는 길의식인 것이다. 새로운 시간으로의 진입인 것이다. 가사를 보아도 시간의 길의 역사, 그 시간 흐름의 의식이 보인다.[79] 풍물굿에서 질굿이 예술적 주술성으로 새로운 시

---

79) 진도 씻김굿의 당골 김대례의 노래 가사는 다음과 같다.

    왕하 임신아 / 공심은 저럴지고 / 나무남산 본이요 / 조선은 국이요 / 팔만은 사도 세경 / 한양도 서울이요 / 개성국 본서울 / 천황씨는 하날로 마련하고 / 인황씨는 땅을 마련하옵시오 / 염자신롱씨 농업을 마련해 / 천하자말은 / 우왕이 받으시고 / 지황제 영화를 / 고— 신령님이 받으시고 / 인수녘 인간 인물에 자말은 / 강남서 나오시던 뒤뜨랑씨 / 손님네 제왕제네 / 받으신다 허옵니다 / 집터잡아 삼십삼천 / 이수팔수 허궁천 / 기리천 삼라들이 / 열시왕 인황반에 나오시고 / 자우에 생처나니 / 자시에 하날이 샐기시고 / 축이에 생지하니 / 축시에 땅이 솟아 / 인시때 요상하니 / 인시에 인순에(인시에) 인간이 나오시냐 / 새활터 잡으시고 / ××에 와서 양(장)도 오시면 / 첫 치국은 경상도 / 김부 대왕 치국이요 / 두 번째 치국은 전라 전주 / 기자 사씨 왕씨 치국이요 / 세 번째 치국은 송도 앉은 / 태자 왕씨 치국이요 / 네 번 치국은 / 사백년 도읍인데 / 경기 인왕씨라 / 오라 정 치국이라 허옵니다 / 경상노는 칠십칠관을 마련하고 / 전라도는 오십삼관 / 쉬흔세골을 마련해 / 강(광)나주 대보관 / 전하본 운수관 / 계(해)남은 성주성과 / 허신령 물거너 / 진도 지관을 잡으시면 / 골은 옥지(주)에 골이요 / 면은 의신면 / 사천리 가니 네덕이요 / 가문을 다니시고 / 정중을 대면할적 / 가문은 금과 같고 / 안사같은 오지구다 / 진씨녁 나라찬감은 / 방씨문중 정중안데 / 해로 달로 대명하자고 옵니다 / 해로서는 임술년 햇모(머)리요 / 달성수는 정월 상달 / 달성수는 스무여드레날 / 제명성수라고 허옵니다 / 오방신장 육방천령(룡) / 좌우 영낙을 모시고 / 어진 금과 같은 / 진씨 정오지 선영님네 / 만리 호상가신 / 어진 조상신에 / 넋신을 무셔놓고 / 마당삼기 뜰삼기 / 시우삼기 엉천노보 / 야락잔치로 / 대잔치로 나서와서 / 어진 선영님네 / 잔치차로 오시난데 / 넋신은 모셔서 넋판에 모시고 / 시체는 모셔다가 / 사계화단에 느진 모셔 / 잔치차로 오소사 / 만리 호상가신 조상 / 천리 호상에 가신 넋이 / 잔치 받아 오십시다 / 천년이냐 화년이냐 / 화양상 적적 내려가 / 계활년으로 설설이 나리소서.(박미경, 앞의 책, 199~201쪽)

간의 길을 열듯이, '초가망석'은 사람이 자연신들에게 그 친화력을 강조하고 성심성의껏 판을 만들었음을 고하고 신이 내려올 길을 닦는 것이다. 따라서 무굿의 이 길의식, '초가망석'은 신탁(神託)의 길이다. 신의 길과 시간을 인간 세상으로 연다. 이미 존재하는 신의 세계와 관점을 인간의 시간쪽으로 실어 나른다.

'초가망석'은 초대할 손님을 위하여 시간의 길을 '닦는다'. 그러나 질굿은 사람들 스스로 길을 '연다'. '일률적인 시공간적 구조를 일그러뜨리는 은근한 뒤흔듦'으로 오히려 새로운 일상성의 질을 만들어낸다. 즉 사람이 가는, 성과 속의 시간의 길을 만들어낸다.

풍물굿의 질굿은 그러한 사람의 길이다. 사람이, 그의 염원과 기원과 인생살이의 시간을 성(聖)의 시간과 절합시킨다. 인간의 시간 입장에서, 그 인간만으로는 안되는 존재론적 고통을 무언가에게 의탁한다. 사람의 일을 이루기 위해서 사람의 할 바를 다하며, 염력을 모아 하늘을 청하는 것이다. 이미 있는 신을 청하는 것이 아니라 인간의 염원을 모아내어 신의 시간까지 취하는 것이다. 아직은 일상의 시간만으로는 해결할 수 없는 일에 대한 아주 진실된 자기고백인 것이다. 따라서 질굿은 신탁(神託)의 길을 '닦는' 것이 아니라 인탁(人託)의 길을 '연다'.

사상의 바다

필자는 풍물굿 가락 중에서 외마치질굿을 가장 좋아한다. 가락 자체의 점진적 주술성이 편할 뿐더러 그 편한 달뜸이 근질근질한 신명을 조용히 건드려 내는 것이 신나고, 다음 거리와 굿판에 대한 기대감으로 풍족해지고, 그리고 무엇보다 편하고 익숙한 겉보기에 비해서는 대단한 이면의 기제, 즉 새로운 시간의 현실성을 만들어주기 때문이다. 이 가락을 듣게 되거나, 듣고 있거나, 혹은 굿판 안에서 치고 있거나간에 아주 행복하다. 꿈결같은, 고양되는, 추상의 시간 속 여행 같다. 다른 가락이나 굿거리도 물론 주의식(主儀式), 또는 주제가 있고, 그 색깔과 정서가 저마다 있지만, 그러한 본론적 기제보다 이 길을 여는 의식이 더 달콤하다. 우리 풍물굿의 본론적인 굿거리들이 미발전된 상태로 정체 내지 퇴보하고 있기 때문에 지금은 더욱 그러할지도 모르겠지만.

그러나 질굿의 새로운 현실성이 진정한 문화적 기반 의식과 동질성을 의식·무의식적으로 예술적 기제로써 확보해 주지만, 뭔가의 현실 육화(肉化)적 차원에서는 목이 마르다. 물론 질굿이 열어야 할 판이 어디에, 어떻게 놓일 것인가에 따라, 즉 그 '판의 현실'로써 이 추상·현실의 원석(原石) 덩어리는 가공될 것이다. 그리고 질굿이 길을 여는 그 풍물굿 전체의 예술성을 통해 그 수준만큼 현실의 추상·구체성은 변증되어 드러날 것이다. 그리고 그러한 '판의 기획력'이 만들어내는 현실 구체성의 원천으로서 반(半)추상덩어리 질굿은 그 소임을 다한다고 보아도 좋다.

그러나 삶·죽음·인간이라는 원(原)테제적 '문화 현실성'이 보다 육화된 당대의 현실성으로 가는 길의 굿, 보다 시대정신적 현실성을 갖는 길의 굿, 그리고 나아가 우리 민족의 정신사적 리얼리티의 도도한 물결 자락과 연결되는, 그러한 시간의 길로 가는 길굿이 목마르게 그리워진다.

그런데 사실 우리에게는 뚜렷한 정신사 자체가 없다. 우리 민족의 '도도한' 정신사가 없는 것이다. 질곡으로 점철된 현대사로만 국한시켜 보면 더욱 그렇다. 식민지 시대, 날것 이데올로기의 강박시대, 그리고 천민자본주의 시대를 거쳐오는 동안 우리의 정신사는 겉보기에는 아예 증발하고 말았다. 최근 80년대부터 시작된 합목적적 진보정신도 한 세대가 채 흐르기 전에 고통받고 있는 현실이다. 물론 우리의 정신사는 어떤 식으로든지간에 특히 무의식에 축적되어 있을 것이다. 다행히 그 무형의 멘틀은 우리 문화예술의 끈질긴 생명력으로 조금씩 확인되고 있다.

그 생명력을 여는 길이 질굿이다. 그리고 이제 우리의 '풍물굿판의 기획력'과, 그리고 풍물굿은 거꾸로 그러한 정신사의 밑천이 되는 것, 그러한 길을 문화시키는 것이 되어야 한다.

질굿 속에 있을 때의 아쉬움은, 그 내용은 다르지만 〈수제천〉을 듣고 있을 때의 아쉬움의 질과 비슷하다.

　〈수제천(壽齊天)〉은 향피리, 대금, 당적, 해금, 아쟁, 장고, 좌고 등으로 된 관악곡이다. 궁중의 연례악(宴禮樂)으로 왕 또는 왕세자의 동가(動駕)에 위엄을 돋구기 위하여 쓰였고, 또 정재(呈才)인 처용무, 아박무(牙拍舞)의 반주음악으로도 쓰여 오늘에 이르는 이른바 아악곡(雅樂曲)의 백미로 손꼽히는 명곡이다…… 화려하고 장엄한 선율, 정대(正大)하고 한아(閒雅)한 한배는 속세를 떠나 천상의 음악인 양 신비하고 유연(悠然)하다.[80]

〈수제천〉은 이른바 정악(正樂)이다. 일명 '빗가락 정읍(井邑)'으로 향피리 중심의 관악합주곡이다. 전곡은 4장, 절주(節奏)는 무정형적인 한배(限配)로 되어 있으며, 연음(連音) 형식의 대곡으로 알려져 있다. 국가와 민족의 번영을 구가한다는 아악인 〈수제천〉은 아주 느린 박자로 약 17분 정도 큰 굴곡없이 화평하게 연주된다.

필자는 유신 시절 대학 탈춤반 출신에다가 풍물굿을 대학가로 전수받아 '재생'시킨 세대였고, 게다가 80년대는 기층 민중 중심의 시대 상황이었기 때문에 필자는 국악과 전통문화는 전부 민속악, 민속문화만 있는 줄 알았다. 게다가 궁중음악, 또는 정악은 그 출신(?) 때문에 들어보지도 않고 경원시했다.

---

80) 국립국악원, 「한국의 기악 하나」(지구레코드사 CD 해설집).

이른바 정악 계통의 국악 관·현악곡은 텔레비전 드라마의, 그 궁중과 여인들의 야사 중심 사극의 배경음악으로 먼저 듣게 되어 그 질질대는 이야기만큼 지겨웠다. 배경음악, 효과음악으로 차용되어진, 자신의 온전한 언어적 일관성이 없는 음악, 게다가 부분으로 전달받으니 온전한 감수가 이루어질 리가 없었다. 어쩌다 전곡을 듣게 되어도 음악이 느리고 지리했으며, 현실과는 무관한 관념의 냄새가 풀풀 난다고 지레 선입견을 가졌었다. 그럼에도 불구하고 〈수제천〉은 뭔가 야릇한 감동이 있었다. 뭔가를 생각하게 해주는 음악이었다.

〈수제천〉은 생각 자체를 생각하게 해준다. 음악적 생각이다. 느린 음악의 장점은 대개 형식 이완―내용 긴장인데, 그 내용 긴장은 사고력을 부추긴다. 물론 음악적 추상의 상상력이다. 그 상상의 공간을 헤매고 다니는 맛이 〈수제천〉에 있다.

조선조 시대에 사대부들이 추구했던 이상적인 음악정신(예악정신)은 철저하게 유교라는 이데올로기에 부합되는 것이었다. 이는 이성에 바탕한 음악이지 감성에 바탕한 자율적인 것은 아니었다. 궁중의 제례(祭禮)나 연례(宴禮) 등에 쓰인 조선왕조 음악의 대부분은 의식에 차용되었으며, 예(禮)의 테두리에 놓인 악(樂)사상을 벗어나지 않았다.

조선 성리학으로 무장된 당시의 사대부들에게 〈수제천〉은 자신들의 사상을 정화(精華)시켜 놓은 음악이었을 것이다. 이 음악은 사상의 광대무변한 바다 속을 유영하는 것같은 느낌을 준다. 사상이 진할수록 더욱 광대해지는 그런 유영. 물론 관념으로 점철된 사상의 바다일지언정 그러한 광대무변한 사상의 유희를 〈수제천〉은 마련해 준다. 이 음악을 들으면서 사대부들의 관념의 바다가 아니라 현실을 미래지향시키는 진보로서의, 개성과 영혼을 살찌우는 그러한 우리 현실의 사상의 바다를 헤집고 다니고, 파묻히고, 떠나니고 싶은 의욕이 많이 난다. 음악의 정화력이라니……

〈수제천〉은 사상의 바다를 떠다니게 해준다. 그러나 '관념의 관념'의 바다이다. 질굿은 새로운 현실성의 시간을 만들어준다. 그러나 지금은 그 시간성을 통과의례하여도 갈만한 그러한 정신사의 대해(大海)가 아직 우리에게는 없다. 조선 성리학의 체계와 제도만큼도 물론 없다. 그렇다면 질굿은 이제 우리의 정신사를 종횡으로 헤집고 다니려고 하는 그러한 '길의식'으로, 그러한 무형의 힘으로 문화되어야 한다. 당대 정신으로 밑천되어야 한다.

생 령

소설 『장길산』의 에필로그는 미륵 이야기이다.

영조때 난을 일으켰던 노비들이 관군들에게 쫓겨 굶주리며 죽어가다 천불산 계곡에 숨어살게 된다. 이 골짜기 안에 천불천탑(千佛千塔)을 세우면 그들이 나라의 중심이 되는 세상이 하룻밤 사이에 이루어진다는 미륵님의 계시를 받게 된다.

노비들은 새벽에 깨어 일어나 보성만에서 떠오르는 아침 해를 보았다. 우리는 이곳에 서울을 세우리라고 미륵님께 서원합니다. 여기가 염부제가 되리라고 믿습니다. 그들은 황토뿐인 야산에서 바위를 찾으려고 산등성이를 넘어가고 들판을 달리고 강을 건넜다. 바위를 굴려오고 끌어오고 떠메고 오면서 그들은 북을 두드렸다. 집채만한 북을 골짜기 어구에 걸어 두고 산천이 떠나가라고 두드리면서 미륵상과 탑을 쪼아 세우는 노고를 온 세상에 알렸다.

세상의 모든 천민이여 모여라. 모여서 천불천탑을 세우자. 그들은 보리밭 밭고랑에 돌을 눕혀놓고 새기기도 하고, 산비탈에서 쪼으기도 하고, 암벽 중간에 매달려서 정과 망치를 두드리기도 하였다. 고수는 망치 소리를 모두 뒤덮을만치 우렁차게 북을 때리고 또 때렸다……

그들은 캄캄한 밤이 되었어도 횃불을 밝히고 일을 계속하였다. 구백구십구의 미륵상과 탑을 세웠다……

마지막 미륵님의 형상이 이루어졌다. 자, 이 미륵님만 일으켜 세워 드리면 세상이 바뀐다네. 그들은 머리와 어깨와 몸에 달라붙어 힘을 썼다. 북은 그들의 힘쓰는 앞소리와 뒷소리에 장단을 맞추었다. 미륵의 몸이 움직이기 시작하였다. 조금만 조금만 더, 하다가 미륵은 다시 넘어졌다. 사람들은 지칠 줄 모르고 미륵님을 밀어 올렸다. 그때에 도저히 이 캄캄한 밤의 노고를 참지 못한 사람 하나이 있어, 손을 떼고 혼자 떨어져 나가며 거짓말로 외쳐 버렸다. 닭이 울었다! 고수는 그 말을 듣고 깜짝 놀라서 북채를 내던졌다. 미륵을 밀어 올리던 사람들도 힘을 잃고 주저앉아 버렸다. 미륵상은 비탈 저 밑에 처박혀서 다시는 움직이지 않았다. 서로 미륵상이 되기 위하여 우뚝우뚝 새까맣게 몰려오던 사방의 바위들도 소문을 듣고는 그 자리에 넘어져 버렸다.

구백 구십구의 미륵상과 탑을 세우는 노고(勞苦), 그리고 '구백구십구의 한 개'의 미륵으로 남는 염원. 이제 미륵은 기다리는 것이 아니라 준비하는 것이 된다. 다음은 『장길산』의 대미(大尾).

대동세상이 이루어진다는 확신을 가진 사람들의 목숨 가운데서 문득 빛나던 것이 있었으니, 스스로의 가슴 속에 이미 저러한 세계의 실상이 생생하게 담겨졌다는 깨달음이었나.

역(易)에 이르기를 미제(未濟)의 뜻이 해가 바다 속에 잠겨 있으므로 장차 밝게 떠오를 것을 안다 하였으매, 티끌처럼 수많은 생령(生靈)들의 뜻이 어찌 이루어지지 않으랴.

수많은 생령들의 뜻을 현실에서 모아내는 의례이자 마음가짐이자 가심, 사람의 일을 이루기 위해서 하늘의 힘마저 빌어보는 것, 스스로의 가슴 속에 이미 저러한 세계의 실상이 생생하게 담겨지기를 바라는 그 꿈결같은 시간, 리얼리티의 절절한 시간, 그것을 담아내는 현실의, 현실·이상의 공간이 풍물굿이어야 하고, 그러한 풍물굿의 시간을 여는 길이 질굿이 되어야 한다.

〈범피중류〉의 뱃길은, 피안(彼岸)·차안((此岸)의 경계선을 흘러가며 삶·죽음의 한계 끝까지 간 서정의 그 유한─인간존재론적 깊이, 그 길을 이미 열어놓았다. 질굿은, 사람이 가는 성과 속의 시간의 길, 일상·비일상, 현실·비현실의, 그러한 시간의 공간, 그 길을 이미 열어놓았다. 우리 세대는 그 길 위에 어떤 더늠을 통해 어떤 당대성을 적층시켜 놓을 것인가? 무엇을 사유하고 무엇을 존재시킬 것인가? 집채만한 북을 골짜기 어구에 걸어 두고 산천이 떠나가라고 두드리면서 미륵상과 탑을 쪼아 세우는 노고, 우리는 풍물굿을 통해 어떤 노고를 세상에 알려야 하는가? 그 노고의, 우리의 당대성은 어떤 것인가?

인탁(人託)의 민중적 리얼리티

고갱의 유토피아

열대 우림이 우거져 있고 샘물도 있다. 한가운데에는 한 여인이 서서 과일열매를 따고 있다. 그 옆에는 여인이 등을 돌려 비스듬히 앉아 있으며, 그 앞에는 아이 하나를 뉘어논 여인 셋이 각자의 시선을 가지고 있다. 그들 뒤로는 이 정경과 무관하게 두명의 여인이 흘러가고 있다. 중앙의 과일 따는 여인의 발치에는 앉아서 과일 향내를 맡는 소녀가 있고, 그 앞에는 건강한 처녀와 늙은 여인이 같이 앉아 있다. 화면은 그지 없이 조용하다. 사람들도 조용하다. 사람들의 표정은 이미 감정을 넘어선 상태이다. 사람들은 서로 관여하지 않는데도 이미 그들은 무엇인가의 동류(同類)로 되어 있다. 개와 고양이, 염소와 새는 화면 속에 적당히 자리를 잡고 있으며, 그들의 신(神)은 양팔을 벌리고 인간처럼 서있다.

고갱의 그림 〈Where Do We Come From? What Are We? Where We Are Going?〉이다. 우리는 어디서 왔으며, 무엇이며, 어디로 가고 있는가? 마치 선(禪)사상의 화두같은 그림 제목이다.

고갱이 마르세이유에서 거친 항구 노동자들과의 생활마저 정리하고 드디어 그의 유토피아인 타히티로 떠나게 된 때는 19세기가 다하는 세기말이었다. 당시의 유럽은 연대기적 의미만이 아닌 정신사적 세기 말, 즉 데까당스의 풍조가 퍼져 있었다. 그들이 르네상스 이후 풍요롭다고 느껴왔던 인간중심주의 사회가 균열되기 시작했던 것이다. 시대 정신에 민감한 예술가들은 그것을 못견뎌하여 예술 자체의 형식미를 파괴하기 시작하거나, 인상파의 여러 작가들, 그리고 고흐, 피카소들처럼 동양이나 아프리카의 원시미술에서 사상-예술적 안온처를 찾으려 했다. 한 술 더 떠서 격렬한 행동주의자인 고갱은 아예 그만의 삶-예술적 처녀지를 찾아나섰던 것이다.

고갱은 태평양에 처박힌 섬 타히티에서 '낙원'을 그리기 시작했다. 내츄럴, 원주민, 원시성 등에 안착하면서, 질식할 것같은 문명 현실을 벗어나 '퇴행된 자유' 속에서 행복했다. 서머세트 모음의 소설 『달과 6펜스』에서 고갱의 모델인 차알즈 스트릭랜드는 말년에 문둥병과 싸우다가 죽어가면서도 그런 자기만의 유토피아를 이루어나가는 미적, 삶적 선지자로 그려지고 있다. 어쩌면 프로이드 이전의 정신사 속에서, 어머니 자궁으로까지의 퇴행이라는 극단적인 소외의식의 '잃어버린 시간을 찾아서' 보다는 아직 낭만-낙관적인, 아주 행복한 행운아 고갱이었던 것이다.

고갱 「우리는 어디서 왔으며 무엇이며 어디로 가고 있는가」(『서양의 미술 〈고갱〉』, 서문당)

이 그림, 〈Where Do We Come From?……〉은 고갱의 미적 이상
이 가장 총체적으로 드러난 그림이다. 자연, 동식물, 토템, 아이, 여
인, 그 교호…… 평화와 평등, 무엇보다 정신과 영혼이 위선, 허위,
부끄러움이 없는, 신과 인간 앞에 순수한, 그러한 원시적 공산의 유토
피아를 파노라마처럼, 그러나 일목요연하게 드러내고 있다. 고갱은
그의 이상과 미학의 정수가 고스란히 드러나는 이 그림을 아마 미학
―예술체계를 넘어서는, 아니 그것까지 일여되는 사상―신앙의 차원
과 자세로 그렸을 것이다. 본원과 모태의 순수성을 대리하는 사제로
서의 의무감조차 느꼈을 것이다.

그러나 고갱의 성속일여(聖俗一如)의 유토피아를 보면서 우리는 뭔
가 말못할 페이소스를 느낀다. 대가 고갱에 대해서, 그리고 우리의 현
실의 시공간 양 측면에서…… 이 그림은 그저 따뜻한, 그림 속의 유
토피아로 우리를 여행시키지만은 않는 것이다. 고갱은 유토피아를
'표현' 했으되, 그 이면의 삶까지 그의 사후로도 오랫동안 우리에게
그리게끔 한 것이다.

인간이 만들어내는 유토피아와 인간, 그리고 그 관계를 새삼 피할
수 없이 보게 만드는 것이 바로 이 그림의 힘인 것이다. 그것은 어쩌
면 미술 자체의 표현과 이야기 속에 '이미 내포' 되어야만 하는 그 무

미켈란젤로 「시스틴 천정벽화」(『서양의 미술 〈미켈란젤로〉』, 서문당)

엇의 힘일 것이다. 그래서 미술이 보여주는 역사성일 것이다. 이 점이
이러한 류의 유토피아를 그려왔던 고갱 앞뒤의 여러 작가와는 다른
점이다. '이미 내포되어야만 하는' 예술―필연적인 것, 그래서 현실
의 정신사와 역사성을 아우르는 힘과, 그림 공간만의 표현법을 벗어
나지 못한 것과의 인류 기본기적 차이점인 것이다.

　그래서 우리는 이 그림을 보면서 '고갱의 별난 유토피아'를 현실에
서 벗어난 잠깐의 환상 속에서 즐기는 것이 아니라 어쩌면 인간 자체
의 순정한 비극성을 나로부터 느끼게 되는 것일는지도 모른다. 그러
나 이 비극성은 슬픔이나 비참이나 비관이라는 단순 정서가 아니라
이미 우리의 역사적 사고와 정신사와 현실에서 교호하는 존재론적 힘
이 된다. 죽은 자와 피안을 빌어 오히려 산 사람에게 생기를 불어넣
어주는 우리의 '좋은 굿' 한 판을 본 것같은 그런 실재적인 힘인 것
이다.

　미켈란젤로의 시스틴 성당의 천정 벽화는 인류 최고의 대작이다.

그야말로 대작이다. 천지창조부터 최후의 심판까지 일목요연한 감동을 주는 이 그림은 당시의 교황을 기획자로 내세웠던 만큼 규모와, 그 규모의 미학 자체가 아직도 가슴 울렁거리는 감동을 준다. 토마스 아퀴나스가 마련했던 그 막강한 중세 지성의 토대 위에서 인간의 상상을 맘껏 뽐내는 가슴 벅찬 그림인 것이다. 누백년간 중세 전체를 지배해왔던 신앙과 사상적 이데올로기를 미술적 언어와 감동으로 보여주는 사상-정신의 대작인 것이다.

이 천정화에 비교하면 고갱 '혼자 찾은' 그의 유토피아는, 그리고 그 자신은 왜소하고 쓸쓸하다. 그래서 우리는 그의 그림의 존재론적 감수와 비극성을 더욱 깊게 느끼는지도 모른다. 신의 프로젝트라는 광대함에 대한 감동과 찬양, 그래서 그만큼의 현실 혼미가 아닌, 현실 친근감의 유토피아 의식이 배어나오기 때문이다. 그래서 우리는 미켈란젤로로부터 인류적 이성과 정신의 교과서, 그 관념의 광활한 회오리바람, 대가적 풍모에 대하여 감동을 받으면서도, 고갱의 그림을 보면서 다른 측면, 즉 구체적 역사-현실의 존재태로서 인간이 가져내는 실재로서의 감수적 힘을 느끼려 하는지도 모른다. 이것이 리얼리즘 아닌가? 리얼리즘이란 현실의 모사가 아니라 현실 존재의 모순과 극복의 인문화인 것이다.

광대한 차가움과 낯익은 따뜻함의 역사적 교호, 어느 한쪽으로도 퇴행되거나 허위의식으로 달려가서는 안되는 인류 존재의 필연적 담론을 두 대가는 각각의 그림으로써 말하고 있다. 물론 고갱은 우리에게 친근하고 왜소하다. 그의 유토피아는 저넘어 바깥이 아닌 일상의 언저리, 성과 속의 경계, 그것의 낯익음이다. 그래서 이 그림, 유토피아를 보면서 우리는 코끝이 스스로와 고갱에게 찡해질 수밖에 없는지도 모른다.

신은 보편적 구원 의지를 지니고 세계의 조화와 인류의 구원을 위해 역사과정 안에서 부단히 역사(役事)한다는 것이 유일신 기독교 사

상이다. 신의 구원은 인간 세상으로 일방적으로 흐르며, 사람은 감사
와 의탁의 상념을 간직하면 된다. 그런 헤브라이즘 사상과, 세상에 대
한 인간의 자성(自性)을 얻기 시작하여 결국 인간의 이성행위를 세상
의 모든 것 위에 두려 한 근대성의 오만, 이 두 축의 파행은 서구의
세기말을 낳는다. 그곳으로부터 탈출한 고갱은 유토피아를 꿈꾸고 실
현하지만, 그것은 이미 퇴행된 혼자만의 유토피아이다.

그럼에도 불구하고, 미켈란젤로의 천정화는 신탁(神託)에 대한 인
간의 헌사이지만, 고갱의 유토피아 의식은 인간 입장의 신탁, 즉 인탁
(人託)의 자기 정화이다. 고갱은 그 속에서일망정 성과 속을 애처럽
게 일여시킨다.

서구 사상사는 근대의 세기말에, 오리엔탈리즘이라는 건방지고 뒤
틀리고 편협한 짝사랑이지만, 이러한 '그들로부터 퇴행된' 유토피아
에 때로 위안을 받아 왔다. 그렇다면 우리의 유토피아 의식은? 그것
은 문화로 기반되는 힘을 가진 인탁의 의식이다. 그것의 성(聖)과 속
(俗)은, 그 존재론적 고백의 질긴, 오랜, 민중적 리얼리티의 교호는,
굿의 리얼리즘은 우리에게는 원효부터 시작된다.

무애무

원효가 춤과 노래를 통해 교화를 베풀었다는 〈무애무(無㝵舞)〉에
대한 이야기.

우연히 광대를 만나 춤추며 놀리는 큰 호로박을 얻으니, 모양이 기괴
하였다. 그 모양대로 악기를 만들고, "일체 구애됨이 없는 사람은 한길
로 생사의 문제를 벗어난다"는 화엄경의 구절을 따와 그 이름을 무애(無
㝵)라고 붙인 다음 노래를 지어 세상에 퍼뜨렸다. 일찌기 그 무애를 가
지고 수천의 마을을 돌아다니며 〈무애가〉를 부르고 무애무를 추어서 교

화하고 감흥시킨 후 돌아왔으니, 초동과 목수의 무리까지도 부처의 이름을 아며, 나무(南無)의 칭호를 부르게 되었다. 이는 원효의 교화가 큼이로다.[81]

원효의 신라시대에는 불교를 논하는 데 두 가지 입장이 있었다고 한다. 생활에서 일어나는 감흥과 경험 각성, 이런 것으로부터 사고를 시작하는 이른바 밑으로부터의 철학, 그리고 불경같은 수입된 문헌을 어떻게 풀이하고 이해할 것이냐 하는 위로부터의 철학이다. 원효의 사상은 전자의 표본적인 예인데, 〈무애무〉는 이 둘을 정서적으로 통일시켜주는 춤이 된다. 〈무애무〉는, 불교사상을 일깨우고 민중을 교화하는데에는 관념적인 사고와 실천적인 춤 동작이 같은 구실을 하고, 설법과 가무, 사색과 유희, 숭고함과 비속함이 한 길로 통할 수 있다는 것을 얘기해 준다. 고승 원효가 광대 원효가 되듯이 숭고하다는 것은 비속한 데서 찾아야 비로소 진실에 이를 수 있다는 것을 행동으로 보여주는 것이 무애의 춤과 노래인 것이다.

광대를 스승으로 삼아 춤을 배우고, 그 박을 무애라 하여 춤의 장단을 맞추는 악기로 삼아 추었던 〈무애무〉는 원효가 광대에게서 배운 것이지만, 광대의 춤이 아니라 원효의 춤이 되었다. 광대의 춤을 수용한 원효는 춤사위와 그들의 감흥을 그대로 살리는 한편, 민중의 삶과 의식의 각성 속에서 부처의 삶과 깨침을 발견해 내고, 이 둘을 아우름으로써 불교적인 교화의 구실을 할 수 있는 〈무애무〉로 창조했기 때문이다.

원효의 철학사상의 핵심은 개념화할 수 있는 것을 넘어서고 있는데, 한정된 철학사상의 개념을 가지고 언어로써 논하려면 곧바로 한계에 부딪

---

81) 『三國遺事』, 卷四 元曉不羈條(임재해, 「우리 전통춤의 맥락과 현장에서의 본디 모습」, 『한국의 민속예술』, 452쪽에서 재인용).

치게 마련인 것이다. 원효는 이러한 한계를 극복하고자 말로써 다 설명해낼 수 없는 무엇을 살아 있는 자신의 몸짓으로 이야기하면서 민중과 더불어 불가의 세계를 이루었던 것이다. 사람들은 춤의 황홀경 속에서 이승과 저승, 인간과 신 사이에 교감의 통로를 마련하고, 일상적인 세계의 속박들로부터 벗어나 자신이 모든 세계와 어우러져 있음을 느끼게 되는 것이다.[82]

즉 〈무애무〉는, 관념적인 불교 사상이 민중의 일상적인 삶의 몸짓과 만나는 성속일여(聖俗一如)의 경지에 이르면서 민중적 리얼리티를 얻게 된다. 그럼으로써 원효는 고민이었던 진(眞)과 속(俗)간의 대립을 해소하며 화쟁(和諍) 사상을 이끌어낸다.[83] 그 방법이, 이승과 저승, 인간과 신 사이에 교감의 통로를 만들어내는 인간의 춤과 노래인 것이다. 따라서 원효는 신의 길을 제시하고 민중이 따르도록 일방적으로 교화시킨 것이 아니라 인간의 방법으로 민중과 더불어 신의 길을 여는 것이 된다. 즉 신탁(神託)의 권위있는 대리인의 입장이 아니라 인탁(人託)의 입장을 가진 광대—고승인 것이다.

원효의 진과 속의 문제란 불교라는 종교와 사상의 틀을 벗어나서 넓게 말하자면 성(聖)과 속(俗)의 문제이다. 이 성은 물론 여러 갈래로, 여러 의미로, 각 시대의 인지 능력에 따라, 주도한 사상 철학에 따라 각 당대마다 달리 해석된다. 우리 민족은 그러한 성과 속의 관계, 그 역사를 관통해오면서 절대신이 아닌 성과 속이 하나되는 탁월한 기제인 신격(神格)을 낳게 된다. 단지 신만은 아닌, 이 신격의 질은 물론 민중적 리얼리티를 갖는다.

---

82) 임재해, 앞의 책, 454쪽.

83) 「대승기신론소(大乘起信論疏)」에서 원효는, 중생의 마음의 근원으로서 일심(一心)을 강조하며, 이 근원의 입장에서는 번뇌와 보리, 범부와 부처 등 진(眞)과 속(俗)간의 대립이 해소되어 그것이 평등함을 밝혀서 화엄(華嚴)적인 세계관을 보인다고 한다.

신격(神格)

상고시대의 제천의식은 연일 주야로 계속되는 음주가무를 통하여 이루어진다. 그러므로써 사람들은 집단적으로 망아체험(忘我體驗)에로 이끌리고, 신과 하나로 융합되는 입신경(入神境)을 체험한다. 사람들은 신과 하나가 될 때에 축복을 받아 그들의 소원이 성취되고 만사가 형통한다고 믿었다. 이러한 천지융합(天地融合)의 공동체적 제천의식에서는 집단적 신인합일의 초월적 체험이 가능할 수 있었다. 신성(神性), 즉 성(聖)의 의식이 인간 안에 내재한다는 의식은 제천의식의 인간들에게는 아직 각성되지 않았다.

우리 민족의 역사가 진행되고 샤머니즘의 영향으로 제천의식과 샤머니즘 제의가 혼합되면서, 막연한 신에 대한 감사의식이 현실의 구체적 생사화복을 기복(祈福)하는 보다 구체적인 인간행위로, 인간의 세상으로 가까워지게 된다.

이러한 역사적 상황 속에서 이른바 격절신(隔絶神)이 들어선다. 본시 신앙이란 신에 대한 경이와 감사의 정이 자리하면서 매사에 하늘의 뜻을 본받고, 그 뜻을 세상에서 실현하려는 자세가 자리잡고 있다. 그러나 하늘의 신은 인간으로부터 공간적으로 요원하게 떨어져 있어서 인간들은 절박한 재난에 봉착하지 않는 한, 일상생활 속에서 현실적으로 즉시 도움을 받을 수 있다고 믿어지는 다른 힘있는 존재에 대하여 의지하기가 쉬운 일이다. 여기서 천신은 인간으로부터 너무 멀리 떨어져 있기에 구체적 세상사들의 주재권을 다른 하위신에게 양도하고 자기 스스로는 '한가한 신' 내지 '은퇴한 신'으로 존속하게 되는 것이다.

이러한 신의 구체성에로의 하락은 그의 권리를 지신(地神)에게 이양한다는 것과 일맥상통한다. 이 경우는 대개 인간의 구체적인 소망에 부응하는 형태를 취한다.

우리 민족은 이러한 그들의 갈망에 상응하는 신들을 가정, 마을, 산을 비롯하여 곳곳에 모시고 섬기게 되었다. 신이 아닌 신격(神格)들이 태어나게 되는 것이다. 국수당, 당산, 산신각, 서낭당, 당목, 장승 등 마을공동체의 정성을 모으는 신성공간뿐 아니라 각 가정의 집안에 있는 조상신, 성주신, 삼신, 조왕신…… 등의 여러 신격까지 인간의 세계에 친근하게 존재하게 된다.

의인적(擬人的) 신이면서, 또 다른 각도에서 보면 의천적(擬天的) 인간이기도 하는 이러한 신격들은 안심입명(安心立命)을 희구해온 인간들에게 심리적 안정을 가져다준다. 특히 한 집단의 공동 신격들은 어느 특정인만을 사랑하고 보호하여 주는 것이 아니라 집단원 모두를 골고루 보호해주는 것으로 믿어져 오고 있다.

특히 제사 후의 음복과 신전에서의 각종 놀이는 참례자들의 일체감을 조성케 하는 좋은 기회가 되어준다. 즉 신과 집단원 모두가 공유공식(共遊共食)함으로써 신의 축복을 함께 받은 참례자들은 강한 동류의식과 공생공존의 일체감을 만끽하게 된다. 그러한 평등과 공평성을 보장받게 됨으로써 그 집단의 구성원들은 더욱 공고히 결속할 수 있는 것이다.

이러한 신격과 인간을 연결시켜주는 주된 의식이 무(巫)의식이었으며, 무인은 신을 맞이하여 인간의 소망을 신에게 고하고, 동시에 신의 의지를 알아내어 그것을 인간에게 알려주는 일을 하게 된다. 이때 무인과 신이 나누는 사설은 일상적 대화체가 아닌 보다 세련된 시적 언어였다. 그것은 수많은 무가에서도 알 수 있는 일이다. 그러한 인간의 시적 언어만이 신을 감동시킬 수 있고, 인간으로 하어금 영이감(靈異感)과 존엄성을 느끼게 할 수 있기 때문이다.

이제 신격(神格)은 신이 아닌 것이며, 신이 아닌 것도 아닌 것이 되었다. 비신비속(非神非俗).

이러한 신격과 '무(巫)'를 중심으로 하는 신앙체계인 '무속(巫俗)'은 고대부터 한국문화의 근간을 이루어 왔다. 사료들은 오랜 세월 동안 '무'의 지위가 높았고 특권을 누렸다는 사실을 암시한다. 고대 통치자들의 이름이나 왕관같은 기물을 조사해보면 통치자 자신이 '무'로서 정치와 종교적인 통솔을 동시에 행하였다는 것을 강하게 시사하고 있다.

그러나 나중에는 '무속'을 미신으로 규정짓고, 중국에서 들어온 불교·유교·도교와는 달리 미개한 신앙체계로 보게 되었으며, '무'의 위치는 사회계층중 가장 낮은 것중의 하나로 간주되게 된다.

그 주된 이유는 무속이 현실적으로 다분히 기복신앙의 차원에 머물러 있다는 것이다. 목표 자체를 현세적 소원성취에 두고, 행운, 초복(招福), 제염(除炎), 치병(治病) 등의 현실적 문제를 초월적인 신의 힘에 의존하여 해결하려는 취지를 가지고 있으며, 소원성취 방법이 구체적으로 인간 자신의 윤리 도덕적 실천행위보다는 영력(靈力)이 있는 무당과 같은 존재들을 통하여 신에게 제물을 바치는 데 거의 전적으로 의존한다는 것이다. 심지어 제물의 양과 질에 비례하여 소원성취 여부가 결정된다는 공리적 신앙관이 지배적이라고까지 한다.

결국 무속과 그 신앙은 인간을 부자유스럽게 만들고, 인간으로 하여금 허황한 환상 속에서 생활하게 할 수 있으며, 이러한 수준의 신관과 신앙은 전근대적인 고대문화의 잔재이고, 하루 속히 정화되고 승화시켜야 할 유산이라고 여겨지기까지 한다.

그러나 무속은 외국에 기원을 둔 종교문화에 의해서 완벽하게 대체된 적이 없다. 오히려 반대로 외국에 기원을 둔 종교들이 무속과의 접촉을 통하여 부분적으로 변하여 왔다.

게다가 이제 아주 중요한 것은, 무속은 종교권을 넘어 문화 전반에 영향을 끼쳐 한국문화의 모든 양상에 이미 깊숙이 스며들어 있다는 것이다. 그것이 '무(巫)'의 속(俗)'이며, '성속일여의 현실'인 '굿'이다. 오랜 문화적 변용과 축적, 그것의 민중적 리얼리티의 질을 끊임없이 갖는 이러한 '굿' 의식은 단순한 무격 신앙체계를 실재와 실제로서 이미 넘어섰을 뿐더러, 이미 문화적 표현의 원천이자 삶의 의식으로 적층되고 있다. 실제로 굿은 한국의 음악, 춤, 미술, 신화, 시에 중요한 영감을 제공했다.

굿

굿은, 우리 민족의 상고사 이래 벽사(辟邪), 제의, 염원, 가심〔淨化〕, 정화(精華), 축원, 항쟁, 상상, 논의, 놀이를 아우르는 구체적이면서도 추상적인 생활―관념 양식이다. 각 시대의 물질운동 수준에 조응하여 그 지향의 중심점과 표현양식이 변화, 발전·쇠퇴하면서도 민중성과 당대성을 잃지 않는 사회―문화―생활사적 중심 개념이었다.

굿은, 신·인간, 영원·소멸, 실재·비실재, 이상·현실, 가지(可知)·불가지(不可知)……라는 인간 존재의 근본문제를, 그 고통을 인간의 시간으로 극복해 내는 신인융합(神人融合), 성속일여(聖俗一如)의 공간이다. 현실·미래의 시간 개념을 여러 질의 차원으로 넘나드는 현실의식이다.

굿은 우리 민족의 존재론적 양식인 것이며, '항상 살아있는' 미분(未分)된 정신사이자 그것의 '인문' 화(人文化)이다. 그것은 존재론 차원이라는 강한 현실성과 생동력으로 현실·이상을 전유해내면서, 아울러 아주 독특한 문화―예술적 미의식을 낳았다.

따라서 굿은 '아름다운 현실'이자 '다면적 실재'이며, 대동(大同)의 미학이자 그 아름다움이다. 굿은, 언제나 이미, 어떤 근원적인 삶의 실상으로서 우리 정서의 바탕에 깔려 있다.

굿은 다음의 의미들을 외연―내포하면서 지금도 발전하고 있다.

풍물(풍장, 농악), 샤먼(무굿, 무당, 민간신앙), 난리(싸움, 봉기, 혁명), 마당, 제의, 신인융합, 성속일여, 신명, 공동체, 조합, 유토피아, 미륵, 동학, 예술성, 현실천착성, 미분(未分)된 정신사, 한국적 존재론, 그 희·비극성, 그래서의 아름다움……

이러한 굿의식은 역사적 변천을 경과하면서, 특히 근대를 정리하면서 우리에게 대동굿이라는 개념을 선사해 주었다.

대동굿이란 마을굿과 두레굿의 통합을 이른다. 마을굿은 마을의 공동제의이다. 소지(燒紙)와 음복(飮福)을 통해 공동체 집단의 덕담이 함께 어루어지는 마을 전체의 축원·놀이 의식이다. 두레굿은 생산공간에서 이루어지는 노동의식이자 놀이이다. 대동이란 말은 신격과 인간의 공동체라는 개념을 가지며, 그 속에는 민중의 메시아 사상, 즉 유토피아 의식이 담겨져 있다. 퇴행된 역사의식으로서가 아니라 리얼리티의 적층으로서의 질을 갖는 유토피아 의식인 것이다.

굿이라 하면 푸닥거리, 개인의 길흉화복을 점치고 해소하는 것 등의 개인굿을 흔히 생각하고, 이는 미신이요, 미신은 타파되어야 한다고 주장되어 왔다. 그러나 이러한 주장은 굿의 대동굿적 요소를 파괴시키려 했던 일본 제국주의자들의 문화침략의 시각을 그대로 답습하는 것이 된다.

굿이 미신화된 요인을 몇 가지로 나누어 보면, 첫째로 조선 봉건왕조 아래에서 무가 혹주술로서 민중을 현혹하고 물질적 욕망에 의존하게끔 하는 파행성이 일제를 거쳐 오늘에 이르도록 심화되는 과정이다. 두 번째는 일제에 의한 대동굿의 파괴로, 신사(神社), 신도정치(神道政治), 취체행정(取締行政), 사회교화운동(社會敎化運動) 등에 의해 대동굿은 철저하게 파괴되고 무당에게는 개인적 무꾸리만이 허용되었다. 세 번째로는 기독교의 일반적 수용에서 드러나는 굿과 당(堂)의 파괴이다. 유일신을 주장하는 기독교의 독선적 배타주의는 서구열강의 제 3세계 문화침략의 첨병 역할을 충실하게 해내왔으며, 우리나라에 들어온 선교사들도 예외가 아니었다. 네 번째로는 60년대 산업화 과정에서 근대화 이데올로기에 입각한 새마을운동에 의한 굿의 파괴이다. 그나마 조금씩 남아 있던 마을굿, 두레굿 등을 마지막으로 금지시켰고, 한편으로는 민속문화재로 박제화하였다.

그러므로 우리는 위와 같이 제국주의의 침략으로 왜곡된 굿에 대한 일반의 시각을 바로 잡기 위해 굿의 원론적인 의미를 다시 살펴 보아야 한다. 즉 굿이라 하면 개인굿·샤마니즘·신내림·미신이라는 개념에서 벗어나, 개인굿이 아닌 대동굿의 줄기를 찾아야 한다.[84]

현실적이고 진보적인 대동굿은 우리 민족의 '근대성의 질곡'(서구 근대성의 이식으로 인한 이중적 파행)과 더불어 확연히 쇠락해졌다. 그러나 그 질곡의 역사는 잘해봤자 100년도 채 안된다. 우리의 신격의식이, 그 절절한 존재론적 기반을 가지는 민중적 리얼리티의 질로 쌓아온 문화적 밑천이 그렇게 쉽게 메마르겠는가.

대동굿의 한가운데에 풍물굿이 있다. 따라서 대동굿 '정신'의 재생은 풍물굿의 재생이 될 수가 있다. 또한 거꾸로 풍물굿의 재생은 새로운 대동의 질을 문화시킬 수 있게 된다.

풍물굿은 '인간의' 신격(神格), 성속일여의 굿정신, 대동굿, 그리고 그것이 적층된 문화의식과 예술성이 그 근간을 이룬다. 따라서 그것의 표현태는 의식, 축원, 가심, 놀이 형태를 띠지만, 군악과 불교의 의식이나 행사에서 영향을 받아 형성된 것도 있다.

우리 역사상 크고 작은 수많은 전란을 겪었지만 대부분 적군의 내습 전쟁이었다. 따라서 당시의 농민들을 초모하여 양성할 때 전투방법뿐 아니라 전시용 진법을 가르쳤는데, 이를 악무(樂舞)로써 지휘 훈련케 하였다

---

84) 박인배, 「우리 모두 심방이 되자」, 『전통문화』 1986년 12월호, 69쪽.

고 한다…… 또한 군진 중에서는 군사작전회의의 도청을 방어한 술책으로 전립을 쓴 위장병을 많이 도열하여 징, 꽹가리, 북, 장고 등을 울리며 진굿을 치게 한 것들이 농악의 형성과정에 큰 몫을 하였으며, 농악에서 영기(令旗)를 쓰는 것과 나발이 농악대의 앞장을 서는 것도 또한 군진의 영향을 많이 받았고……[85]

도둑잽이굿에 대한 기원도 군악과 관계가 있다.

1216년, 즉 고종 3년 8월 거란군이 침범하였을 때에는 최충현이 군사열병식에서 적군 목베는 놀이굿인 도둑재비굿과 진굿을 쳤으며……[86]

걸립굿에 대한 기록.

이씨조선에 후에 이르러 유교 정치에 밀려서 점점 쇠퇴일로에 부딪쳐 자연 재원은 궁핍하고, 사찰은 퇴락하여 어려운 처지에 직면하게 되었다. 이에 승려들은 결단을 내려 마을의 농악인과 협의하여 굿중패를 조직하고, 걸립(乞粒) 행각을 시작한 것이다. 맨 앞에 화주승이 권선문을 손에 들고 앞장을 서며, 수십인의 농악인과 승려들은 머리에 불두화(佛頭花)나 단화관을 쓰고, 꽹가리, 징, 장고, 북 ,벅구, 자바라, 호적 등등 악기를 갖추어 일단의 무리를 이룬 뒤, 이 마을 저 마을로 민가를 돌아 다니면서 축원굿을 쳐주고 돈과 쌀을 빌어 퇴락된 절을 중수하기도 하고, 사찰림도 마련하며 생계도 이어가고 교세도 확장하니……

이와 같은 걸립은 전국적으로 성행하였으나 그 중에서도 전라남도 구례군의 화엄사와 경상남도 남해군의 화방사(花芳寺)의 걸립대가 규모나 업적에서 가장 두드러졌던 것으로 알려졌다. 그리하여 농악 형태에 있어서

---

85) 韓國國樂協會, 『韓國國樂全史』, 150쪽.
86) 같은 책, 148쪽.

불교식의 영향도 상당히 받아들여진 것으로 여겨진다. 그것은 전부는 아니지만 머리에 고깔을 썼다든가 자바라를 치는 것과 잡색에 중이 따르는 등이 그것이다.[87]

이렇듯 군악설, 불교관련설, 풍농기원설 등 다양한 주장이 있는데, 요는 이런 다양한 요소들이 풍물굿의 형성과정에 녹아 들어와 풍물굿이 풍성해졌을 것이라는 것이다. 어느 한쪽의 영향에 연연해 하거나 지나치게 극대화시켜서 풍물굿을 협애화시킬 필요는 없다. 구체적 현실과정에서 이미 풍부해져온 풍물굿이 오히려 협소해지는 일이 되고, 스스로의 언어를 폄하시키는 일이 된다. 이미 풍물굿은 자체 발전의 길과 그 축적, 즉 자체의 생애를 가지고 있기 때문이다.

수많은 계기들로 풍부해지면서 풍물굿은 인문화의 축적을 거쳤고, 이제는 그런 계기들과는 다른 차원의 발전의 길을 걷고 있다. 이미 풍물굿은 독특한 질을 갖는 메타된 현실이다. 굿 · 예술 현실이라는 독자성을 갖는다. 따라서 풍물굿 형성과정에서 영향받은 몇가지 계기로의 환원적 사고가 아니라 이제는 풍물굿 자체의, 그 차원의 언어로써 풍부화되고 쌓여나가야 한다. 후술할 굿거리 두 개(영산굿과 미지기굿)와 그것의 상모를 보면서 살펴보기로 하자.

풍물굿의 요체는 여전히 신격 의식의 적층, 그것의 대동성, 또 그것으로서의 벽사진경(辟邪進慶), 즉 가심과 축원, 그리고 그것들의 문화로서의 예술성이다. 이 굿정신의 힘이 기반되어야 한다. 질굿의 내재적인 힘, 마당밟이의 진정한 정화의식, 당산굿의 절차 의례성, 영산 등의 중요 굿거리, 농기,[88] 대포수[89] 등등의 의미를 생각해 보라.

---

87) 같은 책, 150쪽.

88) 농기는 농악이라는 말처럼 언젠가부터 풍물굿에서 쓰이는 깃발의 통칭이 되어왔는데, 현장에서는 용당기, 용대기(龍大旗), 영독기, 용득기, 용덕기, 용기, 서낭기, 낭기, 두레기, 덕석기, 농상기, 동(洞)기, 당(堂)기, 대(大)기로 불리워지고 있다.

풍물굿은 어디까지나 마을굿, 대동굿 중심의 예술적 의례 행위이다.
그대로를 재현하라는 것이 아니라 그 정신과 상황을 이어받아야 한

농기는 풍물굿을 '생명력' 있게 하는 지주같은 상징이다. 풍물굿이라는 의식예술의 살아있는 표상이다. 풍물굿은 그 내용과 판제 등이 많은 부분에서 무속과 동원이자 동류인데, 그 의식성에 있어서 농기도 신대와 비슷한 역할을 한다. 신성가무(神聖歌舞)의 신간(神竿)인 것이다.

"농기를 중심으로 해서 노래를 부르고 춤추는 것은 농기에다 신을 모시고 위안의 신악(神樂)을 주악(奏樂)하는 것이다. 풍악을 치면서 농기를 선두로 모내기, 김매기 등의 공동작업소로 왕래하는 농악대의 행렬에서 나는 신대에 신을 맞이하여 동네로 내려오는 길놀이를 연상한다."(김양기, 「신내린 농기와 농악놀이」, 『전통문화』 1985년 5월호)

"대개 마당밟이라 하면 집안을 들어가는 것에서부터 나오기까지의 행사를 말하나 이를 위해서 神을 旗에 강림케 하는 영신의식을 해야 하고, 이 旗로서 神을 삼아 각 가구를 방문하므로……"(김현숙, 앞 논문)

기타 농기의 생김새와 역할에 대해서는, 이보형, 「신대와 농기」, 『문화인류학』 제8집, 1976년 ; 심우성, 「평등과 협화의 사상과 농악의 역사 사회성」, 『한국의 민속예술』, 1988년 참조할 것.

농기는 장식물, 또는 굿의 부차적인 것으로 간주하지 말고 성(聖)의 당대성, 그것의 내림의 상징으로 발전시켜야 한다.

89) 고종 9년(1872)에는 전쟁에서 대포 쏘는 사람을 서낭신에게 기도를 하고 쏘도록 하면서 이를 무당 중에서 선발했다고 한다. 이것이 오늘날 농악대의 재담꾼이며 농악대의 대열을 정리하기도 하고, 지휘자격인 대포수가 등장하는 시초가 되었다고 한다.(韓國國樂協會, 『韓國國樂全史』, 148쪽)

요즘 굿판에서 흔히 등장하는 대포수 역할은 사냥꾼 포수 차림인데, 그렇다면 이는 커다란 오해이다.

반면 정병호는, "대포수(총잽이)는 동물이나 사람들에게 총을 쏘고 있는데, 원초적으로는 무격(巫覡)들이 포귀수(捕鬼手)가 되어 잡귀를 몰아내고 액풀이를 하듯이 농악의 대포수는 총을 쏘아 액풀이를 하는 것이라 할 수 있다"(한국농악보존협회의 97년 학술발표회의 발제문, 1997년 7월 19일, 국립민속박물관)라고 하며 그 역할을 애기하고 있다.

이른바 좌도굿인 남원굿에서는, 대포수는 총을 들지 않고 채찍을 들고 있다. 지휘봉 같은 역할을 한다고 한다. 마치 옛날 대포수인 무당이 신의 영험을 받은 신기로 의식을 치르고 대포를 발사하는데 징표삼았듯이 채찍을 그런 의미로 사용한다. 총을 든 포수가 아닌 것이다. 그리고 도둑잽이 굿의 앞부분에서는 상쇠와 더불어 아주 중요한 절차 의례를 주재한다. 대포수가 포귀(捕鬼)를 하는 총든 포수인지 서낭의 대리인 역할인지가 과거형의 논란형태가 아니라 지금의 굿판에서 나름대로 하는 해석을 통해 주장되어야 할 부분이다.

다. 어디 가서, 남의 행사에 가서, 대회굿같은 초라한 행사에 가서, 즉 풍물굿이 자체의 언어로 하는 절차와 의식의 소중한 과정이 거세되어 버리고, 그 효과적 질료만 동원되어서는 정신들이 살아날 리 없다.

유명철의 시간꽃

상모놀음은 기예로 치부된다. 특히 채상 소고는 더욱 그러하다. 시각적으로도 화려할 뿐만 아니라 강렬한 몸놀림은 풍물굿의 활력소 역할을 톡톡히 해낸다. 치배 중에서도 가장 일사불란한 팀웍을 갖고 있으며, 판의 뒷심을 보장해 준다. 물채 끝에 달려있는 부전지(생피지)는 그 돌아가는 모양새가 날렵하고 자극적이다. 게다가 굿거리의 말미에 잠깐씩 부쳐대는 자반뒤지기는 풍물굿판에 강건한 생동감을 준다. 그리고 그 자체로 볼거리의 재미를 준다. 그러나 채상 자체의 진짜 매력은 잠깐 여박(餘拍)으로 흩뜨러지는 모습(나비상의 한 박자, 사사의 미완성 반바퀴 등의 여박, 또는 박자의 휴지기일 때)이 언뜻언뜻 주는 그 시간성의 정서이다. 춤의 한삼 자락과는 또다른 여백의 미가 편안함과 생각을 준다. 물론 굿언어로서의 생각이다.

그 활달한 것만큼 잃어버리는 것도 있는데, '규율속의 자유', 직태되어 드러나는 것이 아닌 '배어나오는' 신명이라는 여유의 언어가 상대적으로 부족하다. 그리고 언제부턴가, 아마 잘 안된 굿판에서의 채상일 터인데, 그것들이 누적되어서일 터인데, 굿판 내내 물채 끝의 종이만 보이고 사람은 보이지가 않게 되었다. 여박과 그만큼의 자유의 몸과 그것들이 뭔가로 쌓이는 과정이 없고, 단지 굿거리의 활력을 위해 멋지게 '장식' 되는 역할로 스스로 말라가고 있는 것이다.

채상이란 것이 물채와 부전지 놀음, 그리고 자반뒤지기이구나라는 것에 어느덧 경도된 시각에 대해 교정을 처음 해준 분이, 지금은 고인이 된 백남윤이다. 백남윤은 기예의 직태(直態)가 아닌 춤으로서 채상을 보여준다. 그리고 백남윤이 채상을 하면 채상은 어느덧 안 보인다. 채상하는 사람이 보인다. 채상은 한삼 자락같이 어쩌다 빛날 뿐이다.

채상은, 부전지를 활달하게 돌려내고, 그 정도에 따라가는 발림을 하고, 막판에 자반뒤지기를 하는 것, 그것만이 아니다. 그렇다면 당최 사람이 보이지가 않는다. 채상만 보이거나 채상이라는 질료를 누군가가(익명) 운영한다는 사실만 드러날 뿐이다. 그래서, 가장 중요한 것인데, 개성이 부차화되어 버린다. 그 개성을 우선 전면에 드러내야 한다. 그래야 사람의 정서가 읽혀진다. 채상을 하는 사람, 그리고 그 사람이 만들어 내는 정서, 나아가 그 정서를 만들어 내는 사람의 정서의 변화까지 읽혀질 수가 있는 것이다.

채상에 얽매여 채상의 발언을 하는 것이 아니라 채상을 하는 사람의 서정이 덩어리가 되어 흘러가야 한다. 채상은 사람을 빛내라고 있는 것이지 주체를 못할 정도로 얽매이라는 것이 아니다. 채상이 수중에 있다는 것은 그것에 얽매이라는 것이 아니라 그것이 꼭 아니면 안 되는 정서를 창출하라는 아주 기쁜 일인 것이다. 스스로 그것을 포기한 경박한 언어에 함몰되지 말아야 한다.

백남윤은 채상에 얽매이지 않는다. 그래서 채상이 먼저 보이기 보다는 사람 백남윤이 먼저 보인다. 그가 채상으로 치장했을 뿐이다. 심지어 그의 판[90]은 채상 자체에 대해서는 무심하기까지 한다. 그래서 그의 채상은 종이놀이가 아니라 춤이 된다. 백남윤이 하는 채상놀이가 아니라 '백남윤의 춤'이 되는 것이다. 그의 채상이라는 질료는 '한영숙 살풀이'의 천이고, '이매방 승무'의 큰 한삼자락과 법고인 것이다.

백남윤이 열어 놓은 것은, 채상을 보지 말고 채상을 하는 사람을

---

90) 그의 채상은 문예진흥원 영상 자료인 공연실황 녹화 테잎을 통해 볼 수 있다.
〈채상소고춤〉 VTV-0294. VHS. 국립극장. 7min. 83년 한국명무 큰잔치.
〈채상소고춤〉 VTV-0292. VHS. 국립극장. 10min. 제5회 한국명무전.

보라는 것이다. 그렇다면 채상을 하는 사람은 무엇을 말하는가? 채상의 언어와 그 언어로서의 정서, 즉 채상의 서정을 본격적으로 말하기 시작한 사람이 김운태이다.

1995년 12월, 두레극장 개관 기념 공연의 하나인 여성농악단 공연시, 김운태가 느닷없이 찬조로 출연하여 채상 개인놀이를 한 적이 있다. 당일 예복으로 입었을 법한 검정 두루마기를 그대로 입은 채로 나와서 하는데, 그 무거운 두루마기도 별로 거추장스럽지 않다. 일단 공력이 기본된 채상임을 확연하게 느끼게 해준다.

그의 채상은 일단 오지랖이 넓다. 스스로 여유롭고, 그 여유의 풍모를 풍긴다. 그 여유는 예술적 여지를 준다. 그 여지는 물론 격을 만들고.

여지가 있다는 것은 사람에게 우선 편안함을 준다. 몸 이완, 의식·무의식 긴장, 그 둘의 통일이라는 예술적 조건이 만들어내는 이완─긴장의 편안함이다. 몸과 의식이 모두 게게 풀어지는 상태가 아닌 것이다. 무릇 모든 예술의 편안함은 그러한 이완·긴장의 조건을 가진다. 김운태 채상의 편안함은, 그러한 예술적 공력이 내재된 편안함이고, 그는 그것을 판의 초입에 대번 우리에게 주어버린다. 그 편안함은 춤과 그것이 관계맺는 유무형의 사물을 두루두루 보게 하고, 그 춤의 행간까지도 읽게 해준다. 행간이 보이거나 읽힌다는 것은 춤을 보는 '나'의 개입이 적극적으로 된다는 것이다. 예술추상에 나의 구체가 상상되어 노니는 것이다. 그것이 예술적 공명이고, 좋은 예술일수록 그 질은 리얼리티를 얻고 그 행복한 시간은 길다.

그 시간 속에서 우리는 많은 생각을 한다. 춤의 물리적 시간은 극히 짧지만, 예술적 시간은, 좋게 다듬어져 추상화된 시간은, 우리에게 많은 생각을 스쳐 지나가게 하는 긴 시간이다. 아니, 실은 스쳐 지나가는 것이 아니라 예술적으로 응축된다. 예술언어는 일상언어가 아니기 때문이다. 일상적 시간의식이 아니라 새로운 시간성을 가진다. 따라서 그러한 우리의 생각이란, 예술의 추상성이 저마다의 상상으로 풀어지는 공간일 것이다. 그 예술성, 김운태의 채상의 언어는 구체가 아닌, 구체의 파노라마가 응축된 것같은 '편한 긴장'이 되는 것이다.

예술의 형식미는 상상의 공간을 확보해주고, 그것의 내용은 삶을 응축시켜 준다. 그 응축은 자신의 동원(動員)이다. 그리고 다시 잠재태, 즉 현실의 무의식의 추상으로 저장된다. 무형으로 문화되는 것이다. 시작과 끝이 있고, 현실이 있고, 다시 시작된다. 현실의 어떤 정화를 추상화시켜 놓고 그 시간에 많은 사람을 감동과 재미로 생각케 해주는 것, 예술언어로써 저마다의 구체를 그 공간에서 부딪치고 노니게 해주는 것, 그리고 그것을 다시 현실의 힘으로 응축시켜주는 것, 그것이 좋은 예술이고, 그 예술이 만들어내는 여지이다. 김운태의 상모는 채상의 언어로, 채상만이 가질 수 있는 독특한 언어로 그러한 시간의 여지를 우리에게 연다.

그리고 김운태는 박자를 자기것으로 운영할 줄 안다. 박자의 흐름에 춤을 맞추는 것이 아니라, 자기 정서의 흐름에 박자를 빼앗았다 주었다 한다. 파바로티가 부르는 잘 된 아리아가 그렇다. 모데라토, 1분간에 80박의 빠르기라면, 파바로티의 1분은 최소한 80±5의 빠르기를 가진다. 그렇다고 ±5 정도를 벗어나 약속된 박자 전체의 체계를 깨지는 않는다. 단지 박자 시스템을 자기것으로 끌어들인다. 왜냐하면 이야기(曲)를 잘하고 싶기(해석) 때문이다. 정서의 흐름이 중요할 수밖에 없다. 따라서 ±5는 당연히 물리적 시간의 개념을 뛰어넘는 의미를 가진다.

우리는 서양음악보다 리듬감이 상대적으로 자유롭다. 그리고 무수한 엇부침[91]이 보장되어 있고 훈련되어 왔으며, 게다가 리듬 중심의

---

91) 부침새의 한가지. 부침새란 판소리에서 원박(박자)의 박과 사설(내용) 사이의 관련을 가리키는 용어이다. 부침새(붙임새)에는 대머리 대장단, 엇부침(엇붙임), 밑부침(밑부침), 잉애걸이, 완자걸이, 괴대죽 등이 있고, 그 견해들도 여러 가지로 차이가 난다.

풍물굿에서는 아예 그것이 선연히 눈에 보인다. 채희완이 얘기한 엇박을 탈 수가 있는 것이다. 김운태의 상모는 그러한 점을 명석하게 드러내준다. 자유로움으로. 그것이 보장해주는 것은? 당연히 무언가의 서정과 그것의 사람을 먼저 보여준다.

그렇기 때문에 김운태는 채상을 걸치고 다니기도 하고, 뒤쫓아 오게 하기도 하고, 살짝 흘려 놓기도 하고, 먼저 보내기도 하고, 저 멀리 놓아두고 관조도 할 수가 있는 것이다. 춤이 되는 것이다. 김운태는 자반뒤지기조차 아낀다. 만들고 있는 정서의 한 자락이어야 하지 이제까지의 공력을 활력으로 날려버리면 안되는 것이다. 대신 그는 역회전하고 상모를 잡아채어 상모적 엇부침을 한다. 그리고 마지막의 허튼 상모춤은 형식을 파괴하며 형식미를 건설한다. 채상으로 절름거리는 '놓여나는 시간'의 숨막히는 상쾌함을 준다.

절름거리는 채상은 '소격'이라는 예술·현실적 질을 갖는다. 브레히트 서사극의 소격, 즉 소외효과의 시간성,[92] 그 리얼리티를 갖는다. 질굿처럼 시간을 절합하여 더 높은 현실의 구체성의 질을 갖는 것이다. 물론 연극적 소격이 아니라 풍물굿적 소격이다. 현실의 구체의 확

잉애거리로 예를 들자면, 김연수는 "장단 박자에 말이 붙지 않고 박자 사이로 말이 삐저 니기는 표시", 이보형은 "밀이 원박에서 앞으로 밀어 엇붙이고 뒤로 냉겨 엇물이는 것이 겹쳐 일어나는 것", 송영주는 "말을 의식적으로 길게 늘이는가 하면 다붙이고 (빨리 붙이고), 밀고 당기고 하는 부침새"라고 각각의 견해를 밝히고 있다.

엇부침은, 넓게는 보통 박과 함께 말이 나오고 끊기고 하는 것(대머리 대장단) 이외의 부침새의 총칭, 좁게는 1행의 사설이 앞 장단에서 시작하여 다음 장단 중간에서 끝나는 것을 이른다. 최동현의 「판소리 장단 연구」, 이혜구의 「판소리의 음악적 특성」(『판소리의 이해』, 창작과비평사)를 참조할 것.

하고 싶은 얘기를 하기 위해서 박자를 넘나드는 엇부침은 판소리의 용어이지만, 풍물굿에서 히튼형의 가락과 춤에서 많이 구사된나.

92) 소외이론은 브레히트 서사극 이론의 요체이다. 서구 연극사의 주된 흐름은 이른바 아리스토텔레스 극, 즉 감정이입의 연극이었다. 이는 연극 안의 이야기에 빠져들어 현실을 잊게 만들어버린다는 단점이 늘 지적된다. 브레히트는 감정이입들을 소외시켜 현실을 환기시킨다. 연극 안의 이야기가 끊임없이 현실의 문제임을 주지시키는 것이다.

인이 아니라 추상으로 응축된 현실의 상쾌함이다. 춤언어로, 풍물굿
의 언어로, 무형으로 우리의 의식·무의식에 깔린다. 문화(化)되는 것
이다.

김운태는 채상의 언어를 본격적으로 시작했고, 채상을 하는 사람의
품격이 이만큼은 되어야 한다는 최소공배수를 만들어 놓았다. 그러나
김운태의 채상이 빛을 내는 것은 아직 개인놀이라는 판에서이다. 이
는 풍물굿판이라는 협화적 기제를 통한 확연한 도움과 환원이라는 관
계보다는, 즉 뚜렷한 기제와 환경과 장치를 갖는 여러 가지 구체·추
상의 구체성이라는 강력한 리얼리티의 질을 갖기보다는 추상화(化)의
수준이 비약, 개별화할 수가 있는 조건이 된다. 따라서 아예 세상을
잊을 수가 있는 것이다.

독자적 예술이 아니라 '풍물굿의 채상' 이기 때문에, 즉 그 의미체
계와 예술언어틀이 풍물굿과 유—무형으로 부단히 연관되어 있기 때
문에 그렇다. 그래서 개인놀이라는 예술적 질은 그것의 모태, 풍물굿
판이라는 예술—문화적 질과 연관되어져야 한다. 이는 모든 채상은
구체적 풍물굿판에만 있어야 된다는 것, 그리고 직접적 연관이 되어
야 한다는 것을 말하는 것이 아니다. 풍물굿이라는 무형적 문화력, 오
랫동안 쌓인 인식틀과 그만큼의 현실성을 벗어나면 위험에 빠질 수가
있다는 것이다. 그것은 문화—예술적 질이 없는 예술적 특화로 경도
되어 구체로의 상승이라기보다는 근본으로의 환원으로 빠질 확률이
확실히 높아진다. 즉 관념의 추상, 제어하지 못하는 관념으로 날아갈
위험이 다분히 존재한다.

예술사적으로도, 예술적 특화의 많은 부분이 그래왔고, 그만큼 약점
이 되어 왔다. 그래서 그의 채상은 아직 숙제거리가 더 많다. 잘하는
것만큼, 당대의 굿판을 형성시키는 위력한 언어로 유—무형으로 연관
되어지기를 부단히 꿈꾸어야 한다. 문화가 되며 예술이 되어야 한다.

그런데 풍물굿판 안에서 '판을 주재(主宰)하는 상모' 를 얘기하는

사람이 있다. 부들상모를 하는 유명철이다. 유명철의 상모는 상모의 언어와 품격을 가진 인간이 드디어 신격과 그것의 현실성을 만들어내는 상모짓이다. 그것이 남원풍물굿이라는 큰 굿을 치는 유명철의 부들상모이다.

채상을 하는 상모잽이가 아닌 쇠잽이들이 쓰는 상모로 요즘 주로 보이는 것은 '뻣상모'이다. 이른바 우도굿 공연에서 보여질 뿐 아니라 대부분의 사물놀이 선반도 이 뻣상모를 쓰고 나온다.[93] 뻣상모는 적자(구슬)와 무게추 끝에 곧바로 부포가 달리는 것이 아니라 한 자 정도의 뻣뻣한 물채가 연결되어 있고 그 끝에 부포가 고정되어 있다. 새의 깃털을 넓게 활짝 펴서 만들어 놓았는데, 마치 꽃이 '이미' 다 피어서 벌어진 것같은 모양새를 하고 있다. 인위적인 냄새가 강하게 난다. 뻣상모는 생김새도 그렇고 그 놀이도 자극적이다. 그래서 그만큼 언어력이 풍성한 것같지는 않다. 볼거리로서는 잘 모르겠지만 굿판에서의 역할 또는 활용도도 그리 많지 않다.

---

93) 필봉굿의 상쇠 故 양순용은, 여성농악단 등장 이전에는 이른바 좌도·우도 가릴것없이 전부 부들상모를 썼다고 증언한다.(양진성·오광열 외, 『호남좌도 풍물굿 자료집』, 1990)

　　그렇다면 여성농악단이 융·성하던 시기가 60년대 전후였고(춘향여성농악단은 4·19가 나고 5·16 나기 직전―유명철 증언, 전북여성농악단은 박정희 집부 이후―홍유봉 증언, 이리랑여성농악단은 60년대 중반―조병호 증언), 주로 "돈을 벌러 다니는"(홍유봉 증언) 유랑 연예활동을 하였기 때문에 뻣상모의 등장 시기와 그 활용의 성격을 짐작할 수가 있다.

　　한편 풍물굿의 든든한 후원자로 많이 등장하는 사람이 일제 시대 보천교 교주인 차전자(車天子)인데, 그와의 연관설도 있다.

　　"우도농악의 가락과 가림새도 무척 다양하였으며 꼬깔을 오랫동안 이용하였던 꼬깔 농악이었는데, 확실할 것은 알 수 없으나 60여년전 정읍 대흥리에 보천교라는 차경식 교주가 농악을 좋아하여 농악단을 초청하고 관람한 뒤, 가락이나 짜임새는 홀륭하나 역시 농악은 전립을 쓰고 부포를 돌리는 것이 좋겠다 하며, 부포를 연구하되 남이 하는 식으로 하지 말고 좀 색다르게 만들어 보라고 하였다. 이에 농악인들은 보천교 간부들과 타합하고 창출해낸 것이 오늘의 뻣상모라고 한다."(韓國國樂協會, 『韓國國樂全史』, 1988, 155쪽)

부들상모는 지금은 이른바 좌도굿에서만 쓴다. 적자 끝에 곧바로 부포가 달려 있다. 적자도 구슬을 철심 등 뻣뻣한 것으로 꿰지 않고 명주실을 꼬아 꿰기 때문에 부드럽다. 부포는 무게추 끝에 한 치 정도 늘어뜨려 다는데, 무게추가 상모갓 테두리에 놓여지기 때문에 부포는 상모갓 바로 밑에 달려 있게 된다. 그 부포도 뻣상모처럼 벌어져 있지 않고 자연스럽게 옹송거려져 내려뜨려져 있다. 휴지기의 상태로 안성마춤되어 있다. 아직 활착되지 않은 꽃송이같기도 하고, 새의 둥지같기도 하고, 그냥 예쁜 장식물같기도 하고, 웅크려 있는 태아같기도 하고, 하여튼 그 상징을 상상할 수 있는 폭이 넓다.

부포의 크기도 뻣상모보다는 작다. 뻣상모의 부포가 느닷없이 크게 보인다면, 부들상모의 부포는 있는둥 없는둥 그냥 사람 몸에 붙어 있다. 사람과 어울려 있다. 그런데 이것이 본격적으로 살아나면 그 상징성은 전부 구체로 상승 폭발해버리는 위력한 언어가 된다. 부들상모는 뻣상모와는 달리 실제 굿에서 풍부한 언어로, 뚜렷한 쓰임새로 폭넓게 활용되는, 강력한 풍물굿적 제구(祭具)가 된다. 특히 유명철의 부들상모짓은 '인탁의 제구'로서 그 언어의 풍부함으로 말도 못할 역할을 해낸다.

부들상모의 표현법은 외사 · 양사 · 사사 · 나비상 등 상모 일반의 그것과, 전조시, 부포세림(또아리얹기), 개꼬리상모, 연봉놀이 등 부들상모 고유의 표현법이 있다.

전조시는 부포를 한바퀴 감아 돌려 전립의 테두리에 내려 놓는 것을 말한다. 적자 끝에 있는 무게추가 전립 테두리에 먼저 닿고 다음에 여박으로 부포가 흘러내려 온다. '시렁에 비둘기가 앉듯' 전립의 앞이나 옆으로 사뿐히 내려놓는다. 내려 놓을 때 한번 살짝 찍어 내려 놓고 흘리는 경우와 두 번 콕콕 찍어 내려 놓는 경우가 있다.[94] 전

____

94) 유명철은 전조시를 다음과 같이 묘사한다.

"부포가 전립갓을 콕콕 두 번씩 찍고 들어가는 것을 전조시라고 그런 것이여. 뒤로

조시는 시간을 만들거나 정리한다. 머리와 맺이의 역할을 하는 경우가 많다.

개꼬리상모는 부포를 우로 퍼넘겨 뒤로 세워 놓은 다음 우좌로 내던져 관자놀이께를 툭툭 치고, 다시 몸을 비틀어 부포를 퍼넘겨 좌로 세운 다음 좌우로 툭툭 치는 것, 그것을 대여섯번 쉬지 않고 붙여서 반복한다. 경쾌하고 날렵하다. 느린 장단에서는 때로 4박자 체계로 1박의 여유를 가지기도 하나 대부분 3박자가 연달아 맞물리기 때문에 중간에는 호흡이 없다. 특히 반(半)개꼬리상모, 부포가 관자놀이께까지 크게 오지 않고 적자 끝에서 좌우치기되는 것에서는 더욱 그렇다. 그 3박자를 가지고 뛰어가기까지 한다. 개꼬리상모를 하는 동안에는 하는 사람이나 보는 사람이나 숨을 쉴 수가 없다. 마치 어디를 짓쳐 들어가는 것같은 느낌을 준다.

부포세림(또아리얹기)은 부포를 한 바퀴, 또는 두 바퀴 정도 돌리다가 앞으로 오기 전에 몸을 부포가 오는 방향으로 살짝 제끼면 무게추가 앞으로 잠깐 지나가자마자 정지하는데, 그 반작용에 의해 곧바로 뒤따라오는 부포가 전립 위에 살짝 얹히는 것을 말한다.[95] 얹힌 모습이 또아리를 튼 것같아 이 명칭이 지어졌다. 얹힌 모습보다는 또아리를 얹은 채 경쾌하게 뛰어가는 모습이 일품일 뿐더러 많은 서정을

는 못찍고 앞에만 탁탁 찍고 탁탁 두 번씩 찍고 돌아가제잉. 이쪽으로 돌려서 탁탁 찍고, 또 세워가지고 내릴 때도 탁탁 찍고. 으레이 부들상모는 앞에다 찍어야 되는 것이여. 탁탁 찍고 돌고 탁 세워가지고 내려서도 탁탁 찍고 돌고. 외사를 돌더라도 탁탁 찍고 돌리고 찍고 돌리제. 안찍고는 안돌리제. 그리고 요쪽에서부터 요쪽까지 탁탁탁탁 찍을 때가 있어요."(서종대 녹취 및 정리, 「개꼬리상모의 달인 유명철 선생」, 『굿』 10호, 풍물굿연구소, 1998, 53쪽)

95) 유명철이 묘사하는 부포세림.
"부포 들어얹는 것을 부포세름이라고 히기든. 우측 옆에 45도 방향 쪽으로 돌려서 전립 위에다가 얹고, 또 저쪽으로 뺑 돌려서 45도로 얹고는 마지막으로 가운데다가 탁 얹고 탁탁 쳐가면서 부포가 발름발름, 요것이 부포세름이라고 허제. 또가리세름이라고도 허고. 이름을 많이 붙여놨다고. 그것이 진짜로 어려워. 가운데 얹기는 쉬워도 양쪽에다가 얹기는 보통사람은 못허제."(서종대 녹취 및 정리, 앞의 글, 54쪽)

만들어 준다.

연봉놀이는 부포를 퍼넘겨 세우면 적자는 부들상모답게 약간 휘어져 세워지고, 그 끝의 부포는 자유스럽게 대롱대롱 매달린다. 그 적자를 축으로 하여 부포를 살살 돌리는 것이다. 한 바퀴 돌리고 쉬는 경우, 연달아 돌리는 경우, 심지어 앞이나 뒤로 뛰어가며 돌리는 경우도 있다. 연봉을 돌리다가 몸을 홱 뿌리치며 회전해 다시 퍼넘겨 세우고 다시 연봉을 돌리거나, 개꼬리상모를 하는 그 전환의 묘미가 대단하다. 기능상으로 가장 어렵기 때문에 유명철말고는 아직 제대로 구사하는 사람이 드물다.

유명철은 이러한 부들상모의 표현법에 능수능란하다. 자유자재로 구사한다. 그 기능과 그것의 표현력에 있어서는 말할 나위가 없는 수준에 올라 있다. 그러나 사실, 유명철 부들상모의 진짜 매력은 그 드러나는 표현법에 있지 않다.

예술에 있어서 그 표현법이 직태되는 모습, 즉 표현법의 표현에 감탄을 하는 것은 예술과 미학이 없는, 즉 생각없는 기량찬미자이거나, 속없는 겉신명주의자거나, 잘해봤자 스타일리스트들만의 일일 뿐이다. 표현법의 언사가 아니라 표현력으로 뭔가의 내용이 빛나서 그 표현·내용이 통일되어야 미학의 현실성은 탄생된다. 표현법은 필요는 하나 필요충분한 것은 아니다.

유명철의 상모는 그러한 미학적 표현력을 가진다. 표현법 자체를 드러내는 것보다 그 표현을 구성하는 힘에 유명철의 매력이 있다. 이면이 확실히 있는 것이다. 이면의 질이 높을 뿐더러 그 미학—철학적 질이 뚜렷하다. 그것을 읽어야 한다. 물론 기량 자체는 출중할수록 좋은 것이지만, 그것에만 넋이 떨어지면 안된다.

유명철은 부포의 표현법만을 표현하지 않는다. 유명철은 사실 큰 굿판 안에서는 그 표현법을 무화(無化)시킨다. 겉보기의 화려한 테크닉을 점차 무화시켜나가며 무언가를 만들고 이야기를 한다. 내용과 형식이 독특한 언어와 미학체계에 의해 통일되는 것이다. 표현법의 고지식한 연결이 아니라 무언가 유명철이 만드는 정서의 흐름에 표현이 동원될 뿐이다. 그래서 우리는 유명철이 만들어내는 뭔가의 서정 속에서 즐거운 상상과 생각을 할 수가 있게 된다.

게다가 유명철은 부포 자체를 살아있게끔 한다. 상모짓 도처도처에서 그러하지만, 특히 퍼넘겨 세우고 천천히 제자리로 돌아올 때, 전조시하는 과정 중에, 그리고 표현법을 뚜렷하게 구사하지 않을 때, 반(半)또아리 트는 과정 중에, 그리고 여러 가지 표현법의 사이사이에서, 심지어 아예 부포짓을 하지 않을 때 이따금씩 그런 느낌이 강하게 온다. 부포가 박자체계와 표현법 자체를 스스로 잠시 벗어나는 것이 가끔씩 눈에 들어온다. 살아 있는 것이다!

유명철의 부포행위가 마치 살아있는 것처럼 표현된다는 수사적 차원에서 살아있다는 것이 아니라 부포 자체가 생명성을 가진다는 것이다. 드러나는 표현과는 무관하게 여박으로, 때로는 전혀 상관없이 살아 움직인다. 구성 사이, 표현 사이, 장단 사이에 툭툭 호흡을 해대거나, 심지어 장단과 표현의 옆에 붙어다니기도 하고 무시하기도 한다.

중요한 것은 이 생명성이 유명철과 붙어다니면서 그러하다는 것이다. 유명철과 때로는 독자성을 가지면서도 기본적으로는 유명철과 한 덩어리이다. 그리고 유명철 상모짓이 만들어내는 주요한 정서를 거스르지 않는다. 다만 유명철의 몸의 일부였다가 벗어났다가 하면서 말 못할 활기, 살아있는 기를 부여해 준다. 유명철이 만들어낸, 유명철의 부포행위와 무관한 이 생명력은 놀랍게도 자체의 활기와 사위를 보여준다. 그로써 유명철의 상모짓을 증폭시켜 주는 것이다. 살풀이의 천이 때로는 애증의 대상으로 춤꾼 옆에 잠시 유형—무형의 형상으로 살아나듯이 이 부포도 자체의 생명성을 이따금씩 드러낸다. 두 개의 질(質)다른 생명이 같이, 따로 뛰어노는 것같다.

인간의 행위는, 인간이 신격과 교호하며 오랫동안 발전시켜왔던 그러한 문화 속에서의 인간의 행위는, 그 속에서 가심의 의식과 그 기쁨으로 단련된 인간의 행위는, 그 정화(精華)의 하나인 이 상모짓은 작은 깃털 한 줌을 한 생명으로 피어나게끔 한다. 무엇이 살아 있는 것이고, 무엇이 죽어 있는 것인가? 무엇으로 살아 있는가? 유명철의 부포는, 이 인탁의 제구는 그렇듯 스스로 이따금씩 생명이 되면서 인간의 시간을 이토록 넓혀주고 있다.

이러한 유명철의 부포가 생명으로 꿈틀대는 곳이 남원풍물굿이라는 큰굿이고, 그 중에서도 영산과 미지기굿이라는 굿거리에서 보다 명확한 성격과 역할이 드러난다. 그리고 후굿, 특히 도독잽이굿, 문굿의 주재에 또 다른 강력한 '상쇠성(性)'으로 드러난다.

영산, 헌주(獻酒)·헌화(獻花)

영산(굿)은 좌도풍물굿의 꽃이라 자칭 타칭 칭해진다. 각지역의 좌도굿에서 영산을 소개하는 대목[96]을 보면, "영산은 부포놀음과 함께 가락도 무척 세련되어 좌도굿의 꽃이라 할 수 있다"(남원굿), "영산은 좌도 가락의 꽃이라 할 수 있으며 홑영산, 접영산, 영산 다드래기가 있다"(진안굿)라고 하며 한결같이 좌도굿의 꽃이라 칭한다. 영산 개념은 사전에도 나와 있다.

영산(靈山)놀이 : 농악의 한 부분. 연주 종목 가운데서 가장 절정이 되는 부분.

각 지역의 가락과 그 구성을 살펴보자.

---

96) 이하 인용문들은, 남원굿은 이 책의 3부 「남원농악의 유래와 특성」 해설, 진안굿은 봉천놀이마당 저 『민속교육 자료집』, 임실필봉굿은 전북대박물관 저 『호남좌도 풍물굿』과 천리안에 올라온 가락보, 해설집에서 인용했다.

▲ 진안굿의 영산

〈구 성〉
어름굿―홑영산―접영산―영산다드래기―두마치

〈홑영산〉
‖갱 | | | | | |므갱| |갯 | | | ‖×2
‖웃 | |므 |르 |갱 | |웃 | |므 |르 |갱 | ‖
‖웃 | |므 |르 |갱 |므 |갱 | |므 |르 |갱 | ‖×2
‖갱 | |므 |르 |갱 |므 |갱 | |므 |르 |갱 | ‖×2
㉮‖개 |갱 | |개 |갱 | |웃 | |므 |르 |갱 | ‖×2
㉯‖웃 | |므 |르 |갱 | |웃 | |므 |르 |갱 | ‖×…
‖개 |개 |개 |므 |개 |개 |개 |개 |개 |므 |개 |개 | ×…
‖갱 | |갱 | |갱 |(미)|갱 |므 |갱 | |갱 | ‖
‖갱 | | | | | |므갱| |갯 | | | ‖

〈접영산〉
‖갯 | |갯 | |갯 | |갱 | | | | | ‖×2
‖갯 | | | | | |갱 | | | | | ‖×2
‖므리|갱 | |므리|갱 | |갱 | | | | | ‖×2
* 접영산은 홑영산의 ㉮와 ㉯ 사이에 들어간다.

〈영산다드래기〉
‖갱 | | |갱 | | |미|갱 | | |미|갱 | | | ‖
미‖갱 | | |갱 | | |미|갱 | | |미|갱 | | | ‖×…
‖갱 | | |갱 | | |웃 | |미|갱 | | | ‖
‖뚝 | | |갱 | | |웃 | |미|갱 | | | ‖×…

〈영산치는 모습〉

외사를 친다. 어름굿을 맺고, 상쇠가 자신의 왼쪽 귀 앞에 쇠를 세워 들으면 징은 치지 않는다. 주로 쇠놀이이기에 장구가락은 보다 자유롭게 친다. 상쇠의 가락을 받아서 치려는 쇠치배들은 원 안으로 들어가는데, 상장구 앞에 상쇠가 앉고, 부장구 앞에 부쇠가 앉는 순서로 쇠치배들이 앉는다. 상쇠가 사락을 내면 나머지 치배들은 가락에 맞추어 춤을 춘다. 상쇠가 '갱 ─ ─ 므갱 갯' 하고 가락을 맺으면, 그 다음 상쇠가 '갱 ─ ─ 므갱 갯' 하고 상쇠가 친 가락을 받아서 치고, 또 그 다음 쇠에게 넘겨준다. 상모는 외사, 사사, 퍼넘기기 등을 한다. 상쇠의 신호로 접영산으로 들어가고, 다시 홑영산으로 갔다가 영산다드래기로 넘어간다. 상쇠가 영산다드래기를 매우 볶아서(몰아서) 치다가 쇠를 두마치가락으로 넘기면, 상쇠는 쇠치배를 이끌고 원진 속으로 들어간다. 상모는 외사를 친다. 두마치를 맺으면서 징을 불러들인다.

▲ 필봉굿의 가진영산

〈구 성〉
가진영산─다드래기영산─휘모리영산─휘모리─(짝드름)─휘모리

〈갖은 영산〉[97]

---

97) 필자가 1978년에 필봉마을에서 양순용에게 배운 가진영산 가락은 다음과 같다. 요즘 것보다 길다.

  ㉮ ‖갱 │ │ │개 │갱 │ │갱 │ │지 │잇 │ │ ‖
  ㉯ ‖개 │갱 │ │드르│빵 │ │갱 │ │지 │잇 │ │ ‖
  지‖갱 │ │ 지│갯 │ │ 지│갱 │ │개 │개 │갱 │ ‖
  ‖갱 │ │개 │갱 │ │개 │갱 │ │개 │개 │갱 │ ‖
  ‖갱 │ │개 │개 │갱 │ 지│갱 │ │개 │개 │갱 │ ‖×2

| | 1 | 2 | 3 | 2 | 2 | 3 | 3 | 2 | 3 | 4 | 2 | 3 |

‖갱| | |개|갱| |갱| |갯| | | ‖×1
‖개|갱| |드리|뺑| |갱| |갯| | | ‖×1
‖갠| |지|갠| |지|갱| |개|주|갱| ‖×2
‖갠| |개|주|갠|지|갱| |개|주|갱| ‖×2
‖개|갱| |두리|갱|지|갱| |개|주|갱| ‖×2
‖둣| |둣| |둣| |갱| | | | ‖×2
‖두둣| |두둣| |갱| | | | ‖×2
‖드리|뺑| |드리|뺑| |갱| | | ‖×2
‖둣| | | | |갱| | | ‖×2
‖뜻| | |갱| |뜻| |갱| | ‖×1
‖으| |깨|주|갠| |으| |깨|주|갠| ‖×1

____

‖개|갱| |개|갱|지갱| |개|개|갱| ‖×2
‖갱| |갱| |개|지갱| |개|개|갱| ‖×2
㉰ ‖개|갱| |갱| |개|갱| |개| |개| ‖
㉱ ‖갱| | | |개| |웃| |갱| |갱| ‖
‖갯| |개|개|갯| |갱| | | | ‖×2
‖갯| | |갱| | |갯| |갱| | ‖
‖갯| |개|개|갯| |갱| | | ‖
‖갯| |갯| |갯| |생| | | | ‖×2
‖개|갯| |개|갯| |갱| | | | ‖×2
‖드리|뺑| |드리|뺑| |갱| | | | ‖×2
‖갯| | |갱| |갯| |갱| ‖
‖으| |개|개|갱| |으| |개|개|갠| ‖
‖으| |개|개|갱|지갱| |개|개|갠| ‖
㉲ ‖개|갱|지갱| |깨|드리|뺑| |갱| | ‖

㉮와 ㉯는 머리, ㉯와 ㉰는 넘기는 가락, ㉱는 맺이. 특히 ㉰와 ㉱는 '재능기영산'의 넘기는 가락에서 부분을 따온 것같은데, 이 가진영산의 앞부분의 느낌을 응축시키고 그 무게를 간직한 채 뒷부분의 다른 느낌을 다시 시작하는, 아주 참신한 역할을 해준다. 요즘의 가진영산에서는 생략되어 있다. 그리고 뒷부분의 막음쇠 가락은 꼭 위의 수순과 양에 따라 치는 것이 아니라 치는 사람에 의해 임의로 조절된다.

```
‖ 으|   |깨|주|갠|지|갱|   |깨|주|갠|   ‖×1
‖ 개|갠|지|갱|   |깨|두리|갱|   |갱|   |   ‖×1
```

〈다드래기 영산〉

```
        1  2  3  2  2  3  3  2  3  4  2  3
① ‖ 갱|   |깨|줏|갠|   |갱|   |깨|줏|갠|   ‖
  ‖ 갱|   |깨|줏|갠|지|갱|   |깨|줏|갠|   ‖
맺는가락 ‖ 개|갠|지|갱|   |깨|뚜둣|갱|   |갱|   |   ‖
② ‖ 으|   |깨|줏|갠|   |으|   |깨|줏|갠|   ‖
  ‖ 으|   |깨|줏|갠|지|갠|   |깨|줏|갠|   ‖
맺는가락 ‖ 개|갠|지|갱|   |깨|뚜둣|갱|   |갱|   |   ‖
③ ‖ 갱|   |깨|으|깨|   |갱|   |깨|으|깨|   ‖
  ‖ 갱|   |깨|으|갠|지|갱|   |깨|줏|갠|   ‖
맺는가락 ‖ 개|갠|지|갱|   |깨|뚜둣|갱|   |갱|   |   ‖
```

〈휘모리 영산〉

```
        1  2  3  2  2  3  3  2  3  4  2  3
‖ 갱|   |   |갱|   |   |갠|   |지|갱|   |   ‖
‖ 개|갱|   |갱|   |   |갠|   |지|갱|   |   ‖
‖ 갱|   |   |갱|   |   |은|   |지|갱|   |   ‖
‖ 개|갱|   |갱|   |   |은|   |지|갱|   |   ‖
‖ 갠|   |지|갱|   |깨|은|   |지|갱|   |   ‖
‖ 개|갱|   |갱|   |깨|은|   |지|갱|   |   ‖
‖ 갱|   |깨|으|깨|이|갠|   |지|갱|   |   ‖
‖ 개|갱|   |으|깨|이|갠|   |지|갱|   |   ‖
‖ 갠|   |지|갱|   |깨|은|   |뚜둣|갱|   |   ‖
‖ 개|갱|   |갱|   |깨|은|   |뚜둣|갱|   |   ‖
```

‖ 갠 | | 지 | 갠 | | 지 | 으 | 깨 | 이 | 갱 | | ‖
‖ 개 | 갱 | | 갠 | | 지 | 으 | 깨 | 이 | 갱 | | ‖

〈치는 모습〉

가진영산굿을 치려면, 먼저 앞에서 친 돌굿의 겹원진 상태를 재정비한다. 상쇠가 겹원진 중간에 서서 휘모리가락을 내어 함께 쳐서 맺은 다음, 어름굿가락을 내어 치면서 연풍대나 작은 원진을 돌며 어르면, 모든 치배들은 제자리에 서서 겹원진을 재정비한다. 이때의 겹원진은 앞의 돌굿에서와 마찬가지로 바깥쪽 원진은 장구잽이＋소고잽이＋북수로 이루어지고, 안쪽 원진은 쇠잽이＋징수＋잡색으로 이루어진다. 상쇠가 수장구 앞에 가서 앉으며 가진영산의 첫장단인 '갱 개갱 갱 갯'의 가락을 내면, 치배들은 서서히 그 장단에 맞추어 걸어가며 가진영산 가락을 친다. 이때 부쇠들은 가락을 치지 않고, 꽹가리를 세워 들고, 채를 거꾸로 잡고 '쇠발림'을 하면서 춤을 추다가, 상쇠가 가진영산 가락을 한번 더 치면, 즉 가진영산 가락의 마지막 부분인 '개갱 갱 깨개갱 갱'을 치면, 부쇠들이 가진영산 가락을 따라 친다. 부쇠들이 가락을 칠 때는 상쇠가 쇠발림을 하며 춤을 춘다.

가진영산굿에서는 상쇠와 부쇠들이 가락을 한번씩 주고 받는다. 이 가락을 어느 정도 빠르게 쳐 올려 관중들이 어느 정도 만끽했다 싶으면, 상쇠는 다드래기영산 가락을 친다. 이 가락은 상쇠 한 가락, 부쇠 한 가락씩 주고 받으면서 친다. 다드래기영산 가락을 얼마 동안 반복하여 치다가, 가락을 휘모리영산으로 넘겨 영산굿을 끝마친다.

남원굿의 영산

〈구 성〉

늦은영산 — 잦은영산 — 영산다드래기 — 미지기[98] — 두마치 — 삼채 —

잦은삼채 — 두마치 — 된삼채 — 두마치(늦은영산과 잦은영산은 그
빠르기만 다르다)

〈가락보〉
제3부에 수록된 「남원농악의 가락보」를 참조할 것.

영산을 치는 모습을 남원굿에서는 다음과 같이 설명하고 있다.

상쇠와 부쇠가 번갈아 치는데, 먼저 늦은영산은 앉아서 시작한다. 앉
아서 상쇠가 한마디(가진형태로 구성된 것 전부) 치면 부쇠, 삼쇠, 종쇠
순으로 한마디씩 친다. 이때까지 앉아 있다. 다시 상쇠가 받을 순서가 되
면 쇠잽이들 전부 일어서면서 상모를 돌린다. 그때부터 까치걸음으로 걸
으면서 쇠잽이와 수장고가 마주서서 걸어가면서 친다.

한마디가 또 끝나면 다음 쇠잽이가 그 자리에 가서 치고, 쇠를 안치는
쇠잽이는 판 안에서 뒷짐을 지고 윗놀음(부포놀음)으로 묘기를 하다 자
기 차례가 되면 다시 장고 앞에 가서 치고 한다. 늦은영산은 각각 앉아서
한번, 서서 한번씩 교대한다. 서서 할 때는 조금 빠르게 친다. 그러다가
잦은영산을 칠 때는 아주 빠르게 친다. 그때는 모든 치배가 빠른 동작을
한다. 한 차례씩 잦은영산이 끝나면 영산다드래기로 들어간다. 영산다드
래기는 두마치 장단에 치는데 상쇠가 선쇠를 치면 나머지 쇠잽이가 똑같
은 가락으로 받아치고, 이렇게 몇 차례 반복을 하다 두마치로 해서 미지
기로 들어간다. 영산은 처음부터 끝까지 모든 치배가 윗놀음을 하고 징

---

98) 남원굿에서 미지기란, 넓게는 '미지기굿'을 이르고 좁게는 상쇠와 나머지 쇠잽이들이
휘모리배(두마치)로 주고 받는 것을 말한다. 주로 좁은 의미로 쓴다. 뚜두마깽이라고
하는데, 임실필봉굿에서 짝드름이라고 하는 것과 같다. 한편 남원굿에서도 짝두름이라
고 있는데, 이는 임실필봉 것과 다르다. 휘모리 빠르기가 아닌, 삼채류를 두 장단 붙여
서, 다음에는 한 장단씩 교대로 쇠잽이들간 교대로 치는 것이다. 두 장단 다음의 첫박
은 같이 쳐준다. 부포와 발놀림을 한다.

은 치지 않는다. 굿을 마무리할 때는 쇠잽이가 판 안에서 먼저 연풍대를 하고 상장고 앞에 가서 옆걸음을 치면 그때부터 장고 이하 모든 치배가 연풍대를 하며 끊는다.

한편 필봉굿은, 다른 지역에서는 미지기굿이라고 하는 독자적인 굿거리도 '미지기영산'이라고 하고, 또 허튼가락을 치며 개인놀이를 하는 굿거리도 따로 '재능기영산'이라고 부르고 있다. 진안과 남원에서는 이른바 임실 필봉의 '가진영산' 형태만 영산이라고 하고 있다. 필봉굿에서 사용하는 '재능기영산'이란 상쇠가 직접 개인놀이를 할 때, 그리고 구정놀이시 치배나 구경꾼을 한 사람씩 불러내어 개인놀이를 시킬 때 사용하는데, 그 가락은 상쇠의 즉흥 연주이며, 다양한 기교가 자유자재로 구사된다.

진안에서는 '왼잔즈래기'가 같은 역할을 한다. 왼잔즈래기의 설명을 보면 "판굿 안의 개인놀이이다. 소고가 판 가운데 나와서 놀면 모든 치배가 반주를 해주는데, 쇠가락이 정해진 순서없이 즉흥적이고 자유롭게 치며, 상쇠는 외사, 퍼넘기기, 산치기를 한다. 장구와 북도 판 가운데 나와서 반주없이 자유롭게 논다"고 되어 있다.

한편 영산은 가락이라는 측면, 그리고 춤이라는 측면의 우수성을 ㄱ 주요한 특징으로 대부분 말해지고 있다.

앞에서 오채질굿을 설명한 이보형도, "농악의 판굿에서 쇠가락이 가장 치밀하게, 그리고 가장 음악성이 높게 구성된 대목을 추리자면 호남 우도농악 오채질굿, 호남 좌도농악의 채굿, 호남농악의 영산, 호남 우도농악 설장고를 들면서"라며 영산을 쇠가락의 음악성 위주로 평가하고 있다.

진안굿에서도 영산의 성격을 말하는데, "영산은 소쩍새(귀촉도)의 울음소리를 그려낸 가락을 주고받으며 노는 흥겨운 가락이다. 접영산 가운데 '갯 갯 갯 갱'은 '솟 솟 솟 쩍'으로 곡식이 많아서 담을 솥이 작다며 풍년을 바라는 뜻이고, '갱 갱'은 '솟 텡'으로 솥이 텅 비어서 흉년이 되지 않기를 바라는 뜻이라 한다. 옛날부터 정월에 우는 소쩍새의 소리로 그 해가 풍년인가 흉년인가를 알았다고 한다. 다른 뜻으로는 전쟁이 끝났으니 흥겹게 춤추고 노는 굿이라고도 한다"라며 영산의 특징을 춤추고 노는 가락이라고 설명하고 있다.

필봉굿에서는, "영산굿을 칠 때 주의할 점은, 가락이 갑자기 빨라지거나 치배들이 바삐 걸어가기만 하지 않고, 어깨춤이 덩실덩실 솟아나는 춤굿가락이 되도록 쳐야 한다"고 한다.

남원굿에서도, "영산굿은 어깨춤이 덩실덩실 솟아나는 춤가락으로 흥겹게 진행된다."

그러나 영산(굿)은 다른 굿의 가락보다 음악성이 탁월하거나 어깨춤을 덩실덩실 솟아나게 하는 춤가락이 아니다. 가락이나 '노는 춤'으로 이 거리를 자족해서는 안된다.

가락을 보면, 우리에게 익숙한 가락을 그냥 가진형으로 모아 놓았을 뿐이다. 영산을 머리와 맺이 부분을 빼고 크게 두 부분으로 나누자면, 우리가 자주 치는 삼채류의 가락들을 전반부에 모아놓고, 후반부는 이른바 소쩍새가락이라는 막음쇠 가락으로 구성해 놓았다. 필봉굿의 전반부는 한 장단의 앞 반 배만 변화시킨 다음 두 장단씩 짝지워 배치한 삼채가락이다. 남원굿도 비슷한데 다만 다른 굿거리에서는 그렇게 썩 잘 쓰지 않는 가락이 있다. '재재잰 / -므르잰 / 잰-재재잰-' 인데, 이는 후반부에서도 엇박으로 몰아나가는 부분과 맺이 사이에서도 다시 사용되고 있다.[99]

---

99) 전반부에 한 짝으로, 그리고 후반부에 한번 나오는데, 앞부분은 다른 가락처럼 짝이 지어져서 가진형에 배치되어 있기 때문에 굳이 문제삼을 것이 없는데, 후반부에 나오는 가락은 돌출된다. 다른 지역에서는 뒷부분의 막음쇠 가락을 친 후에 첫 박을 잡아가며 조여나가 곧바로 맺는데, 이 가락은 조여나가는 흐름과는 부자연스럽게 만난다. 흐름을 막아버리는 악수인지, 진안굿의 경우처럼 달구어대어 음미하는 것과 비슷한 역할처럼 이전의 정서를 확인하고 넘어가는 묘수인지, 아니면 그 둘이 복합되어 추상의

진안굿은 위 두 지역의 구성과는 다른 특색을 보이고 있다. 엇박과 정박을 섞어놓아 구성되어 있어서 상대적으로 감칠맛나게 친다.

후반부의 막음쇠 가락은 소쩍새 울음 소리로 비유되어 문학적 내용, 또는 형식미로 설명되어져서 아주 큰 특색처럼 얘기되어지는데, 그 추상 수준이 높지는 않다. 사실은 '부포의 이야기'를 하기 위한 가락으로 더 중요성을 가진다. 주로 앞의 반장단에 부포를 변화시키고, 뒤의 반장단은 부포를 세우거나 정지, 또는 가끔 그 변화를 연장한다. 즉 가락의 내용의 독자성을 가지는 것, 그래서 특성이 있는 것이 아니라 그 가락의 내용이 부포놀음의 의미와 연관되어 있어서 특성이 있다.

한편 머리와 맺이는 지역간 커다란 차이가 없다. 그러나 진안굿은 머리조차도 두 장단 다 첫박을 길게 사용하여, 깊은 데서 스며나오는 탄력있는 홍의 느낌을 주고, 맺이로 몰아나가는 데 있어서 다른 지역에는 없는 부벼대는 대목[100]이 있어서 앞의 내용들을 달구어주거나 음미하게 해주는 느낌을 첨가시켜주고 있다.

다시 정리하자면, 영산은 가락 하나하나, 그리고 다소 고지식하고 딱딱하게 구성되어 있는 구성력으로는 그 강조되는 것만큼의 음악성, 그리고 그것으로서의 특성이 강하다고는 할 수 없다. 차라리 가락의 치밀한 자유스러움, 여러 가지 엇부침과 복합가락의 교호, 그리고 소리를 달구고 넘어가 음미하고 다시 시작하는, 그러한 기제의 성격과 내용이 명확히 만나는, 필봉굿의 재능기영산이나 진안굿의 왼잔즈래기가 오히려 가락의 화려함과 특성이 더 뚜렷하다. 그리고 차례가 있고 격식이 있어서 다소 딱딱한 분위기를 갖는 영산은, '홍겹게 춤추

형식을 형식으로 연장하는 역할인지, 아니면 정리의 역할로 맺이에 속하는 것인지 여러 가지로 해석된다.

100) '개개개 · 므개개 · 개개개 · 므개개'의 반복을 이른다. 임실필봉굿의 재능기영산에서 넘어가는 가락(재쟁기 · 재쟁기 · 재쟁기 · 재쟁기)과 비슷한데, 구성하는 길이가 그것보다는 짧고, 막음쇠를 달리하기 때문에 소리의 질이 서로 다르다.

고 노는 가락'의 역할도 크게 만족시켜주지 못한다. 오히려 그 역할은 후자의 경우들이 더욱 강하게 갖고 있다. 그럼에도 불구하고 왜 영산은 이른바 좌도굿의 꽃으로 여겨지는가?

영산의 특성은 가진형, 즉 갖추어 놓았다는 것에서 의미를 찾아야 한다. 그 의미란 가락을 갖추어 놓았다는 것이 아니라 그것으로 만드는 무언가를 갖추어 놓았다는 것이다. 그리고 사실은 판 안에서는 가락만이 그런다기보다는 그 가락의 부포, 즉 부들상모짓과 그것의 운영으로서 사실 무언가가 갖추어진다. 그 무언가는 남원굿에서 명확하게 보여진다. 왜냐하면 남원굿의 부들상모짓이 다른 지역과는 확연한 차이로 그 점을 뚜렷이 보여주기 때문이다. 다른 지역의 부들상모짓은 쇠잽이들의 임의성이, 그리고 단순 놀이성이 강하게 보이지만, 남원굿에서는 규율과 자유로움이 섞여있는 것, 그것으로서 뭔가를 격식있게 볼만하게 차려놓는다.

뭔가를 갖추어 놓았다는 것, 최소한 가락을 갖추어 놓았다는 것은 절차가 있다는 것이고, 드러내야 할 뚜렷한 의식이 있다는 것이다. 영산처럼 그 주절차가 가진형의 가락이면서 영산과는 달리(영산에서 사실 가락은 부차화되거나 아예 숨어버린다) 가락을 갖추어 놓은 게 바로 눈앞에 보이는 것이 호호굿이다.

호호굿도 다른 잘된 굿거리처럼 시간의 길을 만들고 그 시간의 길을 에돌아와서 주절차 의식을 치른다. 이 주의식의 박자는 아다시피 독특한 혼합박자이다. 시간을 절름거리게 하고 성속일여의 공간을 만든다. 영산도 마찬가지로 그 주의식을 중심으로 현실을 차곡차곡 접어들어가 어떤 시간꽃을 피우지만, 호호굿과는 방식이 다르다. 영산과 닮아있고 긴밀하게 연관되어 있는 호호굿을 잠시 살펴보자.

〈필봉굿의 호허굿의 절차와 본가락〉
어름굿 ― 진다드래기 ― 호허굿 ― 호허굿 되드르미 ― 자진호허굿 ―

중삼채―휘모리―짝드름―휘모리

```
         1    2    3    4    5    6    7    8    9   10   11  12
‖갱 |  |갱 |  |  |호 |  |호 ↘ |   ‖
‖갱 |  |갱 |  |  |허 |  |허 |이 |↗ ‖
‖갱 |  |갱 |  |개 |깨 |  |갱 |  |개 |  |깨 ‖
‖갠 |  지|갱 |갱 |  |개 |깨 |  |  ‖
‖갠 |  지|갠 |  지|갱 |갠 |  지|갱 |갱 |  |  ‖
‖개 |갱 |  |개 |갱 |갱 |  |갱 |  |  |  ‖
```

〈남원굿 호호굿의 절차와 본가락〉
열두마치―어름굿―호호굿―호호굿 넘는가락―잦은 호호굿―호
호굿 다드래기―두마치―미지기―두마치

```
‖잰 |  |잰 |  |  |호 |  |호 |  |  ‖
‖잰 |  |잰 |  |  |호 |  |호 |  |  ‖
‖잰 |  |잰 |  |재 |잰 |  |잰 |  |재 |잰 |  ‖
‖잰 |  지|잰 |잰 |  |재 |잰 |  |  ‖
‖잰 |  지|잰 |  지|잰 |잰 |  지|잰 |잰 |  |  ‖
‖재 |잰 |  |재 |잰 |잰 |  |잰 |  |  |  ‖
```

〈진안굿 호호굿의 절차와 본가락〉
어름굿―호호굿―호호굿 도드래미―각정굿 내드림―각정굿―각
정굿 도드래미―두마치

```
‖갱 |  |갱 |  |  |호 |  |호 |  |  ‖
‖갱 |  |갱 |  |  |호 |  |호 |  |  ‖
```

‖갱 │ │갱 │ 미│갱 │갱 │ 미│갱 │갱 │ ‖ ×2
‖개 │갱 │ │개 │갱 │갱 │ │갱 │ │ ‖

필봉굿과 남원굿의 본가락은 같고(장구 가락은 다름), 진안굿의 본가락은 그에 비해 단순하다. 진안굿은 10박 몇 개로 규칙화되어 있고, 필봉굿과 남원굿은 그 규칙성이 한번 흩뜨려져 있다.[101] 본가락의 앞 절차는, 진안굿은 어름굿으로 만든 원진 상태, 임실굿은 진다드래기 가락으로 진을 짠 다음 두줄진(이른바 겹원진)을 만든 상태, 남원굿은 진풀이라는 한 굿거리를 아예 친 다음 바로 연관시켜 두줄진을 만들고 열두마치 가락을 친 다음에[102] 주절차가 진행된다. 본가락 이후

---

101) 3번째 장단은 12박이고, 4번째 장단은 8박이다. 3번째 장단의 마지막 2박을 4번째 장단의 머리에 붙이면 전체 6장단이 10박체계로 규칙화될 터이고, 앞의 김현숙도 그런 지적을 한 적이 있다. 그렇다면 3,4번째 장단은 다음과 같이 구성되고, 그 강세는 달라진다. 물론 느낌도 달라진다.

‖갱 │ │갱 │ │개 │갱 │ │갱 │ │개 ‖
‖갱 │ │갠 │ 지│개 │갱 │ │개 │갱 │ ‖

그러나 남원굿이나 필봉굿에서는 굳이 12박과 8박으로 치고 있다. 전수과정에서도 그렇게 가르치고, 즉 강세를 그렇게 놓아두고, 장구 가락의 구성에서도 그렇고, 무엇보다 그런 느낌으로 현장에서 굿을 친다. 이렇게 치면 하나의 특성이 확실히 드러나는데, 3번째 장단의 첫 2박을 뺀 다음 10박이 '갱-개·갱-'이라는 5박의 소절 두 개로 나뉘어지고, 4번째 장단의 첫 3박 뒤의 5박도 그렇게 된다. 즉 '갱-개·갱-'이라는 5박이 3번 불규칙하게 반복된다. 즉 주요 소절로 드러나며 어떤 역할을 한다. 그 반복은 그냥 뭔가를 확인시켜주는 것같기도 하고, 그 소절 하나마다 눌러주는 느낌을 주어 어떤 다짐의식을 강조하는 것같기도 하다. 하여튼 굿의 현장에서는 강세와 느낌을 확실하게 그렇게 둔다.

10박의 규칙이 어떤 이유에서 허물어진 것인지, 그래서 잘못된 것인지, 아니면 원래부터 그런 구성인지는 호호굿이 앞으로 점차 그 굿적 의미가 강화되어나가면서 그러한 정착의 의미가 강해지거나 아니면 새롭게 변화를 하게 될 것이다.

102) 남원굿의 열두마치는 호호굿과 노래굿에 사용되는데, 9박(재잰-·잰-·잰-·잰-)의 머리 1개와 일채굿 가락 5개(10박 : 잰-·잰-재·잰-재·잰-·)로 구성되어 있다. 물론 그 가락들은 변화를 하며, 징은 5박마다 한 번씩 총 12번을 친다. 절름거리는 10박임에도 불구하고 그것을 거의 못느낄 정도로 아주 빨리 몰아친 다음 어름굿으로 천천히

의 뒷절차는 지역간 이름만 다르지 대동소이하다.

그런데 군악설의 시각으로 호호굿이 아직까지도 편협하게 해석, 적용되고 있다. "호호굿은 군사훈련에서 점호를 하는 것과 같은 굿으로 가락과 진, 외치는 소리를 통해 대동단결의 모습을 보인다"(남원굿), "군악에서 '호호' 하고 부르면 '허허'라고 대답하여, 군영에서 전군을 점검하여 사기를 높여 주는 뜻을 지닌다고 한다"(진안굿), "호허굿의 특징은 가락과 진풀이를 통한 치배 구성원과 관중이 하나로 호흡할 수 있는, 보이지 않는 대동단결의 모습을 이끌어내는 데 있다고 한다. 그래서 진풀이를 통해서 질서를 유지하면서, 각기 자신들이 가지고 있는 기량을 드러낸다"(필봉굿).

아직도 군사훈련의 점호, 군영의 점검으로 해석하거나, 필봉굿의 경우처럼 보다 당대적으로 해석을 시도하기는 하나 대동단결을 이끌어내는 호흡의 일치 정도로 설명하고 있다. 그 내용없기는 진배없다. 게다가 현재의 수준으로 치는 굿을 살펴 보아도 호호굿은 진풀이를 통해 질서를 유지하지도 않을 뿐더러 개별들의 기량도 썩 드러나는 대목도 아니다.

그간의 자체의 생애를 통해 발전되고 이미 새로운 차원으로 승화된 풍물굿적 언어로 해석되지가 않고, 기원적 영향설에 얽매여 군사훈련의 모습을 '모방'한 것이라고 아직도 얘기되어지고 실천하는 것은 문

풀어주고 주절차로 들어간다. 진풀이 거리를 정리하고 호호굿 진을 만드는 어름굿과, 주절차 시작하기 전의 어름굿 사이에 들어가기 때문에, 즉 정리와 다스름 사이에 있기 때문에 집중력이 좋다. 이 집중력은 단순히 치배들이 호흡을 맞추는 것같기도 하고, 그 팀웍을 과시하는 것같기도 하고, 무언가를 풍물굿적으로 고지(告知)하는 것같기도 하고, 그 무언가를 확인시켜주려는 것같기도 하고, 그냥 기대를 상승시켜주는 것같기도 하고, 호호굿의 맛뵈기 시주부같기도 하고, 마지막으로 호흡을 몰아대어 산중턱에서 정상으로 냉큼 올라서는 것같기도 하고, 이전의 시간을 최종 정리하는 것같기도 하고, 시간을 상승시키거나 팽창시키는 것같기도 하면서 어떤 질의 성숙을 꾀한다. 아무튼 짧은 물리적 시간 동안 어떤 시간의 몰입성을 강력하게 주는데, 그 추상의 시간이 다갈래로 상상—상승하는 아주 독특한 매력과 역할을 갖고 있는 대목이다.

제이다. 그런 빈약한 상징 의식으로 그렇게 구태의연하게 굿을 치는 것이, 그런 식의 단결 의식이 도대체 우리 시대에 어떤 의미가 있는지 모르겠지만, 사실 호호굿은 군악설로도 다 설명할 수가 없다. 호호굿에서 혼합박자로 어떤 규율을 맞춘다는 것은, 그 규율의식은 이미 현실의 의식과 그 박자가 아닌 것이다. 그리고 겉보기에도 어떻게 혼합된 박자로 군인들의 일상적인 점호를 맞추어 낼 수가 있겠는가 의문이다.

하여튼, 그런 것이 계기가 되었는지 모르겠지만, 이미 자체의 생애와 언어를 갖는 풍물굿에서 '호호'는 혼합박자의 의미, 열두마치의 의미, 두 줄이라는 길의 의미 등을 살펴보았을 때 차라리 우리의 존재의식을 고백하고 청신(請神)하는 성격이 강하다. 신격을 가까이 불러대는 당찬 인탁의 자세이면서, 한편으로는 신격에다 대고 우리의 존재적 고통을 외쳐부르는, 어찌 보면 눈물나는 외침의 '호호'이다. 그리고 그것은 물론 풍물굿적으로 걸러진, 즉 풍물굿 언어로 그리된다. 따라서 뒤따르는 잦은호호굿과 그것의 진풀이도, 그 만나고 헤어지고 만나고 스쳐 지나가고 하는, 그 주요한 의식들이 포크 댄스처럼 아무 생각없이 발랄하게 뛰어 다니는 것이어서는 곤란하다. 삼채류 박자만 나오면 무작정 춤추고 놀아버리는 단순한 짓을 해서는 안되는 것이다.

잦은호호굿은 호호굿이라는 주제적 통과의례를 거친 여전한 주의식이다. 즉 통과의례를 거쳤으면서도 그 통과의례의 과정에 있다. 신격에 대한 외침이라는 주절차가 열어놓은 어떤 후련함, 그것으로서 정화된 개운함, 그리고 그것들의 기쁨, 즉 존재 이면의 신명과 흥이라는 수준높은 질부터 출발되어야 한다. 그 질을 가지고 두 줄의 치배들은, 아니 이미 두 줄의 의미를 벗어난 사람들은, 즉 예술성이 된 사람들은 서로 만나고 헤어지고 다시 만나고 스쳐 지나가며 그들의 삶을 파노라마처럼 행진시킨다. 애틋하고 충만하고 비켜가고 돌아들고 회한

하고 다독이고 욕망하고 모자라고…… 그러한 삶의 과정들을 일여시키는 것이다. 자신들이 불러내거나 혹은 질타한, 그 호명한 신격들을 증인으로 데리고 여봐란 듯이 행진하는, 가슴저리게 당당한 의식인 것이다.

유명철은 여기서 발림을 한다. 단순하게 반복되어 어느덧 사람들에게 들리지도 않는 가락은 부쇠에게 맡겨둔 채 혼자 발림을 한다. 꽹매기를 신격의 신표(信標)로 삼아 눈앞에 치켜든 채 그 신격들을 앞세워 세상을 간다. 가다가 그 신표가 내려오고 너설이 흩뿌려진다. 정화수를, 정화된 물을 솔잎에 묻혀서 세상에 정화로 뿌려대는 그런 너설짓이다. 신격을 세상사람에게 골고루 나눠주는 성체(聖體)의식의 너설짓이다. 다시 신표가 올라가고……

이 신표와 정화와 성체의식은 고스란히 '춤'이다. 겉보기에 손을 사위삼아 휘저으며 걸어가는, 일반적인 춤모습을 간략화시킨 그런 단순한 춤으로 보아서는 안된다. 그런 춤의 언어로 보아서는 안된다. 이 춤은, 단순하게 손을 사위치는 춤의 춤이 아니라 이미 주절차가 마련한 추상의 시간 속에서 청신하고 호명된 신격과 일여된 몸짓, 사위인 것이다. 이 점이 다른 춤의 언어와는 다른 '풍물굿적 춤'이 되는 이유이다.

유명철이 부포가 아닌 춤으로서 한몫을 하는 곳이 자진호호굿 대목인데, 그것의 종속절차에 그러한 (풍물굿적) 춤이 또 있다. 자진호호굿 다음에 호호굿다드래기를 하고 두마지로 넘겨서 잠깐 미지기(뚜두마깽)를 하는 대목이 있다. 주의식에 따른 종속절차는 각각의 굿거리마다 그 성격을 달리해야 한다는 점에 주의를 한다면, 삼채류와 이채류에서는 앞의 주절차가 뭣이 되었두지간에 놀고 풀어버린다는 단순한 생각을 버린다면 그 춤이 보인다.

유명철은 두마치를 짧게 부쳐놓고 곧 가죽소리만 남게 한다. 그리고 이 춤을 춘다. 쇠와 쇠채를 합쳐놓은 채 허리 옆에다 살짝 붙여놓고는 무겁고도 가볍게, 즉 진지한 경쾌함으로 걸어 다닌다. 발걸음에 따라 그 쇠와 쇠채는 자연스럽게 좌우로 조금씩 움직인다. 가끔 채를 딱딱딱 작은 소리로 쇠에 붙여 소리를 내는데, 내도 좋고 안내도 좋은, 들려도 되고 안들려도 되는 지경이다. 즉 소리가 아니라 춤으로 작용한다. 아니, 소리조차 춤이 된다. 이 때의 꽹매기와 그 채는 이제는 악기임을 벗어난다. 훌륭한 춤의 매질(媒質)이 되는 것이다. 그리고 그것은 꽹매기춤이 아니라 춤의 꽹매기가 된다.

이것은 겉보기에는 간단한 발림이다. 이 모양새는 일상의 걸음에 약간의 발림을 더한 것일 뿐이다. 그래서 이것만 분리시켜서 본다면 화려하거나 정제된, 세련된 춤은 아니다. 그러나 이것은 절차 과정에 있다. 아주 중요하고 의미로운 절차 속에 있는 것이다. 겉보기 간단한 발림 하나가 절차의식 속에서는 위력한 춤이 되는 것이다. 춤이라는 언어로 메타된 현실, 즉 예술성의 새로운 시간을 만드는 것이다. 그것으로 가심의 흥, 가심된 자만이 가질 수 있는 흥이라는 질을 만든다. 정화된 시간이 현실로 배어나오는 것이 된다. 그리고 그것은 풍물굿이 아니면 안되는, 작게는 쇠와 쇠채가 없으면 안되는, 크게는 풍물굿판이라는 엄청난 기제가 갖추어지지 못하면 흉내도 못내는 그런 춤이 된다. 다른 모든 춤에 고유의 언어방식이 있듯이, 풍물굿판이라는 보다 공개된 공간에서의 이 조용조용한 춤이라는 것은 아주 강력한, 특수한 예술언어성을 갖는다. 부포와 더불어 부포와는 또다른 '풍물굿적 춤'의 전형을 유명철은 보여주고 있는 것이다.

모든 호호굿에서 부포짓은 없다. 단지 호호굿은 혼합박자의 특성에 의해, 그리고 실은 풍물굿적 청신(격)의 의미인 '호호'의 외침으로 직접 뭔가를 만들고, 그런 연후에 춤으로서 만나고 헤어짐을 되풀이한다. 그러나 영산은 가진형의 '가락의 부포'를 통한 은유의 형식으로 뭔가를 만든다.

영산거리는, 호호굿과 마찬가지로 징을 치지 않는다. 쇠잽이들은 자연스럽게 원진 안으로 들어오거나 남원굿에서는 아예 두줄진을 만든 상태에서 시작한다. 남원굿과 진안굿에서는 호호굿 다음에, 즉 호호굿과 연결시켜 영산거리를 진행하고, 필봉굿은 멀리 떨어뜨려 놓았다.[103]

---

103) 좌도굿 지역의 판굿 구성을 거리로 정리하면 :

- 남원굿 : 질굿—채굿—진풀이—호호굿—영산—춤굿—노래굿—미지기—등지기—도둑잽이—탐모리—문굿—헤침굿—재능기로 구성되어 있다. 등지기까지 전굿, 도둑잽이 이후는 후굿.
- 진안굿 : 질굿—마치굿—품앗이굿—호호굿—영산—왼잔즈래기—노래굿—춤굿—반잔지래기—일광놀이—도둑잽이—돌굿—파장굿으로 구성되어 있다.
- 필봉굿 : 질굿—채굿—호호굿—풍류—삼방울진—미지기영산—가진영산—노래굿—돌굿(춤굿)—재능기영산—등지기—수박치기—도둑잽이—탈머리

이 절차의 순서들은 때에 따라 약간씩 차이를 보이고 있다. 차이를 보이는 것은 아주 좋은 일이다. 그러나, 판굿이라는 것은 전체가 절차와 의식이 명확히 있어야 한다. 왜냐하면 절차가 있다는 것은 분명한 목적이 있다는 것이다. 물론 각 거리들은 독자성을 가지는 소(小)의식들이지만, 상대적 독자성을 가질 뿐이어야 한다. 매번 절차에 차이를 가진다면 전체의 절차에 그것들이 어떤 의미를 가지는가, 그 절차와 수순은 어떤 연관을 가지는가 등이 모색되어져서 그 차이가 날 때마다 판굿이 점차 살쪄나가야 할 것이다. 차이를 가질수록 생각이 깊어져야 하는 것이다.

후술하겠지만 미지기굿은 아주 중요한 의미 절차를 갖고 있는데, 남원굿은 호호굿—영산의 뒤에, 진안굿은 그 바로 앞에(품앗이굿), 필봉굿은 호호굿과 영산 사이에 놓여 있다. 남원굿은 호호굿—영산—(춤굿—노래굿)—미지기굿이라는 수순이 어떤 주요한 서정의 흐름을 만들어내는 꽉 짜인 절차임을 니름대로 보여준다. 물론 현재의 거리를 더욱 풍부하게 하는 사이 거리들이 더늠되어 발전하겠지만, 현재의 판굿 구성에서는, 호호굿—영산이라는 의미체는 분리할 수가 없고, 특히 미지기는 호호굿—영산의 뒤에, 즉 그 힘을 가진채로 실행되고 있다. 남원굿의 경우처럼 각 거리의 구성들은 보다 필연적으로 결합되는 힘을 가져 각 지역의 굿 특성을 준거하는 강력한 절차의식으로 되어야 한다.

남원굿도 춤굿이나 노래굿을 미지기굿 다음에 놓는 경우가 있는데, 그렇다면 미지기굿 앞에 오는 경우와는 내용·형식이 달라져야함에도 불구하고 똑같은 식으로 진행되는데 이것은 문제다. 왜냐하면 춤굿과 노래굿도 작은 굿거리로서 독립성을 가지지만 지금의 전체 판의 구성에서 보자면 보다 주요한 절차의 의미가 강한 미지기굿과 연관되어 있다. 따라서 그 절차를 위해서 하는 경우, 또는 절차를 업고 하는 경우, 그 둘의 차이에 의해 역할의 내용·형식을 달리해야 하는 것이다. 지금의 미지기굿의 성격으로 비추어 볼 때 전자는 제의—헌사의 의미가 강하고, 후자는 놀이—헌사의 의미가 강

영산은 처음에 쇠잽이들이 앉아서 시작한다.[104] 쇠잽이들이 앉은 채로 전부 한 사람씩 돌아가면서 순서대로 한 바탕씩 친다. 느리게 친다. 가락만 치고 부포놀음은 하지 않는다. 상쇠 치고, 부쇠 치고, 삼쇠, 종쇠……꽤 시간이 걸리는데도 굳이 앉아서 친다. 왜 앉아서 치는 것일까?

장구잽이들은 그 쇠 치는 앞에서 다소 무겁게 박을 잡아나간다. 첫박을 시가(時價)보다 깊게 파내어 눌러준다. 장구를, 달려가거나 날아가는 가죽 소리가 아니라 무언가를 무겁게 눌러주는 신명으로 그리 한다. 양장구로 멋을 부리지도 않고 제손장구만 고지식하게 친다. 아니, 규율상 그렇게 쳐야 한다고 못박아져 있다.[105]

징은 어깨에 둘러 매여져 있는 채 아예 쇠잽이 옆에 앉아 있다. 소고잽이들도 형식을 맞추어 천천히 움직인다. 형식을 알아서 이리저리 맞추는 정도가 아니라 꽉 짜서 그리 한다. 하나, 둘에 천천히 디딤발을 딛고, 셋에 소고를 발차고, 넷에 돌아선 다음 앉을 준비를 한다. 다섯, 여섯에 천천히 앉으며 왼쪽 바닥 짚어주고, 일곱, 여덟에 가벼운 발림하며 앉음오금으로 이동하여 오른쪽 바닥 짚는다.

이것을 반복한다. 막음쇠 가락으로 들어가면 앉았다 일어서는 나비

하다. 아니면 춤굿이나 노래굿이 더 주요한 절차가 된다면 미지기굿이 그 앞 뒤에 놓일 경우 미지기굿의 내용·형식도 그에 따라 변화해야 할 것이다. 아직 남원굿도 '충분히' 발전하지 않은 모습이다.

104) 이하 영산굿과 미지기굿에 대한 설명은, 1997년 8월 24일 남원시 금지면 상귀리 마을에서 한 남원농악 발표회 때의 굿을 표본으로 하였다. 유명철이 다시 굿을 하기 시작한 연후에 한 첫 발표회였다. 들당산부터 하는 본격적인 절차가 다 마련된 큰굿이었는데, 5시간 정도 걸리는 굿판에 알음알음으로 온 1천여명의 사람들과 굿이 어우러졌다. 그 후 작은 굿들은 있었으나 당시의 큰 굿같은 판을 아직 열지는 않고 있다. 따라서 모든 절차의 과정이 뚜렷하게 진행되고, 그 과정들이 축적되어 나가고, 그리고 축약시키지 않은 원래의 시간으로 친 굿이기 때문에 그 질이 상당히 좋아 표본으로 하였다. 큰굿이 쌓여질수록 이 설명의 질도 좋아질 것이다.

105) 유명철은 영산에서의 장구의 태도를, "장구가 저마다 기분내다 안맞으면 안된다. 그러면 '장구 다친다'"라고 한다.

상, 맺이로 가는 엇박부터는 그냥 나비상을 반복한다. 공력이 있을수록 예뻐지는 느린 춤이 된다. 부전지도 부차적으로 날릴 뿐이다. 잡색들도 특유의 활달함을 포기하고 즈믄즈믄 서성댈 뿐이다. 왜 치배들도 이렇듯 형식을 갖추어 절제를 하는가?

의식(儀式)이기 때문이다. 의식성이 강하기 때문이다. 쇠잽이들이 앉아서 가락을 내고, 모든 치배들이 절제하는 것은 뭔가의 형식을 만들어 나가기 때문이다. 그렇다. 그들은 뭔가를 진지하게 차리면서 의식한다. 갖추어 놓은 형식(갖은형, 가진형)의 가락으로써, 마치 제관들이 무릎을 꿇고 앉아서 깨끗한 제상을 준비하는 것처럼 의식을 치른다. 나머지 치배들도 주위에 둘러서서 불을 탄생시키는 점화의식의 선녀들처럼 그렇게 하늘의 시간을 받는 춤을 추면서 의식을 치른다. 쇠잽이들이 돌아가며 헌주(獻奏)를 한다. 가락이 차려지고 술이 되고 정갈해지고 맑아지고 세상에 대한 애정이 된다. 헌주(獻酒) 의식이 되는 것이다. 풍물굿적인 헌주 의식인 것이다. 종쇠까지 한 순배, 그렇게 갖춘 가락이 돈다.

쇠잽이들이 일어선다. 부포짓이 시작된다.[106] 상쇠가 먼저 가락을 내며 부포짓한다. 본격적인 의식이 시작된다. 가락의 앞부분에서는 전조시하며 조근조근 밟아대며 움직인다. 꼭지에 있는 부포를 가볍게 재어 앞으로 톡 던저놓으며 한 걸음 내딛고 멈추고 하는 부포짓인데, 발걸음을 멈출 때도 오금질이 되기 때문에 부포는 앞에서 정지하는 것이 아니라 다른 모습으로 잠깐 살아있다가 따라간다.

한 번 돌고 멈추는 듯하다 무게추가 먼저 가고 부포가 뒤따라 가는데, 이것이 꾸준히 지속된다. 쇠잽이들이 마치 꽃을 뿌려대며 길을, 그리고 스스로를 정화하는 것같다. 나머지 치배들도 부포짓하며 조금씩 따라 움직인다. 막음쇠 가락으로 들어가서는, 부포는 이제 다른 질

---

106) 이하 소개되는 부포짓도 위 남원 상귀리의 큰 굿판에서 유명철이 구사한 부포놀음을 중심으로 설명하는 것이다.

의 생기를 갖는다. 막음쇠 가락 자체가 부포용 가락이기 때문에 부포
짓은 본격적으로 강조된다. 상쇠는 처음에 반(半)또아리틀기를 한다.
부포가 상모갓에 올라가는둥 마는둥 한다. 올라가더라도 곧 내려온
다. 부포짓이 반쯤 살고, 부포 자체가 반쯤 산다. 나머지 쇠잽이들은
상쇠의 부포 내용에 얽매이지 않고 자신있는 자기의 언어로 얘기하기
시작한다. 기량을 뽐내는 천박한 행위가 아니라 자신과 자신의 이야
기를 드러내는 행위여야 한다.

  막음쇠 가락은 늘었다 줄었다 하는데 그것은 부포짓하는 사람에 따
라, 즉 부포짓의 내용에 따라 그렇게 된다. 원래 그런 역할인 것이다.
말미에 개꼬리상모를 여운으로 시작하다 끝내고 맺는다. 상쇠가 끝나
면 부쇠가 받는다. 나머지 쇠잽이들은 뒷짐을 진채, 즉 부포의 행위만
남겨두어 강조한 채, 가장 자신있는 부포짓을 하면서 또 각각 자신의
이야기를 한다. 채상은 사사와 나비상만 남으며 스스로 배경이 된다.
삼쇠가 받고, 종쇠가 받고, 다시 상쇠가……

  부포의 영산은, 그 헌주(獻奏)는 드디어 헌화(獻花)가 된다. 헌화의
식(儀式)이 되는 것이다. 드디어 부포짓이 시간꽃이 되는 것이다. 부
포의 유명철은, 부포의 쇠잽이들은 현실을 차곡차곡 접어 시간꽃을
만든다. 신격에 그 시간꽃을 접속한다. 시간이 발전되고 언어가 발전
된다. 그 꽃은 다시 현실로 피어나고 세상은 사람에게 열려진다. 아,
이 진지한 열락의, 세상으로 열린 창(窓)! 아니 몸. 그 몸의 시간꽃.

  영산을 할 때는 굿치배, 아니 굿판 전체가 덩어리라는 느낌을 확연
히 준다. 이 덩어리는 마치 지구가 공전하는 것처럼 눈에 보이지 않
게, 그러나 여러 가지 다른 모습으로 느끼게 해줄만큼 보일듯 말듯
움직여간다. 그렇다, 어느덧 다른 시간이 된 것이다. 이 미묘한 움직
임에 잦은영산이 들어오며, 그 시간의식을 다시 깬다. 외사같은 전조
시와 숨쉴틈없는 개꼬리상모로 그리 한다. 먼저의 시간으로 회귀가
아니라 달라진 시간의 또다른 시간이다. 구체로의 상승이다. 그것의

확인이다. 그리고 종속절차로 넘어간다.

영산은 현실을 접는 시간꽃으로 헌주(獻奏)를 하며 세상에 헌주(獻酒)·헌화(獻花)의식을 치뤄낸다. 풍물굿적으로. 가진형의 가락으로 차려놓고 부포로 헌사한다. 그 가락과 춤의 '소지 의식'인 것이다.

마을굿은 기본적으로 제의 공간이었다. 마을굿의 절정은 그 유형 여하를 막론하고 소지(燒紙)와 음복(飮福)이라고 한다.

"소지를 요식화한 것이 축문을 읽는 것이고, 이에 비해 백지를 태워 축원 덕담을 비는 소지는 가구별 덕담이나 공동체 집단의 덕담이 함께 어우러져 표출되는 비나리가 곧 소지이다."[107]

이와 같이 소지란 축원 덕담의 진지한 형식, 즉 가심의 태도이다. 영산은 풍물굿으로 잘 차려진 소지 의식이며, 잘 짜여진 축문과 비나리이다. 금기를 지킨 제관들이, 영산의 주의식을 치르는 이때만큼은 뚜렷이 인탁의 사제가 된 쇠잽이들이, 돌아가며 헌주(獻奏)로서 헌주(獻酒)·헌화(獻花)를 하는, 시적 축원이 아니라 몸언어로, 춤과 가락의 언어로 현실의 시간을 접어가며 꽃을 피우는, 그런 풍물굿적 의식인 것이다.

그런데 이 인탁의 제관들이 풋풋한 재미를 주는 대목이 있다. 부쇠들로 인해 의식이 질름거리는 것이다. 대개 상쇠에 비해 부쇠들의 부포짓은 상대적으로 어물지 않게 보인다. 설익어 보이는 것이다. 이 쇠잽이들의 수준이 고르게 아주 높을지라도 상쇠의 역할에 의해 '상대적'으로 그렇게 보인다. 풍물굿을 기예라는 차원으로만 보는 잘못된 습관이 들었다면 이 모습은 그저 기량의 차이로 보일 것이다. 가락틀은 흐르는데 쇠잽이들이 하는 이야기들은, 내용과 형식들은 울퉁불퉁거린다. 각각의 개성들이 드러나고, 그 개성들의 흐름이 절름거린다. 때로는 농익고 때로는 설익고, 늠름하기도 하고 생생하기도 하고 어

---

107) 박인배, 「우리 모두 심방이 되자」, 『전통문화』 1986년 12월호, 69쪽.

떤 땐 골계미까지 보여준다.

인탁의 시간에 사람이 드러난다. 인탁의 판 자체가 절름거리고 시간이 절름거리고 친근한 현실성이 된다. 이건 기예의 문제가 아니라 이 판이 사람의 판이라는 것, 즉 인탁의 판이라는 것을 은근히 보여주는 대단한 기제이다. 아주 자연스러운 사람의 일이기 때문에 어쩌면 영원히 자연스러울 수도 있는 기제이다. 이 친근한 재미로 인해 헌화를 하는 주요한 의식은 절름거리고, 이 판이 인탁의 판임이 알게 모르게 자연스럽게 깔려진다.

자, 인탁의 판에서 시간꽃의 헌주·헌화의식을 거치고 드디어 굿판은 어디론가 더욱 더 짓쳐들어간다. 아니, 몸이 흘러들어간다. 어디로? 유토피아로. 그전에, 영화 이야기 한 도막.

몸과 꿈

〈가타카(GATTACA)〉. 몸과 꿈을 다룬 영화. 헐리우드 블록버스터 SF 영화에 익숙한 눈으로 보기에는 마치 50~60년대에 미래를 다룬 영화처럼 다소 촌스럽다. 일단 요란스러운 볼거리는 없다. 최소한의 미래스러운 장치와 환경을 가질 뿐이다. 그래서 불필요한 우주적 상상은 차단되고 영화의 건조한 주제는 뚜렷하고도 메마르게 얘기된다.

영화의 기조 색깔은 노란색. 휠터를 끼고 찍었을 것이라고 여겨질 만큼 시종일관 노랗다. 마치 사막의 모래더미같은 색이다. 그리고 사람들은 심리적으로 병들어 보인다. 건조하고 병약한 색깔이 기본 톤으로 깔리고 있는 것이다.

가까운 미래사회. 가타카라는 회사가 있다. 우주산업에 종사하는 것 같지만 불투명하다. 그리고 그 환경은 빅부라더 관리사회의 냄새가 난다. 사람의 표정은 없고 획일적인 행동은 서로 닮아 있다. 일등 항법사 제롬 모로우는 이 회사의 최고 우등생만 선택되어져 갈 수 있는 토성 탐사 비행을 일주일 남겨두고 있다. 그러나 사실 그는 선택된 우등생인 제롬이 아니라 열성 유전인자를 가진 자연분만자 빈센트이다.

미래사회의 사람들은 유전지수로 변별, 확인된다. 유전인자의 우성·열성에 의해 사회의 계급성이 정해지며 차별된다. 이 사회에서는 자연임신, 신의 뜻을 따르는 잉태로서는 건강한 아이를 탄생시키지 못한다. 반면 발달된 유전학은 갓 태어난 신생아에게서 뽑아낸 한 방울의 피로부터 각종 질병은 물론 앞으로 발생할 심리적 이상상태까지 퍼센트 단위로 맞추어낸다. 심지어 언제, 왜 죽을지도 알 수 있다.

반면 나쁜 인자를 제거하여 우성의 인간을 탄생시킬 수도 있다. 알콜 중독, 조기 탈모, 근시뿐 아니라 비만까지도 사람이 태어나기 전에 제거된다. 따라서 이 사회는 '몸'을 결정할 수가 있다. 이는 거꾸로 얘기하자면 신체가 통제되는 사회이다.[108] 몸은 결정되지만 몸의 자유와 개성은 애초부터 없다.

부모의 사랑으로 태어난 자연분만자 주인공 빈센트는 심장질환 99% 가능자로 탄생되며, 조기사망 가능이 예견된다. 예상 수명이 30.2살인 열성인자인 것이다. 그는 어려서부터 만성 질병에 시달린다. 빈센트만으로는 불안한 그의 부모들은 다른 부모들처럼 둘째아이를 유전학에 의해 '결정'한다. 당시의 자연스러운 방법인 것이다. 그래서 동생 안돈이 태어나고 예상대로 우등생으로 자라난다.

조그만 상처에도 죽을 수 있는 빈센트는 행성을 좋아하고 지구를

---

108) 신체를 장악하는 문제는 한마디로 생명이나 삶, 혹은 신체를 통제하는 권력의 문제요, 푸코 개념으로 말하면 '생체권력'의 문제다…… 신체·생체를 사이에 두고 벌어지는, 삶과 행동, 신체를 장악하려는 투쟁은 '생체정치(bio-politics)'라고 표현된다…… 계급투쟁은 충돌과 전투의 양상으로 진행되기도 하지만, 동시에 개개인의 신체를, 삶과 행동, 사고를 장악하려는 투쟁의 양상으로 진행된다. 왜냐하면 권력이 그렇게 개개인의 신체상에서 작동하지 않는다면, 그리하여 개개인의 신체와 행동을 장악하고 포섭할 수 없다면 그 지배를 유지할 수 없기 때문이다.(이진경, 『필로시네마 혹은 탈주의 철학에 대한 7편의 영화』, 새길출판사, 1995, 102쪽)

싫어한다. 그는 우주여행을 '꿈' 꾼다. 그리고 그것을 꾸준히 실행하려 애쓴다. 그러나 그 모든 시도는 좌절된다. 기억력이 비상함에도 불구하고 이력서는 피 한방울 속에 있는 것이다.

빈센트와 안톤은 어려서부터 '겁쟁이놀이'를 하며 커왔다. 무작정 바다로 헤엄쳐나가는 것인데, 겁나서 돌아오면 지는 놀이이다. 동생 안톤은 건강했고 당연히 한 번도 진 적이 없다. 그런데 어느날 불가능한 일이 일어났다. 동생 안톤이 겁쟁이놀이 도중 뒤처지더니 물에 빠져버린 것이다. 이 때 빈센트는 동생이 생각보다 강하지 않은 걸 알게 된다. 그리고 자신이 약하지 않다는 것도.

빈센트의 좌절은 희망으로 바뀐다. 그는 가타카의 청소부로 들어오면서 신분이나 인종에 상관없는 유전학적 차별을 청소하리라고 마음먹게 된다. 그 결심의 첫날, 가타카의 유리 천장 너머로 우주선이 발사되어 꿈결처럼 아스라히 날아가는 것이 보인다.

그는 가타카의 내부에 접근, 적응해 나간다. 그리고 극한 처방을 쓰기로 한다. 다른 사람의 몸을 빌리기로 한 것이다. 유전학적 우성 인자를 가졌지만, 운명을 결정할 인자는 없기 때문에 어떤 사연으로 인해 유전자 증명을 팔려는 사람이 있었다. 그래서 유명한 수영선수였지만 지금은 하반신이 마비된 제롬 모로우를 만나게 된다. 그의 몸이라면 어디든 갈 수가 있는 것이다. 우주로의 여행이라는 꿈도.

빈센트는 제롬으로의 변신을 시도한다. 근시, 치아, 외모뿐 아니라 작은 키를 늘리기 위해 다리뼈 접합 수술까지 받는다. 그리고 제롬 모로우가 되어 성공적으로 가타카에 입사하나 그 순간부터 제롬임을 방어하기 시작할 수밖에 없다. 제롬의 피로 출근할 때마다 받는 유전자 체크를 통과하고, 제롬의 소변으로 빈번한 소변검사를 통과한다. 머리카락, 몸의 털, 손톱, 피부각질로도 신원을 체크당할 수 있기 때문에 역시 제롬이 모아준 그것들의 흔적을 회사에 뿌려댄다.

가짜 제롬의 승진은 빨랐다. 한 감독관이 그의 신분을 알아내려 했으나 우주비행을 저지하려는 그를 싫어하는 누군가에 의해 피살된다. 이를 계기로 가타카에서는 등록안된 부적격자를 찾아나서기 시작한다. 그 조사관으로 온 사람은 다름아닌 동생 안톤이다.

한편 진짜 제롬은 소변과 혈액과 각질까지를 날마다 정성으로 모아준다. 심지어 맥박수까지 같아지기 위한 샘플을 위해 휠체어 바퀴를 돌리는 운동까지 해준다. 그는 수영 은메달리스트였다. 그리고 다리가 마비된 지금도 꿈이 있다. 그러나 그 몸이 없는 꿈은 은메달을 땄던 과거의 기억에서 한 단계도 내려설 수 없다는 오기 정도의 꿈아닌 꿈이다. 유전학자에 의해 탄생된 사람은 완벽해야 한다는 부담에 시달릴 뿐인 것이다. 그는 그래서 진정으로 가짜 제롬을 진짜 제롬으로 만들기 위해 날마다 열심이다.

어느날, 진짜 제롬은 그날의 피와 소변을 다 모아둔 다음, 집안에서 휠체어로 춤을 추고 고무장갑으로 풍선을 불며 혼자 논다. 그 시각 가짜 제롬은 집 밖에서, 분위기 좋은 넓은 홀에서 사랑하는 여자와 춤을 추고 있다. 같은 색소폰 소리를 들으며. 진짜 제롬은 불안한 '몸의 꿈'으로 꿈의 의식(儀式)을 치르는 것이며, 가짜 제롬은 몸을 얻은 꿈으로, 불안한 '꿈의 몸'으로 불안하게 춤을 추고 있다. 이 참으로 외롭고 슬픈 두 청년은 진지하게 친해진다. 사회적 몸이 없는 꿈과, 꿈을 실행할 수 없는 몸이 진정으로 친해지는 것이다.

가타카의 부적격자 색출은 정밀해져 가고, 가짜 제롬은 몇 번의 결정적인 위험을 넘긴다. 그러나 살인 용의자로 사진까지 가타카에 게재되자 한계를 느낀 가짜 제롬은 가짜임을, 그의 존재의식 자체인 꿈을 포기하려 한다. 그러나 몸이, 진짜 제롬이 더욱 애가 탄다. 가짜 제롬은 결국 마지막 타결을 위해, 이미 형이 부적격자임을 아는 조사관인 동생을 만난다. 그리고 둘은 겁쟁이 놀이를 한다. 그런데 예전에 형이 유일하게 이겼던 그 결과가 또 나타난다. 형은 익사 직전의 동생을 구하고, 동생은 어떻게 그럴 수 있느냐고 반문한다. 형은 되돌아갈 자리를 남겨두지 않아서라고 대답한다.

드디어 우주로 떠나는 날, '몸'은 '꿈'에게 평생 쓸 수 있는 몸의 샘플을 마련해준다. 그리고 '몸과 꿈'을 서로 빌려준 것에 대한 애정을 확인한다. 그리고 이별한다. 아니, 슬프게도 그 확인이 이별이다. 이제 '몸'이 된 '꿈'은 우주로 올라가고 '꿈'으로 대속시킨 '몸'은 스스로의 몸에 불을 질러 없어진다.

그리고 꿈이 가고자 하는 토성은, 본인이 말하고 있듯 어느 때나 구름에 덮여 밑에 뭐가 있는지 모른다. 다만 뭔가 있다는 것만 확신하려 한다. 그의 우주처럼. 존재 의식처럼. 그리고 다음과 같은 마지막 대사로 스스로를 위로한다.

"몸 속의 모든 원소도 행성의 일부라고 한다. 어쩌면 떠나는게 아니고 고향에 가는건지 모른다."

그런데 이 불필요한 사족은 제롬과 영화는 아니라고 하지만, 우리에게는 더 큰 비극으로 느껴진다. 영화는 몸의 꿈, 꿈의 몸, 그 '분리된 것들'의 루비콘 강을, 절대 서로 건널 수 없는 숙명의식을 보여준다. 둘 다 기본적으로 비관적일 수밖에 없다. 몸·꿈의 존재론, 인간의 그것, 그 진정성이 없는 것이다. 서구적 근대성과 세기말과 모더니즘과 그것의 한 세기 축적, 그리고 또다시 그것으로부터의 여전하고 새로운 세기말을 보여준다.

영화에서 결국 꿈은 진정한 몸없이 우주로 날아가고 몸은 불타버린다. 몸의식을 진정으로 획득할 수 없는 꿈과, 타자(他者)되는(소외되고 사이버되는) 꿈의식의 몸은 그 해체의 자짐으로서 또다시 해체된다. 최소한 존재의 꿈, 번제(燔祭)의 인간학도 없이. 메마르게 슬프다. 여기서 유한 존재 인간의, 그 비장한 열락의 영속성(永續性)은 사실 근본적으로 없어진다. 헤브라이즘의 지독한 비극의식이다. 묵시론의 태생적 비극인 것이다. 구원은 당최 현실에서는 없다.

따라서 영화와 그것의 시간과, 그 영화와 만나는 우리의 현실 시간

은 허허롭다. 가슴 속에 마른 모래가 흩뿌려지듯 허허롭다. 그러나 진
정한 허(虛)의식은 없다. 비어있음으로 충만해지는 현실시간, 즉 연기
(緣起)의, 그 자성(自性)없는 보시(普施)의식[109]조차 없는 것이다. 존
재론 없는 구원의식만 드러난다. 그 허함의 공간, 없음의 시간인 우주
가 화두이고 결국 그리 날아갔음에도 불구하고 구원은 없고 그만큼
또 멀어질 수밖에 없다. 비장함이 없는 비극이다. 그래서 삶 · 죽음의
일여, 인간의 시간성으로 촉촉하지 않고 건조하다. 색이 없는 공인 것
이다. 따라서 공즉시색(空卽是色)도 없다. 인간과 삶의 오랜 축적, 그
힘이 없다. 문화가 없다. '인간의 색즉시공(色卽是空)'이 없는 것이다.
　　그러나 풍물굿은 '몸 · 꿈'의 몸이자, '몸 · 꿈의 몸'의 꿈이다. '인
탁(人託)의 꿈'의 몸인 것이다. 그래서 존재의 비장과 그만큼의 유토
피아 의식이 현실로 있다.

미지기굿[110] ― 유토피아로 가는 몸 의식

어름굿[111]이 오랫동안 지속된다. 한번 어르고 잦아들고 또 얼러지고

---

109) 불가(佛家)가 갖는 현실의식. 세상은 근본적으로 연기(緣起)되어 있으므로 모든 사물
　　은 자기존재성, 즉 자성(自性)은 없나. 윤회될 뿐이다. 그래서 세상과 사물은 존재료
　　서 허하다. 비어 있다. 그러나, 그래서 그 허함은, 되돌아가기만 하면 되는 그 '존재의
　　여유'는, 이타성의 긍정으로 세상을 보시해줄 수가 있게 된다. 그만큼의 현실성이,
　　'자성없음의 존재론'으로 있다. 그래서 불가는 인간의 역사로 문화된다. 그 애초의 존
　　재의식과는 상관없이, 구체적으로 친근하게 인간에게 존재한다. 사람의 삶이란 이렇듯
　　없음의 풍부함까지를, 그 철학까지를 존재시킨다.
110) 이른바 좌도굿의 특징중의 하나인 미지기(굿)의 형태는 2열을 지어 왔다갔다하는 모
　　습을 띤다. 미지기(가락), 품앗이(가락), 짝두름(가락)이라고 불리우는, 쇠들끼리 교대
　　로 치는 가락들이 이 굿 안에 있다. 그것이 구사되는 패턴은 지역별로 조금 다르다.
　　유명철이 있는 남원굿의 미지기(굿)에 대한 것은 이 책 3부의 남원굿 해설을 참조할
　　것(필자는 그 해설과는 다른 관점을 가지고 있다. 본문이 그러하다). 진안굿의 경우는
　　가락과 진을 풀어가는 형태, 그리고 쇠발림이 들어가는 것이 남원굿과 비슷하며 이름
　　은 품앗이굿이다. 필봉굿의 경우 이름이 미지기(영산)인데, 두 줄이 마주본 채로 왔다

잦아들고 또 얼러진다. 판의 정리, 주의 환기, 집중, 판에 새로운 의미 부여, 새로운 주제의식을 고함 등의 겉모습, 그러나 실은 신격을 불러내어 판에 일여시키는 어름굿 고유의 역할은 벌써 넘어섰다. 상쇠가 나머지 쇠들을 이 어름굿으로 끌고 나와 놀려대기 때문이다. 치배들이 제자리에서 몸과 마음을 풀고 모으고 다스리는 것이 아니라 '쇠잽이들이 놀아버리는' 어름굿이다. 어울리지도 않게 어름굿으로 논다. 다른 치배들은 제자리에 있다. 쇠잽이들은 도대체 무엇을 하려고 어름굿으로 노나? 또 어르고 잦아든다.

쇠잽이들의 부포질이 시작된다. 상쇠가 원진에 있던 부쇠진을 이끌어 나온다. 짧게 어름굿치며 느리게 전조시한다. 거의 제자리에서 천천히 우로 한 번 돌려 찍어 멈춰 흘리고…… 다시 좌로 한 번 그리하고…… 앞으로 자근자근 걸어가며 연달아 전조시하며 조여 나간다.

갔다하는 것, 그리고 짝드름 가락을 상대적으로 많이 구사하는 것, 그리고 새끼풀기로 풀어나오는 것이 다르다.

111) 얼림굿, 어림굿, 어룸굿, 어름굿, 어르기 등으로 쓰이는데, 의미상으로는 어름굿이 맞다. 어르다는 "어린아이나 짐승을 귀엽게 다루어 기쁘게 하다"라는 뜻도 있지만 '어우르다'라는 원말을 가지고 있다. '어우르다'는 "여럿이 조화되어 한 덩어리나 한판이 되게 하다"의 뜻을 가지고 있다. 어르기도 같은 뜻이지만 굿으로 정의되지 않아 굿의 거리라는 의미가 희박하다. 얼림굿의 얼리다는 어울리다를 원말로 가지고 있다. 어우르다보다는 그 뜻이 약하다. 어룸굿이라고 할 때의 어룸의 원말인 어루다는 "교합하다, 성교하다"의 뜻을 가지고 있다.(이상 인용문은 『민중 엣센스 국어사전』 제4판, 민중서림, 1996) 따라서 큰 문제가 없는 한 어름굿을 통칭으로 사용하는 것이 좋다.

어름굿은 주의식, 즉 주요 가락이 연주되기 전에 짧게 연주되는 굿이다. 보통은 턴다라고 하여 한 박을 느리게 시작하여 빠르게 조여나가 맺는 것으로 어름굿을 대체하는 경우가 많다. 세 번 털기도 한다. 본디 어름굿은 몇가지 채로 넘어가며 좀 길게 연주하는데, 모든 굿이 시작될 때는 특히 그러하다. 임실 필봉굿을 예로 들자면 굿의 초입에, 세 번 털고―싸잽이(휘모리―된삼채―휘모리)―한 번 털기 순으로 하는 경우가 많다. 요즘은 많이 생략하지만 이른바 우도굿도 대회에 나와서 어름굿을 격식있게 치는 경우가 있다(일채―이채―된삼채―이채). 예전의 굿은 태도와 격식에서 더 풍부했을 것이다.

어름굿은 의식＋다스름의 역할을 한다. 무속의 '영받는 의식'에서 영향을 받은, 의식성을 깔아 놓는 것, 그리고 치배들의 손을 풀고 마음을 모으는 것이 그 역할이다.

쇠잽이들이 스스로를 무겁게 눌러주며 세상과 교호한다. 아직 진중하다. 갑자기 오른쪽으로 가볍게 돌며 부포를 세운다. 그 여세로 한바퀴 돈다. 뭔가 바뀌었다.

다른 정서가 시작된다. 굿은 여전히 어름굿. 다른 치배들도 조용히 어르어 주고 있다. 상쇠가 오른쪽으로 급히 돌아제껴 부포를 퍼넘겨 세운 다음 천천히 제자리로 돌아든다. 시간의 몽따쥬. 실제의 시간과 슬로우 모션의 시간이 중첩된다. 심리의 시간으로 상승한다. 왼쪽으로 한번 더. 부포가 잠깐 꽃이 되다가 얼른 진다. 또 한번. 현실이 시간으로 피고 어딘가의 다른 시간으로 살짝 갔다가 돌아온다. 아직 잔상(殘像)으로도 남지 않는 그 짧고 아쉬운 시간—추상의 꽃이 그렇게 서너번 피고 진다. 부쇠진들은 상쇠와 반 호흡, 또는 한 호흡 정도 시차를 두고, 때론 거의 같이 상쇠와 같은 부포질을 한다. 잘 보면 '시간의 품앗이'가 보이기도 한다. 모양이 아니라 내용으로.

상쇠, 힘있게 퍼넘겨 세운 다음 '연봉놀이'를 한다. 다른 쇠잽이들은 꼭 연봉이 아니어도 좋다. 천천히 부포만 한바퀴 돌리고 한 호흡을 멈추고 다시 다른 방향으로 한 호흡 진행한다. 짧은 경과구(經過句) 같은 대목. 시간이 발전하여 스스로 경과한다. 조금씩 뒤로 걸으며 연속으로 연봉을 돌린다. 호흡이 막히다가 이어진다. 상쇠의 발뒤꿈치가 읽혀지기 시작한다. 다른 치배들은 얼르는 것도 잠시 잊어버린다.

다시 전조시. 약간 빠르게. 앞으로 흘려 두 번씩 쪼으며 잔걸음으로 앞으로 간다. 시간이 정리된다.

'또아리얹기'와 뛰기. 겉보기에 명랑하다. 스케르쪼같은 대목. 부포를 오른쪽으로 감아 채서 상모갓 위에 올려 놓는다. 이미 이마에 쓴 꽃 위에 새로운 꽃이 핀다. 그 상태로 오른쪽 반 바퀴 왼쪽 반 바퀴 돈다. 왼발 들고 톡톡 친다. 왼쪽으로 감아 올려서, 왼쪽 한바퀴 돈다. 오른발 들고 톡톡 친다. 오른쪽으로 감아 올려서, 이번에는 앞으로 가볍게 몇 걸음 뛰어간다. 부포가 상모 위에서 톡톡톡 새가 되어 뛴다. 아, 시간이 뛴다. 어릴 적 물제비로 뛰고, 초여름 밤 화사한 차림의 첫 데이트, 그 울렁거림으로 뛰고, 해원(解寃)으로 달려가고, 몸이 뛰고, 그 몸이 스스로 없어져간다. 다시 느닷없이 잡아채어 왼쪽으로 감아 올린다. 사정없는 현실의 시간으로 되돌아 온다. 그러나 다시 뛰어가며 톡, 톡, 톡…… 시간…… 꽃……

굿이 빨라진다. 외사 두 번 돌려 퍼넘겨 세우고 개꼬리상모 시작된다. 3박자이다. 어름굿에 박자라니…… 부포를 세우고 좌우치고, 세우고 좌우, 하나 둘 셋. 그것이 맞물려 진행된다. 몸은 장단별로 좌우치기로 앞으로 전진한다. 발의 첫박은 교대된다. 이제까지의 안온한 리듬감(어름굿에!)이 깨진다. 박자는 생기고 호흡은 멈춰진다. 쇠소리도 없다. 몸이 무화되어 어디론가로 강렬하게 짓쳐들어가는 것같다.

그 아스라지는 개꼬리를 앞으로 내던지듯이 푼다. 아쉬워라. 그럴틈도 없이 다시 퍼넘기기 한 다음 또다시 연봉놀이 빠르게. 다시 앞으로 감아 내던지고, 외사하며 반 바퀴 돈다. 빠르기를 늦추지 않고 오른쪽으로 감아채서 꽃을 상모 위에 올려놓고 톡톡톡…… 지금부터는 상모짓이 스스로 자짐된다. 전조시같은 외사. 세우고, 뛰면서 왼쪽으로 살짝 돌아 왼쪽다리 들며 부포 세운 다음 그 여세로 반바퀴 회전. 양사 한 번 살짝 하고, 외사 하며 왼쪽으로 돈다. 다시 세우고 푼다.

상쇠가 제자리에서 맴을 돈다. 쇠를 막고 딱딱딱딱……하며 치배의 동의를 확인한다. 모든 치배들 부응하며 상모를 힘있게 돌리면서 제자리에서 일제히 맴을 돈다. 사람이 돌고, 시간이 돌고, 저마다 돌고, 판이 돈다. 그 모든 것이 무화되어 돈다. 말도 못할 이 열락(悅樂)! 쇠잽이들이 열어놓은 시간 속으로 모두들 들어왔다. 마지막으로 꼬리털기와 좌우 전조시한 다음 외사로 마무리한다. 미지기굿의 머리, 어름굿이 끝난다.

길고 긴 어름굿은 가심[淨化]이다. 쇠잽이들이 가락으로 노는게 아닌, 가심의 의식인 것이다. 가락으로는 단순하고 단순한 어름굿, 박자체계도 없고 단지 빠르기와 강세가 한번 잦아들뿐인 어름굿, 이 단순하고 놀기에 부적절한 어름굿으로 치배들이, 그것도 한참을, 그냥 놀이로 구경거리를 위해 놀 수는 없는 것이다.

미지기굿의 어름굿, 그 가심 의식은 풍물굿으로 금줄을 치는 것이다. 판과 마음의 금줄을 몸의 의식으로 친다. 감아채고 퍼넘기고, 시간을 접고 꽃을 피우고 다시 퍼넘겨 세우고 돌아들고, 몸으로 뛰고, 시간으로 뛰고, 상상하고 짓쳐들고, 맴을 돌고……스스로 목욕재계하고, 금기(禁忌)를 만들고, 황토를 뿌리고 정화되며, 현실의 신성 공간을 시간의 금줄로 쳐들어간다. 비일상의 시간으로 진입한다. 그 길을 '인간의 육체성'의 극명한 상징인, 그 최고의 제구(祭具)인 '부포의 상상력'으로 연다.

금줄은 신성한 곳과 산기(産忌)가 있는 곳의 출입구에 늘여놓는 왼새끼 줄이다. 신성한 곳이란 제당(祭堂)이나 제주댁(祭主宅), 또는 당샘과 같은 곳을 말하고, 산기가 있는 곳이란 아기를 낳았다든가 가축이 새끼를 낳은 곳을 말한다. 금줄이 드리워지면 그 가족 이외의 다른 사람들은 아무도 그 안으로 들어갈 수 없는 것이 민속사회의 전통적인 약속이다. 즉 금줄은 그것이 신성한 곳임을 나타내고, 그곳에 산기가 있음을 표시하며, 그곳에 외인의 집근을 금시하는 등의 기능을 발휘한다.

…… 금줄의 한 가지 특징은 그것이 모두 왼새끼라는 점이다…… 왼새끼는 비일상(非日常), 즉 성(聖)을 나타내기도 한다. 우리들이 일상적으로 사용하는 새끼는 오른새끼이다. 이 말은 곧 오른새끼가 일상적인 속(俗)의 것이라면 왼새끼는 비일상적인 성의 것이라는 뜻이기도 하다. 일상은 현실이요, 현실은 인간의 세계다. 이에 비하여 비일상은 비현실이며, 비현실은 비인간계다. 그리고 이 비인간계는 곧 신의 세계라 할 수 있다……[112]

---

112) 박계홍, 「전승문화는 겹쌓인 생활의 지혜」, 『전통문화』 1985년 2월호, 128쪽.

왼새끼의 신의 세계는 물론 우리에게는 인탁의 성(聖), 그 공간이다. 그리고 미지기굿은 어름굿으로 금줄을 치며 그 공간을 연다. 금(禁)하고 연다(開). 무엇을 열었을까?

미지기굿은 계속된다. 다시 짧은 어름굿 다음 미지기 가락이 시작된다. 상쇠와 다른 쇠잽이들간 가락이 품앗이된다. 장구가 반삼채를 칠 정도로 늦은 한배로 시작된다. 쇠잽이들은 아직도 원진 안에서 슬슬 왔다갔다 한다. 부포는 이제 제각기 자유스럽다. 시간을 통과한 부포인 것이다. 통과의례된 다른 차원의 부포인 것이다. 나머지 치배들도 상모짓하며 조금씩 활력을 모아 나간다. 가락은 천천히 휘모리배로 조여져 나간다. 상징의 시간, 부포의 상상력이 끝나간다. 드디어 꽃이 사람이 된다. 시간꽃이 금줄을 치며 현실을 접어 추상의 시간으로 들어가고, 그것이 승화되고 바탕되어 다시 사람이 보이는, 현실이면서 현실이 아닌 성속일여의 현실시간이 된다. 사람의 시간이다.

이제 부포는 보이지 않고 부포를 하는 사람들, 그 덩어리가 보이기 시작한다. 부산해진다. 가락은 또 조여지고. 부포가, 아니 '부포의 사람'이 자유스럽고 자연스러워진다. 저마다 시간을 열심히 접는다. 접어서 꽃을 피운다. 쇠잽이들은 벌써 어디론가 떠나가고 있다. 잠시 가죽 소리만 남고…… 쇠잽이들이 하는 마지막 독려의 빠른 품앗이, 다시 가죽 소리만 남고, 쇠잽이들은 원진으로 되들어간다. 자, 어디로 가나?

상쇠의 쇠막음 신호. 원진이 두 줄로 되어 만난다. 다시 신호에 의해 이제는 같은 방향이 된다. 모두들 열심히 상모짓, 단순하고 격렬한 행진. 쇠발림이 시작된다. 쇠발림은 다른 굿에서보다 이때를 위해 존재한다. 길고 긴 가죽 소리. 쇠잽이들은 꽹매기를 치켜들고 너설을 치켜들고 교대로 앞뒤로 크게 휘두르며 행진한다. 중국 경극(京劇)의 장수 등 뒤에 꽂힌 깃발처럼 천군만마가 뒤따르는 것같은 너설짓이다. 수많은 생령들을 대동시키는 너설짓이다.

그 은유의, 그 인탁의 강렬하고 절절한 행진이다. 모든 치배들은 줄

기차게 행진한다. 상쇠의 '깽' 신호는 사실 방향을 바꾸라는 신호가 아니라 독려이다. 방향을 바꾸어 왔다갔다한다는 것은 중요치가 않은 것이다. 이제 판에서의 방향은 무의미하다. 강렬한 염원과 바램으로 열심히 어디론가로 가고 있을 뿐이다.

그렇다. 미지기굿은 유토피아를 가는 굿이다. 성속일여의 시간으로 열린 유토피아 속을 행진한다. 그것은 저멀리 떨어진 시간이 아니라 현실의 이상 공간이다. 우리에게 유토피아란, 유토피아 의식이란 이미 현실적인 것이다. 999개의 노고가 쌓인 한 개의 염원이다. 고갱은 스스로의 정신사에서 퇴행하여 유토피아를 그리워하고 상상하고 그것을 그렸지만, 그것은 그리움의 유토피아, 즉 꿈의 보고서일 뿐이다. 우리의 유토피아는 그 자체로서 이미 현실과 섞이는 것이면서 더욱 실재적인 바램인, 현실·염원의 육화(肉化)인 것이다. 그 육체성의 현실인 것이다.

미지기굿의 풍물굿은 그 육화의 표상으로서 몸의식으로 그 길을 행진한다. 이루어질 수 없는 바램이 아니라 이미 현실에서 몸으로 가고 있는 것, 그 리얼리티의 행복감, 그 가심의 행진이다. 유한 존재인 인간 차원에서 그 유한 현실을 이겨내는 비장의, 가장 민중적인 페이소스의 열락인 것이다. 필멸의 고통이 아니면 안되는, 신(神)은 없는, 그런 몸이 없으면 안되는 대단한 자부심의 길을 가는 것이다. 사람이 신을, 유한이 무한을 넘어서는 행진인 것이다. 비장한 시간꽃, 존재—비극을 넘는 시간꽃, 유한 존재가 스스로를 피워내는 아름다운 시간들, 아름다운 몸의 굿인 것이다. 가심으로 만드는 유토피아, 그 유토피아의 현실의식, 리얼리티의 유토피아를 몸으로 가는 의식, 이미 몸으로 있는 유토피아, 인간만이 할 수 있는 신격의 예술로서 행진하는 굿인 것이다.

이 굿으로 인간은 자기 존재의 영속성(永續性)을 현실의식으로 갖게 된다. 이 얼마나 절절한 민중적 리얼리즘인가.

문(文)화 · 문화(化) · 언어

조선검(劍)

크리스마스 이브, 거위를 들고가던 어떤 사람이 흘린 낡은 모자 한 개를 우연히 주워들고 셜록 홈즈는 다음과 같은 것을 추리해낸다.

"이 모자 임자는 상당히 머리가 좋다. 그리고 지금은 생활이 궁핍하지만 2~3년 전만 해도 꽤 넉넉했을 것이다. 원래는 준비성도 있고 깔끔한 사람이었는데, 지금은 정신적으로 해이해져 있는 것같다. 아마도 몰락한 뒤로 술을 자주 마시게 되었나 보다. 아내가 그를 사랑하지 않게 된 것도 그 때문인 것같다. 그러나 아직 어느 정도의 자존심은 남아 있다. 그는 앉아서 일을 하며, 별로 외출도 하지 않고, 운동은 전혀 하지 않는다. 나이는 중년으로 반백이 된 머리를 며칠 전에 깎았으며, 라임이 섞인 크림을 바르고 있다. 그리고 그의 집에 가스 시설이 없는 것도 거의 확실하다……"

코넌 도일의 『명탐정 셜록 홈즈』중 '푸른 홍옥' 이라는 사건이다. 이 모자에 대한 추리를 기점으로 셜록 홈즈는 세상에 하나밖에 없는 보석을 주인에게 되찾아주고 누명에 걸려 있는 한 배관공의 혐의를 벗겨준다. 물론 셜록 홈즈의 추리도 하나씩 준거되며 풀리다가 종내는 전부 들어맞는다.

어릴 적에 누구나 흥미진진한 재미를 갖고 읽었던 동화책 속의 이야기이다. 당시에 홍길동같은 괴도 루팡의 행적이 우리 꼬마들에게는 더 매력이 있었지만, 셜록 홈즈의 이 대목이 오랫동안 기억에 남는 것은, 셜록 홈즈가 사람들이 일반적으로 상상할 수 있는 것들을 들추어내는 것뿐 아니라 사람의 성격, 그것의 변화까지, 심지어 사랑, 자존심의 문제까지 상상한다는 사실이었다. 그 상상력의 실력(?)이 감탄스러웠다. 우리 세대의 어릴 적의 그 개발독재 시대에는 사람의 상상력이라는 것은 도대체 신통치가 않았었던 것이다.

그러나 이 상상력은 추리의 수준을 가질 뿐이다.

벌써 건강을 생각하는 나이가 된 이 꼬마는 새벽에 검도를 배우러 다니고 있는데, 해동검도장 한 켠에 다음과 같은 문구의 액자가 있어 그것을 새벽마다 보아야 한다.

해당화 한 가지를 베어
서찰에 동봉함으로써
겨룸없이 서로의 실력을
가늠했던 옛 무인들의
넉넉함을 배워 보시지 않겠습니까!

이 무슨 구태의연한 유한적 취미인가, 나약한 허위의식인가라고 늘 생각되었다. 그런데 검도에 몇년 동안 익숙해지고 진검베기 수련을 한다면서 애꿎은 대나무나 짚다발을 축내면서, 이 글귀도 어느덧 익숙해져 갔다.

대나무 베기는 보통 위에서 아래로, 또는 아래에서 위로 45도 정도 비껴베는데, 검에 어지간한 공력이 들어가지 않으면 반듯하게 베어지지가 않는다. 베어진 면이 살짝 곡선이 되기 일쑤이고, 심지어는 세로로 금이 가거나 대나무 껍질은 베어지지 않아 너덜거릴 때도 있다. 첫힘과 마지막 힘이 똑같지 않으면 안되는 힘든 일이다.

그런데 사실은 힘의 문제가 아니다. 마음의 가짐이나 정신의 자세 같은 것이 더 뚜렷한 내인으로 작용한다. 검은 베는 것이 아니라 검선(劍線), 즉 검이 가는 길을 찾는 것이라고 강조된다. 물리적 힘과 자세, 그리고 호흡 등을 통일시켜가며 끊임없이 검의 길을 찾는다. 어떠한 자짐이 필요한 차원이 되는 것이다. 힘을 다른 차원으로 내화시키며 검을 사람의 문제로 환원시키는 것이다. 그래서 찾는 자짐의 경지가 검의 공력이 되고, 사람의 공력이 되고, 그것이 인문적으로 쌓이면서 현실의 시간성을 얻으며 문화된다. 그래서 검은 이제 술(術)의 문제가 아니라 도(道)의 문제로 될 기본을 갖는다.

해당화 한가지가 베어져서 서찰에 동봉되어 왔는데,

반듯하게 베어졌는지, 각도가 정확한지,

일도(一刀)의 힘이 어떤 정도인지……

그 모양새는 어떠한지, 크기는 턱없이 크거나 작지는 않는지,

꽃은 있는지, 있다면 몇 송이인지,

망울졌는지, 피었는지,

가지는 몇 개이고 어떻게 벌어졌는지,

잎과 꽃의 달린 모양새는 어떠한지……

나아가 어떤 색조인지, 어느 시절에 베었는지,

어떤 기품인지, 서찰의 느낌은 어떠한지,

이 사람이 난초 하나라도 잘 그릴 수 있는 사람인지,

이 가지가 있는 나무와 그 집은 어떤 기운이 있는지,

그 사람의 풍과 품은 어떠한지……

해당화 한가지를 보고, 그 검력(力)이 사람의 됨됨이로 살펴진다. 딱 한 번에 읽혀지며 인문적으로 상상된다. 그 상상으로 검이라는 것이 정신, 가치, 나아가 사상 차원까지, 그리고 예술 차원까지 상승한

다. 검이 사람의 삶의 고급 영역이 되는 것이다. 게다가 그러한 인문으로 사람들이 겨룬다. 그러한 겨루기의 인문적 상상이 쌓여나가며 문화되고 사람의 일이 되어 효용성이 거의 없는 검이 현대에도 도(道)가 되어 살고 있는 것이다.

그래서 조선검은 기본적으로 활인검(活人劍)이라고 칭해진다. 당시 생사가 걸린 전투적 겨루기에서도 순간적으로 상대를 제압하거나, 그 쪽에서 어언간에 이쪽으로 순응하여 오게 하는 심치술(心治術)이 검법만큼 중요한 것으로 여겨질 정도로, 검이란 것이 전투에만 필요한 것이 아니라, 어떤 과정을 거치면서 사람의 인문적 질로 되어가는 것, 그러한 영역과 효용으로 발전되고 있음을 이 글귀가 그 자체 낭만성을 넘어서 보여주고 있다.

이렇듯 사람의 삶이란 검까지도 문화시키는 용광로같은 것이다. 검은 '문' 화되었다. 그리고 상상된다. 그 상상이 적층되며 문 '화' 된다. 그 수준은? 물론 추상적인 '도(道)' 라는 수준이다.

아름다운 강산

〈헤이 쥬드(Hey, Jude)〉라는 노래를 김지연이라는 바이올리니스트가 연주를 하고 있었다. 기획력이 참신하여 유명해진 'KBS 열린 음악회'에서였다. 백악관에서도 연주를 했다는 명망성있는 연주자의 앵콜곡이었으며, 수만의 관중이 집중했고, 가을밤의 온화하고 설레이는 야외무대였다. 무엇보다 연주자는 젊었고 예뻤으며 거침이 없는 태도를 지녔다. 짧았지만 바이올린의 특색에 맞게 잘 편곡된 연주였고, 달콤한 페이소스로 남았다. 그러나 당최 뭔가가 빠져 있었다! 적어도, 비틀즈, 딥 퍼플, 핑크 플로이드를 들으며 입시공부를 했던 우리 세대의 희미한 기억으로 감수(感受)하기에도.

〈Hey Jude〉는 7분을 넘는 긴 노래이다. 비틀즈의 존 레논이 엄마를

잃은 조카 주드를 위해 만들었다는데, 어린 조카가 세상을 살아나가
는데에 대한 간단한 격려를 담고 있다. 그러나 그 노래말은 이러저러
하다며 3분을 넘기지 못하고 나머지는 후렴으로 이끌려진다. 세칸 기
타와 베이스 기타의 울렁울렁한 줄기찬 반주 속에 '나나나 나나나나
나나나나 헤이 쥬드'라는 후렴귀가 반복되고, 중간에 몇가지 외침이
샤우팅된다. 세상에, 후렴이 긴 노래라니…… 그래서 사실, 메시지
(가사가 아닌 노래)는 여기 후렴에 있을 수밖에 없다.

　이 노래를 듣고 있으면 비틀즈는 무당이고 노래는 주술이 된다. 뭔
가를 반복한다는 것 자체가 주술적인데다가 음악성까지 있으니 '예술
적 주술'이 되어버린다. 마치 작은 굿의 한 거리같은 노래이다. 게다
가 주드에게 세상을 얘기하는 듯하지만 사실 이 노래는 비틀즈가 자
신들에게 해대는 주문과 같은 느낌을 준다. 그러한 에네르기의 외침
이다. 씻김굿이 죽은 자를 위로하는 형식을 빌어 사실은 남은 자를
위한 현실의 굿이듯이 나약한 평화주의자일 뿐인 비틀즈가 나이 어린
조카를 빌어 세상에 대해 해대는 자기 다짐인 것이다. 세상을 좀 더
좋게 만들자고(to make it better). 그것이 그 가사에서처럼 우리의
'마음(heart)'과 '살갗(skin)'과 '어깨(shoulder)'를 끈질기게 두드려
대어 동질성을 갖게 한다. 비틀즈의 노래의 힘은 여기에 있다.

　노래는, 예술은 기본적으로 그 형식미의 이면(裏面)을, 즉 세상을
전유한다. 물론 예술—미학적으로 그러하다. 수준을 막론하고 세상을
감수하고 이해하는 깊이가 기본적으로 포맷되어야만 예술의 반열에
자격되는 것이다. 김지연의 바이올린은 그 높은 연주 수준에도 불구
하고 색다른 형식의 재미이었을 뿐이지 최소한 비틀즈만큼의 세상을
감수하거나 새롭게 해주지는 못했다. 따라서 그 연주 속에는 '멜로
디'는 있었지만 '노래'는 비틀즈보다도 없었다. 애초부터 세상을 몸
에 붙이려 하지 않았기 때문이다. 그래서 뭔가 허약하다는 감을 지울
수가 없었던 것이다.

비틀즈의 노래는 기본적으로 자기의 당대성을 가진다. 그로부터 출발한다. 그 힘과, 대중과의 공명으로 자신의 생애를 갖기 시작하며 세상으로 문화된다. 그러나 김지연의 음악은 연주의 세련됨과는 상관없이 그 인문성의 생애가 아직은 없다. 문화가 없는 것이다. 따라서 김지연의 〈Hey Jude〉는 음악·현실성으로 빛나기보다는 '음악적 볼거리'로만 남는다.

명곡 〈아름다운 강산〉을 신중현이 부를 때면 여러 가지 상념을 착잡하게 들게 한다. 이 노래는 당시 유신시대의 사회 상황에서 김민기적 주류(?)의 노래가 아님에도 불구하고 묘한 매력으로 친근했었다. 자연 풍광 정도로 당시 이 나라를 아름답다고 하고, 실바람 정도의 꿈을 꾸고, 그 미래 의식이 저 광야로 달려보자는 정도의 가사의 문학성은 별 신통치가 않았다. 정말로 내 누이같은 열아홉살 순이가 공장 일을 마치고 집으로 돌아오는 그 저녁 무렵의 도시 강변 풍경을 노래하여 당시의 암울한 사회상황을 빼어난 서정으로 넘어서게 한 김민기의 〈강변에서〉같은, 풍광·사회·서정·문학·음악이 통일된 노래가 아니었던 것이다.

그러나 〈아름다운 강산〉은 유신 세대에게는 〈강변에서〉와 '같이' 불리어졌다. 왜냐하면 겉보기 가사가 아니라 그 곡의 흐름 자체가 〈강변에서〉와 같은, 그러나 또다른 의미의 강력한 서정성을 주었기 때문이다. 겉보기 풍광속을 달려갈수록 그만큼 뭔가를 더 강력하게 애기하고 싶은 속내가 절절해지게 하는 강한 매력이 있기 때문이다. 살갗에 소름이 쫙쫙 돋아나는 울컥함이 있기 때문이었다. 정말 이 강산을 아름답게 만들고 싶어진다. 풍광이 아닌 뭔가의 인문으로. 이면이 있었던 것이고, 그것은 그 노래를 속으로는 뭔가의 서정을 머금은채 겉으로는 악을 쓰면서 부르게끔 하였던 것이다.

이 음악을 만든 신중현이 이 노래를 부를 때면 결코 잘 부른다고 볼 수도 없고, 목소리도 허스키한데도 그러한 서정의식으로 가득 찬

다. 그로 인해 노래가 살아있다는 느낌이 확연하게 온다. 그리고 2인
조 여성 코러스, 그 약간의 촌스러움이 주는 청량감이라니!

〈아름다운 강산〉을 가수 이선희가 부른다. 가창력이 뛰어나기로 정
평이 나 있는데다 캐나다 챔버 오케스트라라는 규모와 실력을 갖춘
밴드가 반주를 맡았다. 가수와의 호흡도 좋다. 이선희는 그 특유의 가
창력으로 곡을 요리조리 요리해가며 아주 폭발적인 힘으로 노래를 부
른다. 겉보기에 집중력도 좋아 사람을 끈다.

그러나 노래는 죽어 있다. 건조하다. 음악적 표현 질료들이 세련되
게 잘 구성된 '조합', 그리고 그 수준의 표현력이 드러날 뿐이다. 인
문적 '종합'의 당대성이 없다. 작가, 창작 현실, 표현 등이 종합된 현
실성과 당대성이 없는 것이다. 인문적 시간이 쌓아내는 감동의 공간
이 없고 음악의 비즈니스만 있는 것이다. 즉 음악의 음악화, 음악의
표현질료적 변화만 남은 것이다. 음악의 문화가 없는 것이다. 따라서
가수에게 박수는 처지되 노래에 대한 감동은 없다. 사람을 끄는 힘이
사실 진정한 예술로서가 아닌 것이다. 가창력과 분위기일 뿐이다. 즉
현실로서 생생하지가 않다.

신중현의 노래는 대번에 친근한 현실로 들어온다. 그 노래만큼의
현실성이 우리에게 현실이 되고 친근해진다. 살아있는 것이다 신중
현의 노래는 감동의 서정 의식이 있었고, 그러한 힘이 대중과 교호했
고, 그리고 그것이 살아서 문화되었기 때문이다. 그래서 아직도 이 노
래를 부를 때면 속으로는 뭔가의 서정을 머금은채 겉으로는 악을 쓰
면서 부르게 된다. 신중현의 〈아름다운 강산〉은 '문화' 된 것이다.

약강격 오운각

셰익스피어에 대한 영화가 있다. 출시된 비디오의 제목은 〈알 파치
노의 뉴욕광시곡〉. 원제는 'Looking for Richard'. 이 영화는 셰익스

피어 작품에 대한 영화가 아니라 특이하게도 셰익스피어의 미학과 그것의 문화 찾기 영화이다.

영화는 셰익스피어의 『리처드 3세』를 영화화하는 과정을 보여준다. 감독이자 리처드 3세역을 맡은 배우 알 파치노, 그리고 몇몇의 제작자와 배우들이 셰익스피어를 토론하고, 영화화 과정을 논의하고, 답사하고, 토론하고, 강의하고, 여러 견해들을 삽입하고, 전문가들의 평론과 견해를 듣고, 대중들과 인터뷰하고, 리허설하고, 또 그 사이사이에 직접 영화가 된 것을 보여주며 『리처드 3세』라는 이야기를 끌고 나간다. 굳이 영화화가 아니더라도 좋다는 듯이 셰익스피어가 형상화하는 과정을 중점으로 보여주는 것이다. 다큐 형식과 극중극 형식을 마치 뮤직비디오처럼 섞어서 불안한 셰익스피어를 불안한 듯 찾아나선다. 영화 속 본인들 표현대로 영화는 다큐드라마를 제작하고 있는 중이다.

『리처드 3세』는 왕위 찬탈에 대한 음모와 술수에 관한 희곡이다. 영국에서 두 명문가(名文家)가 오랫 동안 싸웠는데, 그 장미전쟁의 승리자는 요크가였고, 그 가문의 맏형 에드워드 4세가 국왕이 되었으나 아픈 몸이 되어버린다. 곧 그를 둘러싼 음모가 진행되고, 그 중심점에 국왕의 동생 리처드 3세가 있다.

정신적 타락을 보여주기 위해, 은유적으로 과장하기 위해 꼽추로 묘사되고 있는 리처드 3세는 왕위 계승자인 바로 위의 형 클라렌스를 모함하여 자객을 보내 죽이는 것을 시작으로 그 자신 왕이 될 때까지 정적과 조카인 나이 어린 왕자들을 음모로써 모조리 죽인다. 심지어 반대 명문가인 랭카스터가의 딸, 자신이 전쟁에서 그 남편과 시아버지를 죽인, 그 여자를 감언이설로 속여 왕비로 맞아들이고 결국 자신은 왕이 된다. 그러나 측근들을 의심하고 이용해왔던 그는 왕이 되자마자 사방의 적들에 의해 공격을 받고 죽어간다.

그러나 이 줄거리는 영화에서는 별로 중요치 않다. 다큐 부분, 즉 셰익스피어를 찾아나가는 과정이 중심이며 흥미진진하다.

프롤로그 격으로 영화에서 여러 셰익스피어 배우들의 셰익스피어 대사의 리허설 장면, 뉴욕 센트럴파크 셰익스피어 무료공연장에서의 대중들의 인식, 현역 영화배우들의 셰익스피어 경험 이야기가 체크된다. 셰익스피어는 감동, 지겨운 것, 돈되는 작가, 금방 따분해지는 것, 교육상의 맹점, 훌륭한 문장력 등 여러 갈래로 인식 · 표현된다. 따라서 이 영화는 『리처드 3세』의 이야기성을 빌어 셰익스피어를 말해주는 것이 된다. 영화의 전반기 대부분은 셰익스피어의 이야기이고, 나머지는 그 이야기에 의한 『리처드 3세』의 형상화 모습이 주를 이룬다. 후반기는 전반기의 좋은 예, 준거인 셈이다. 그리고 우스꽝스럽게도 이 무대를 셰익스피어가 보고 있다.

이 다큐드라마의 배우와 감독, 즉 작품의 해석자들은 꾸준히 두가지 문제에만 관심과 고통이 있다. 하나는 대중들에게 어떻게 쉽게 셰익스피어를 이해시키느냐, 다른 하나는 이야기 자체뿐 아니라 주요 계기들을 만들어나가는 리처드 3세의 심리와 행동의 이유가 무엇인가, 즉 해석의 문제이다. 이를 위해 다양한 의견 청취, 인터뷰가 있고, 전문가의 이야기를 듣기도 하고, 토론도 벌인다.

그 과정중에 아주 재미있는 발견이 하나 나오는데, 셰익스피어의 묘미를 푸는 하나의 화두처럼 등장하는 '약강격 오운각(弱强格 五韻脚, iambic parameter)'이다. 5개의 강음이 다섯 개의 운율을 만드는 것을 이른다. 영화 속의, 셰익스피어를 전문으로 하는 영국 배우 케네스 브래너와의 인터뷰에서 그가 이 약강격 오운각에 대한 예를 든다. "자, 이제 오늘의 일을 마쳤노라(Why so now have by done good day work)"를 '디다―, 디다―, 디다―, 디다―, 디다―'라고 운을 리듬탄다. 즉 '약강―, 약강―, 약강―, 약강―, 약강―'으로 강(强)과 장(長)을 뒤에 놓아 다섯 개의 운을 만드는 것이다. 따라서 위 대사는 'why so ―, now have ―, by done ―, good day ―, work ―'와 같이 읽는다.

이 약강격 오운각은 영혼의 약강격 오운각을 타고 내려간다고 한다. 엄청난 고통이나, 때로 큰 기쁨을 경험한 사람의 영혼과 정신을 나타낸다는 것이다. 즉 그 실재는 주요 정서일텐데 그 주요 정서의 흐름을 찾는 요체, 바로 셰익스피어 극의 흐름을 찾는 요체에 바로 이 약강격 오운각을 쓰는 것이다.

약강격 오운각은 노련한 배우들만이 찾아낸다고 한다. 즉 셰익스피어의 작품에 있는 이러한 규칙들을 '배우들이' 찾아내어 셰익스피어를 보다 묘미있는 흐름으로 대중에게 전달하는 것이다.

현대극에서 "이봐, 가서 그것좀 이리 가져와"라고 할 것을 셰익스피어는 "사자(使者)여, 발에 날개를 달고 단숨에 다녀오너라"라고 한다는 것으로 셰익스피어는 인식된다. 일반적 상식이 그렇다. 즉 셰익스피어는 시(詩)같은 대사로 강조되는 것이다.

그러나 셰익스피어의 진정한 생명은, 자체 희곡의 그러한 시적 묘미에 있는 것을 이미 넘어섰다. 이렇게 오랜 세월을 지내면서 배우들이 작품을 당대마다 해석하고 규칙을 찾아내어 그 희곡의 생애를 살게 하는데, 보다 더 셰익스피어를 진지하고도 재미있게 대중들에게 전달하려는 그러한 노력들에 의해 그 생애는 축적된다. 작품의 생애로서 작품이 빛나는 것이다. 즉 문화되는 것이다. 그래서 영화 속에서도 "배우들이야말로 전통의 소유자이며 셰익스피어를 이해하는 자부심 강한 후계자라는 것을 보여주어야 한다"라고 헌사된다.

그렇게 오랫 동안 문화된 생애를 살아오면서 셰익스피어는 이제 시대를 관통하는 보편적인 성격이 되었다. 셰익스피어를 지금에도 공연한다는 것은 이제 시대적이라기보다는 보편적인 것이다. 추상된 것이다. 그것이 이제 각 시대의 문제의식과 부딪칠 때 무한한 해석의 원천이 된다. 즉 당대성이 그 추상의 공간을 다시 구체와 추상으로 넓혀준다. 「한겨레신문」에서 연극평을 하는 노이정은 이러한 것에 대해서 예를 드는데, 『로미오와 쥴리엣』에서 다루어지는 증오나 사랑은 인간이 초시대적으로 가질 수 있는 기본적인 감정이고, 그래서 그런 이야기를 보면서 우리가 자기 자신 안에 포함된 비극성을 발견하게 되는 것이라고 한다. 그것은 시대를 넘어 셰익스피어로부터 우리에게 오고, 셰익스피어의 작품에 담긴 사회적 배경은 우리의 것으로 대치 되고, 그의 현실은 우리 현실의 은유가 된다고 한다.

그렇다. 셰익스피어가 '문화' 된 것의 힘이자 의미이자 실재인 것이 다. 셰익스피어가 500년이나 지난 지금도 친근하고 익숙하게 살아있 는 것은 문화된 힘인 것이다.

예술이 문화된다, 문화한다는 것은 우선 예술적 당대성이 있어야 하고('문' 화), 그 추상이 살아나가며 보편화되는 힘(문 '화')이 있어야 한다. 당대성을 가지고 보편화된다는 것은 시대의식을 뜻하는 것, 그 리고 인식상의 문제뿐 아니라 그 현실 영향력을 가져야 한다는 것이 다. 즉 중요한 컨벤션으로, 그 행위로 통과의례가 되어야 한다. 그런 데 더욱 중요한 것은 이 '문' 화와 문 '화' 가 스스로 변증, 적층되어가 야 한다는 것이고, 그것이 즉 문화해서 살아나가는 것이 된다.

춘무인 추무의 · 통일해원도

풍물굿을 하는 판화가 두 개 있다. 우연히도 비슷한 구도를 가지고 있는데, 하나는 김봉준의 〈통일해원도〉이고, 하나는 오윤의 〈춘무인 추무의(春無仁 秋無義)〉이다.

김봉준의 〈통일해원도〉. 들당산이 어우러져 걸립패와 마을굿패가 합굿을 치뤄내는 분위기이다. 통일겨레라는 신기를 든 앞굿패가 있고 뒷굿패를 이뤄내는 사람들이 두 방향의 태극진을 짜며 가운데로 춤추 며 흘러들어가고 있다. 두 방향의 태극진은 점차 겹으로 응집된다. 매 듭같은 진이다. 그 가운데에는 이산가족 상봉같은, 늙은 어머니와 그만큼 연배가 쌓인 자식이 감격에 겨워 얼싸안고 해후하고 있다. 그로 부터 농사꾼이 있고, 그의 아이들이 있고, 평범한 얼굴들이 있고, 그들이 한무리가 되어 이 해후를 감싸고 있다. 무동을 탄 나팔수가 있고, 북수가 있고, 전단을 날리는 80년대의 사람이 있으며, 취발이와 노장도 있으며, 걸인과 미친 여자도 있다. 그리고 이 줄에서 가장 아름다운, 마주보고 춤추는 두 아줌마의 멋들어진 춤이 있다.

해후의 장면으로 모이는 이 태극진의 다른 줄에는 떡이나 두부국이 들었음직한 솥단지를 마주 안고 들어오는 내외가 있고, 지게 작대기로 신명을 참지 못하는 바작지게를 짊어진 젊은이가 있고, 그 뒤를 밭에서 갓 나와 호미를 여태도 쥐고 있는 아줌마가 따른다. 동생을 업은 소녀가 있고, 소 등에 탄 목동이 있다. 넝마주이가 있고, 새참 광주리가 보이며, 할미의 도굿대춤이 따른다. 그 위로 노랑나비, 흰나비가 날고 구름 한 점이 떠있다. 어부들의 노동요가 뒤따르며, 광부는 도시락 가방을 아직도 움켜쥔채 고생이 활짝 펴지는 얼굴을 한 부인과 기차놀이하는 아이들을 뒤로 내려다본다. 해후의 당사자말고는 모두가 밝은 표정, 환히 달아 있다.

판에는 모닥불이 피어져 있고, 술항아리에는 술이 넘쳐난다.

김봉준의 그림에는, 본인의 주장도 그러하지만, 사람의 냄새가 물씬 난다. 사람이 사는 모습 그대로가 읽혀진다. 그래서 아주 친근하다. 그리고 그의 가장 큰 덕목인, 사람의 표정이 생생하게 살아있다. 우리 시대의 잘된 민화(民畵)로 보여진다. 그리고 1980년대 작(作)임도 알 수가 있다.

그리고 풍물굿을 제대로 해본 사람이라 굿의 속내를 잘 안다. 그래서 그림도 풍물굿적으로 꽉 짜여져 있다. 들당산[1] 개념이 있으며, 뒷

---

[1] 마을에 걸립패가 찾아와서 문굿 겨루기를 통과하여 드디어 마을로 들어올 수 있다는 허락이 떨어지면 들당산굿을 친다. 그 형식과 내용은 마을의 신성 공간인 당산에서 이질적인 집단 둘이 한시적 동질이 되는 풍물굿적 통과의례이다. 들어가는 설렘과 맞이

굿[2]부터 들어가는 거꾸로진의 의미를 알고 있으며,[3] 태극진을 두 방향에서 만들어버려 절대 풀 수 없는 매듭의 겹진을 만들어 버리고, 그래서의 합굿이 이뤄진다는, 내용·형식이 통일된 개념을, 〈통일해원도〉라는 것을 확연히 보인다.

게다가 뒷굿으로 들어가는 사람들의 개성이 굿판답게 아주 생생하게 구체화되었으며, 그 구체로서 그림의 의미와 언어를 추상시킨다. 미술에 있어서 구체와 추상이란 구상·비구상으로 협소화되어 시각적인 것, 소재적인 것으로 겉보기 '분류' 되는 것의 문제가 아니라, 인식, 가치의 문제, 나아가 현실성의 문제로서 '관계' 지어져야 하는 문제이다. 따라서 김봉준의 구체·추상의 깊이는 이 그림을 굿판의 현장 소묘 수준을 당연히 벗어나게 해주는 것이다.

김봉준은 〈통일해원도〉가 효자 판화라고 한다. 어려웠던 시기에 이 판화를 찍어서 용돈을 마련했다고 한다. 판화는 수수해도 집에 장식 삼아 걸어두기에 좋고, 그 뜻도 좋아서인지 웬만한 기금 마련전에는 단골로 내놓아졌는데, 그때마다 잘 나가곤 했다고 한다.

김봉준이 80년대에 장구와 꽹가리를 한 손에 들고, 또 한 손에는 목판화를 들고 미국과 독일의 교포사회를 열 달 정도 무른 메주 밟듯

하는 흥분과 기대감이 하나되는 주요한 의식이다. 그 '낯설고도 익숙한' 해후의 순간들은 그 자체가 아주 감칠맛날 뿐더러 세상도 그렇다라고 여기게끔 해준다. 들당산에서 합굿이 익을수록 풍물굿은 그 공동체에 고급스러워진다.

2) 보통 뒷굿이란, 좁은 의미로, 소리를 내는 굿물을 가지지 않은 뒷치배를 가리킨다. "뒷굿이 좋다", "뒷굿이 짱짱하다"라는 표현을 현장에서는 많이 쓴다. 단지 치배를 지칭하는 것을 넘어서서 소고와 잡색들의 힘과 역할, 굿의 소화능력, 표현력 등이 좋다는 것을 이른다. 김봉준의 판화와 오윤의 판화에서는 악기를 잡은, 우리가 보통 치배라고 하는 모양의 사람을 뺀 나머지 춤추는 사람들, 그들이 표현하고 있는 것 모두가 뒷굿이 된다.

3) 거꾸로진은 사람이 먼저 보이고, 다음에 춤이 보이고, 마지막에 가락이 보인다. 신기(神旗)의 신성과 상쇠의 권위가 먼저 보이는 것이 아니다. 거꾸로진의 시간성은, 일상의 동질로부터 예술적 동질, 그리고 굿적 동질로 익숙해져 가게 한다.

김봉준, 「통일해원도」(『붓으로 산그리메물소리』, 강)

이 다닌 적이 있다. 교포들에게 풍물굿과 탈춤을 무료로 강습해주면 그들은 판화 전시에서 나온 금액을 여비로 쓰라고 주었다. 〈통일해원도〉는 김봉준의 판화중 특히 인기가 많아 교포들 축제마당 포스터로도 활용되었고, 심지어는 남북한 영화인들이 남북영화제를 뉴욕에서 처음 개최할 때도 영화사진을 쓰지 않고 이 판화를 포스터 그림으로 썼다고 한다.[4]

그렇다. 그의 그림은 자체 민화(民畵)가 되어 친근함과 장식성을 만든다. 좋은 미술품은 여타 예술과 마찬가지로 대중의 인식과 가치를 유의미하게 제고시킨다. 그런데 미술의 수용방식은 독특하다. 미술은 어떤 장르보다도 종합화된 현실 인식에서 나오는 직관력에 의한 미술적 상황 창출의 예민함과 결정력, 그리고 주어진 공간 안의 섬세한 설계를 해낼 수 있는 능력을 요구한다.

미술은 문학처럼 오랫동안 두고 읽으면서, 또 연극 등의 연행예술처럼 연행되는 시간의 흐름 속에서 대중이 자신 삶의 총체적인 것을 이리저리 삼투시켜나가면서 감동을 받는 것이 아니라 최초 그림을 보는 순간에 감동을 결정지워주어야 하는 것이다. 따라서 그 내용·형

---

4) 김봉준 글·그림, 『붓으로 산그리메 물소리』, 도서출판 강, 1997.

식 구성의 치밀함과 섬세함의 미술적 현실 반영과 변형은 높은 수준을 요한다. 그리고 그 최초의 감동이 교호된다면 미술은 장식성을 얻게 된다. 즉 감동을 사서 자신의 공간에 걸어놓고 대화를 하게 되는 것인데, 이때 자신의 삶의 성숙과 더불어 그림이 계속 '낯익은 새로움'을 주어야만 현실의 우리 삶에 유의미한 가치를 가지게 된다. 게다가 사회적 서정성의 전형을 획득한다면 그 그림은 당대성을 가지게 되는 것이다. 김봉준의 그림은 그러한 장식성으로 우리에게 친근하다. 문화되는 것이다.

오윤의 〈춘무인 추무의〉에는 김봉준과 달리 사람의 표정이 없다! 그러나 여기에도 사람의 이야기가 있다.

진은 태극진이기는 한데, 태극이 그려지고 끝나기 전에 다른 태극진이 시작된다. 즉 태극진 끝과 시작이 겹쳐진다. 딱히 끝과 시작이 아니더라도 어느 부분부터 겹쳐지는 것이다. 그 겹쳐져서 시작하는 방향성도 처음과는 다르다. 애초부터 방향이 없는 태극으로 진을 만들었는데 그 방향조차 없어졌다. 즉 태극이 중첩되고 이어진다. 태극으로 태극을 없앴다(色卽是空). 이제 그림에는 상상만 남는다. 그림으로 호출되는 '나'만 남았다. 나의 꿈, 그 길만 남았다. 그 길로 들어서는데, 그제야 그 사람들의 춤추는 추상이 보인다. '나의 구체'가 된나. 그래서 다시 상상력의, 나의 태극이 시작된다(空卽是色).

김봉준은 태극을 묶어버렸다. 겹쳐서 용해시켜 버렸다. 그 팽팽한 긴장, 해후─통일 의식으로 상상되는 긴장, 그것으로 '나의 상상'을 개입시킨다. 예술성으로 추상시킨다.

두 사람의 태극들은 생생한 현실들이다. 태극의 그 간단한 철학성이 현실로 풍부해진다. 태극이란 처음에는, 처음과 끝이 무화(無化)된다는 것일 뿐이다. 그래서 항상 문제는 현실, 즉 그 무화의 속내이다. 그 리얼리티로 살아야 태극은 사람에게 의식되고 세상에 이롭다.

김봉준의 태극진은 매듭으로 겹쳐지고, 오윤의 태극진은 어디론가

오윤 「춘무인 추무의」(『오윤, 동네사람 세상사람』, 학고재)

의 길이 된다. 그 길이 된 태극진 끝에 마치 이 진에 저절로 끌려가기라도 한듯한 여인이 있어 진의 뒤가 지속되는 느낌을 준다. 즉 이 진은 계속된다. 세상이 아닌 시간으로, 세상처럼.

김봉준의 '들당산 태극진'은 현실의 진이자 그것을 발전시켜 놓은 진이다. 현실 풍물굿진의 절차와 가심 의식의 진을, 그 의미의 힘을 자신의 그림 언어의 기반으로 탁월하게 깔아 놓았다. 오윤의 '끝이 없는 태극진'은 어떤 길 의식에 가깝다. 그리고 진이라기보다 판이라는 의미가 강하다. 그리고 단지 사람들이 이 주어진 판에 상관없이 어디론가로 가고 있다는 것이 이 그림에서는 더욱 중요하다.

앞 장에서 얘기한 미지기굿에서 가고 있다는 것 이외의 방향성이 무의미하듯이, 오윤의 겉보기 진 형태는 이미 무의미하다. 그러나 그림으로는 유의미하다. 진이 무화(無化)되어 길이 되었기 때문이다. 김봉준은 풍물굿 진의 힘을 두 겹으로 가졌고, 오윤은 풍물굿 진의 시간 의식을 가졌다.

다시 오윤의 그림. 신기에는 '春無仁 秋無義'가 새겨져 있고, 앞치배들이 우선 따른다. 쇠는 부쇠까지 있고, 징 하나, 장구 둘, 북 하나,

그리고 채상 셋인데, 이 정도면 제법 짜임새있게 갖춰져 있는 편이다. 그 뒤를 뒷굿들이 춤을 추면서 따른다. 대부분 바지 저고리를 입고 치마 저고리 차림이다. 딱히 도드라지게 개성으로 보이는 사람은 없다. 그저 할배, 할매, 아줌, 아재, 처녀, 총각들이다. 이 뒷치배들은 꼽사춤 흉내를 내는 한 할매말고는 전부 팔을 치켜든채 춤을 추고 있다. 오윤의 춤 판화에서 많이 보이는 모습들이다. 일단 현실의 제정신은 아닌 모습들이다. 목발을 짚은 사람은 탈같기도 하고, 어떤 사람의 춤모습은 탈춤 사위같기도 하다. 몇 사람 말고는 얼굴이 보이지 않는다. 고개를 숙이고 등을 보이고 있는 사람이 많다. 혹 얼굴을 들었어도 춤의 팔로 가리워져 있다. 색조도 중간 톤이다.

이 사람들은 그 옷과 표정으로 인해 우선 사실의 시간으로부터 추상화된다. 그리고 이 사람들의 익명성과 그 익명성의 춤으로 인해, 무엇보다 그 분위기로 인해 다시 한번 그 시간이 굴절된다. 그리고 뭔가로 상승된 애기가 시작된다.

이 판화에서 사람들 개별의 표정은 없다. 군락으로서의 표정과 그 색깔만이 있을 뿐이다. 개인들은 익명성을 가지며 표정과 춤추는 모습들은 현실의 그것이 전혀 아니다. 심지어 그 표정과 자세들은 불안하기도 하고, 귀기스럽기까지 하다. 그 모습으로 이 사람들은 전부 어디론가 가 있거나 가고 있다. 이미 다른 시간성을 가진 사람들이다. '이미' 세상의 시간은 아닌 것이다. 그런데 문제는 그 추상의 깊이로 세상을 애기한다는 것이다.

현실의 표정은 아니지만 이들의 그림은 현실을 잊지 않았다. 아니, 어떤 현실을 이야기하고 있다. 현실의 시간, 그 고통과 기쁨들의 세상사를 털털 털어버리는 것이 아니라 그것들을 옹골차게 몽뚱거려, 춤으로 몽뚱거려 어디론가로 간다. 그 가는 것으로 현실을 이야기한다. 그 어디란 염원이자, 되돌아 올 시간이다. 가는 것으로 오는 것이다. 현실을 가지고 떠나면서 현실로 오는 것이다. 그래서 그의 그림은, 부적같은 절절함과 경원스러운 친근함이 둘 다 있다. 리얼리티로 있다.

유홍준은, 오윤의 작품 중에서 〈겨울새〉같은 작품을 보면서 그가 익혀오고 또 지켜온 서정의 뿌리가 무엇인지를 확인한다고 한다. 그는 오윤을 다음과 같이 상상한다.

이제까지 수많은 화가들이 다루어온 이 평범한 소재건만 그의 날아가는 새를 보고 있노라면 이 시대 우리라고 할 수 있는 사람들의 폐부를 찌르는 짜릿한 전율조차 느끼게 된다. 그것은 겉치레된 우수도 아니고 화려한 슬픔은 더욱 아니다. 지금 우리가 이 세상을 살아가고 있는 모습 그대로일 뿐이다.

이 작은새 한 마리의 그림 속에서도 이 시대 인간의 현재와 미래를 축약시킬 수 있을 정도로 그는 어느덧 우리 시대의 현실과 꿈을 가장 극명하게 표출해 낸 상징적인 화가로 성장되어 있었다.[5]

오윤 「겨울새」(『오윤, 동네사람 세상사람』, 학고재)

---

5) 유홍준, 「현대판 민간설화의 화가」, 『전통문화』 1986년 6월호.

오윤 「애비」(『오윤, 동네사람 세상사람』, 학고재)

그러나 오윤의 걸작은 역시 〈애비〉이다. 이 그림은, 황혼을 등지고 그것의 흐름을 바라보는 아버지와 아들의 간단한 형상으로 시대를 준거하고 미래의 낙관을 계기짓는다. 배경은 황혼이기도 하고, 불안한 시대의식이기도 하고, 삶을 저해하는 불길한 것들이 몰려오는 어둠 속 구름장이기도 하다.

그래서 아버지는 불안하다. 세상이 불안하고 존재가 불안하다. 그리고 무엇보다 시대가 불안하다. 그것이 80년대로, 이제는 그것의 문화로, 그 예감으로 여전히 분명하게 읽힌다. 그래서 이 그림은 기본적으로 리얼리티하다. 그러나 그는 현실로서 완강하다. 등넓은 어깨가 그렇고, 아들의 어깨를 감싸안 듯 움켜진 손아귀가 그렇다. 현실성이 강하다. 불안할 것이 있고 지켜야 할 것이 있고, 그래서 현실의 애비가 된다. 그러나 그는 아들로서 전혀 주눅들지 않고 있다.

이들은 두려움없이 그 불안을 대면한다. 사실 불안 의식을 아버지처럼 갖고 있지 않다. 아버지의 품을 박차고 나갈 것같은 기세도 있다. 심지어 분기탱천하고 있기까지 하다. 그 자체로는 미래의식이지만, 그러나 아버지가 없다면 아들은 존재로서, 현실로서 허약하다. 아들은 아버지와의 관계로 명확한 현실의식을 갖는다. 그림 속과 밖에서. 즉 현실과 예술로서 공히 그렇다. 리얼리티와 미래의식이 같이 있는 것이다.

이 둘은 같이 있다. 시대로서 같이 있다. 그러나 시대를 직면하는 것은 아버지이다. 남한의 아버지들이다. 이미 가족관계에만 안주할 수 없는 아버지 의식들이다. 그것은 지키고 미래지향시켜야 할 '시대의 아버지 의식'인 것이다. 이 그림의 덕목이자 남한의 리얼리즘이다.

이 그림은 가장 80년대적이며 이미 그 시대를 뛰어넘고 있다. 시대와 정치적 불안의식을 넘어서서 남한 민중의 존재적 불안의식으로 승화시켜내고 있는 것이다. 그리고, 불안한 완강으로 뭔가의 미래태를 예감해준다. 그것은 현실의 모순, 나아가 불안한 존재 의식과도 맞닥뜨려서 한 번 해볼만 하다는 그러한 고통 감내의 희망의식이다.

그리고 이 그림의 가장 큰 덕목은 미술적 은유가 현실 자체인 것에 있다. 상징으로 돌아가지 않고 현실을 은유로 드러낸다. 은유가 되어 은유 자체로 비약하지 않고 그저 현실을 미술언어로 은유하고 있는 것이다. 그리고 그 리얼리티를 사람과의 따뜻한 관계로서 그려내고 있다. 참으로 불안한 따뜻함인 것이다. 사람의 일인 것이다.

〈춘무인 추무의〉도 이러한 의식에서 벗어나 있지 않다. 다만 그런 의식들의 염원을 보다 염원으로 몽똥그려 만들어낸 부적같은 것이다.

〈춘무인 추무의〉와 〈통일해원도〉 이 작품들은 어떤 것이 리얼리티를 가질까? 물론 둘 다이다. 둘 다 예술언어, 그리고 문화의 과정에 침잠해 들어오는 그림의 자세, 그 둘의 의미로 인문화되고 있다. 둘 다 민중 삶에 친근하고 이롭게 염원, 해원, 가심의 리얼리티를 가지고 있다. 김봉준은 생생한 현실로부터 건강한 유토피아로 가는, 그렇게 생동하는 의식(儀式)의 민화로, 오윤은 현실과 그 존재적 의미를 같이 은유한, 마치 무속같은 현실, 그러한 부적 의식으로 우리를 감동·사고케 한다. 그리고 이 둘은 우리 현실에 장식되어 적어도 한 세대 정도는 낯익은 새로움으로 친근해질 것이다.

이 문화방식은 우리에게 둘 다 소중하다.

검 '도'가 되어 지금에도 생애를 살고 있는 검은 그 검의 상상으로, 그것의 인문적 가치를 정신, 사상, 그리고 예술 차원까지 상승시킨다. 검이 사람의 삶의 고급 영역이 되는 것이며, 역으로 사람의 삶이란 검까지도 문화시키는 용광로같은 것임을 준거해 준다.

비틀즈의 노래 하나는 예술적 당대성으로 출발되어 대중과 공명하며 자신의 생애를 갖기 시작하며 세상으로 문화된다. 그러나 자신의 생애를 마련하지 못하는 김지연의 연주는 그 인문성의 생애가 있을리 없다. 신중현의 〈아름다운 강산〉은 감동의 서정의식이 있으며, 그러한 힘이 대중과 교호했고, 그것이 살아서 문화되었다.

셰익스피어의 공연은, 반(半)밀레니엄의 시간 동안 그 애초 희곡과는 또다른 생애로 살아오면서 셰익스피어를 보편적 가치로 만들어 버렸다. 작품 스스로가 아닌 이제는 작품의 생애가 작품을 빛나게 하는 것이다. 그 과정에 수많은 해석자들이 그 생애를 현실의 인문적 가치로 충족 · 지속시켜내며 문화시킨다.

풍물굿은? 시초부터 문화로 진행한다. 그 언어의 존재 자체가 문화를 요구한다. 풍물굿만의 독특한 언어를 살펴보기 위해 우리 시대의 예술 장르 인식을 우선 점검해 보자.

장르, 예술

인간의 감성적 인식은 낮은 수준의 추상 덩어리이다. 이 감성의 추상을 과학적으로 정의하고 분류하고자 하는 것이 미학이고 예술론이다. 그리고 세상을 보다 폭넓고 깊게 전유하자는 예술은 기본적으로 세상—인간관계의 풍성함, 그것의 장단점과 노림수를 포착하여 감정, 정서, 서정의 극대치를 여러 갈래로 꾀할 수밖에 없다. 그 갈래의 당대적 약속들이 장르라는 '생동하는' 분류표인 것이다.

아주 오랜 시간 동안 이 장르는 그 고유의 언어와 문법을 발전시켜 왔다. 인간이 다층적이고 다성적인 세상을 전유하고자 할 때, 장르, 즉 그 언어가 아니면 뽑아낼 수 없는 한 덩어리 서정의 공간과 시간이 무수히 존재한다. 그를 추적하여 그 감성의 끝과 끝을 달려나가게끔 하는 것이 그 장르의 언어력이다. 리미트 무한대의 가능성을 현실화시켜내는 힘과 그 그물망의 상관계수가 있어야만 인간은 세상을 풍부하게 전유해낼 수가 있다.

다른 언어로 환원되지 않는 이러한 예술적 장르성, 즉 특수성의 예를 김정환은 다음과 같이 들고 있다. 다소 긴 인용이지만 장르 인식틀을 형성하기 위한 기초 개념들을 주고 있으며, 그러한 장르성들의 본질과 현실을 호쾌하게 짓쳐들어가 끄집어내는 좋은 글이다.

시는 세계의 복합성을 명징하게 반영한다. 세계의 역사—사회성이 시인의 시인격을 통해 방울진 시서정(詩抒情) 속에 녹아 든다. 시인의 인격의 지향이라는 겹을 통해 새로운 서정의 세계가 태어나고 세상에 던져진다. 그러므로 모든 훌륭한 시는 새로운 서정시이고 새로운 서정의 건물이다. 그것은 세계를 명징하게 보이게 하면서 동시에 지향의 세계를 가슴에 새겨놓는다. 그 둘의 합일은 시에서 가장 가깝지만, 시에서 그 지향의 세계는 명징할수록 유토피아적이다. 아니, 시에서 눈에 명징한 것은 대상인 세계뿐이다. 시 서정의 정체는 평면적이고 단순하지 않고 역동적이며, 그 속에서 시 특유의 현실주의—현실반영이 성취된다.

시가 독자에게 주는 감동은 그 시각적인 명징성과 그 지향의 도덕성과 미적 형상화 수준이 독자의 내재적인 욕구와 맞아 떨어졌을 때 비로소 가능하다. 그때 시는 독자를 시의 세계 속으로 끌어들이고, 시의 세례를 받게 하고, 시의 인생관으로 독자를 아름답고 치열하게 물들일 수 있다. 그러나 바로 그렇기 때문에 시가 독자와 만나고 결합하는 과정은 대단히 갈등적이다. 새롭다는 것은 언제나 충격이며, 감동이라는 것은 언제나 어느 만큼 낯익음의 요소와 연관되어 있기 때문이다. 그러므로, 문학에서 훌륭한 시는, 충격적인 동시에 낯익은, 감동인 동시에 새로운, 낯익은 동시에 충격이고 새롭고 감동인, 가장 삶의 변증법인, 변증법 그 자체의 핵심인 서정의 구조물이다. 이것이 시의 현실주의이다.

가장 변증법적이므로 어느 장르보다도 더욱 시는 '그 세계의 전모'를

보여주기보다는 그 세계로 가는, 이 세계와 그 세계 사이에 놓인 삶의 사
닥다리를, 목표와 과정의 변증법을 뼈대가 아닌 가장 축축한 서정으로 완
성시킨다. 서정성과 역사—사회성이 있는 것이 아니고, 서정성의 역사—
사회적 깊이와 역사—사회성의 서정적 깊이가 동시에 역사—사회—서정
적으로 발전한다. 역사—사회에 가장 치열한 것과 자기 자신에서 가장 치
열한 것의 합일의 갈등의 수준을 보여주는 것, 어차피 시는 그 둘의 합일
이 가능하다는 것을 전제하므로 도덕적이고, 그 갈등의 수준을 형상화하
는 점에서 역사—사회—현실주의적이고 인간적이다. 이 점이야말로 인간
이 자신의 그 만년에 이르는 역사책에서 시를 지워버리지 않는 이유일 터
이다.[6]

소설은 이야기의 건물을 지어간다. 이야기는 등장인물이 나오는 것일
수도 있고 아닐 수도 있다. 소설이 가장 사실적인 전모성에 가까운 듯 보
이는 것은 이왕 있는 세계의 묘사에 있어서 가장 충실하고 총체적이기 때
문이다. 그 위에 소설은 또 하나의 이야기의 건물을 짓는다. 소설에도 언
제나 한 개 이상의 건물이 있다. 시가 명징하다면 소설은 구체적이다. 이
야기는 그러나 그것 자체로 소설은 아니다. 이야기는 소설의 뼈대이다. 소
설의 이야기의 건물은 갈등이라는 이야기의 깊이, 성격—분위기—행동의
형상이라는 인간화의 깊이, 그것이 결합한 인물간의 역사—사회적 갈등
이라는 깊이를 갖는다. 이것이 소설의 살이다……

소설이 구체적이지만, 소설 또한 과정과 목표의 형상화라는 예술의 과
제에서 벗어나 있지 않다. 다만 시가 집약과 순간의 서정을 노리는 반면,
소설은 총체의 역사적 시간과 사회적 공간을 펼친다. 여러 겹의 세상으로.[7]

희곡은 그 건물 자체가 이미 마련된 상황에서 인간 갈등의 육화의 표출

---

6) 김정환, 「지금 우리는 어디에 와 있는가」, 『민중문예』 1992년 여름호, 도서출판 민맥.
7) 김정환, 같은 글.

이다. 거기에다 눈에 보이는 또 하나의 건물을 희곡작품을 통해 지으려고
해서는 안된다. 희곡은 그 세계라는 건물을 인간 정신—육체의 현현으로
깊게, 치열하게 살아 움직이게 한다…… 연극의 핵심인 갈등의 전형은 전
일적(專一的) 전형으로서의 전형일 필요가 없고 그럴 수도 없다. 전일적
전형이란 크게 보아 존재하지 않는다. 전형과 전형의 관계, 전형끼리의 관
계 속에서 그것이, 그것의 전모가 아니라 너비와 깊이가 감잡힐 뿐이다.
그 전형끼리의 관계는 가시적일 수도 있고, 가슴에만 보이는 것일 수도 있
다…… 희곡에서 그것은 일단 지어진 건물로 존재해야 한다. 그리고 직접
살아 움직이는 연행 시간 동안 그 건물이 강화되거나 허물어지고, 우리가
건물을 등장인물과 작가와 관객이 한데 어울린 인간성의 강력한 심장으로
새롭게 보게 된다. 그리고 그 결론은 비로소 건물이 된 희망으로 된다. 과
정이 희망인 것은 아니고 과정이 희망이어야 하는 것도 아니다. 결론이 아
직은 눈에 안 보이는 건물이 희망일 수밖에 없을 뿐이다.[8]

　음악예술은, 어느 장르보다 현실의 예술적 형상화 수단이 비구상(非構
想)적이다. 물론 음악 또한 현실을 반영한다. 그러나 그것은 음악적 현실
이다. 그것은 현실과 무관하지 않다. 그러나 그 음악적 현실은 두뇌에서
가장 멀리 떨어진 현실이며, 통상적인 의미의 현실 묘사성과 가장 무관한
예술이다.

　그러나 음악은, 음의 논리를 통해 가슴에 직접 호소한다. 그러므로 동시
에, 음이란 형상화 수단은 국경과 지역경계를 초월할 정도로 보편적이다.
음악은 감정—정서의 교육에 주요한 역할을 수행한다. 그것은 진보적인
혹은 반동적인 사회적 이해에 대한 인간의 정신—정신적 태도 및 행동에
영향을 줄 수 있기 때문이다. 이제까지 모든 계급은 자신의 인간상을 각인
시키고 형성시키는 데 음악을 활용하였다.[9]

---

8) 김정환, 같은 글.
9) 김정환, 『창작 강의 일곱 장』, 도서출판 푸른숲, 1995, 372쪽.

형상예술은 시각적으로 포착 가능한, 대상화된 현실반영상(象)의 창출을 통해 수용자를 미적인 현실 경험에로 인도하면서 그의 정신을 풍부하고 섬세하게 한다. 드러나는 것은 현실의 표면 혹은 시각에 와닿는 현실 차원이다. 그러나 예술가의 세계관의 미적 전화로 하여금, 우리는 현실 뒤에 숨은 본질과 그것이 드러나는 구체—현상화의 풍부한 과정을 정지—고정된 상태로 보게 된다.

형상예술은 인간의 시각에 작용한다. 그리고 인간의 시각은 세계와의 감각적 접촉의 85%를 감당한다. 형상예술은 그러므로 매우 직접적이고, 괄목할 만한 방식으로 현실의 반영, 형상적 반향, 견해를 전달하며, 인간의 경험력 및 판단력을 자극하고, 그의 미적 감각을 날카롭게 벼려준다.

형상예술 작품에서는 분명 객관적 현실의 단순 반영이 곧장 드러나기보다는 다른 모든 예술과 마찬가지로 창조자의 개인적 견해와 가치 평가가 특수한 작용력을 발휘하게 된다. 형상예술 또한 그러므로 인간 자기실현 및 자기입증의 표현이며, 그의 특수한 본질력의 반향이다. 그 본질력은 또한 시간적 내용을 공간으로 압축, 스스로를 한계짓는 방식으로 인간존재의 한계를 예술적으로 극복하는 방식을 택한다. 물론, 이것은 모든 장르에 특수하게 공통된 점이다. 그리고 연행예술에서 이 방식은 더욱 극화된다.[10]

연행예술은 봄의 예술이다. 몸이 온갖 현실인식과 현실 전유의 일차적 표현수단이며, 연행예술의 현실주의는 육체언어의 현실주의이다. 연행예술이 몸짓은 현실 몸짓의 반영—종합이며, 연행예술의 내용은, 몸이라는 표현수단을 통해 예술로 전화되고 상승된 세계관의 육체화이며, 세계—현실의 육체로의 승화이다. 연행예술이야말로 몸으로써 몸을 극복하려는, 절규의 예술과 같은 것이다. 인간의 세계관 변화, 성격 변화의 과정을 가장 직접적으로, 충격—감동적으로 형상화시킬 수 있는 까닭이다.

---

10) 김정환, 같은 책, 373쪽.

연극은 이 모든 장점으로 하여, 최고의 예술적 교육수단으로 작용하며, 춤예술은 이것으로 하여 육체언어의 정화(精華)를 이룩한다. 연극은 현실의 갈등을 종합—반영하며, 춤은 현실의 동작을 종합—반영한다. 그러나 갈등에는 외적—현상적 갈등 외에 내적 갈등이 있으며, 춤이 표현하는 것은 현상적 동작만의 종합이 아니고, 인간의 내재적인 희로애락 전반이다. 그 내재적 희로애락은 역사—사회성에 물들어 있다. 그러므로 역사적으로, 현실주의 연극예술은 정통 현실주의 외에 서사극 등의 소외효과 기법을 받아들이고 있으며, 역사적으로 현실주의 춤예술은 표현주의적 기법을 다양하게 활용해 왔으며, 전통 탈춤도 그런 맥락에서 그 자체 민주주의적 전범으로 유효하거나, 현실주의의 현재적 차원에서는 그런 맥락에서 유효하다.[11]

풍물굿은 기존해 있는 예술장르 인식으로 보자면 미개(未開)한 보물덩어리이다. 미분(未分)적 총체성을 가지고 있는 것이다. 즉 미분된 것으로서 뭔가를 충실히 발언한다. 그런데 문제는 미분·총체에 대한 유의미한 미학적 패러다임이 형성되지 못하고 있다는 것이다. 그래서 풍물굿만의 예술언어적 특수성으로 제대로 발언되는 것이 아니라 다른 장르 인식에 이리저리 휘둘린다. 풍물굿이 미개(未開)했다는 것은 이른바 기존의 예술—미학 관점에서 덜 떨어졌다는 것은 아니다. 개화될 여지가 아직 많다는 것인데, 그만큼 개화의 관점이 불명확하다는 것이 문제가 된다.

풍물굿도 보다 당대에서 충실히 살아가려면 기존의 미학—예술론적 성과와 교호해야 한다. 그러한 장점을 취해나가며 구분되고 통일되는, 즉 미분(微分)되고 종합되는 과정이 필요하다. 이는 이미 있는 장르적 관점에서 찢어발기라는 뜻이 아니다. 구분의 명백성이 명징한

<hr>

11) 김정환, 같은 책, 374쪽.

결합과정의 성과를 보장해 준다는 것이다. 그래야 새로운 '미분적 총체성'은 계속 진행된다.

금세기 들어 근 100여년에 걸쳐 토대—상부구조 사고의 급격한 변화속에서 예술질은 미분화(微分化)되었고, 풍물굿도 그러한 문화환경의 현실과 예술 속에서 그들과, 지금, 새롭게 '관계를 맺어야' 한다. 이념—문화—예술적으로, 그리고 예술 내외적으로 종합되어 왔으나, 지금은 당대적 의미로 아직 미분(未分)된 굿은 그 상태로의 발전을 유토피아적으로 꿈꾸어서는 안된다. 미분(微分)되고(문화와 인접 예술장르와 관계를 맺으며), 특수한 질로 새삼 통일되어야만 한다. 그 계기의 선봉과 요체는 예술적 질을 획득해내는 것이며, 구체적으로는 예술언어와 자기문법을 특수하게 성취해내는 것이다.

물론 무원칙하게 장르를 교합해서도 안된다. 구분 · 통일이어야, 그것의 힘듦을 감내해야 우리의 전통자산은 기(旣)축적된 인류적 기본기와 넘나들고, 당대 가치의 최고선(最高善)을 건드려 내는, 미학적 패러다임의 험난한 축적과정이 보다 자성적(自性)으로 '문(文)'화되어질 수 있는 것이다.

전통유산이 당대적으로 가장 전통적이지 않은 상황이다. 아무리 문화사적 단절과 급격한 문화지형의 변화에 의한 결과라지만, 미학적 바탕의 뒷심은 커녕 문화—예술론적 체계 자체가 얼기설기하다. 따라서 예술에 대한 태도나 해석이 단발마적이거나 부분적일 수밖에 없고, 그 내용도 야사(野史)나 뒷이야기, 단순정보에 국한되기 일쑤이고, 심지어 1차 정보의 갈래사전조차 보기가 드물다. 이는 당연히 단순 재현에 안온하게 머물게 하거나, 재창조를 한다고 해도 소재주의적 변형을 벗어나지 못하게 한다. 전자는 연행과 해석의 생애가 부족한 것으로 드러나고, 후자는 언어에 대한 이해가 없다는 것에 다름아니다. 아이러니하게도 전통의 전통화 작업이 절실하다. 전통예술의 보급과 단순변용 이전에 전통미학—예술론의 새로운 패러다임부터 만들어 나가는 것이 현재로서는 급선무인 것이다.

우리 전통예술은 대다수가 단순 동원되어 행사된다. 사실 그러한 생각없는 행사치레보다는 오히려 다음의 몇가지 조그만 단초들이 전통예술의 미학을 발견하고 확충시켜낼 좋은 계기를 만들어 줄 수 있다.

황병기는 우리에게 소중한 화두를 던져주고 있다. 서양음악은 멜로디를 구성하고 화성을 직조해 내야 하는 음악 메카니즘이기 때문에 마치 벽돌을 쌓아나가는 듯하지만, 국악은 정원에 기암괴석을 그냥 널어놓고 완상하는 것이라고 했다. 즉 음을 쌓아나가는 것과 음을 제 생긴대로 널어놓는 것의 차이를 분명히 해야한다는 것인데, 안타깝게도 어떻게 널어놓을 것인가에 대한 발전의 과정이 아직 제시되지는 않고 있다. 이 '어떻게'가 여러가지 색깔로 창작되고, 미학적 뒷받침이 되고, 대중의 예술적 감동으로 귀결되는 것이 전통예술의 '내용있는' 대중화일 것이다.

물론 황병기는 자기 화두에 대한 자기 답이 있다. 그의 가야금 연주이다. 산조가 그 본래의 자유스러움을 포기하고 고착화하려는 경향[12]

---

12) "산조는, 진양조와 중모리같은 느린 부분에서는 농현(弄絃)에서 오는 미분음(微分音)이 들을 만하고, 자진모리나 휘모리 부분에서는 신코페이션(Syncopation)이나 헤미올라(Hemiola)의 복잡한 리듬이 들을 만하고, 휘모리나 단모리같은 부분에서는 빠른 가락을 연주하는 기교가 볼 만하다. 자진모리 이하는 그 빠르기 때문에 장단에 쫓겨 다니다가 이면을 살리지 못하기가 일쑤인데, 좋은 산조는 그 바쁜 와중에도 구석구석 장식을 달고 아귀를 꼭 맞추어 자개장이나 감나무장을 반듯하게 짜 놓는 것처럼 여백의 시간을 느끼게 해준다. 전체적으로 산조는 역시 긴장과 이완의 대비, 즉 죄었다 풀었다 하는 것을 보아야 한다. 이 모든 것들은 산조가 개방구조일 때 장점으로 드러난다.

우리나라의 산조, 시나위 등은 생성구조 혹은 개방구조로 되어 있다. 기둥음과 기둥음 사이의 음공간을 자유자재로 또한 즉흥적으로 구사할 수 있다는 점에서이다. 그렇기 때문에 음공간을 메꾸는 방법에 있어서 음의 역동성(dynamic quality of tones)이 강조되며, 미분음에 의한 미묘한 효과를 위하여 어떤 음은 조금 높게, 어떤 음은 조금 낮게 하는 식의 애매한 음정을 구사하고 있기까지 하다. 자유분방한 선율과 장단을 그때그때 신명나게 처리하고 있는 것이다."(권오성, 「국악의 대중화와 세계화」, 남원민속국악진흥회 주최 학술심포지움 '한국민속음악의 발전방향'의 발제문, 1994)

그러나 어쩐 일인지 이제 산조는 그 정신의 발전을 포기하고 이미 연주된 정형을 포을 벗어나 산조의 특성, 즉 산조다움에 대한 창작 의식을 가져내고 있는 것이다. 그래서 한 덩어리의 주제적 서정을 보다 명확히 해낸 그의 창작물이 수준높은 예술성과 대중성을 같이 얻고 있는 것이다. 농현의 깊이와 자세를 만들어내야만 하는 왼손의 자세가 오른손 타법을 거슬러 넘어올 때, 일순 당황감을 가질 수밖에 없는 우리의 관념과 매너리즘을 음악적 필연성으로 확장시켜낸 그의 연주에서 우리는 정갈한 한 정원을 볼 수가 있다.

그런데 우리 주위에는 의외로, 아니 필연적으로 이러한 전통예술의 지성이 될 수 있는 맹아들이 여기저기 널려있다. 전 고대교수 김용옥은 동양사상을 하기 위해 필연적으로 국악을 들을 수밖에 없었다고 한다. 그 사명감은, "국악은 음악이라기보다 한국인의 정감을 담은 보편적인 소리에 가깝다. 서양음악이 음의 기하학적 구조, 즉 높낮이와 지속을 중시한다면, 한국의 음악은 음의 색깔을 중시한다. 따라서 국악에서의 화성의 개념도 모노포니(monophony)의 단선율 구조 내에서의 음색의 합주라는 개념으로 발전한 것이다"라는 단단한 미학을 설파하게끔 해준다. 그는 함동정월류의 가야금 산조중 진양조 대목과 고 김용배의 쇳가락을 최고로 여긴다고 한다. 내용 긴장의 진양과 형식 긴장의 꽹매기 소리를 미학적으로 동일시하는 경지가 한가지 안정된 정원의 풍경을 노래해 주고 있는 것이다.

화가 서세옥은 스스로를 지음인(知音人)이라고 하며, 이 지음인이 많아져야 국악은 수준높게 대중화된다고 한다. 걸립들어온 상쇠의 밥상머리 반찬수를 좌지우지했던 한 동네의 풍물굿 귀명창들이 결국은 상쇠의 쇳가락과 발림, 그리고 운영능력 등의 발전을 도와주었던[13] 그 관계를 설명해 준다. 즉 대중화란 전반적인 한 층위가 아니라 그 다

─────────────────

기하지 않고 있다. 이것은 산조가 절대음화되고 고착화될 수 있는 위험이 된다.

13) 이 책의 3부 「풍물굿과 공동체적 신명」 중 '인간화에로의 기능의 성장 전화' 항목을 참조할 것.

양성이 만들어내는 깊이와 그 현실성을 직시해야 하며, 특히 그 상층의 역할이 대중성을 제고시켜준다는 서세옥도 정원사급이 된다.

그리고, 그저 풍물굿의 대동성이 좋아 생기는 것 없어도 아직도 굿을 치고 있는 많은 사람들의 마인드도 전통예술의 훌륭한 감성이다. 전통예술에 철학—미학적 숨 한 결씩을 불어넣어주는, 대중 속의 이 자생적 이성들이 단초와 맹아로 머물지 않고 온 민중들의 서정으로 발전되고, 그것이 정신사의 한 바탕이 되는 것이 전통예술의, 그것의 대중화의 실제—실천적인 내용·형식이 될 것이다. 사실 우리 것이라고 내용없이 우기기만 하는 공허하고 빈곤한 아집이 전통예술의 사고틀 만들기와 그것의 대중화에 가장 큰 걸림돌이지 않겠는가?

민족적 정통, 전통, 나아가 민족미학이란 어차피 단기간의 문제나 싸움이 아니다. 더구나 이벤트적 작품 하나로 선언하거나 뽐낼 수 있는 성질의 것이 아니다. 예술적 진정성과 그것이 사회적 지성과 대중적 공동체 안에서 서로 관계하면서 성숙해나가야 하는 험난한 시간이 진득하게 필요한 시기이다. 즉 문화가 형성되어 나가고 그것에 정신사, 철학을 바탕시켜내는 그러한 힘의 예술이 보다 차분하게 모색되어져야 한다. 문화와 예술이라는 것은 유형의 문제뿐 아니라 무형의 문제이기까지 포함한다.

계면의 육자배기 노래 한 가락을 가만히 들어보면 작고 곡진한 기쁨과 삶에 대한 자부심이 드러날 줄 모르며 내 몸 어디에선가 움직여댄다. 신명으로 밝은 풍물굿판의 잘 된 태평소 소리를 그냥 좇다보면 비릿한 눈물이 내 눈의 뒷마당 십리쯤에서 바람결로 묻어든다.

계면의 기쁨, 밝은 눈물…… 이 지독한 예술적 역설(逆說)과 그 이면(裏面)들, 내용—형식의 역설과 통일, 그 생생한 리얼리티, 그것으로 인한 세상에 대한 낙관의식…… 말문이 막히는, 그렇다. 말문이 막히는(!), 이 목마르고 철철 넘쳐나는, 생애 전부의 한 방울 희망—

현실, 고백—초월의 문화, 굿.

이렇듯 아직도 도처에 널려있는 생생한 현실을 현실화시켜야 한다. 예술 장르 의식과는 같고도 또 다른, 우리 시대의 언어로, 굿의 독특한 언어로.

살풀이

무녀는 평복 차림인 치마 저고리를 입고 오른 손에 하얀 수건을 들고 있다. 시나위 음악이 울리면 천천히 그리고 조용하게 수건 든 오른손을 어느 정도 높이까지 들어올린다. 무녀는 고요한 가운데 살며시 움직이다가도 움직이는 가운데 다시 고요해지는 환상적인 동작으로 신비스럽게 돌아가는 동작이 진행된다. 또 수건을 양손에 번갈아 들다가 허리 뒤로 돌려쥐기도 하고 옆걸음을 사뿐히 걷기도 하다가 조용히 걸음을 멈추고 수건을 살며시 흔들면서 시나위 음악에 맞추어 목젖놀이를 하는등 아름다운 자태가 노출되면서도 쌀쌀한 분위기를 조성시킨다.

이윽고 수건을 가볍게 떨친 다음 떨어뜨린 수건 앞에 조용히 앉아서 살풀이 특유의 앉은사위를 하면서 수건을 조심스럽게 흔들어 오른손으로 수건을 쥐며 조용히 일어난다. 이때 음악은 경쾌한 굿거리 장단으로 바뀌고, 춤도 앞서는 찬물을 끼얹은 듯 고요했는 데 비해 흥겨운 듯 가벼워진다. 목젖놀이가 진행되는 가운데 동작이 다양해질 뿐 아니라 수건도 자주 놀려서 관중을 흥겹게 한다. 다시 음악은 잦은몰이 장단으로 바뀌고, 춤도 음악에 따라 점차 빨라지면서 고조된다. 빠른 걸음으로 돌다가 정면을 향하면서 갑자기 끝난다.[14]

춤추는 사람이 살풀이 춤을 묘사한 것이다. 해석자가 묘사했음에도

---

14) 김매자, 「한국 민속무용이 전통무용에 끼친 영향」, 『한국의 민속예술』, 문학과지성사, 438쪽.

불구하고 이 글은 살풀이 춤의 이면의 현황, 그 빈곤함을 알게 모르게, 솔직하게 드러내주고 있다.

(남도)살풀이 춤은 일종의 의식무(儀式舞)이다. 물론 지금의 그 형태는 예술미가 가득한 춤으로 특화, 자립화되었지만, 최소한 살풀이 정신, 즉 벽사의식(辟邪儀式)의 내용은 지니고 있다. 기본적인 가심의 욕망을 갖고 있는 것이다. 채희완은 살과 그것의 풀이를 역동적인 저항의식이라는 그 특유의 신명론으로 얘기하고 있기까지 하다.[15]

그런데 살풀이춤이 예술성이 강조되고 항변되는 것에 비해서 그 내용은 개인이 하는 한풀이 성격이 많이 강조된다. 우리 민속예술의 대부분은 자신의 생애를 풍성하게 살아오며 예술성을 여러 갈래로 수준 높여 왔음에도, 길고 구불구불한 길을 지나오며 단련된 그 다기한 생애가 한(恨)이라는 환원적 사고에 집착되는 경향이 짙다. 한이라는 것이 이상하리만치 선(先)테제적 관념, 예술적 대(大)관념이 되어 온 것이다. 살의 당대성과 그것의 근원이, 뚜렷한 예술적 추상으로 응축되어 춤으로 주장되는 것이 아니라 살풀이=한풀이로 등치시켜 한이라는 모호한 관념으로 자꾸 고착되어 도망가려는 인상을 지울 수가 없는 것이다. 그래서 춤은, 그 내용·형식은 애매한 추상성으로 스스로 평가절하되고 기교만 남는다. 예술적 발전의 단계, 그 생애의 축적이라는 다른 차원의 길을 걷고 있는 살풀이 춤이 모호한 관념으로 정

---

15) "한국춤은 신명의 춤이다. 살이 낄수록 응어리가 깊을수록 신명은 고조된다. 어둠의 세계에서 빛의 세계로, 눈물에서 웃음으로 나아가는 바로 그 지점에서 예술충동은 극점에 오른다. 이때의 예술 충동이 신명이다. 사람마다 내재돼 숨어있는 자기의 신령이 바로 하늘임을 깨닫고 이를 스스로 육화하여 체현해낼 때 그는 신과 같이 전지전능한 신명의 대행자가 된다. 숨겨져 보이지 않는 자기의 신령을 몸으로 깨우치는 일은 바로 자기의 신령을 은폐시킨 액을 제거하는 일에 다름아니다. 어둠을 제거하는, 살을 물리치는 싸움이 치열하면 치열할수록 신명은 더욱 자기의 것이 되고, 싸움이 공동적에 대한 공동의 싸움일 때 신명은 공동의 것이 된다. 그런만큼 신명은 종교적이라기보다 현실적이고 정체적이라기보다 역동적이며 순응적이라기보다는 차라리 저항이 보다 강하다."(채희완, 「한국전통문화의 성격」, 『전통문화』 1986년 1월호, 160쪽)

체되고, 그리고 그만큼 굴절되고 있는 것이다.

이른바 전통예술에 있어서, 한이라는 것은 언제부터인가 그것의 생애와 기억을 반추도 하지 않을 뿐더러 여러 갈래의 사고와 서정이 삼투되지 못하고 있는 고착화된 추상덩어리로 관념화되어 왔다. 이 한이라는 것이 우리 전통미학의 빈약함, 그것의 면죄부가 된 것은 그리 오래 전의 일이 아니다.

일제시대의 평화주의자 야나기 무네요시(柳宗悦)가 쓴 「석불사의 조각에 대하여」[16]는 석굴암 속을 걸어들어가며, 아니 시간으로 저절로 움직여지며 새로운 세계를 만나고 있는 듯한 생생한 느낌과 감동을 준다. 정말로 '영(靈)의 율동'이 맛보아지며, "아무 소리도 없는 정적 속에서 일찍이 겪어보지 못한 마음의 분주함을 느끼게" 되는 좋은 글이다. 조선의 미술과 민예에 반한 이 일본 미학자는 한국의 조형미를 '선(線)'의 특질로 보면서 선의 양식은 '비애(悲哀)'의 역사에서 기인한다고 1920년대에 규정하였다. '비애의 미(美)', '선의 예술', 그리고 '백(白)의 의미'라는 그의 미론은 이제는 단선적 사고, 식민지 사관에 본의 아니게 매몰된 감상주의적 이해라는 비판을 받기도 한다. 대안 없이.

일제시대 한국인 최초의 미학자 고유섭, 그리고 해방 이후의 유희순, 김원룡, 최순우 등은 다음과 같은 특성의 나열로 한국미를 얘기한다 : 무기교의 기교, 무계획의 계획, 비균제성, 맵자한 양태, 체관적 윤회, 농조로서의 유모어, 형태의 파조(破調), 적료한 유모어, 어른 같은 아해, 무관심성, 구수한 큰 맛, 적조미, 담담하고 욕심이 없는 가난한 아름다움, 순정과 자연스러움, 선의 유동성, 솔직하고 꾸밈이 없는 명랑성 등.[17]

---

16) 심우성 옮김, 『조선을 생각한다』, 학고재, 1996.
17) 원동석, 「한국미술의 특질론」, 『한국의 민속예술』, 문학과지성사, 293~97쪽.
　　———, 「한국미의 내면성과 역동성」, 『전통문화』 85년 2월호.

개별적 현상에 대한 경험들을 열거한 것같은 이 특징론들은 형용의 그럴듯함에 비해 그것의 가치론, 즉 미학적 방법론의 관점이 없다. 게다가 그 적용의 현실성이 고려되지 않고 있으며, 역사적 작용의 반작용에 대한 설명이 없고, 따라서 그만큼 무책임하기 이를데 없어서 이후 한국미의 논의가 정체되는데 기여를 하게 된다.

그리고 주장의 방식도 야나기 무네요시의 방식을 취함으로써 야나기 무네요시의 방법틀을 벗어나지 못한다. 즉 야나기 무네요시의 패러다임에 갇혀버린채 다소 주관적 느낌의 형용들을 첨가할 뿐이다. 당연히 미학은 정체되고 야나기 무네요시의 패러다임은 유지된다. 그 정체와 유지하에 식민지 시대부터의 구체적 역사적 굴곡은 야나기 무네요시의 미학을 오히려 부정적으로 발전시키게 된다. 비애의 미가 한풀이 미학으로 발전되는 것이다.

한이라는 것은 민중이 대대로 물려받은 생활상의 고통이나 좌절이 깊이 응어리 맺힌 데에서 온 것이고, 풀어내도 풀 길 없는 그 속모를 마지막 응어리는 다음 세대의 그늘 속으로 이어져 흘러간다고 한다. 그러나 조동일은, 한이라는 말을 너무 확대해서 해석하는 데 대해서 늘 반대 견해를 가져왔다. 한이라는 것이 있다고 인정을 하면서도 그 한을 웃음이나 여유나 해학으로 극복하거나 바꿔놓는 그런 과정이 우리 예술에서 더 뚜렷하다는 것이다. 한이 한 자체로 노출되고 두드러지게 나타난 때는 1900년부터 1920년 사이라고 한다.

노래에서도 그 시기에 그런 애조가 등장하는데, 그런 특징적인 징표로서 김소월의 시를 주목해 봅시다. 김소월의 시가 한을 주조로 한다는 말은 맞습니다. 김소월의 시에서 보이는 한은 그 이전의 시나 민요에는 없던 것입니다. 1920년대의 여러 가지 사회 형편 속에서 한때 두드러지게 확대됐던 한의 모습을 매개로 해서 그 이전의 예술까지 함께 꿰뚫어 보려고 하는 것은 적합하지 않은 관점같다는 것이지요.

실제로 그 이전의 예술활동 속에서 한이 두드러지게 맺혀 있고, 그것이 주조로 된 것이 과연 있는가, 제 생각에는 없다고 봅니다. 사실은 한이나 슬픔 속에 빠져 들어가려고 할 때마다 익살이나 해학에 의해서 그것을 차단시켜 버린 것이 아닌가 합니다. 미얄 과장이 그 좋은 예이고, 또 하나의 전형적인 모습을 시집살이 노래에서 찾아볼 수 있어요. 그 노래가 슬픔 속에서 자신의 처지를 한탄하는 것같지만 그렇지만은 않고, 그렇게 슬퍼하고 있는 자기와, 노래하고 있는 자기를 바라보고 있는 자기가 있어요. 슬퍼하고 있는 자기는 한을 풀이하고 있으나, 바라보고 있는 자기는 그것을 우습게 보고 있어요. 그런 형태가 우리 예술의 일반적인 기본 구조가 아닌가 합니다.[18]

조동일은 ‘슬퍼하고 있는 자기와 그것을 바라보고 있는 자기’라는 훌륭한 미학적 설정을 통해 슬픔이라는 것을 삶 속으로 포섭, 용해시키는 민중적 리얼리티를 얘기해 주고 있다. 그러나 조동일은, 슬픔 속에 빠져들어가려고 할 때마다 익살이나 해학에 의해서 그것을 차단시켜버리는 예술적 일반구조가 있는 것이 아닌가라고 하는데, 그것보다는 풍물굿의 질굿이나 육자백이에서처럼 예술 · 현실로 내재화시키는 성격이 우리 예술에서는 오히려 강해왔다. 차단이 아니라 현실 승화인 것이다. 살풀이춤의 매력도 여기부터 출발한다. 살풀이춤은 쓸데없는 한(恨)의식의 강박관념에 의한 어정쩡한 관념 풀이가 아니라 현실 가심으로서의 예술적 승화인 것이다.

(남도)살풀이 춤은 원래 씻김의 춤이다. 그것은 기원, 화해, 악귀쫓기, 주술, 무아경적인 것, 오락 등의 기능을 돕는다. 이 춤을 추는 당골은 많은 소품을 춤의 소품으로 사용한다. 복개,[19] 손대, 넋,[20] 지전,[21]

---

18) 조동일 · 채희완, 「민속예술의 핵심은 춤」, 『한국의 민속예술』, 문학과지성사, 393쪽.
19) 문자 그대로는 ‘밥그릇 뚜껑’을 뜻하며, 굿할 때에는 두 개를 가지고 심벌처럼 사용한다. 정주의 대용품이다. 정주란 놋쇠로 만든 반구형의 손종으로, 사슴뿔이나 복숭아가

신칼, 마른 명태, 돌아간 이웃의 옷 매듭을 만든 천, 촛불 켠 사발, 고깔 등등 많은 제구들이 그대로 춤의 소품이 되는 것이다.

이 소품 중에서 '넋'은 중요한 역할을 하는데, 넋이 신칼의 자력에 끌려 가족의 머리에서 떨어져 나올 때, 망자가 살아 남은 사람들에게 가지고 있던 애착이 주술적으로 끊김으로써, 이 세상과의 연결고리인 가족들로부터 정서적으로 자유로와진다고 한다. 즉 세상과의 연결로부터 정서적으로 자유로와지게 하는 상징적인 소품이 되는 것이다. 세상에 춤의 소품이, 그 춤이 망자의 정서를 자유롭게 하는 것이다.

그런데 이러한 '넋'의 의식—상징성을 포괄할 뿐더러 이 의식 춤의 무형—유형의 파트너, 구체—추상의 상징으로 종횡무진 활약하는 것이 있는데, 씻김굿의 도처에서 나오는 천이 그것이다.

씻김굿의 여섯번째 의식인 '씻금굿, 망자를 위한 의식'의 다섯 번째인 길닦음을 보자.

'질베' 혹은 '길베'라고 부르는 약 3.3자(9.9미터) 길이의 긴 무명천을 굿마당 가운데로 가져오고, 가족 중 여자들이 천의 양쪽 끝을 잡고 선다. 질베는 저승으로 가는 길을 나타낸다. 당골은 넋과 돈이 들은 밥주발(행기)을 질베 위에 얹어 놓고 앞뒤로 밀거나 당기면서 질베의 한 끝에서 다른 끝으로 서서히 이동한다. 잠에서 깨어난 친척들과 손님들은 질베 위에

지로 만든 채를 끈으로 몸체에 연결해 놓는다.

20) 영혼을 상징하는, 옷입은 사람의 모양을 가진 종이 장식. 대개 제상 뒤 병풍에 걸어둔다. 씻김굿에서는 망자의 옷과 더불어 가장 중요한 제구가 된다.

21) 매우 풍성하게 장식된, 종이로 만든 춤도구. 종이를 세 번씩 접은 다음에 접혀진 한쪽 끝은 자르지 않고 다른 한쪽 끝을 톱니 모양으로 자른다. 그것을 펼친 후, 자르지 않은 쪽을 다 같이 묶어 길고 구불구불한 긴 다발을 재주있게 만든다. 다음에 다른 종이를 가운데는 구멍을 뚫고 가장자리는 둥그렇게 잘라, 만들어둔 술의 손잡이 부분에 씌움으로써 소맷부리같은 모양을 만든다.

돈을 얹고 줄을 서서 지켜본다. 당골은 노래를 하고 고인들은 '도와주소서, 자비로운 부처님이시여. 그의 혼이 평안하기를'이라는 뜻의 후렴구로 합세한다. 또 당골은 망자의 옷도 질베 위에서 앞뒤로 밀거나 당긴다. 그리고 당골은 질베를 뒤엎게 하고는, "사랑하는 가족, 친구들과도 하적, 살던 집과 마을과도 하적……"이라는 마지막 작별을 노래하다(하적). 당골과 고인은 메기고 받는 형식으로 구슬프게 노래하고, 당골은 계속 질베 위의 행기를 밀었다 당기며 걸어다닌다. 작별노래가 끝나면 당골은 질베를 팔에 느슨하게 접어걸고는(베걸이) 즐겁게 춤을 춘다.[22]

천은 이승 저승을 연결하는 길이 된다. 그리고 다음처럼 혼을 맞는 길이 되기도 한다.

혼맞이는 논이나 다른 마을 또는 큰길로 통하는 마을 입구에서 행해진다……가족은 마을 입구에 무명천을 펼쳐 놓는데, 이는 집으로 가는 길을 상징한다…… 그리고 영혼의 대용으로 바치는 닭을 길에 던지고…….[23]

'씻금굿, 망자를 위한 의식'의 두번째인 '고풀이, 매듭을 푼다'에서는 천의 춤도 있다.

당골은 우선 여러 매듭을 묘사하고 있는 '고풀이' 사설을 노래하고……당골은 팔로 강하게 끌어 당기는 동작과 걸음마다 번갈아 가며 체중을 싣는 동작으로 춤을 추면서, 한쪽이 장대 끝에 묶여 있는 고베의 모든 매듭을 풀어낸다. 당골의 힘찬 팔동작으로 공중에는 손과 장대 사이에 흰 무명의 길고 부드러운 포물선이 형성된다. 10개의 매듭을 다 풀어버림으로써, 당골은 망자가 이 세상에서 저지른 잘못과 부정을 저울질하는 10명의 심

---

22) 박미경, 앞의 책, 72쪽.
23) 박미경, 앞의 책, 74쪽.

판관(시왕)으로부터 그를 보호한다. 당골은 풀어내린 천을 팔에 둘둘 감아들고 춤을 춘다.[24]

이상의 의미들은, 지금의 예술적(?) 살풀이 춤이 씻김굿의 살풀이 의식으로부터 이미 받은 것들이다. 살풀이 춤은 그러한 제구적 소품들의 의미를 내재화시켜 무엇 하나로 응축시켰다. 바로 춤출 때 들고 나오는 몇 자 길이의 흰 천이다. 이 천은 많은 춤꾼과 사람들이 오해하듯이 단지 춤의 장식적 소품, 또는 한삼같은 춤의 활용물이 아닌 것이다. 살풀이 춤의 천은 그 태생부터 삶과 죽음의 문제, 그것의 길의식, 승화되는 이별, 잘못과 부정에 대한 용서, 위로와 평안 등으로 기반되어 있다. 살풀이 춤은 최소 그 힘을 가진채 출발되었다.

그리고 살풀이 춤이 씻김의 의식에서 특화되어 나오며, 그 천은 이제 자체 발전의 길을 가지게 된다. 그 내재화된 힘들을 가지고 현실과 '다시' 만나게 된 것이다. 이제 살풀이 춤에 있어서 천은 춤의 환경까지 되면서 예술성의 가장 강력한 밑천이 된다.

살풀이의 천은 춤의 과정 속에서 유형·무형으로 살아난다. 춤꾼과 구체·추상으로 관계맺는다. 때로는 춤꾼의 인격체가 되기도 하는데, 단순히 춤의 상대가 되기도 하고, 삶·죽음 차원의 별리를 하는 대상이 되기도 한다. 그 이전의 극한까지 간 애증과 희열의 대상이 되기도 하고, 그 이후의 범피중류 물길이 되기도 한다. 조동일처럼 슬픔을 승화시키는 자기를 보는 또다른 자기이기도 하고, 그것의 관조이거나 겹침이기도 하다. 단순히 사위의 도구가 되기도 하며, 세상의 모든 인연이 되기도 한다. 그 인연 자락 끝의 슬픔과 기쁨의 중층이 되기도 하고, 그래서 세상을 이어나가기도 한다. 때론 신격이 된다. 춤꾼을 질타하거나 보듬어 안는다. 때로는 같이 걸어다니고, 노니고, 감아돌

---

24) 박미경, 앞의 책, 68~69쪽.

거나 삐치기도 하고, 먼저 별리를 하기도 한다. 깊고 깊은 좌절에 빠지기도 한다. 먼저 뛰어가기도 하고, 시간을 만들기도 하고, 여백으로 남으며 미감을 부추기고 삶을 부추긴다.

살의 부정함만 드러내는 것이 아니라 그것의 인간의 부정함도 드러낸다. '악의 꽃' 같은 엄청난 유혹과 달콤함이 고백되기도 한다. 천을 한 번 떨어뜨리면서는 엄청난 좌절이자 성속일여에로의 상승 욕망이 드러나기도 한다. 신격에의 의탁, 그리고 그만큼의 엄청난 자유 의식 등이 복합된다. 성과 속이라는 규모의 큰 갈등이다. 그래서 현실의 시간, 신인융합의 욕망 시간, 다시 현실의 시간이 절합되어 현실성을 드러낸다.

때론 눈에 선연히 보였다가 어느덧 관념으로 남고, 언뜻 무언가의 구체로 드러났다가 다시 상상의 공간을 추상시켜준다. 이 덩어리로 가라앉았다가 저 한 숨 한줌으로 날아간다. 잠깐의 시간을 정지시키거나 거대한 해일로 휩쓸어버리기도 한다. 구체가 추상이 되고 다시 유형으로 드러나고 무형으로 깔린다.

게다가 징에 의해 고도로 발달된 신코페이션 리듬이 구사되는 이 살풀이의 규칙 · 비규칙의 혼합박자는 리듬뿐 아니라 현실의 시간을 분할하고 부가한다. 그것이 복합되며 현실이 된다.

그렇다. 살풀이는, 그것의 천자락 하나는 이 모든 것을 절합시킨다. 융합시키고 분리한다. 말도 못할 중층성과 다원성으로 세상을 드러내고 구제한다. 변화무쌍한 복합성으로 상상의 힘을 부여해준다. 엄청난 시간성으로 세상을 상상하게 해준다.

따라서 이 천자락 하나와 같이 추는 춤의 무게는 한(恨)이라는 고착화된 불명확한 관념 덩어리로 환원되거나 원천징수될 수가 없다. 게다가 요즈음의 살풀이춤이 천자락 하나가 근원부터 갖고 있는 의미를 발달시키지 못하여 춤의 사위도 그 필연성의 무게가 떨어지고, 춤의 춤으로 경박화되는 것은 문제이다. 아니, 천의 의미를, 그 발전에 대한 의식을 생각조차 하고 있는 것같지 않다는 우려가 많이 생긴다.

춤이란, 이미 알고 있는 정서와 그것의 관념을 지겹게 되풀이 말아야 한다. '아, 그 이야기를 춤이라는 것으로 색다르게 저렇게 재현하고 있구나'가 아니라, 그 정서의 깊이가 이렇구나여야 한다. 춤도 할 수 있다가 아니라 춤만이 해내는 어떤 것이어야 하는 것이다. 그것은 감동으로 추상되어서 상상의 시간을 넓히고 현실성을 갖게 하는 것에 다름아니다. 상징이나 비유 등은 그 자체로 추상이 된 것이 아니다. 추상과 혼동, 심지어 동일시하여서는 안된다. 그것들이 보편적 심리를 건드리고 교호하며 정서와 인식을 추상화시키지 못할 때는 그야말로 난해해진다. 살풀이에서 이 천에 대한 춤꾼의 해석이 한풀이라는 지겨운 행위가 아니라 현실을 구체—추상—구체시키는, 그것이 쌓여가는 예술적 감동과 깨달음의 재미를 결정지어주어야 살풀이 춤은 보다 당대적이 될 것이다.

예술이든 철학이든, 또는 그것이 밑으로부터 발생한 것이든 위로부터 주어진 것이든 분열되고 흩어져 있는 인간행위를 하나로 꿰고, 개념화할 수 있는 영역을 넘어서서 개념화할 수 없는 영역까지 끌어들이는 데에 춤의 역할과 매력이 있으며, 그리고 그것이 성과 속의 문제일 때 그 춤은 진정한 살풀이, 즉 굿이 된다.

그래서 좋은 살풀이는, 좋은 춤은 오히려 겉보기에 담담하다. 가식도 없고 억지도 없다. 그만큼의 절제와 깊이의 공력이 내재되어 있음을 확연히 느낀다. 그리고 그것은, 그 이면만큼 사람의 감수, 인식, 사고의 영역을 넓혀준다. 가심으로서의 풀이가 되는 것이다.

이렇듯 살풀이 춤은 몸으로, 몸의 언어로 세상을 생각하게 해준다. 그런데 풍물굿은 그 언어 자체가 뛴다. 몸의 언어 그 자체로 뛰면서 세상을 생동화시킨다. 개성과 영혼이 살아숨쉬는 협화, 그 자체로서 몸의식의 덩어리를 드러낸다. 그러한 몸의 의식인 풍물굿의 '문'화— 문'화' 과정을 살펴보자.

문화, 언어

풍물굿은 독특한 언어 체계를 가진다. 소설의 언어가 시와 음악과 다르듯이 풍물굿의 언어도 물론 다른 것이다. 다른 강점이 있는 것이다.

풍물굿은 예술성, 예술의 특수성으로만 한정지어서 말할 수는 없다. 풍물굿은 장르라는 유형적인 예술성으로 죄다 드러나는 것이라기보다는 보다 '무형'의 '문화력'으로 현실과 그것의 역사에 깔리는 성질이 강하다. 즉 문화되는 힘, '문'화되어 문'화'되는 힘이 강하다. 따라서 풍물굿은 우리가 구축해 들어가야 할 어떤 정신사의 밑천이 되고, 그렇게 작용해야 한다는 것을 그 태생부터 지니고 있다.

풍물굿성(性)이, 당대에도 유의미한, 아니 오히려 더 유의미해질 수밖에 없는 그 예술적 의식(儀式)성이 판 안에 머무는 것이 아니라, 사회문화의 계기와 접점이 되고 나아가 주요한 한 바탕이 되어야 한다. 풍물굿은 굿을 준비하면서 굿 중에, 굿 후에, 더 나아가 굿과 굿 사이의 예술―문화적 시간에 '무형으로' 깔리는 현실직면성으로 위력하게 작용한다. 물론 좋은 예술은, 현실주의 예술은 자체의 인문적 질로 그렇게 문'화'되는 것을 지향한다.

그러나 풍물굿은 더욱 더 그 문화 자체로 깔린다. 예술행위로 끝나고 사회―역사의 자짐에 의해 연관되거나 평가되는 수동(受動)이 아니라 태생부터 미래까지가 필사적으로 문화되어야 한다는 위치에 있다. 내용도 그런 모습이다. 풍물굿은 단지 개인, 또는 집단적 지각구조를 바꿔내는 일만이 아닌, 문화를 형성 · 발전 · 승화시켜 내는 것까지 감당해내야 하는, 기본적으로 변혁기 예술의 덕목을 가지고 있는 것이다.

풍물굿뿐 아니라 우리 민속예술 전반에 걸쳐 미학적 가치로 여겨지는 '신명'은 그 사회문화적 지속성이 있어야 문화적 가치를 지니게 되는 예를 보여준다. 즉 신명은 그 지속성의 사회문화적 메카니즘, 또는 중요한 정례적 통과의례가 문화되어야만이, 그 속에 있어야만이 진정한 가치로 살아나게 된다.

신명은 보통 '생명 에너지의 고양된 상태' 라고 풀이되는데, 그런 정의는 아무짝에도 쓸 데가 없다. 고양의 현실성은 무엇이고 어떻게 지속시키느냐가 사고·실천되어야 한다는 것이 중요하다. 신명의 사회·철학·미학적 질과 그것들의 연관성이 있어야 신명은 신명으로 살아난다. 역사—사회적 진보의 힘으로 빛나고 무형되는 그 에네르기의 작용을 얘기하고 실천하여야 그 개념은 유의미해진다.

즉 예술적 가치나 원리로만 얘기되어지는 것이 아니라 그 작용과 지속성이 사회문화적으로 확보되어야만 신명의 내용과 질은 마련될 수가 있다. 그렇지 않으면 그것이 아주 중요한 의미나 행동의 질이 되었을지라도 단발마적 저급함으로 귀속될 수밖에 없다. 그 질은, 다르다고 우겨지지만 신명풀이라는 것이 스트레스 해소라는 것과 다를 바 없어지는 것이다.

문'화' 까지 기획되는 신명이어야만 풍물굿에서 그 신명은 의미로와 질 뿐더러 그러한 의미의 문'화' 까지 포함되는 것, 그것이 풍물굿이라는 예술행위와 '문' 화의 특수성이고 언어행위이다.

게다가 한국의 민중이 근대성의 모순에 의해, 식민지 시대, 그리고 초국가독점자본주의 전일적 세계지배 체제의 과정을 통해 일관되게 잃어버렸던 것, 그래서 꼭 회복, 재생, 지향되어야 할 것은 이제 경제논리나 정치 차원이 아니다. 그것은 이제 정신사, 그리고 문화사 차원이라는 근본적이고 보다 삶적이고 그래서 미래지향적인 것이 되어야 한다. 그 새로운 사고틀과 문화틀을 형성시켜내야 한다. 그것은 '굿성' 의 회복, 넓고 깊게 문화가 되고 토양이 되는 그런 것의 회복과 재생이어야 하고, 애초부터 문화의 힘을 가지고 있었고, 쌓아왔고, 수많은 계기로 열려 있는 풍물굿도 예외일 수는 없다.

현실주의적 정신사, 그런 것들의 온갖 긍정적인 에네르기의 현재태를 만들고, 그리고 그것을 문화시키는 것에 풍물굿이 있어야 한다. 굿이라 이름붙였을 때에는 그만한 해원과 정화의 작업이 있어야 하는 것이다. 예술성을 포함한 풍물굿의 언어 행위는 이 점에서 출발한다.

따라서 풍물굿이 종합예술이라고 생각없이 분류되는 것은 문제이다. 생동하며 발전해나가는 장르성들과 연관되어 그 현실의 종합을 확충시켜 나가는 것이 아니라 죽어버린 분류표로, 관념적이고 상식적인 장르 인식으로 조합되고 있는 것이다. 최소한 구분 · 통일의 내재적 필연성도 갖추지 못한 채, 그 안에 음악이 있고, 춤이 있고, 극성이 있으니까 종합예술이라는 것이다.

이것은 종합이라는 개념도 아닐 뿐더러 사실 조합 수준도 안되는, 사실적인 분해행위이다. 분석과 종합이 아니라 실제적으로는 풍물굿을 대책없이 해체하는 일이 되는 것이다. 그리고 이것은 풍물굿이 억지 해석으로 차용될 소지를 준다. 종합예술이라는 허위의식에 자만되어 아무 것도 하지 못하는 지경에 빠지게 된다.

풍물굿은 종합예술이 아니라 의식(儀式)예술이다. 아니 예술적 의식이다. 그 예술성과 의식으로 현실에 문화된다. 풍물굿은 장르의 종합이 아니라 인간의 존재론적 종합의 자세인 것이다. 자신의 존재의식을 고백하고 미래시향시키면서 현실성을 갖는다. 따라서 풍물굿을 예술적 장르 인식의 테두리에 가두지 말고 그를 기반으로 현실 문화력이 되는 행위까지 사고해야 한다.

풍물굿은 상상의 시간과 행동의 양식을 몸 의식으로 만들어낸다. 그래서 '문'화한다. 풍물굿은 성속일여의 시간성을 가지며, 인탁의 민중적 리얼리티를 갖는다. 문 '화' 되기 때문이다.

풍물굿은 사람의 인식상의 변화만을 꾀하지 않는다. 상상하는 방식과 행동하는 양식을 바꾸어 낸다. 이진경이 얘기하는 '즐거운 긍정'으로서, 그리고 무형의 인탁 시간의 그 현실 · 상상의 공간에서 가심의 의식으로 상상한다. 사람의 삶의 양식(樣式)이 되는 것이다.

기억이나 생각, 심지어 이데올로기를 변형시키는 것만으로는 사람들의
삶과 행동의 방식을 바꾸기 어렵기 때문이다. 반대로 기억이나 습관화된
행동을 바꾸는 것은…… 행동의 특정한 양식을 만들어 냄으로써 가능하기
때문이다.[25]

결국 생산양식의 변혁으로 환원되지 않는 주체생산양식의 변혁은, 일시
에 모든 것을 종결짓는 '거대한 부정'이라기보다는, 차라리 자신의 습속
과 신체의 구석구석에 이르는 치밀하고 섬세한 삶의 영역에서 굳은 분절
의 선을 바꾸는 끊임없는 변이일 것이며, 모든 곳에서 끊임없이 새로운
삶의 방식을 창조하는 '즐거운 긍정'일 것이다.

물론 주체생산양식의 변환이라는 문제설정이 생산양식의 전복과 변환
이라는 역사유물론의 기본적인 문제설정과 대립하거나 그것을 무효화하
지 않는다. 반대로 생산양식의 전복으로서 '혁명'은 새로운 삶의 방식, 새
로운 주체생산양식의 대대적인 변이와 실험을 가능하게 하는 조건을 형성
하며, 또한 주체생산양식의 변혁은 그러한 '혁명'이 모든 영역에서 근본
적이고 전면적으로 진행되기 위한 조건을 형성한다. 그런 점에서 혁명은
이중적이고, 그 대상은 중첩된다.[26]

신화 예술적인 상상력이 역사 · 노동 · 비극적인 상상력을 거쳐 미래 예
술 창조적인 상상력으로 질적 도약할 수 있을 것인가. 그리하여 상처입은
역사 비극적 상상력을 복권할 뿐 아니라 실패를 출구로 한, 더 거대한 전
모(全貌)로 상승시킬 수 있겠는가.[27]

---

25) 이진경, 『필로시네마 혹은 탈주의 철학에 대한 7편의 영화』, 새길출판사, 1995, 102쪽.
26) 이진경, 『맑스주의와 근대성』, 문화과학사, 1997, 23~24쪽.
27) 김정환, 『상상하는 한국사』, 푸른숲, 1996, 서문.

그 상상의 행동양식은 질적 변이와 치환이라는 언어의 변화와 그 당위성뿐 아니라, 새로운 아름다움의 경지까지 있어야 한다. 그래야 달뜨고 대찬 무형적 몸(육체—정신성)의 공간, '육체의 육체성', 즉 정신—육체적 인식의 시간을 보다 쾌활한 낙관의식으로 열 수가 있다. 미래 예술 창조적인 상상력으로 새로운 주체양식을 만들어내는 행동 방식의 훈련으로, 앞 장에서 얘기한 성속일여의 시간성, 인탁의 민중적 리얼리티를 문화시켜나가는 것, 그것이 풍물굿의 언어이다.

정리해 보자. 풍물굿은 문화되는 것으로 시작되고, 굿적 상상의 시간과 행동의 양식을 만들어내는 예술의례(儀禮)이다. 그것을 몸 의식(儀式)으로 한다. 이게 고스란히 굿성이면서, 그것의 인탁의 현실 · 유토피아 의식, 그것의 미적 · 현실적인 민중적 리얼리티가 바로 굿의 언어이자 굿 정신이 되는 것이다.

침소봉대되는 사이버 시대에, 빈약한 사이버 현실성에 기형적인 사이버 강박의식과 그 담론이 결합된, 사이버의 사이버 시대, 즉 리얼리즘없는 사이버 리얼리티 시대에 이러한 풍물굿의 몸의식은 '사람의 리얼리티'를, 존재의 리얼리티를, 그 리얼리즘의 현실을 충분조건화시켜 준다. 풍물굿이 '인간에게' 더없이 소중해질 수밖에 없는 것이다. 더구나 부정적 근대성을 지양하고 새로운 주체 형성[28]의 의식이 필요한 요즈음, 나아가 의식이 아니라 행동양식의 변화를 통해 그렇게 지향해야 하는 이 시기에는 더욱 그렇다.

---

28) "이해(利害)에 따라 생각하고 행동하며, 그 이해의 중심에는 언제나 자기가 있으며, 이해의 동질성에 의해 구획되는 공동체의 범위는 가족을 넘은 적이 없으며, 그러한 이해를 위해서는 자신에게 허용된 권력과 권리를 최대한 이용하고, 또 주어진 일과 연관해 주어진 명령—그것이 무엇이든간에—복종하고, 또한 명령에 대한 복종을 당연시하며 요구하는" 근대인, 즉 근대적 주체가 아니라 "능동적으로 자신의 일을 찾아내고, 다른 사람들 내지 전체 사회의 이익을 위해 적극적으로 활동하며, 가족을 넘어서 전 사회적인 범위로 코뮌적 관계를 확장해가며, 그 관계 안에서 자기 스스로를 생산하고 관리하는 새로운 유형의 주체"를 건설해야 한다고 이진경은 말한다. (이진경, 앞의 책, 18쪽)

풍물굿은 이제 문화를 형성시켜내는 시작 그 자체이다. 풍물굿은 무형의 문화의 한 층(層)과 한 성(性)으로 당대에 기반되어야 한다. 미학—철학의, 온고(溫故)와 지신(知新)이 각기 충실하고 제대로 관계되는 참신한 사고틀, 예술론과 방법론의 활달한 개성스러움과 영혼스러움, 변화하는 문화환경 속에서 자생적 이성으로 버티고 있는 대중에 대한 새로운 질의 신뢰가 만들어내는 문화이어야 한다. 권태와 절망조차도 부딪겨내는 것이 재미있는, 안온하고 흔쾌한 문화가 되어야 한다.

가심과 예술의 문, 태도

풍물굿의 기본 성격과 총체성에 근접한 것이 마당밟이이다. 한 공동체의 행사이면서(당산굿, 동네샘굿, 판굿) 공동체내 개개인의 집가심에 대한 욕망까지 충족시켜 준다. 누대에 걸쳐 훈련된 많은 굿패들이 조직적으로 '인탁의 사제'들이 되어 '열려 있으나 짜여진' 신명판을 만들어낸다. 그렇다. 신명이란, 풍물굿에서 만들어내는 신명이란, 신인융합의 욕망이 인간쪽의 기제로 열어버린 공간에서 역시 인간쪽에서 해내는 엄청난 존재론적 사랑행위인 것이다.

심청의 인당수 길목 공간은 비장한 낙관이라는 과정, 즉 예술적으론 인식에 가깝지만 풍물굿판의 신명은 보다 개운하게 짓쳐들어가는 낙관, 즉 인간행동의 초두나 말미 그 자체, 그리고 그것의 정화의식인 것이다. 이러한 현실 메타된 수준의 경지에서 자신의 집에, 자신의 삶에 '삶의 양택(陽宅)'의 의미로 구체적 존재의식과 그 환경에 축원과 덕담을 쏟아붓는 이 낙관 의식(儀式), 이 현실의 유토피아 의식을 누가 마다하겠는가.

게다가 근대사를 지나오며 분화—발전하여 도시문화적 예술성을 획득한 전문 걸립패가 마당밟이의 질을 더욱 높여놓고나서는, 단위

공동체도 자체보다 더 높은 수준의 신명을 만들어내는 걸립굿을 마다
하기는 더욱 어려웠을 것이다. 물론 마당밟이를 단순히, 또는 약간은
겉보기에 현대화시켜 재현하자는 것은 아니다. 모든 풍물굿은 마당밟
이의 정신으로 연행되어야 한다는 것이다.

마당밟이의 정신을 우리 시대에 살려내는 좋은 계기의 시작이 문굿
이다. 걸립 마당밟이의 성사를 결정짓는 것이 문굿[29]인데, 한 걸립패
의 신명과 가심 만들기 수준과 한 공동체의 안녕택일의 욕망이 서로
기(氣)를 대보는 첨예한 얼러대기의 장인 것이다. 걸립을 받아들인다
는 기저에 깔린 것은, 즉 마당밟이의 기층심사는 인간이 할 바를 다
하고 하늘에마저 기대보는 적극적 긍정의 자세일 수밖에 없는데, 한
공동체에 살이 끼인다면 다음의 인간의 노동과 생활 자체의 규율이
허물어질 수도 있기 때문이다. 그래서 문굿에서는 사실 걸립패의 놀
이 수준이 아니라 법수의 짜여진 수준, 그것의 굿제의적인 단단함, 그
것이 육화된 향기, 나아가 그러한 것들이 결과하는 사제(司祭)적 기
력까지가 유형, 무형으로 검증되어진다.

근래에 와서 "저 치배들 잘 친다"라는 평가가 기량 수준에 대한 표
현으로 폄하되고 단순화되고 있지만, 그래도 '잘 친다'는 것의 근원
적, 선험적 의식 속에는 그러한 존재론적 욕망의식이 바탕되어 있는
것이다. 따라서 물론 걸립패는 기량만을 뽐내는 것이 아니라 그러한
기싸움에서 오히려 굿쟁이로서의 자존의식을 세웠을 것이다.

당대성을 갖는 합목적적이고도 유토피아적인 공동체 의식을 만들어
내고 꾸며내는 과정에 문굿의 정신이 새삼 기본되어야 하며, 나아가
우리 시대의 마당밟이 정신까지도 재생해내야 한다는 것은 모든 풍물

---

29) 문굿은 여기서 말하는 바대로 다른 마을로 굿을 치러 들어갈 때의 의례행위하는 경우
에, 그리고 그것의 약식형태로 집돌이할 때 집 앞에서 하는 경우에 치는 굿을 칭하기
도 하지만, 판굿 속에 있는 하나의 굿거리를 칭하기도 한다. 남원굿의 미지기 다음의
문굿, 진안굿이나 곡성굿의 질굿 다음의 문굿이 그러하다.

굿쟁이들의 기본 염력이 되어야 한다.

문굿 정신의 현재성은, 그 당대적 태도는, 이제 좋은 굿판과 대중성의 관계로 상황지어진다. 좋은 굿판, 큰 굿판에 소중한 '통과의례를 받으러 오게 하는' 문굿이어야 한다. 시대적 통과의례로 강력하게 문화시켜야 한다. 문굿 정신으로, 영산에서 하는 '영산 줄다리기'의 비녀목 꽂는 대목의, 그 안의, 그 몸과 정신이 먹먹해지는 열락의 공간을 만들어내야 한다. 그 문굿 정신의 할 바를 해야 한다. 그래야만 풍물굿은 우리 정신사의 한 줄기를 풍부하게 만들어내는 일이 될 터이다.

그래야 문굿부터 시작되는 '정통' 마당밟이의, 집가심과 혼가심과 몸가심의 욕망과 낙관이 만들어내는 당당함의 세례를 만들어낼 수 있다. 마당밟이가 인문적 가치로 당대에 현현할 수가 있는 것이다. 그 세례에 익숙해진다면 최소한 우리 세대에는 온고이지신(溫故而之新)의 그 온(溫)의 미학적 방법이라도 만들어낼 수 있지 않겠는가?

문굿으로 당대를 열고 사회—역사의 인문적 가치를 마당밟이하는 풍물굿의 판은, 그 강력한 몸의식으로, 몸의 언어로 실로 예술성을 넘어서는, 시대의 영육을 사르는 불의 번제(燔祭)와도 같아야 하고, 이 시간은 이제 문화로, 통과의례로 확보·정착시켜 나가야 한다.

더늠되는 큰굿

환 경

우리 사회를 이끌어왔던 진보적 기운이 일견 소멸되는 것과 맞물려 각종의 문화론이 혼란스럽게 대체되고 있다. 철학·역사·사회·경제·정치·예술 등 사회 전 부면에 걸쳐 형성되었던 진지한 담론들을 이른바 포스트모던한 문화현상 분석이 요란스럽게 뒤덮고 있는 것이다. 테크놀로지 자체가 사회적 의식이 되어가고 있으며, 이른바 사이버 스페이스, 버추얼 리얼리티가 구체적인 현실로 여겨지고 있다. 감각이 역사를 대체하고 있는 것이다. 추리고나면 패러다임이나 개념에 대한 실천력없이 너도나도 해대는 대중문화 분석 몇 자락에 불과하지만, 그 정신없는 것 자체가 문화적 기세(氣勢)가 되어가고 있으며, 이러한 급격한 소비사회적 무정부성은 몇년 사이에 우리를 사회적 치매, 문화적 공백상태로 내몰고 있다. 한마디로 우리 사회의 진보적 정체성과 그것의 무형적 바탕인 문화력이 쇠락하고 있는 것이다.

물론 힘겹게 새로이 모색되거나 맹아되고 있는 진지한 문화론, 나아가 사회적 담론이 있지만, 그 실천력은 아직 응집되고 있지 않으며, 내용도 아직은 편협하다. 역으로 우리 사회 전체에 유의미하게 영향력을 가지는 담론을 형성시키기 위해서 바탕을 형성시키는 것, 즉 사회적 함의의 무형적 힘인 문화력을 제고시키는 일도 차근히 시도되고 있는 것같지 않다. 마치 무의식을 분명히 정의하는 것은 정신분석이 출발하기 위한 전제처럼 보이지만, 사실 정신분석적 연구가 없다면 무의식이 무엇인지를 명확히 정의하는 것이 어려운 것처럼 우리의 시대의식은 역설과 순환성에 빠져있는 것이다.

사회가 혼란스러울 때 그를 역설적으로 더욱 부채질하는 것이 국수(國粹)적 무정부성이다. 독점자본의 소비사회의 부정성을, 그 알레고리에 맞춤하는 사회의 제반 장치의 운영을 통해 사회적 함의를 과학적으로 높여나가며 부정하거나 극복하는 것이 아니라, 모든 것을 낮은 수준의 도덕성 차원으로 해체시켜 놓아 사회를 무기력하게 만드는 것이 그것이다.

근래 들어 '우리 것'에 대한 애정과 애착이 부단히 싹트면서도 뭔가의 기반이 되는 문화의식으로 공감대를 넓혀나가지는 못하고 있는 것에는 위와 같은 이유가 있다. 즉 우리 것이라는 강짜의식은 있으되 그 정신문화사적 자존(自尊)의식의 내용—형식의 수준과 단계의식은 요즘의 대중문화 분석론보다 기실 저급하다. 나약한 애정과 자기만의 만족은 있으되 그 사회적 실천은 감내하려 하지 않는 전형적인 허위의식의 결과이다. 혹 실천을 한다해도 이념이나 도덕으로 직설되는 것, 박제화와 답습으로 사회적 지위를 보존하는 것, 이벤트화하는 것 등을 벗어나지 못하고 있다.

민족성의 강화는 민족의 문화적 동일성을 역사—진보적으로 확충해나가는 것이 관건이다. '우리 것'이라는 것이 과연 어떻게 존재해야 하는가부터 새삼 사회적 함의와 영향력, 즉 그 실력을 모아나가야 한다. '우리 것'의 패러다임을 과학적으로 정초해나가는 일부터 그러한 문화풍토를 조성해 들어가는 일까지 우리의 기초적 정신사를 이제는 의식과 물질과 기운과 자세로써 구축해 들어가야 하는 것이다. 우리의 풍물굿은 사실 여기까지를 그 사고와 실천의 영역으로 두어야 한다.

우리 시대에 많이 나약해져 있지만 이른바 '굿정신'이라는 것은, 삶과 죽음이라는 기본적 존재의식부터 긍정과 진보로 넘나드는 생활의식으로 바탕되어 있는 것에서 보이듯이, 현실에서 현실과 이상을 아우르듯이, 민중의 기층정서를 강력하게 조성해낼 수가 있는 것이다.

그러나, 현실의 풍물굿을 포함하여 우리 것이라는 것은 전반적으로 아직도 과거의 유산을 '그대로 울궈먹고' 있는 실정이다. 그 유산이 현재성으로 빛을 발휘하는 것이 아니라 과거의 단순 형식 복원이 아직 종다수인 것이다. 변화의 시도라는 것도 내용의 변화, 즉 사물의 필요충분한 발전이 아니라 즉흥적 형식 변형만 그 테두리 내에서 책임없이 시도되고 있다. 과거의 것이 그저 우리의 것이라고 무조건 우호되어서는 안된다. 뿌리가 없다고 해서 과거의 것이 죄다 현재의 뿌리가 될 수는 없는 것이다.

현재 우리들의 삶을 위하여 과거의 무엇이 왜 얼마나 소중한지가 증거되어야 한다. 선언으로서의 우리 것, 즉 아무 것도 하지 않고 국수적 감정으로 자족하는 것이 아니라 문화예술적 영향력을 가지고 당대의 대중을 움직이는 감동과 깨달음과 재미로 물화되어야 한다.

전통이란 민중의 삶 속에서 오랫동안 정제(精製)되어 나가면서 현재에 가장 극대적으로 드러나는 독특한 문화적 힘을 말한다. 과거에 있었던 근사한 그 무엇이 그대로 고착되어 재판되는 것이 아니라 현재에 가장 밑천력과 설득력이 있는 진보적 힘인 것이다. 즉 과거의 어떤 것이 아니라 현재의 영향력을 말한다. 그 문화적 힘의 험난한 정제과정 속에서 풍물굿이 '현재의 것'으로 재생되지 않는 한, 풍물굿을 진정한 전통문화라고 얘기할 수 없다. 불행히도 풍물굿이 지금 그 정제과정 속에 온전히 놓여 있다고는 볼 수가 없어졌다. 문화사적 측면에서 예술적 발전의 길에 이르는 모든 영역에서.

따라서 풍물굿의 현대적 계승 문제가 끊임없이 환기되고 있는 것은 우선 긍정적인 일이 된다. 관심이 계속 촉발되고 그만큼 아낌을 받는다는 것은 말할 나위없이 좋은 일이지만, 풍물의 내용과 형식이 아직도 과거의 양식을 벗어나지 못하고 있다는 사실은 이제 걱정을 앞세우게 한다. 아니, 사실은 '과거의 양식' 수준, 그 진정한 수준만큼의 현실성과 미학도 제대로 해석하고 체화시키지 못한 채 겉모습만 이리저리 자의적으로 편집하여 드러내는 실정이다.

전통의 전통성, 즉 전통의 미학적 방법이나 그것의 당대성과 현실성조차 사고되지 않고 있는 것이다. 따라서 전통 민속문화 유산으로서의 풍물굿은 자의적으로, 때론 경박하게 편집·재현되고 있지, 현대 대중의 삶의 양식과 그 궤를 같이하는 것으로의 해석과 발전이 되지 않고 있다.

진정한 문화예술적 전통으로서 미래로 살아나가는 풍물굿이 아니라 점차 인류학적 박제물로 식상되어질 확률이 따라서 점차 높아지고 있다. 과거의 유산 자체로서 보존하고 아끼고 이따끔씩 향수 정도로 '놀이' 되어질 성질의 풍물이라면 애써 걱정할 필요는 없지만, 문제는 풍물굿이 갖고 있는 문화예술적으로 내재된 어떤 힘이 현재에도 그 계승을 당당히 요구하고 있다는 점이다. 즉 당대성으로 살아나가는 밑천이 확실히 있다는 것이다.

그 힘이란, 그 근본이 민중적 리얼리티를 가진다는 것이며, 우리의 존재 의식과 그것의 현실 생활의식이 현실성과 염원의식으로 통일된, 수준높은 문화적 질과 예술—미학적 질, 그리고 당대성을 갖는다는 것이다.

문제는 그 내용의 현대성이 유의미하게 실험, 발전되지 못하여 현재의 대중정서에 걸맞는 내용—형식이 되지 못하고 있는 것이다. 문화예술의 긍정적 기능이란 대중의 인식과 가치판단을 보다 진보적으로 변화시켜내는 일일 터이고, 풍물굿의 계승이란 것도 그러한 역할을 할 수 있는 위상을 가져야 한다는 말에 다름아니다. 따라서 '현대의 보편적 정서'를 아우르는 재미와 감동과 그를 통한 깨달음으로 대중의 인식과 가치평가를 긍정적으로 바꿔낼 수 있는 힘을 얻는 것이 풍물굿이 당대에 살아남을 수 있는 실천적 초점이 된다.

그래서 우리 시대의 풍물굿은 우선 대중이 잘한다라고 추임새를 하는 그 속내의 질을 엄격히 헤아려 보아야 한다. 놀이적 질, 심지어 특이한 오락적 질, 과거의 향수적 질, 토착적 냄새만 나는 기예의 질, 우리 것이라고 '무조건' 우호되는 국수(國粹)적 질, 별미적 질, 삶의 질곡 즉 모순을 풀어버리는 것이 아니라 아예 삶 자체를 풀어버리는 판의 질 등을 그 몽뚱거려진 대중의 우호적 추임새에서 우선 분리시켜내야 한다. 그래야만 당대 대중의 사회경제적인 삶의 토대에 연관하는 사회적 서정을 수준높은 문화예술로써 제고시켜낼 수 있는 최소한의 출발점을 얻어낼 수가 있는 것이다.

풍물굿이 우리 시대의 문화 속으로 재생된지 어언 20여년이 되어간다. 70년대의 탈춤부흥운동을 시발점으로 광범위한 '우리 문화' 찾기가 이루어지고, 그 여파로 뒤늦게 발견(?)된 풍물굿이 우리 것의 전범인양 폭발적인 인기를 누린지 벌써 한 세대가 흘러간 것이다. 물론 그 전에도 풍물굿이 농촌 지역을 중심으로 자생적 보존력을 끈질기게 가져왔으나, 새마을 운동 이후 급격히 소멸되어가고 있었던 터였다.

그런데 이 전통 민속문화에 눈이 돌려졌던 이유가 애초에는 7, 80년대의 암울한 정치적 상황을 타개해 나가려는 시도의 하나였고, 그래서 '대항' 문화적 성격을 띠었기 때문에 사회—역사적 의미, 의식적인 측면으로만 과도히 재생되기 시작했다. 즉 민중적 미의식, 그리고 문화예술적 의미가 상대적으로 과소평가되었던 것이다. 이 점과, 그리고 한국의 근현대사의 특수성에 의해 진보적 문화유산이 오랫동안 단절될 수밖에 없었기 때문에 자생적 문화 축적의 힘이 나약했던 점이 합쳐져서, 그 결과 한 세대 동안 풍물굿의 문화예술적 재생이 그

다지 성공적이라고는 할 수 없다.

그럼에도 불구하고 80년대의 풍물굿은 소임을 다했다. 사회문화적 조건 속에서 나름대로 역할을 수행하면서 사회 속으로 정착되기 시작한 것이다. 즉 70년대의 탈춤부흥운동으로 시작된 전통문화의 재생작업, 80년대의 사회적 실천의 확충작업 속에 풍물굿도 진보적인 사회 정신사를 이뤄내는 문화적 적자(適者) 역할을 해왔던 것이다. 80년대라는 격변하는 역사—사회적 큰굿의 속내를 형성했던 것이다. 최소한 '굿정신'이라는 문화적이고도 당대적인 성격을 유지해 내었던 것이다.

그러나 정치—사회—문화 지형이 예상외로 급변한 90년대 들어서는 발전하는 대중의 미적 이상을 위한 예술적 성숙·분화에 게을렀고, 여전히 이념의 현장, 민속예술 재현에 단순 동원되었고, 어설픈 종합화가 시도되면서 고유의 언어를 발전시키지 못했으며, 그 결과는 역으로 이제는 시대정신과 궤를 같이 하지 못하는 것이 되어버렸다.

이러한 사회적 분위기 속에서 이와는 다른 축으로, 풍물굿과는 다른 방법론을 가지고 사물놀이가 시도되었고, 대중성을 얻었다. 풍물굿의 음악적 요소를 극대화시켜 무대용으로 편집해논 '앉은반'이 처음 선보였을 때 상당히 신선했다. 리듬으로만 구성된 음질이 수준높게 구성된 사물놀이는 김용배, 이광수, 김덕수, 최종실 등 사물놀이패의 탁월한 기량의 뒷받침으로 급속히 확대되고, 일견 풍물굿의 현대적 계승인 것처럼 여겨지기도 했다. 지금은 국악의 한 종(種)으로 확고한 자리를 잡았으며, 그 재생산의 수준과 영향력은 높다.

그러나 기(旣)분화된 제도적 미학 관점에서의 음악성이라는 협소한 관점에 의해 굿정신은 대폭 실종되었으며, 그래서 리듬악이라는 자체의 한계 속에서 매너리즘에 빠지고 말았다. 물론 풍물굿 정신을 살려내거나 연관시키려는, 유의미한 미학에 대한 새로운 고찰은 없었다. 한 분수령을 넘었으나 풍물굿 차원에서는 곧바로 정체되고 만 것이다. 이른바 즉흥성이라는 동질로 재즈와의 접목까지도 시도를 하고 있으나 '특이한 반주' 정도로 그쪽의 어법에 흡수되거나, 스스로 언어성을 해체당하며 정체불명의 요란스런 끼만 남기고 있다. 이제는 풍물굿과는 닮아 보이나 다른 언어와 어법을 가진 그만의 독특한 장르가 된 것이다. 그러나 그 어법의 확대와 나름의 대중성을 얻은 점은 소득으로 남아 있다.

그런데, 우리는 여기서 사물놀이에게 보낸 대중들의 박수와 환호의 정체를 잘 살펴보아야 한다. 그 질은, 즉 사물놀이 신드롬의 속내는 무엇인가가 살펴져야 하는 것이다. '우리 것이 좋다'라는 신종 담론을 사회적으로 광범위하게 확산시킨 그 에너지의 내용은 과연 무엇인가? 즉 이 신드롬의 사회—정신사적 속내는 과연 무엇인가? 이에 답하는 것이 대중이 역사—사회적으로 당연히 요구하는 현상에 대해서 예술과 그 정책들이 그것의 정수를 예술지성화할 수 있는 길이 된다. 즉 신드롬이라는 현상을 국수적이고 자기만족적인 빈약함으로 정리해내는 것이 아니라 민족성의 본질을 당대적 삶의 관점에서 찾아내고 발전시켜야 하는 것이 신드롬이 신드롬으로 그치지 않고 건강한 문제의식이 살아나갈 수 있는 길이 될 것이기 때문이다.

사물놀이 신드롬의 본질은, 그 환호와 열광의 이면은, 기실 우리 민족의 정신사적 뿌리찾기에 대한 강력한 문제제기에 다름아니다. 전통문화와 그 정신사적 바탕이 초토화되다시피 시작한 식민지 시기, 먹고 사는 것이 중심될 수밖에 없었던 경제의 시대, 그리고 전세계적 냉전체제의 해체가 만들어낸, 인간의 욕구마저 상품화시키는 지금의 문화산업의 시대를 거쳐오면서도 대중은 자기실현 의지를 버리지 않았다. 때로는 망각되거나 때로는 잠재될지라도 그것은 인간이 추구하는 최고수준의 가치형태이기 때문에 본질적으로는 항상 환기된다.

문화의 역사적 축적이 단절되었던 그 엄청난 비극성, 그리고 전세계적인 과학기술혁명에 의한 급격한 경제력 향상이 결과해낸 인간소

외 현상, 이 두가지 작용에 대해 우리의 민중들은 서서히 문화적 반작용을 하기 시작했고, 그 저항의 단초가 우리 것 찾기라는 한가지 신드롬을 만들어내었던 것이다.

여기에 이른바 사물놀이뿐 아니라 전통문화예술 대중화 방안의 관점과 출발과 현실 접점이 있다. 신드롬에 들떠서 '이중으로 고통받고 있는'(전통의 단절, 문화산업) 전통예술이 난장식으로 동원되어서는 안되기 때문이다. 대중이 좋아하기 시작했다고 우리는 그나마 남아있는 우리의 전통문화의 자산(아직 당대의 전통으로 발전, 확충되지 않은)을 과거 유산의 '날것' 형태로만 제시하여도 그 소임을 다할 것이라고 지레 흥분하여서는 곤란한 것이다. 역사적 문화단절이 문화산업의 환경 속에서 과거의 유산형태로 극복될 수 있다는 것은 무지몽매한 자기도취일 뿐이다.

대중성을 얻는다는 것은 대중이 무엇을 좋아한다, 요구한다는 것의 감각현상만을 추수하는 것이 아니다. 더구나 양으로 판단하는 것이 아니다. 그것은 잘해봤자 신드롬의 뒷북치기일 것이고, 대중이 가질 수밖에 없는 역사적 자생성의 한계를 1센티도 확장시켜 내지 못할 것이다.

그 동안 발달된 물질운동은 대중의 감수성을 아주 폭넓고 민감하게 열어놓았다. 대중은, 대중의 감수성은, 감각의 끝에서부터 출발하지만 그 감각을 서정 덩어리로 만들려는 욕구, 즉 미학―철학적으로 감수하려는 의지가 무정형하지만 명확하게 존재한다. 그러나 문화산업의 기획력과 시스템에 다분히 연관될 수밖에 없는 대다수의 문화예술은 대중의 감각 끝에 머무르려 하는 속성을 가진다. 따라서 대중문화란 것은 기본적으로 통속성에 빠질 위험이 애초부터 존재하는 것이다.

그런데 중요한 것은 대중은 통속성에 빠지면서도 그 통속성을 알고 있다는 것이다. 그래서 통속적 예술에 재미를 갖지만 볼거리 의식으로 끝난다. 즉 진정한 예술로는 전혀 인정하지 않는다. 그것을 간파한 진지한 대중문화예술은 자신의 철학 수준을 높여가고 있다.

한 젊은 컴퓨터게임 제작자는, 울면서 하는 컴퓨터 게임을 개발하는 것이 자신의 목표라고 한다. 게임자 스스로가 능동적으로 개입하는 게임 프로그램이 일반화된 것은 벌써 오래전인데, 그러한 게임을 진행하면서 비극을 만들어내고 주인공이 되어 비장해지는, 그래서 게임을 하면서 스스로 감동을 하면서 울어버리는, 그런데 그것이 날밤을 샐 정도로 재미있는 그런 게임을 만들고자 하는 것이다.

이제는 일개 컴퓨터게임이 존재 의식, 자성(自性)의 문제, 또는 정체성에 대한 재미를 만들어낸다. 즉 컴퓨터 게임도 그 철학의 수준을 높여가고 있다. 문제는 그것이 더 재미있고 감동스럽다는 것이다. 젊은 대중성은 이런 철학과 진지함이 있는 재미에 폭발적으로 모여든다. 대중의 발전된 자생성이자 대중성의 긍정적인 면인 것이다.

따라서 혹시 우리는 대중화의 '안좋은 쪽'의 한 단면만 뒤늦게 추수하는 것이 아닌가라는 것을 수시로 점검해야 한다. 그래서 간단한 재미와 저급한 놀이 의식을 아직도 대중에게 국수적으로 강요하며 통속성을 부채질하고 있지 않은가를 점검하여야 한다. 진정한 대중성이란 대중이 느끼고 요구하는 양적 질에서, 그것이 본질적으로 요구하는 사물에 대한 재인식과 가치에 대한 재평가 작업까지를 아울러야 그 역사―사회적 신장을 이룰 수 있다. 그래야 대중은 보다 삶―의식적으로 미래지향된다.

이것의 극복은 물론 예술적 성숙도를 높이는 일이고, 무형의 문화적 에네르기로 굿정신을 풍토화시키는 것이다. 이것은 이른바 '새로운 문화지형적 대동굿'을 만들어내는 사회적 에네르기와 문화적 동의 수준을 높여내는 과정에서 그리해야 한다.

풍물굿이 우리 시대의 정신사의 한 기층을 이루며, 그리고 민중의 인식과 가치평가와 도덕성과 문화력을 제고시키는 독특한 예술성으로 살아간다는 것은, 부족한 용어지만 항간에서 부쩍 떠드는 이른바 전통의 대중화, 전통의 재창조, 전통의 현대화라는 의미와 일차적으로 비슷하다. 그러나 그 시도가 총체적인 문화—예술론을 형성시켜내거나, 좁게는 예술언어의 특징을 변별, 강화시켜 내어 우리의 미학의 틀을 만들어나가고 살찌워 나가는 것이 아니라, 소재 결합, 불분명한 분위기 타령, 원칙없는 닮은꼴 주장, 이벤트화(일탈의 잔재미) 등등으로 그야말로 '난해하게' 변질되고 있다. 기왕에 드러난 온고(溫故)의 철학성마저도 그 기가 새어나가고 있다.

그러나 풍물굿이 갖고 있는 엄청난 민중적 리얼리티와 그 생동성이 놀이적 자극으로 품격이 점차 폄하되고 있는 점, 당대적 문화 · 예술 · 미학적 접근이 아직도 등한시되고 있는 점, 수준높은 정서의 창출이 아니라 기예와 볼거리 정도로 호소되고 있는 점, 무엇보다도 당대 사회적 서정의 내용이 풍물굿적으로 사고되고 있지 못한 점 등을 뒤집으면 그대로 풍물굿의 현재적 발전의 길이 될 수 있다.

거듭 강조하지만, 대중의 감각(잘 못하는 부분)에만 편승하기, 원칙과 미학과 철학이 없는 예술적 노력만 갖고는 절대 풍물굿은 현대에, 현재에 재생되지 않는다. 점차 소멸되어 갈 뿐이다. 하나의 '문화', 즉 그 예술성의 향유의 바탕과 공통분모를 같이 만들어 가는 것만이, 대중의 귀에 언뜻 실렸다가 풀어지는 것이 아니라 열린 귀로 스스로 찾고, 그래서 높은 수준으로 훈련되어지는 풍토가 되어야만이 풍물굿은 살아나갈 수 있다

풍물굿은 아직도 구체적인 한가지 힘을 갖고 있는데, 그것은 문화와 그것의 정신사를 형성시키는 위력한 유휴지(流休地)인 것이다. 따라서 필자는 새삼 풍물굿운동을 제안한다. 풍물굿이 자체의 시간성, 언어, 사회성, 의미망을 갖고 할 바를 다해보는 것, 인간의 정신과 태도를 바로 세우는 것, 정신사의 기반을 무형으로 깔아 놓는 것, 그리고 항상 익숙하고 새로운 정례적인 통과의례가 되는 것, 그래서 수준높은 예술성으로 문화가 되는 것으로 풍물굿은 본격적으로 재생되어

야 한다.

자체의 언어로 절차를 갖는 '큰굿'으로서의 통과의례화, 그 내용·형식의 당대적 '더늠', 그리고 그것들의 문화지형화, 즉 새로운 지역성, '명문굿'의 획득이 실천의 요체이다.

더 늠

우리의 민속예술은 대개 더늠으로 적층되며 발전되어 왔다. 특히 판소리는 더늠의 역사 자체이다. 서구 음악이 천재의 작곡, 그리고 그것에 대한 수많은 연주의 역사로 그 생애를 살아 왔다면, 우리의 산조와 판소리와 민요는 여러 사람의 더늠이 점차 쌓여나가며 그 생애를 살쪄간다. 서구 음악은 한 사람의 탁월한 작곡물이라는, 기(旣)창작된 것의 틀은 바뀌지 않고 단지 여러 사람의 연주의 편차로 당대성을 모아내는, 해석의 역사이다. 판소리는 당대에 요청되어지고 부응하는 간단한 이야기와 소리의 구조물부터 출발되었으며, 매 시대 그 문화와 예술 욕망을 흡수하며 완성되어간다.

따라서 각 더늠은 뛰어난 명창들이 만들지라도 그것은 애초부터 당대성을 갖는 민중창작일 수밖에 없다. 왜냐하면 판소리를 향유하는 민중의 욕망과 시각을 무시할 수 없기 때문이다. 그래서 판소리는 창작이면서 창작과정이다. 그리고 창작과정이라는 과정의식은 매 시대마다 최고 수준의 당대성을 지향하게 한다. 판소리의 경우는 특히 19세기부터 한 세기 넘게 더늠을 쌓아가며 지금의 판소리의 수준높은 모습을 결정지었다. 물론 새로이 창작되기도 한다. 그러나 더늠의 적층이 주로 판소리의 내용과 형식을 결정지어 왔다.

판소리는 근원설화와 육자백이 토리의 무가가 결합되면서 시작되었다고 한다. 「심청가」를 살펴보더라도, 초기의 「심청가」는 간단한 내용의 서사물이었을 것이라고 추정되지만 수많은 더늠으로 점차 발전되어 왔다. 그 더늠의 양과 역할은 판소리 형성, 특히 수준높은 예술성과 당대성을 얻는데 절대적인 몫을 차지한다. 다음의 「심청가」 더늠의 예는 정노식의 『조선창극사』에서 추려낸 것 정도이다.

물론 그 이후에도 더늠은 계속된다.

김채만의 초압(삯바느질) 대목, 김제철의 심청 탄생 대목, 백근용의 곽씨부인 장례(상여치레) 대목, 주상환의 젖동냥 다니는 대목, 최승학의 심청의 동냥자청 대목, 정창업의 중타령 대목, 이창윤의 부녀이별 대목, 전도성의 범피중류 대목, 전해종의 심청이가 연화봉을 타고 다시 환세하는 대목 등이다.[1] 즉 거의 더늠에 의해 판소리는 그 생명력을 매 시대마다 더욱 풍부하게 가져왔다.

이러한 더늠의 의식과 성격, 즉 왜 더늠을 하는가와 그것의 문제의식, 그리고 문제점까지를 볼 수 있는 단서가 하나 있는데, 신재효의 다음과 같은 더늠이 그것이다. 많이 인용되는 부분인데, 심청의 인당수 투신 대목의 신재효 본(本)은 다음과 같다.

심청이 거동 보소. 뱃머리에 나서보니 샛파란 물결이며 울울울 바람소리 풍랑이 大作하여 뱃전을 탕탕치니, 심청이 깜짝놀라 뒤로 퍽 주저앉으며, '애고 아버지 다시는 못보겠네. 이물에 빠지며는 고기밥이 되겠구나'

---

1) 이밖에 『조선창극사』에 소개된 더늠은 다음과 같다.

　•홍보가 : 권삼득의 제비가, 문석준의 홍보 부처 박타는 대목, 김창환의 제비노정기 등.

　•춘향가 : 염계달의 십장가, 모흥갑의 이별가, 고수관의 자진사랑가, 송광록의 사랑가, 박유전의 이별가, 이석순의 춘향방 그림가, 임창학의 어사출도 대목, 박만순의 옥중가중 춘향몽유가, 김세종 천자 뒤풀이, 이날치 춘향자탄가, 장자백의 광한루에서 사방경치를 방가(放歌)하는 대목, 성창렬의 이몽룡의 시과급제 대목, 오끗준의 옥중에서 봉사의 해몽 대목, 장수철의 군뢰사령이 춘향 부르러 나가는 대목, 유공렬의 이별가, 송만갑의 농부가, 진채선의 기생점고 대목 등.

　•적벽가 : 방만춘의 적벽강화전, 주덕기의 활쏘는 대목, 서성관의 자룡이 공명을 맞이하는 대목, 이창운의 원조(寃鳥)타령, 박기홍의 조조군사 사향(思鄕)가 등.

　•수궁가 : 김찬업의 토끼 화상 그리는 대목 등.

무수히 통곡타가 다시금 일어나서 바람맞은 병신같이 이리비틀 저리비틀 치마폭을 무릅쓰고 앞니를 아드득 물고, '애고 나죽네' 소리하고 물에가 풍 빠졌다 하되 <u>그리 하여서야 효녀 죽음 될 수 있나.</u> 두손을 합장하고 하느님 전 비는 말이 '도화동 심청이가 맹인 아비 解寃키로 생목숨이 죽사오니 明天이 下感하사 캄캄한 아비눈을 不日內에 밝게 떠서 세상보게 하옵소서.' 빌기를 다한 후에 선인들을 돌아보며, '평안히 배질하여 억십만금 퇴를 내어 고향으로 가올 적에 도화동 찾아들어 우리 부친 눈떴는가 부디 찾아보고 가오' 뱃머리에 썩 나서서 萬頃蒼波를 제 안방으로 알고 풍 빠지니, 頃刻間에 바람이 삭아지고 물결이 고요하니 사공들 하는 말이 '風肅浪靜하기 沈娘子의 덕이로다.'[2]

"그리 하여서야 효녀 죽음 될 수 있나" 다음 부분이 신재효의 더늠이고, 그 앞 부분은 신재효 이전의 「심청가」의 일반적인 모습이라고 한다.

이 대목은 아다시피 판소리에 있어서 대표적인 비장(悲壯)한 대목이다.[3] 김흥규는, 판소리에 있어서의 비장을 범인적(凡人的) 비장과 영웅적 비장으로 나눈다.[4] 범인적 비장이란, "사람의 일상적 생존에서 기대되는 기본 요구가 어떤 심각한 장벽에 부딪칠 때 더 이상 물러설

---

2) 姜漢永 교주, 『申在孝판소리辭說集』, 民衆書館, 1971, 197쪽.(김흥규, 「판소리에 있어서의 비장」에서 재인용)

3) 현전(現傳)하는 판소리 5가 중에서 대표적인 비장의 대목들 :
　춘향가 : 춘향 자탄(自嘆), 오리정 이별, 십장가(十杖歌), 옥중가(獄中歌), 옥중 상봉.
　심청가 : 곽씨부인 유언, 심봉사 자탄(自嘆), 부녀 이별, 인당수 투신, 심봉사 딸을 잃고 탄식.
　홍보가 : 홍보 집 쫓겨나는 대목, 가난 타령 일부, 매품팔이 탄식.
　수궁가 : 병든 용왕 탄식, 별주부 처자와 이별.
　적벽가 : 유현덕 초야의 공명에게 세상 구할 일을 호소, 조조의 군사들 신세타령, 조조 목숨을 애원.

4) 김흥규, 「판소리에 있어서의 悲壯」, 『전통사회의 민중예술』, 민음사, 1980.

수 없는 위치의 작중 인물이 가지게 되는 심리적 경험", "사랑하는 님, 부모, 처자와 함께 살겠다는 것이나, 굶주리지 않겠다는 소망, 그리고 목숨에의 집착은 누구에게나 공통되는 평범한 욕구이며, 이의 좌절로 인한 비장"을 이른다. 영웅적 비장에서는 그것을 형성시키는 요인은 범인적 비장과 비슷하나 그러한 객관적 상황에 처한 인물들의 잠재적 현재적 욕구는 다르다고 한다. 영웅적 비장은, "탁월한 신분이나 이상(理想), 또는 능력을 가진 인물이 극복하기 어려운 절망적 장애에 부딪쳐 있으면서 스스로 버릴 수 없는 영웅적 욕구를 지탱하고자 할 때 성립된다." 이른바 『홍길동』같은 고전 소설이나 아기장수 설화같은 것이 그러한 것의 강한 사례가 된다.

그러나 판소리에 있어서는, 등장인물들이 무엇을 비장하게 경험하고 느끼는 데 영웅적 성격을 별로 띠지 않는다고 한다. 「심청가」의 인당수 투신 대목의 고본(古本)을 살펴보자면,[5] 겉보기에 심청의 태도는 영웅적 비장과 범인적 비장의 양면을 모두 포함한다고 할 수 있으나, 영웅적 비장의 모습이 중추적 역할을 담당하지 못하고 오히려 초인적 결의에도 불구하고 버릴 수 없는 공포감과 삶에의 애착으로 인해 흔들리는 모습이 강조된다고 해석된다.

---

5) (船人들이) 북을 두리둥 두리둥 치면서 심청은 시가 급ᄒ니 어셔 밧비 물의 들나. 심청이 거동 보소. 두 손을 홉장하고 이러나셔 ᄒ날임 젼의 비난 말리, 비난이다 비난이다 ᄒ날임 젼의 비난이다. 심청이는 죽난 일은 추호라도 셥지 안이ᄒ여도 병신 부친의 집푼 흔를 싱젼의 풀야ᄒ옵고 이 죽엄을 당ᄒ오니 명쳔은 감동ᄒ읍셔 침침한 아비 눈을 명명ᄒ게 쎠여 주옵소셔. 팔을 드러 슬허치고, 여러 션인 상고님너 평안히 가읍시고 억십만금 퇴를 너어 이 물가의 지너거든 너의 혼비 불너 물압이나 주오. 두 활기를 쫙 벌이고 비젼의 나서 보니 수쇄흔 푸린 물은 월렁출넝 뒤둥구러 물농울쳐 법콤은 북적 쎠린듸, 심청이 기가 믹키여 뒤로 벌덕 주져 운져 비젼을 다시금 잡고 기졀ᄒ야 업듼 양은 참아 보지 못홀에라. 심청이 다시 정신차려 홀 수 업셔 이러나 왼 몸을 잔득 쓰고 초미폭을 무름씨고 츙츙거림으로 물너셧다 창희승의 몸을 주워 이고이고 아부지 나는 죽소, 비젼의 흔 발리짓치 ᄒ며 꺽구로 풍덩 쌘져 노니 힝화는 풍낭을 쫓고 명월은 희문의 잠기니 차 소위 묘창해지일속이라. 〔「심청전(完板 71장본)」, 『영인 고소설판각본전집 2』, 연세대 인문과학연구소, 1973, 160~61쪽(위 김홍규 글에서 재인용)〕

그래서 김홍규는 범인적 비장이 판소리 전승에서 보다 중요한 의의를 가져왔었다고 주장한다. 즉 19세기 중엽까지의 판소리 「심청가」 전승에서 인당수 대목을 처리하는 전통적 방법은 범인적 비장에 속해 있다고 볼 수가 있다는 것이다.

그런데 신재효는 당대까지의 「심청가」 전승중 범인적 비장의 양상을 비판하고 자신의 생각에 의해 개작하여 더늠했는데, 바로 위 인용문이다. 이른바 영웅적 비장이 강하게 등장하는 것이다. 앞부분은 신재효 당대까지의 판소리의 모습이고 뒷부분은 이를 비판하고 개작한 신재효의 변형이다. 즉 신재효는, 죽음의 공포와 삶에 대한 애착을 가진 채 어쩔 수 없는 좌절의 상황에 서 있는 스스로를 발견하는 범인 심청이가 효녀로서의 모습에 적당하지 않다고 보고, 심청의 행위를 개작하여 의연하게 죽음에 임하는 영웅적 비장의 모습으로 수정한 것이라고 김홍규는 해석한다.

한편 유영대는, 심청이가 보다 골계(滑稽)적으로 묘사된다는 것을 강조하기 위해 이 인용문을 사용한다.[6] 즉 신재효가 개작, 더늠하기 전의 「심청가」는 비장과 골계가 교체되어 짜여져 있다는 것이다.[7] 그러나 신재효 본은 철저하게 효라는 이념에 충실하며 한번도 흐트러진 모습을 보여주지 않는다고 한다. 신재효가 「춘향가」의 〈십장가〉 대목에서 보여시는 것처럼 비상해야 할 사선에서소자도 말미에는 재담이나 육담을 덧붙여서 두 감정의 복합적 상황을 얼크러뜨리기까지함에도 불구하고[8] 「심청가」의 더늠에 있어서는 그러한 골계적 의미를 축소시키고 영웅적 비장을 강조하고 있다고 한다.

---

6) 유영대, 「심청가의 비장미와 골계미」, 『전통문화』 1987년 1월호.
7) 비장이 청자와의 정시적 일치를 이루는 기능을 한다면 골계는 그러한 일치에서 이완, 차단하는 구실을 한다.
8) 〈십장가〉 대목은 대체로 비장한 계면조인데, 그는 '십채낫 딱 부치니 십벌지목 밋지 마소 십은 아니 줄 터이오'라고 하여 두 심사를 복합적으로 그려내고 있다.(위 유영대의 글)

이렇듯 이전까지 범인적 비장이나 골계에 치우진 대목을 영웅적 비장으로 반전시키면서 신재효는 자신의 더늠을 절반은 성공시키고 있다. 그러면서 우리에게 더늠의 의미를 가르쳐 준다. 그 절반의 성공이란, "그리하여서야 효녀 죽음 될 수 있나"의 앞 대목의 개연성과 구체성의 힘을 '업고' 뒷대목의 사설이 진행되면서 영웅적 비장감이 일단 조성된다는 점이다.

일반적인 창작, 또는 개작 의식이라면 앞대목을 버리고 뒷대목만 제시되었을 것이다. 그러나 신재효는 전승되어져온 앞대목을 그대로 놓아둔 채 일단 반전을 시킨 다음 자신의 창작 대목을 삽입한다. 그래서 전체로서 더늠된다. 앞대목이 "그리하여서야 효녀 죽음 될 수 있나"라는 말대로 버려지거나 뒷대목과 서로 별것으로 남는 것이 아니라 묘한 방식으로 연관된다. 결과는 앞대목의 사실구체성이 뒷대목의 건조한 문제의식을 풍부하게 해준다. 따라서 앞대목이 없다면 뒷대목은 사실 최소한 비장해지지도 않는 것이다. 물론 앞대목만 있다면 죽음의 의미가 보다 큰 감동으로 상승하지 않아 그 질은 밋밋할 것이다.

그러나 신재효 본은 범인적 비장과 영웅적 비장이 '나름대로' 결합되어 영웅적 비장 의식을 살리고 있고, 그 더늠은 일단 성공한 것이 된다. 그 나름대로란, 간혹 사용하는, 판소리적으로 참신한 방법을 이른다. "그리하여서야 효녀 죽음 될 수 있나"라는, 좌상객의 생각을 물어보는 형식으로 반전을 꾀한 이 대목으로 인해 청중은 소리의 공간에서 현실의 시간으로 왔다가 다시 전이된 다른 소리의 공간으로 간다. 그래서 그 둘의 공간은 이 현실의 시간에 의해 중첩된다. 앞대목이 뒷대목의 밑천이 되는 것이다. 그래서 뒷대목이 다소 경직되었음에도 불구하고 그 영웅성은 자연스러운 현실 신화성을 얻게 된다.

그러나 신재효 본에는 절반의 아쉬움도 있다. 그것은, 아무래도 주제의식의 강박관념에 빠져버린 혐의를 지울 수가 없다는 것이다. 의

연하게 죽음에 임하는 영웅의 모습이어야 효녀상이 강하게 부각된다고 여긴 것까지야 잘못한 것은 없지만, 그러한 영웅의식이 '현실의 신화' 공간으로 충분히 리얼리티화하지는 못하고 있는 것은 무엇인가 문제가 있기 때문이다. 왜냐하면 뒷부분 효녀상의 설정은 예술적 설득으로는 과도하기 때문이며, "그리하여서야 효녀 죽음 될 수 있나"라는 절묘한 설정에도 불구하고 앞뒤 대목은 꾸준한 정서로 용해되어 있지 못하기 때문이다. 참신한 방법이었음에도 불구하고 두 개의 날 것이 충분히 한 목소리로, 즉 한 정서틀로 일관되지 못한 것이다.

그래서 앞대목은 배경이 되고 깔리지만 제 목소리로 생생하게 살아나지 못하며, 뒷대목의 영웅 설정은 과격하게 과도화된다. 불안한 추상성이며 미완의 감동이다. 따라서 예술적 일관성이 떨어지고 상대적으로 의미체가 강한 뒷대목이 강조되며, 그것은 현실 추상의 깊이와 감동의 질을 높이지 못한다. 그리고 과도한 윤리의식만 강조되고 예술적 발전의 길은 스스로 봉쇄당해버리는 위험에 빠진다. 심청이는 의외로 현실로서 의연해지지 않을 뿐더러 비장의 수준도 그다지 높아지지 않게 되는 것이다.

그 결과는 현실성과 감동 둘 다 폄하되는 것으로 나타난다. 즉 신재효의 이 대목의 더늠은, 영웅의 설정 자체가 잘못된 것이 아니고 영웅 설정의 방법이 예술적 일관성을 갖지 못한 것이 문제가 되어서 미완성의 더늠으로 남게 되는 것이다.

그런데, 그러한 예술적 일관성은 오히려 신재효 이전의 고본(위 주석의 완판 71장)에서 더 강하게 나타난다. 영웅적 비장이고 범인적 비장이고 분류할 필요없이 그 자체로 비장한 감동의 수준이 있다. 그것들이 미분(未分)되어 어울린 것이 오히려 현실성과 예술성, 그리고 그만큼의 영웅성을 드러내주고 있다. 김흥규는, "영웅적 비장의 모습이 중추적 역할을 담당하지 못하고 오히려 초인적 결의에도 불구하고 버릴 수 없는 공포감과 삶에의 애착으로 인해 흔들리는 모습이 강조된다"고 하며 신재효의 영웅적 비장의 설정을 옹호하지만, 사실 이 고본의 감동과 서정의 일관성은 그 수준만큼의 예술적 일관성을 가진 영웅 의식으로 생생하게 살아있는 것이다.

그러나 신재효의 더늠 의식은 타당하며 지지되어져야 한다. 고본보다는 문제의식이 발전했기 때문이다. 다만 그 절반의 아쉬움은 후대에게 숙제로 남겨져 있다. 그것은 고본에서 보이는, 두 복합적 심사가 한군데 어울어지는 것을 바탕으로, 한 덩어리의 서정의 모습으로, 보다 수준높은 은유의 힘으로, 그러나 더 높고 당대적인 감동으로 발전되어야 할 것이다.

도정일은 정현종의 시 한 편(「한 꽃송이」)을 가지고 예술적 전이와 은유에 대해 잘 설명해주고 있는데[9] 신재효 더늠의 문제의식을 우리 시대에 당대화시키고 그 예술적 품격을 높일 수 있는 시사점을 주고 있다.

> 복도에서
> 기막히게 이쁜 여자 다리를 보고
> 비탈길을 내려가면서 골똘히
> 그 다리 생각을 하고 있는데
> 마주 오던 동료 하나가 확신의
> 근육질의 목소리로 내게 말한다
> 詩想에 잠기셔서……
> 나는 웃으며 지나치며
> 또 생각에 잠긴다
> 하, 쪽집게로구나!

---

9) 도정일, 「여신의 가위소리」, 『시인은 숲으로 가지 못한다』, 민음사, 1994.

우리의 고향 저 元始가 보이는
걸어 다니는 窓인 저 살들의 번쩍임이
풀무질해 키우는 한 기운의
소용돌이가 결국 피워내는 생살
한 꽃송이(시)를 예감하노니……

"시는 A를 A라 말하지 않고 B라고 옮겨 말하는 에둘러가기의 언어이고 전이(轉移)의 언어이다. 이 전이가 만들어내는 넓은 변용의 공간, 우리가 결코 그 경계를 확정지울 수 없는 상상의 공화국―그것이 시의 상상력이고 시의 나라이다. 예컨대 시인은 '님은 갔습니다'라고 말하지만 그 '님'이 무엇인가는 결코 말하지 않는다. 그가 '님'이라고 말하는 순간 그 '님'은 이미 님이 아니다. 그것은 어떤 다른 것의 '옮겨 적음'이고, 어떤 다른 것의 변신이며, 그 다른 것의 언어적 환생이다. 시를 읽는다는 것은 그러므로 전이와 변신과 환생의 세계로 들어간다는 계약이다."

그런데 이 시에서는 그러한 계약을 파기하고 마지막 행에 괄호 치고 말하기의 파격―한 꽃송이(시)―을 보이면서 우리의 상상력을 후퇴시키고 그것을 단지 의미 논리에 가두어 버린다.

"시가 비유어를 쓰되 그 비유가 무엇의 전이인가를 밝혀버린다면 시 읽기의 재미와 상상의 즐거움은 탕감당한다."

독자의 상상력은 시의 텍스트가 쳐놓은 울타리 안에 감금되는 것이다. 만해가 '님은 갔습니다'라고 쓰면서 '님' 다음에 괄호를 치고 '님은 무엇이다'라고 지시한다면 그 시는 산문적 범속으로 떨어지는 것이다. 즉 시가 "에둘러가기를 포기할 때 시는 궁펍이 되고, 그 존재의 광휘와 넉넉한 까다로움을 상실한다." 그래서 이 시는 단지 '풀무질의 끝에 태어나는 한 송이 꽃은 시이다'라고 다 말해버린 것으로 끝이 난다.

그런데 왜 정현종은 그러한 궁핍을 자초했을까? 정현종은 다 말해버린 것이 아니라 사실 다른 어떤 것을 어렴풋이, 자기도 모르게 지시하는 또 다른 은유와 전이를 보여주고 있다. 이 시는 "자기를 궁핍화함으로써 시를 궁핍의 존재로 있게 하는 또다른 궁핍의 세계를 은유적으로 드러낸다…… 은유를 불가능하게 하는 세계, 은유적 상상력을 고갈시키는 세계, '이것은 무엇이다' 라고 직접 말해주지 않으면 아무 것도 알아듣지 못하는 세계를 드러내는 것이다…… 단 한 줄의 메타 언어적 진술도 생산해 내지 못하는 궁핍의 세대가 거주하는 세계의 모습을 드러내준다."

따라서 이 괄호 치기의 파격은 "은유적 상상력이 죽어버린 세계의 궁핍성을 시가 제 자신을 궁핍화하는 방법으로 드러내고 지시하는 또 다른 은유이자 전이가 된다."

그러나 그의 시는 이 시대의 궁핍을 통쾌하게 잘라내지 못하고 괄호를 친다. 어쩌면 정현종도 신재효가 청중을 빌어 괄호 치기 하는 것과 같은 문제의식의 범주를 벗어나지 못하고 있는지도 모른다.

신재효가 좌상객들에게 "그리하여서야 효녀 죽음 될 수 있나"라고 물어보는 형식으로 뒷대목을 괄호치면서 영웅의식을 그려낸 것, 그것은 역시 범속으로 흐른다. 그것만으로는 윤리적 주제의식에 강박적으로 경도되는 위험을 온전히 다 벗어날 수는 없는 것이다. 다행히 앞대목을 밑천지우는 참신한 판소리적 방법의 구사로 신재효가 의도한 영웅적 비장의 정서는 일단 떨어지지만 그게 다이다. 상상의 시간은 그 시작부터 닫혀버리고 마는 것이다.

물론 정현종의 괄호 치기인 (시)도 단지 자기 존재의 불안한 환경을 소극적으로 준거해줄 뿐이다. 그 내용은 나약한 것이다. 그러나 정현종은 시의 가장 큰 덕목인 은유를 해제하지 않았다. 은유란 비유만 하는 것이 아니라 동시에 통합까지도 수행한다. 즉 자신의 언어로 만드는 서정의 일관성이 있는 것이다. 신재효의 방법은 이제, 물론 판소리적 참신한 방법을 고수하면서, 각 시대의 당대성을 관통하면서, 그 내용과 방법의 자양분과 격돌하면서 살이 붙어가야 당대적으로 살 수 있다. 내용뿐 아니라 방법과 언어도 더늠되면서 그리되어야 한다.

이와같이 판소리의 당대성 확보, 보다 편의적인 말로 현대화는 이러한 당대 미학의 관점과 발전된 예술적 인식으로 재해석하는 것, 그리고 그 의식으로 더늠하는 것이 우선 할 일이자 요체이다.

사실 많은 명창들이 그런 의식으로 더늠하여 왔다. 아주 구체적인 판소리의 역사가 그것을 말해주고 있다. 단지 지금 시대의 명창들은 그리하지 못하고 있을 뿐이다. 그래서 시대가 달리함에도 불구하고 아직도 「심청가」는 중세적 효의식의 첨봉으로 지리하게 단순재생산되고 있다. 심청이가 당대마다 익숙해져가고 친근해져가는, 지금도 우리 주위에 살아있는 인물이 아니라 점차 딱딱한 윤리 교과서의 삽화 정도로 표본화되어가고 있다. 심청이가 예술―현실적으로 죽어가고 있는 것이다.

이건 인당수 대목만큼 사실 비극적인 일이 된다. 물론 이것은 이제 조금씩 지양시켜야 한다. 그래야 「심청가」는 고착화되어 당대성으로부터 점차 멀어지는 것이 아니라 우리 시대의 부덕(婦德)에 대한 진정한 고전의식, 나아가 여성성이란 것의 존재의식, 그것의 상상 공간, 나아가 우리 시대에 더욱 커다란 담론이 되어야 할 이타성(利他性)의 신화공간으로 다기하고 풍부하게 접속되어 계속 참신하게 살아갈 여지가 많아질 수가 있다. 「심청가」의 당대성은 여기에 있는 것이다. 페미니즘과 그 개체의 단순 소멸과정을 말해주는 아이러니한 영화 〈델마와 루이스〉 정도 갖고는 범접하지 못하는 다층적이고 다성적인 상상의 공간이 우리 시대의 대중에게 향유될 수가 있다. 게다가 판소리 그 특유의 연행 형태로 인해 대중의 상상 공간은 주체의식과 태도를 지닌 채 스스로부터 풍부해질 수밖에 없다.

따라서 판소리 「심청가」는 전혀 옛날 얘기가 아니다. 지금도 얼마든지 당대적인 것이 될 수 있다. 판소리가 박제된 고전으로만 남아 그 단순형태로 가끔씩 구태의연하게 재현될 성질의 예술 형태라면 모르겠지만, 판소리가 근 두어 세기 동안 살아나오면서 얻어낸 그 당대적 생명력과, 그 생명력의 원천인 적층되어가는 예술성, 그리고 대중들의 구체적 삶 속에서 연행되어온 현실력, 그것이 대중들의 감수성을 수준높여온 구체성, 그것들이 다시 예술·현실성으로 환원되는 교호 등으로 가늠해보아도 판소리는 현대에도 당대성을 가지며 훌륭히 살아날 가치가 충분히 있다.

당대성을 갖는다는 것은 시대성의 소재적 취합을 말하는 것이 아니라, 즉 소재로 당대성을 말하는 것이 아니라 당대의 인식론과 가치론, 그리고 미학—예술적 방법들, 즉 인류가 여러 방면에서 다기하게 꾸준히 발전시켜나온 그러한 인식틀과 방법론으로 당대를 애기해야 한다는 사실이다. 이 관점만이 진정으로 당대성을 가질 수가 있다. 소재를 날것으로 제시하는 것이 아니라 의미와 형식과 가치를 수준높은 예술성으로 시간 전이시켜내야 하는 것이다.

풍물굿도 온전히, 판소리와 마찬가지의 더늠 의식을 갖는다. 물론 그 더늠의 정신과 방법도 판소리와 마찬가지로 적층된다. 여러 가지 풍물굿 기원설들, 또는 영향설 등도 사실은 그 영향들이 풍물굿으로 더늠화되어가는 과정에 다름아니다. 원시적 제의 형태나 두레와 연관된 못방고 수준의 풍물굿이 그러한 큰 줄기의 더늠에 의해 점차 요즘과 같은 모양새를 가졌을 것이다.

이는 여전히 풍물굿은 더늠의 과정에 있다는 말이며, 여전히 더늠을 통한 발전의 길이 보장되어 있다는 말과 같다. 그리고 설장구처럼 눈에 뜨이는 좋은 예가 있듯이, 풍물굿의 명인들도 구체적인 더늠을 해왔을 것이다.

……농악에 김로상, 김바우, 김광래, 최화집, 이화춘과 같은 뛰어난 명

인들이 농악가락을 치밀하게 발전시켜온 전통이 있었다……[10]

그러나 풍물굿의 경우는 판소리처럼 문자로 기록할 수 있는 것이 아니어서 더늠의 과정이, 그 기록이 남아있지 않다.[11] 따라서 판소리처럼 구체적인 더늠의 과정과 그 결과를 엿볼 수는 없다.

오히려 풍물굿의 자산은 지역성이 강하다는 것이다. 즉 지역적 특수성이 강하다는 것이고, 그것은 고스란히 더늠의 특수성으로 등가될 수 있다. 그런데 지금의 풍물굿은 위 더늠 정신에 비추어 볼 때 더늠을 필요로 하는 부분이 많이 드러난다. 즉 풍물굿은 지금도 여전히

---

10) 이보형, 「전통적인 짜임새 부족한 '사물놀이와 재즈'」, 『전통문화』 1985년 10월호, 145쪽.

11) 민속에 관계된 많은 전통예술이 그러하듯이 풍물굿도 그 전수형태가 악보나 무보(舞譜) 등의 문서로 남아있지 않다. 다른 계급간의 교류가 거의 없었던 봉건제 사회에서는 양반층에서만 문자가 향유되었기 때문이었다. 풍물굿 전수는 대부분 '입장단'이라고 표현되는 구음(口音)으로 전수되었고, 당연히 그 전수 체계는 항시 불명확할 수밖에 없었다. 그래서 굿머리(굿의 짜임새와 순서)를 전체적으로 알고 있는, 풍물굿의 지휘자 겸 연주자인 상쇠가 다음 상쇠를 키워놓지 않으면 그 풍물굿은 단절되어질 수밖에 없는 것이다. 그럼에도 불구하고 풍물굿 세계에서는 굿의 전반적인 것을 일목요연하게 문자로 정리해낸 '굿문서'라는 것이 있다고 전해 내려온다.

그러나 위와 같은 이유로 당연히 굿문서라는 것은 보물단지같이 귀할 수밖에 없고, 실제로 문서라고까지 칭해질 수 있는 수준의 체계있는 굿문서는 거의 발견되지 않고 있다. 그런데 재미있는 것은 굿문서가 마치 전설처럼 신비화되고 있는 점이다. 마치 무협소설에서 나오는, 천하를 평정할 수 있는 검법이 들어있는 책자처럼 이야기되어지는데, 풍물굿의 악보나 무보뿐 아니라 마치 한 가문의 족보처럼 그 풍물굿제의 내력과 특성과 계보, 심지어 풍물굿에 대한 도덕률이나 가치론까지 들어있다는 이야기가 회자되는 것이다.

예전에는 풍물굿의 법도를 매우 중요시했는데, 이를 법수(굿의 순서와 짜임새에 대한 내적 규율)라고 칭한다. 아마도 집단으로 연행하는 형태의 종합적 연희였기 때문에 규율이 엄할 수밖에 없었으리라 여겨진다. 그래서 이 법수가 제대로 박혀있는 굿문서를 소장하고 있다는 사실은 그 풍물굿의 나름의 정통성이나 권위를 주장할 수가 있기 때문에 마치 자신들의 굿 계보에는 굿문서가 있었다고 여기고 다소 신비화시켜 왔던 것이다. 그러나 사실 위와 같이 빼어난 굿문서는 아직 발견된 적이 없고, 단지 개인이 그 풍물굿제의 가락이나 개요를 정리해논 수준의 노트가 몇 개 발견되었을 뿐이다.

더늠의 과정임을 보여주는 것이다.

좌도굿을 예로 들자면, 채굿은 채의 성질, 즉 가락의 채별 특수성이 너무 단순하다. 그런 상태로 또 단순하게 증폭되고 있다. 그래서 치는 사람이나 판의 구경꾼이거나 지레 지리하게 여겨버린다. 가락이 산수적으로 증가하는 것이 되풀이되는데, 그것도 단순한 원진 자체를 고수하면서 그리되는데 지리해지지 않을 수가 없다. 그래서 이 중요한 절차를 귀찮다고 치지 않는 경우까지 생긴다. 가락은 보다 음악적으로 복합, 혼합되어야 하고, 채의 증폭의 의미도 징의 점수를 늘려간다는 단순 형식논리를 벗어나 이제 나름의 음악적 논리로 변화, 더늠되어야 한다.

우리 시대의 음악적 감수성을 건드려 내면서 그 채성(性)의 절차의식성이 보다 현실―영혼스러워져야 한다. 즉 가락은 들려주는 것으로 소임을 다하는 것이 아니라 가락의 '가락성'을 준거해주어야 하는 것이다. 그리고 무엇보다 중요한 것은 채굿이란, 채굿의 가락이란 '눈에 보이는 가락'이어야 한다. 가락을 들려주는 것이 아니라 판의 논리로 눈에 보여주어야 하는 것이다. 그래야 풍물굿이 된다. 그래야 재미있다. 남원굿에 그 흔적이 남아 있는데 지금은 구사되고 있지 않다. 심지어 우도굿을 변형하여 주로 치는 여성농악단에도 채굿이 아닌 다른 굿거리에 그 흔적이 남아있는 것이 이채롭다.

호호굿은 군대의 규율이라는 영향설에서 부단히 벗어나야 한다. 풍물굿의 생애는 그런 하급 범주를 벗어난지 이미 오래이기 때문이다. 먼저 구체적인 청신격(請神格) 이전의 행위들이 보다 절차성이 강해져야 한다. 무굿이 무수한 신화와 전설을 읊으며 내력을 얘기하고, 신을 찬양하고 공경하고, 차린 이의 정성을 고하고 애절함을 호소하면서 청신을 하듯이 호호굿의 존재 고백의 절차성이 보다 풍부해지고 현실―추상적이어야 하는 것이다. 현재 그 절차가 가장 좋게 남아있는 것이 남원굿이지만, 앞에서 얘기한 바대로 진풀이굿, 그 행진의식, 그리고 열두마치의 의미 등이 보다 복합적으로 발전, 더늠되어야 한다.

노래굿의 우선 문제는 절름거리는 노래의 전통이 변질되고 있다는 것이다. 아무리 우리 민족의 리듬감이 일제시대를 거쳐오며 2박자에 익숙해져 왔고, 현대 대중음악의 비트가 강한 4박에 익숙해져 왔다지만 노래굿에서 절름거리는 5박의 노래가 굿거리조의 4박의 노래로 변화되면서 노래의 절름거리는 의미가 상쇄되어버리고 있는 것은 문제이다. 그런데 사실 잘 절름거리는 가락은 편하다. 춤도 그 박자의 틀 속에서 자유스러움과 짜임새를 한 덩어리로 준다. 그리고 그 내용도 좋다. 노래가 절름거린다는 의미가 보다 명확해지는 것, 그리고 내용도 '월선이네 방에 놀러가는 것' 정도를 벗어나는 좋은 노래가 나오면서 극복되어야 한다.

그리고 가장 중요한 것, 노래굿은 '노래＋노래를 갖고 노는 것'이다. 즉 노래가 불려진다는 것이 아니라 '노래가 보여지고 놀려지는 것'이 무엇보다 강조되고 그 원칙하에 더늠되어야 한다. 그래야 풍물 굿적 특수성을 갖는 노래가 된다. 즉 노래굿이 된다. 물론 집단과 개성이 같이 부른다는 장점을 십분 살려야 하고, 보다 기동적인 노래가 되어야 할 것이다.

춤굿은 춤만을 특화시킨 성격을 확실히 드러내야 한다. 아무데서나 볼 수 있는 춤을 추거나, 추어도 그만 안해도 그만이어서는 안된다. 앞에서 예로 든 유명철의 발림처럼 풍물굿적 춤들은 사실 각 거리에 많이 녹아 있다. 그러나 춤을 한 굿거리로 설정하였다면 그야말로 집단이 '연주하는 춤'의 전형을 보여주거나, 주제나 절차의식을 쌓아나가는 이야기춤이어야 한다.

여기서 이야기란 물론 풍물굿적 춤의 언어로 쌓는 이야기를 말한다. 〈처용무〉나 〈선유락(船遊樂)〉[12] 같은 정재(묘才)들도 나름의 형식

---

12) 조선 시대 향악정재중의 하나. 어부사(漁父詞)로 배 띄우는 풍경을 보여주고 있다. 협무가 42인이나 등장한다. 정재 중 가장 호화로우며 반주음악에 취타가 곁들인다.

을 가지고 자신의 언어로 주제 의식을 뚜렷이 하는 것을 유심히 살펴
보아야 한다. 그리고 그것은, 무굿만이 고유하게 갖고 있는 신내림의
도약춤처럼 풍물굿만이 해낼 수 있는 풍물굿적 춤이어야 한다. 그 더
늠의 목표는 무굿에서 아니면 해낼 수 없었던 살풀이춤같이 빼어난
풍물굿적 춤의 한 거리가 되는 것이다.

　도둑잽이굿은 연극적 요소를 갖고 있지만 연극은 아니다. 대사가
중요한 연극이 아니라 상황이 중요한 풍물굿인 것이다. 노름굿을 하
고 대포수 목을 베는 행위에 연극적 요소가 있지만 사실 연극언어로
서의 연극행위는 아니다.[13] 오방신장을 동원하고, 호쾌한 진풀이를 하

　　조선 시대 정재는 궁중무답게 조선 왕조 건국의 정당성을 나타내거나, 왕의 선정을
치하하고 왕의 장수를 기원하는 것이 많다(봉래의, 무애무, 향발무, 경풍도, 만수무,
사선무, 향령무, 헌천화). 그리고 풍경이나 예연(禮宴)의 감상과 흥겨움을 표현한 것이
있고(무고, 아박무, 가인전목단, 고구려무, 무산향, 박접무, 보상무, 선유락, 첩승무,
춘앵전, 침향춘), 별로 내용이 없는 것(학무, 검기무, 첨수무, 초무)도 있다.(김영희의
「궁중무의 춤 개념과 표현방식에 관한 연구」, 1996년 중앙대학교 석사 논문에서 발췌)
　　풍물굿의 춤굿이 이러한 정재의 춤 내용을 모방하라는 것이 아니라 나름의 절차와
의식이 명확한 것을 눈여겨볼 필요가 있다는 것이다.

13) 도둑잽이굿을 빌미로 풍물굿의 연극적 요소를 극대화시키는 경우가 있는데 위험한 발
상이다. 재담, 사설, 연희 등이 많기 때문이라고 하는데 사실 그것은 도둑잽이굿에서
커다란 역할을 하지는 않는다. 도둑잽이굿은 고유한 풍물굿적 언어 체계를 가지고 있
다. 마임이 연극과는 또다른 언어를 가지듯이 연극과는 다른 언어체계를 가지고 있는
것이다. 도둑잽이굿에서 연극적 요소가 보이는 곳은 노름하는 대목과 대포수 목베는
행위 정도일텐데, 도둑잽이굿의 절차 과정에서도 주요 연행행위는 아닌 것이다. 대포
수 목을 벤다는 상징 행위가 필요할 뿐인 것이다(남의 물건을 훔치거나 투전놀이 등으
로 놀고 먹는 사람들, 남의 여자를 희롱하거나 하는 문란한 사람들을 가려내 벌하고
기강을 잡는다는 교훈 : 광양풍물굿의 도둑잽이굿).
　　그 행위를 계기삼아 앞뒤에 하는 대다수의 절차들은 풍물굿적 언어를 가진다. 사실
굿이 이루어지는 현장에서도 대포수와 잡색이 하는 대사는 들려도 그만 안들려도 그
만이다. 단지 그 상황이 중요할 뿐이다. 그리고 그 상황도 사실 연극적이지 않다. 연극
적 갈등이나 긴장도 없다. 대포수가 죽는 것은 그런 대속자가 하나 필요했을 뿐이다.
풍물굿판에서는 혹 연극적 요소를 확장시키더라도 이러한 원칙을 벗어나서는 안된다.
간혹 창작 풍물굿판이 연극적 요소를 극대화시켜 아예 연극적 언어와 구성체계를 가
지는 경향이 있는데, 그러한 연극적 언어중심의 연행은 차라리 마당극이라는 장르로

고, 내부로부터의 살(煞)로 상징되는 대포수와 굿적으로 어르고 겨루고, 그 후에 다시 수습하는 진풀이와 의식들은 여전히 풍물굿적인 것이다.

그리고 상여소리도 분명 누군가에 의해 더늠되었을텐데, 공동체의 기강을 확립하기 위해 대포수를 희생시켰음에도 불구하고 그 죽음을 승화시켜주는 좋은 기제가 된다. 척결로 끝내는 것이 아니라 삶과 죽음이라는 차원으로 보듬어 안는 것이다. 이것은 존재론적 비극─애정 행위이자 우리 문화의 한 근간을 이루는, 유한 존재인 '사람다운' 좋은 자세이다. 이런 차원의 힘으로 사실 진정한 공동체성은 살찌워져 왔을 것이다.[14]

그러나 상여소리가 '날것'으로 드러나는 것은 역시 문제이다. 두가지 정도 더늠의 여지가 있을 터인데, 하나는 상여소리의 풍물굿화이다. 진도 지방에서는 다른 지방과는 다르게 풍장을 치며 상여가 나가는, 참신한 삶·죽음의 의식 기제를 만들어냈듯이, 풍물굿의 상여 소리도 그런 차원의 새로운 언어로 독특해져야 한다. 다른 하나는, 상여소리 이전의 상황이 다양성을 가질 수 있다는 것이다. 삶과 죽음의 기제는 의외로 삶 속에서 아주 다양하게 의식(意識)되고 현현(顯現)하고 있다.

그리고 도둑잽이굿의 여전한 매력은 다른 굿거리보다 상대석으로 구체적 상황을 창출할 수가 있다는 것이다. 당대성에 보다 구체적으로 근접하여 다룰 수 있다는 것이고, 이것은 그대로 이 거리의 더늠의 한 장점이 될 수가 있다. 그러나 가장 큰 더늠의 요체는 역시 그 절차 과정의 의식성에 있다.

이상 예로 든 다섯 개 거리들은 아예 굿거리 자체가 더늠되어 들어

귀속시켜버리는 것이 낫다.

14) 그래서 다음의 굿거리인 문굿에서는 '다시 살은' 의미체로서의 대포수와 상쇠는 같이 의식을 치른다.(남원굿의 경우)

온 흔적이 짙다. 각 영향설과의 관계가 그를 말해주고 있다. 그리고 여전히 미완성태이다. 각 시대마다 더늠을 요구하고 있는 것이다. 물론 이 예들뿐 아니라 영산과 미지기굿 등도 그 절차의식이 보다 당대적으로 풍부해져야 함은 말할 나위가 없다. 그리고 기존해 있는 굿의 거리들만 더늠할 것이 아니라 새로운 거리도 물론 창작, 더늠되어야 한다. 나아가 그 거리들의 구성력, 즉 의식절차 전반에 대한, 즉 판굿 전체에 대한 재해석까지도 더늠의 영역이 된다.

더늠이란, 더늠의식이란 각 시대의 시대정신과 만나는 당대성을 우선 가져야 한다. 이는 매 시대마다의 소재적 시대성과 딱 맞춤하니 조우하라는 소리가 아니다. 그것은 강박증에 경도되어 풍물굿적 언어와 그 전통의 흐름을 현저히 약화시킬 우려가 있다. 더구나 정신사 자체가 불안정한 세기말에 들어서는 더욱 그러하다.

그러나 당대의 진보적 시대 정신, 나아가 그것의 미래를 탄탄한 문화의식으로 기반·예감시켜주는 일은 역시 풍물굿의 기본적 태도가 된다. 그리고 그것의 현실 추동력은 역시 수준높은 예술성이며, 그래야만 풍물굿과 대중 둘 다 현실·미래로서 정화(淨化)·정화(精華)된다. 그것이 당대성의 의미이고, 그래야만 이 당대성들은 민중적 리얼리티로 충실하게 적층되고 적층된다. 그래서 보편적 가치로 시대를 관통하며 바탕되고 문화되는 것이다. 그리고 풍물굿같이 문화기제로 근본되는 예술형태는 그 역도 성립한다.

질굿을 예로 들자면, 질굿이 존재의식의 시간성이라는 보편적 가치를 이미 획득했지만, 보다 당대적인 길의 의식으로 계속 더늠되고 쌓여나가야 한다. 즉 보편적 가치는 고착되어 보존되는 것이 아니라 당대성과 매번 조우, 교호하면서 그 자체도 성숙되어져 나가야 한다. 그렇게 동태(動態)되는 것이 보편의 의미이다.

풍물굿은 언제나 그렇듯이 지금도 더늠의 시기이다. 더늠의식으로 그 온고(溫故)의 방법론과 미학을, 그 상황과 조건을 문화로 '확충하면서' 확인하거나 만들어나가야 한다. 이것이 우선되어야 한다. 온고이지신(溫故而知新)의 온고란 옛것의 보존이 아니라 전통의 정신을 제대로 익히자는 것이다. 그 제대로의 태도란 기본적으로 정신사를 아우르는 당대성을 이른다.

온고란 것이 옛것의 보존이라도 제대로 잘하자라는 시도가 되면 그 대부분은 산만해지고 산발적으로 보존(?)된다. 몇가지 구술, 정보에 연연할 뿐더러 다분이 주관적인 해석으로 보존되기 때문에 그 결과는 온의 진정성이 훼손되거나 해체되어 버리기까지 한다. 왜냐하면 온고의 온의 미학, 그것의 방법론없이, 나쁘게 얘기하면 아무 생각없이 편의적으로 보존하려 하기 때문이다. 이는 당연히 '살아있는 관점'이 보존될 리가 없는 것이다. 즉 당대성의 적층이 없는 것이다.

특히 풍물굿에서 온고이지신의 핵심은 더늠이다. 더늠의 정신이자 그것의 미학적 행동양식이다. 그러한 총체로서의 관점과 실천 수순이 없다면, 온고와 지신(知新)이 당대성으로 관계맺는 것은 요원해진다. 따라서 오히려 온의 미학도 생겨나지 않는다. 옛것은 살아있는 것으로 보아야 한다. 그래야 옛것의 살아있는 부분이 보인다.

그래서 풍물굿 발전의 특수한 과정상 이 더늠의 시행착오들이 우선 쌓여나가는 것이 절실하다. 풍물굿적 사고의 패러다임은커녕 예술─미학적 고민과 고통들의 교호도 없는 곳, 심지어 쓸만한 비평이나 이론의 형성도 아직 없는 곳이 풍물굿판이기 때문이다. 여러 갈래의 해석의 차이로 수많은 더늠들이 과감하고 다양성있게 부딪치고, 그 성과들이 뽑내지면서 적층되어야 한다. 그 과정이 있어야 풍물굿 사고의 계기들이 돌출되고 변증되면서 풍물굿 미학─예술론의 사고틀이 형성되어나갈 수 있다.

풍물굿의 새로운 창작 시도는 소중하다. 그리고 여러 가지 실험의식도 소중하다. 단 '책임지는' 실험이라야 한다. 철학·미학까지를 책임지며 건드려내지 않고는 풍물굿의 재생과 대중성을 얻을 수 있는 그 진정성은 없다. 기본은 역시 굿정신의 창작이다. 민중적 리얼리즘이라는 현실주의 신화공간의 문화기층화, 무형적으로 바탕되는 유토피아—현실의 동질성, 역사—사회성이 분명히 이면되는 가심과 그 제의의 서정성, 그 과정의 미학—예술론 확립부터 정신사 형성의 바탕까지를 사고하며 창작해야 한다.

그 방법은 물론 풍물굿의 언어로 내용을 싣는 '낯익은 새로움'의 길이다. 그것은 풍물굿의 특성상, 그 발전의 특수한 과정상 창작보다는 더늠—창작의 관계이어야 한다는 것이다. 지신(知新)은 그 자체가 아니라, 특히 풍물굿에서는 '이'지신(而知新)이다. '그리고, 그러므로, 그러나'인 것이다. 이것이 우리 당대에 필요한 창작의식이자 더늠의식이다.

그리고 많은 것을 포기하게 하는 무대적 풍물굿은 당분간 지양되어야 한다. 풍물굿이 근래에 무대적, 이벤트적, 즉 볼거리 위주의 동원, 편집이 부쩍 많아지는 추세인데, 전적으로 없어야 된다는 것은 아니지만 그럴수록 그것의 폭넓고도 깊은 기반, 예술적 전이의 밑천으로 풍물굿이 문화되어야 하는 것이 선(先)사고되어야 한다.[15]

즉 그것들의 문화—예술적 유휴지로서의 정화성을 가져내야 한다는 것이다. 자기 언어로 할 바를 다하는 큰굿의 통과의례라는 중심의

---

15) 가야금 산조의 시간성은 무대적 시간성과 비슷하다. 그래서 무대에서 공연해도 산조 자체의 언어가 훼손되지 않는다. 그러나 풍물굿은 그 절차의 전모를 다 보여주지 않는 한 당연히 그 연행과 감동의 기제는 날아간다. 그리고 그 전모를 다 보여주려는 시도는 애시당초 한 번도 존재해오지 않았다. 무대적 시간성이라는 문화적 보수성이 강하기 때문에 그러한 발상이 일어나지 않고 있는 것이다. 그래서, 지금은, 풍물굿적 시간성은 기본적으로 무대적 시간성과 맞지 않는다. 최소한 익숙하지 않다.

따라서 문제는 풍물굿이 무대에 어울린다 안어울린다라는 차원의 문제가 아니라, 기존해 있는 무대적 시간성에 익숙하게끔 기획되어 볼거리 위주로 차출, 편집되는 경향이 있어왔고, 그것은 극히 위험한 결과를 만들어내었다는 것이다. 그래서 풍물굿의 명인은 가야금 산조의 명인처럼 무엇을 보여주기 위해 무대에 오를 수는 없다. 명인 개념이 시간성에서 차이가 나기 때문이다. 풍물굿의 명인은, 그 시간성은, 자신의 할 바를 다하는 큰굿 속에 있어야 하는 것이다.

식이 있어야 한다. 그래야만 그것이 대중의 감수로 정착될수록 무대용, 이벤트적인 볼거리도 풍물굿의 의미망과의 관계로서 보다 의미로와질 수가 있는 것이다.

또 마당극, 또는 마당굿의 '잘못된 부분'의 영향인데, 아니 풍물굿을 여전히 마당극·마당굿 의식의 연장선으로 보아서 생기는 문제인데, 그것은 연극적 줄거리 의식, 즉 연극 언어 의식에 과도하게 강박되는 것이다. 이것은 풍물굿 본래의 언어체계가 흩뜨러지거나 아예 부숴져 버리는 위험을 따르게 한다. 실제 풍물굿 창작의 많은 경우가 그래왔다. 풍물굿과 마당극을 분간해야 한다.

그리고 난장식 놀이판도 재고되어야 한다. 그것은 부차적인 추수(追隨) 행위일 뿐이다. 주요절차가 그리되어서는 안된다.

진정한 '신명'적 판이란 당대적 감정과 감동의 부침이 '중층(重層)'되는 판이지 놀고 풀어버리는 것, 일방 활달함으로만 평면화되는 것이 아니다. 한마디로 중심행사마저도 놀아제껴 풀어버리는 것으로 귀결되어서는 곤란한 것이다. 중심 행사는 고유의 시간성과 예술성으로 그 당대적 내용을 진곡히 가져야 한다. 연행 자체가 엄숙하라는 것이 아니라 그 할 바가 진지해져야 한다는 것이다.

큰 굿

1997년 여름, 전북 남원군 금지면 상귀리에서 풍물굿 한 판이 벌어졌다. 오전에 당산굿부터 시작하여 오후 늦게 헤침굿, 재능기까지 대여섯 시간 걸리는 굿판이었다. 치배 구성도 40여명 정도 마춤했고, 굿 구성도 좋았다. 당시 기금을 모아 1천 명이 먹을 수 있는 밥과 술을 준비했는데 모자랐으니까 그 숫자보다는 많이 왔을 것이다. 그냥 알음알음으로 온 사람들이었고, 과거 큰굿에 대한 경험이 있는 사람들이 다수였다.

한가지 아쉬운 것은 조건이 좋았음에도 불구하고 마당밟이까지는 하지 못하고 당산굿과 판굿 위주로 행사를 한 것이다. 그러나 이른바 좌도굿답게 모두 전립을 쓰고 하는 팀웍이 돋보였으며, 그리고 굿거리마다 그 시작과 맺음이 분명한 풍물굿이었다. 옛 형태의 풍물굿이지만 오랜만에 보는 큰굿이었다. 어쩐 일인지 이렇게 절차를 다하는 굿이 이제는 보기 드물어졌다.

요즈음 풍물굿의 연행 형태는 대부분 대회굿이거나 공연용 굿이다. 대회굿이란 현재 각 지방에서 대부분 거행하고 있는 농악경연대회같은 식으로 30여분 내외의 시간으로 치뤄내는 경연식 공연을 말한다. 어떻게서든 순차를 결정해야 하기 때문에 우열을 가려내어야 한다. 그런데 그 기준이라는 것이 볼거리가 많고 잘 휘두르는 것, 즉 기술이 좋은 것 그 두가지가 전부이다. 당연히 그것의 미학은 없다. 따라서 기존해 있는 풍물굿이 대회에 나가기 위해서는 볼거리 위주로 편집될 수밖에 없고 당연히 변질된다.

심지어 그 변질로 창조(?)되기도 한다. 언어 체계가 흩뜨려지고, 독특한 이야기 구조와 그 설득 기제는 없어진다. 그저 보기 좋은 기술만 있으면 된다. 당연히 모든 개성스러움은 날아간다. 아다시피 풍물굿은 각 개성이 빛을 발하여 협화를 이루어내는 기제를 갖고 있다. 자유와 규율을 한 몸으로 갖고 있는, 그것으로 재미를 주는, 고도의 의식이자 그로부터의 놀이성을 갖는다.

그리고 각 굿거리의 이야기 구조와 그것들의 구성의 순차성이라는, 중요한 기제와 설득 구조를 갖는다. 그러나 모든 굿에 주어진 시간은 그것을 원천적으로 봉쇄한다. 게다가 일사불란한 팀웍을(?) 보여주기 위해 발까지 전부 맞춰야 한다. 굿이라고 할 수 있는 마지막 기제와 자존심인 춤도 날아가고 개성의 사람은 보이지가 않게 된다. 이때부터 사람이 치는 굿의 의미는 없어진다. 이러한 것들은 대중들과의 현실―예술 접점을 감각 위주로 설정되는 결과를 초래했다.

진정한 대중성은 날아가고 대중의 감각의 끝, 그것만 이따금씩 건드려낸다. 문화적 축적의 노력이 없는 것이다. 따라서 문화적 힘도 없다. 그런데 문제는 이러한 대회굿적 성격이 꽤 오랫동안 축적되어 왔다는 사실이다. 즉 이제는 대회굿 자체의 문제라기보다는 거기서부터 파생되고 인식되는 대회굿 문화가 문제가 된다.

대회굿은 한마디로 풍물굿을 '의례(儀禮)' 시키지 않은 채 공연을 위한 공연만을 한다. (풍물굿적 고유의) 의례를 가진 공연과 그렇지 않은 공연은 각각 시간성이 다르고 그 의미가 다르다. 겉보기에 다같이 연행될지라도 그 내용과 태도는 다른 것이다. 게다가 대회굿은 자체의 시간성이 없는, 짧은 시간 동안 공연된다. 당연히 그 연행의 수준이 높을 리가 없다. 언어를 잃어버리기 때문이다.

혹 풍물굿이 볼거리 공연될지라도 그것은 부차화되어야 한다. 주요한 일은 풍물굿을 문화시키는 일이다. 의례의 연행이 아니라 볼거리 공연이라는 개념을 취하더라도 그러한 문화를 이뤄내는 연장선상에서 공연되어야만 공연도 의미롭고 풍물굿도 의미롭다. 직접적으로 연관이 되지 않더라도, 당장의 시간이 일치하지 않더라도 부단히 유-무형적으로 관계맺어야 한다. 그리고 공연되더라도 굿거리별 공연이 되어야 한다.

예를 들어 호호굿과 영산, 미지기굿, 노래굿과 춤굿, 도둑잽이굿 등 거리별로 자신의 이야기가 '충분히' 개진되어야 하고, 그리고 전체 거리와 구성에 대한 이해가 바탕되어야 한다. 요즘의 대회굿이란 각 거리의 이야기들을 무화시킨다음 볼거리만 '짬뽕' 해서 공연하는 식인데, 이런 전무후무한 테러리즘의 자세이어서는 곤란하다. 혹 볼거리 공연이 필요할지라도 오페라 갈라 콘서트같은 개념으로 끝내야지 그것이 풍물굿의 전부 다인 것처럼 연행되어서는 안된다.[16)]

---

16) 오페라 갈라 콘서트란 원래 오페라에서 하이라이트라고 생각되는 부분만 발췌하여 그
   대목과 똑같이 의상을 입고 노래와 연기를 하는 것을 말한다. 그러나 이른바 쓰리 테

오페라의 전모에 익숙한, 그 이야기를 예술적으로 훤히 꿰고 있는, 누대에 걸쳐 그리된, 그래서 오페라가 문화된, 삶에서 익숙한, 마치 대중가요처럼 흥얼거릴 수 있는 그러한 문화적 풍토가 있어야만 갈라 콘서트도 그것의 부분으로서 의미로울 수가 있는 것이다. 갈라 콘서트는 자체의 감동이 아니라 그 전모와의 연관으로서, 즉 이미 축적된 예술력으로 감수하는, '별미(別味)의 감동'의 자리이다. 갈라 콘서트는 가벼운 잔치일 뿐이다. 풍물굿도 자체의 시간을 온전히 갖고 자신의 전모를 드러내는 것이 아닌 보여주기식 공연이 꼭 필요할지라도 그 전모가 전제되는 문화풍토를 조성해 들어가는 의식과 실천이 선행되며 그리되어야 한다. 이건 아주 중요한 자세이다.

19세기 말 이른바 사당패류의 도시 풍물굿패로의 분화, 그리고 그것의 역(逆)수용도 그 당시까지에는 절차의례를 다하는 풍물굿이 광범위한 '문화'로 아직 있었기 때문에 용납되었다. 그 문화적 용납에 의해 굿정신은 크게 변질되지 않았던 것이다. 그 사회의 문화로서 사

너의 유행 이후에는 노래만, 즉 오페라 아리아만 가수에 의해 불리워지는 경우가 많다. 이것이 갖고 있는 위험에 대해 김정환은 대중성의 문제로 지적하고 있다.

"'오페라 갈라 콘서트' 류의 공연 관행은 오페라의 근대적 총체성을 현대적 총체성으로 발전시켜 내는 데 도움은커녕 장애가 되었다. '3대 테너 시리즈', '파바로티와 그의 친구들 시리즈' 등은 대중에게 클래식을 이해시키는 촉매 역할을 한 면보다는 클래식 자체의 격을 떨어뜨린 면이 더 많음을 부인할 수 없다…… 예술 전체의 규모와 깊이를 아는 데 길잡이를 하기는커녕 표피적 이해만을 강요할 뿐이다."

"카루소가 단순하고 감상적인 극성(劇性)으로 일관하는 베리스모 오페라의 대표적인 아리아들을 자신의 주된 레퍼토리로 삼았던 것이 현대 오페라의 음악 사상적 발전에 거의 치명적으로 작용했다."

"카라얀이 지휘한 음악중 '아다지오'만을 모은 1장짜리 CD가 폭발적인 인기를 끈 것은 결국 클래식 음악문화의 건강한 정착에 해롭게 작용할 것이다. 대중이 음악작품 전체의 총체적인 세계관에 아랑곳없이 마음에 드는 당의정만을 뽑아먹는 데에 길들여질 것인 까닭이다."

"이런 일은 물론 클래식 음악에서만 벌어지는 것이 아니고 문화예술 전반에서 벌어지는 대중화의, 안좋은 쪽의 한 단면이다."

(김정환, 『음악이 있는 풍경』, 1997, 도서출판 이론과실천, 390쪽)

람들의 인식과 가치와 감동에, 심지어 무의식의 생활영역으로 기반되어 있는 힘이 있었기 때문이다.

그러나 기반이, 풍물굿의 문화라는 것이 일제시대 이후 그 기반이 점차 얇아져 오고 있음은 주지의 사실이다. 그렇다면 우리가 할 일은 분명해진다. 그것은 풍물굿을 문화시키는 일이다. 자신의 시간과 언어와 절차를 이제 그만 거세시켜 나가야 한다. 봐도 그만 안봐도 그만인 기예적 볼거리로 격하시키지 말고 풍물굿이 해야 할 바를 다해 보아야 한다. 그래서 모든 절차과정이 나름대로 꽉 짜인 굿으로서 우리 시대의 위력한 가심의 통과의례로 만들어야 한다. 그리고 그것의 정례성도 확립되어야 한다. 정례성이란 물론 캘린더식이 아니라 의미망의 정례성이다. 그것이 큰굿이다.

그런데, 이 글에서 쓰는 '큰굿'이란 상대적인 개념이다. 당분간 쓰는 과도적인 개념일 뿐이다. 자신의 시간과 언어와 가심 의식을 포기한 굿이 종다수를 이루는 환경 때문에 그러하다. 즉 그냥 '풍물굿' 개념이면 되는데, 우리 풍물굿의 현실이 그렇게 하지 못하게 하고 있다. 나름의 절차를 다하는 의례로서의 굿이라는 개념이 문화된다면 필요없는 개념인 것이다.

그리고 큰굿이란 규모의 크기가 크다는 것 자체를 얘기하는 것이 아니다. 단지 대여섯 시간을 끄는, 또는 1박 2일을 친다는 그러한 시간의 길이, 또는 4, 50여명이 넘게 구성되어 친다는 시각의 넓이를 뜻하는 것이 아니다. 그것은 관료적 생각일 뿐이다. 규모가 크다는 것은 그 수준에 맞는 '규모의 미학'이 있어야 한다. 그 규모가 아니면 안되는, 질료와 방식의 구성이 그 수준이 아니면 안되는 이야기와 그것의 미학적 방법이 있어야 하는 것이다. 정한수 한 그릇의 비손이 개인구복의 염원의식에 마춤하듯, 풍물굿은 집단이 하는 가심의 제의의식에 마춤한다. 그런 내용과 형식을 갖는 것이다.

풍물굿은 자신의 시간성을 우선 갖는다. 그래서 언어의 일관성이 있다. 그 일관성으로 무엇인가의 절차를 만든다. 그 절차는 염원과 열락 자체이며, 그것을 쌓아나가는 과정이다. 그리고 무엇보다 가심이 된다. 즉 자신의 시간으로 가심의 내용과 집단의례의 형식을 갖는 것, 자신의 언어로 자신이 할 바를 다해보는 것, 이것이 풍물굿의 내용과 형식이라는 규모이다.

그래서 큰굿은 재미가 있다. 그것은 '명확한 재미'이다. 감동과 재미의 일관성이 있는 것이다. 진지하고 재미있을 수밖에 없다. 그것은 무엇보다도 풍물굿이 자신의 판으로, 즉 자신의 시간과 언어로 자신의 얘기를 절차를 가지고 치뤄냈기 때문이다. 가심의 과정이 있고 참여와 감동의 깊이가 있는 '삶의 재미', 그 고소한 재미가 있는 것이다. 따라서 대회굿처럼 감각만을 추수시키는 잔재미가 있을 리 없다. 잔재미는, 그 잘디잘은 감각의 난수표식 발산, 그것의 귀결은 결국 사람을 흐리멍텅하게 만들 뿐이다.

풍물굿은 기본적으로 대의성(代議性)을 갖는다. 그것도 진정성과 수준이 높다. 굿의 탄생부터 그렇고 굿의 성격 자체가 그렇다. 의례(儀禮)를 공유하는 공동체와, 그리고 그것이 파생시키는 대의성이 '같이' 만들어내는 것이기 때문에 그렇다. 공동체 성원의 누군가가 뽑혀지기 때문에 대의성을 갖는다는 단순한 실용적 얘기가 아니라 풍물굿의 삶 속 기제 의식이 그러하다는 것이다. 성속일여의 방법이자 삶의 구체적 방식이다. 그 정신은 누적되어 왔고 지금도 유효하다. 따라서 굿과 공동체, 요즈음의 개념으로 좁혀서 얘기하자면 예술과 대중은, 이미 언제나, 필연적인 관계로 묶여질 수밖에 없는 것이다.

그래서 제대로 된 풍물굿, 큰굿은 사실 진정한 대동(大同)의 의미를 만들어낸다. 공동체와 대동이란 형식의 문제가 아니라 내용의 문제인 것이다. 삶철학과 그 방법의 문화적 공유라는 내재적 질이 있어야 사람들은 대동될 수가 있다. 자체의 절차 의례를 다해야만, 요즘의 풍물굿도 그러한 대동성을 근원적으로 확보할 수가 있는 것이다. 따라서 '풍물굿의 대의성'이란 성격은, 그러한 삶철학적 기제의 관계의 식은 현재에도 아주 중요하며 굿의 기반이 되어야 한다. 대중의 동의 와 참여 수준의 진정성이기 때문이다.

그리고 이제는 예전처럼 대의성을 파생시키는 것이 아니라 거꾸로 대의성을 '자임'해 들어가며 관계지어야 한다. 그 자임의 기본적 태 도와 소양은 물론 당대성이며, 풍물굿 정신과 그 가심 의식이며, 그 독특한 언어체계이며, 수준높은 예술성이다.

우리의 큰굿이란 사회의 진보의식이거나 물질운동의 발전수준만큼 의 자생성을 갖는 대중의 감수성이거나 보다 그것들의 근본적 몸의식 을 가심하고 보(補)해주는 그런 폭넓음을 자랑한다. 문화와 철학의 힘이 있기 때문이다. 게다가 진정한 대중성을 가질 수 있는 기제를 가지고 있다. 그것은 대중의 이성, 감성, 직관, 합리 의식, 무의식, 계 획, 자연발생 등의 중층적 종합, 즉 삶의 총체적 형식으로 판단되는 문화예술 기제이다. 그런 자세로 문화되어 왔던 굿이 대중의 감각만 을 자극적으로 드러내는 데에 복무해서는 이제 안되는 것이다.

우리 시대의 빼어난 굿장이 유명철이 잘하는 부들상모, 그 자체만 보여줄 때면 이상하리만치 힘을 잃는다. 감동의 질도 저하된다. 명인 명무전의 공연이나 시범공연 등에 초청받아서 소규모의 반주(징, 장 구, 북, 채상 1,2인씩)를 대동하고 20여분 내외로 부들상모놀이만 보 여줄 때면, 즉 개인놀이를 할 때면 당최 뭔가 허전함을 지울 수가 없 다. 물론 개인놀이로서도 명인에 손색없는 이름값을 한다. 대중들의 겉보기 환호도 대단하다. 그러나 4,50명이 협화된, 대여섯 시간을 줄 기차게 끄는 잘된 풍물굿판, 큰 굿판 안에 있을 때와는 달리 뚜렷한 정서와 의미의 흐름도 없고, 무엇을 만들고 어디로 가고 있다는 벅찬 감동도 없다. 결정적으로 유명철의 부포라는 깃털만 보이지 유명철이 라는 사람, 나아가 상승된 인격체가 보이지가 않는다. 큰굿에서처럼 거의 비슷한 '형식'의 부포짓을 하는 데도!

인탁의 제구가 기예의 도구로 차원을 달리하며 격하되기 때문이다. 이 세상에서 부들상모가 아니면 안되는 언어와, 그러한 특수한 언어가 아니면 전유못하는 세상의 어떤 소중한 부분, 그것으로 세상을 풍요롭게 하는 역할이 날아가 버리고 잘 휘둘러대는 볼거리와 그 수준의 잔재미로 전락하는 것이다. 관중들은 턱떨어지게 구경하고 박수를 쳐대지만 구경거리에 대해서 그리하는 것이다. 그리고 잊어버린다. 감동은 없고 가심이 안되기 때문이다.

유명철은 큰굿에 있어야 한다. 큰굿을 주재하는 인탁의 제사장이 되어야 한다. 유명철은 역시 그러한 제대로 된 시간 속에 있을 때 그렇게 늠름할 수가 없으며, 그렇게 멋들어질 수가 없다. 기예의 마술사가 아니라 인탁의 주재자, 인간의 신격의 대리인이어야 유명철의 부포는 '이중으로' 살아 움직인다. 시간의 꽃으로 감동과 깨달음과 재미를 수준높게 상승시켜 준다.

이것은 거꾸로 큰굿이 많아져야 한다는 것에 다름 아니다.

명문(名門)굿

풍물굿은 구경하는 판이 아니라 가심으로 통과의례되는 시간이다. 그 시간성을 획득하기 위해서는 이제는 가심의 욕망으로 '모이는' 판이 되어야 한다. 예전에는 마을 단위에서 풍물굿패를 '불러들여' 한 공동체 자체를 가심(마당밟이)했지만, 이제는 가심의 절절함이 환기되고 그것의 욕망으로 모이는 판이 형성되어야 한다. 즉 사람이 찾아가는 굿, 나아가 통과의례로 순례하는 굿이 되어야 한다. 이것은 우선 큰굿이어야만 가능하다. 그리고 다음으로는 수많은 지역굿, 그것도 명문굿이 필요하다.

많은 풍물굿은 지역에 정착되어 있다. 전북 지역을 예로 들자면 (임실)필봉굿, 진안(중평)굿, 정읍풍물굿, 남원농악, 고창농악, 이리

농악, 김제 백구농악 등으로 불리워지는, 군단위별로 각 성격을 달리하는 풍물굿이 있다. 그런데 불행히도 지역에 있을 뿐 그 지역성은 명확하지 않다.[17] 옛 형태의 굿을 이어받고 재현하는 곳 이상의 의미는 없는 것이다.

각 지역의 풍물굿은 그렇게 단단하게 고착화되어 있다. 한 두 지역을 빼고는 대회굿이나 그 형태의 공연으로 주로 발언한다. 그리고 자체 발전의 의도는 거의 없다. 의식조차 없어 보인다. 더늠의 시도는 커녕 자체 굿에 대한 해석과 발전방향에 대한 모색도 안보인다. 그저 옛 형태의 굿을 그대로 치고 있을 뿐이다. 아니 정확하게 말해서 옛 형태의 굿도 제대로 해석, 재현하고 있는 것같지도 않다. 왜냐하면 옛 형태의 굿은 자기 관점을 나름대로 가지고 있는 데도 불구하고 당최 그것과 제대로 된 접촉을 안하고 있기 때문이다.

좋은 관점을 밝혀내고 승화시키고 당대화시키지는 않고 몇가지 구전되어오는 애기 정도를 기준없이 고집하거나 전승의 계보(굿이 아닌 이름으로)를 그려 굿의 정체성으로 여기고 있다. 따라서 굿의 겉모습만 답습하지 않을 수가 없다. 그리고 대회용으로, 자의적으로 볼거리 위주로 편집까지 된다. 오랫동안 익어져 왔던 그 굿의 필연성, 즉 특수성의 성징은 이제 멈춘 것이다.

따라시 이제 이러한 지역굿의 구분법은 별 의미가 없다. 지역의 특수성이 고착화되고 퇴행되고 있는 한 그러한 지역적 구분에 매달릴 필요가 없는 것이다. 이 말은 이제 각 풍물굿이 새로운 지역성을 가져야 한다는 말이다. 제대로 된 특수성으로 발언해야 한다는 것이다.

---

17) 물론 이러한 행정 단위의 구분도 일리가 없는 것은 아니다. 단지 국토지리적인, 정치 행정적인 구분만 되는 것이 아니라 풍습 등의 문화적 차이도 다소 변별되고 있기 때문이다. 그러나 그 인문적 질의 깊이를 온전히 획득하고 있는 구분법은 되지 못한다. 아무래도 행정적 편의성이 먼저 사고되어진 구획이기 때문이다. 특히 풍물굿의 경우에는, 전북 지방을 예로 들었을 경우, 이른바 좌도굿·우도굿이라는 분류가 오히려 풍물굿의 특성을 잘 말해주고 있다.

그것은 명문(名門)굿이 되는 일이다. 지역성은 명문굿의 의미로 해소 —절치부심—발전되어 새로운 지역성의 의미를 획득해야 한다. 그래야 최소한 옛 형태의 굿을 이제라도 잘 해석하고, 그 절차과정의 의미를 명시적으로 확립해낼 수 있는 것이다.

명문굿이란, 큰굿으로서 그 가심의 질을 대중에게 인정받아 정례성을 보장받는 굿이다. 현재 명문굿이라 할 수 있는 것은 풍물굿에서는 드물고, 영산줄다리기[18]가 가장 명문굿의 의미에 가깝다. 풍물굿도 영산의 경우처럼 명문굿으로 발전을 꾀해야 한다.

현재의 지역굿은 영산의 경우처럼 지역성을 나름대로 살려야 하고, 그리고 도시의 풍물굿 단체들은 통과의례성이 강력한 정례적인 굿판을 통해 명문성을 쌓아나가야 한다. 그리고 대학 풍물굿도 당연히 새로운 의미의 지역성을 갖는 명문굿이 되어야 한다. 그것은 굿 자체의 발전이 우선하겠지만, 새로운 공동체성에 대한 의식을 그 다음으로

---

18) 해마다 한 번씩 영산 사람들을 애살(그 지방 고유어로, 자발적이고 헌신적인 깊은 열성이라는 뜻)에 빠뜨린다는 영산줄다리기는 오랫동안 자생적으로 이어져왔던 명문굿이다. 2박3일 동안 벌어지는 이 행사는 어르고 겨룬다는 중심행사가 명확히 있다는 장점이 있다. 즉 자신의 언어로 하는 절차과정과 그것의 감동기제가 확실히 있는 것이다. 그래서 그 주위에 여러 가지 행사가 부차되고 난장까지 요란하게 섬에도 불구하고 전혀 천박해지지 않고 행사에 참여하는 모든 사람들은 뭔가 든든한 심정이 된다. 밑천이 단단히 있는 부산한 기운에 제대로 대동되는 몸—정신의 달뜸이 있는 것이다. 게다가 규모도 클 뿐 아니라 규모의 미학도 뚜렷이 있다.

영산에서의 행사의 정점은 마지막 날 비녀목 꽂는 대목인데 불행히도 잘해야 이삼백명만이 그 주위에 있을 수 있다. 그 단단하게 꽉짜인 덩어리 속으로 한 번 운좋게 쑤시고 들어갔을지라도 번번이 밀려날 정도로 몸과 그 의념의 기운이 아주 대차다. 그래서 이 속에 한 번만 들어갔다 나오면 그야말로 일년치 신명 정도는 고스란히 받을 수 있는데, 몸과 마음과 정신이 일여되는 그 기운의 힘은 거의 인간의 수준을 넘어서는 경지이다. 그래서 그런지 영산굿에는 해마다 순례(巡禮)하는 사람이 아주 많다. 명문굿인 것이다.

한가지 걱정은 다른 지역에서처럼 이벤트성만이 강조되고 상업적으로 경박하게 치우치는 일반적인 축제 형식을 닮아가는 최근의 흐름이다. 한마디로 지금 고군분투하고 있는 좋은 굿인데, 많은 지역에서 명문굿이 나와 그 짐을 덜어주어야 할 것이다.

분명히 가져야 실천될 수 있다.

우리 시대의 굿공동체는 유동하는 공동체성이라는 의식을 가져야 한다. 유형(有形)의 공동체 운동도 나름의 성격과 장점을 갖지만, 그것은 역사―사회―문화적으로 소극적일 뿐더러, 그것 자체로 사회의 진보를 이룩한다는 주의(主義)가 된다면 그 꿈은 공상이 된다. 근 200여년 전의 푸리에, 오웬같은 실천적 유토피아 사회주의자들은 농촌공동체와 협동조합적 노동에 기초한 도시공동체를 실제적으로 시도하였다.

그러나 자본주의 국가 내부에 그런 공산적 공동체를 만들면 그것이 좋은 사례가 되어 사회의 변혁이 이루어질까 했던 그들의 희망은 참담하게 실패한다. 그 이래로 사실 유형의 공동체 건설이라는 것이 사회의 진보로서 작용된 적은 거의 없다. 관념적인 희망일 뿐이다. 보다 윤리의식이 강화된 착한 소집단만이 남을 뿐이다. 그것은 일반적으로 평가되듯이 물질운동의 발전에 대한 과학성의 결여라는 비판을 받지만 사실은 유동하는 대중성의 폭발적인 힘에 대한 신뢰가 없었던 것이 기본적인 문제점이 된다.

대중이 갖고 있는 무형의 에네르기에 대한 사회―문화적 제고를, 정말 끈기있게 해야 되는 그 일에 천착하여야 하며, 그리고 다른 분야의 여러 진지한 의식 실천들과 부단히 교호하여 '사회―대중적 지성'을 형성시켜나가야만 공동체성은 구체적인 문제의식이 된다. 그것이 유동하는 자본주의하의 실제―실천적인 공동체 의식이다. 따라서 유형의 공동체 건설이란 '섣불리' 조직하는, 끈기보다는 편하게, 눈에 보이는 성과의식에 집착한 또다른 정치적 의식이라는 것에 빠질 위험이 높은 것이다.

80년대는 공동체성이 아주 강한 시대였다. 진보의 정신―실천―예술의 강인한 문화가 있었다. 사실 정신사라는 것은 그런 무형적 공동체성이 갖는 긍정적 잠재태에 다름아닌 것이다. 그리고 때로는 유형으로, 그러나 대부분 무형의 존재태인 그러한 공동체성은 문화로 구축된다. 현대사의 구체적 현실성으로 근본적 패러다임의 문화를 새삼 조성해 들어가는 것, 그것이 문화가 되어야 한다. 굿이란 그런 문화적·기본적 기세(氣勢)를 만드는 일이다.

우리 시대의 굿은, 사회—역사—문화적 모순구조에 갇힌 채 혈로를 뚫고 나가려는 자기 존재의 가심의식으로 통과의례되어야 한다. 그러한 문화가 되어야 한다. 통과의례가 문화된다는 것은, 직접적인 자기 실현이 목표되기보다는 그 목표의 바탕과 근간을 이루는 인문적 자기 실현의 동질성을 갖는다는 것을 말한다. 그러한 유동하는 공동체성을 우리 민족의 정체성으로 빛내는 순례되는 명문굿판이 되어야 한다.

따라서 명문굿이 된다는 것은 우리 시대에 더욱 절실해지는, 자기 정화의 시간, 사회—역사—개성—영혼—당대적인 존재의식의 정화 시간, 즉 가심의식의 통과의례, 아주 중요한 정례적 통과의례가 되어야 한다는 것에 다름아니다. '낯익고도 새로운' 주체생산양식의 하나가 되어야 하는 것이다. 물론 풍물굿은 단순한 의식(儀式)이 아니기 때문에 세상의 삶의 모든 의식(意識)과 예술과 문화가 몽뚱거려진 수준높은 예술성과 당대성의 힘으로 그리되어야 한다.

이 명문굿이 조금씩 실천된다면 우리는 풍물굿 지형도를 다시 그릴 수가 있다. 새롭고 특수성이 강화된 지역성은 부차적으로 회득된다. 보다 인문적 성격이 강화된 지역성을 획득할 수가 있는 것이다. 그리고 이 기세로 인접 문화예술의 유휴지를 만들어낼 수 있다면 새로운 '문화지형도'를 그릴 실천이 되는 것이다. 그 천박한 행정지도에 의해 풍물굿이, 심하면 태생적으로 규제받게 되는 우리의 게으름은 고쳐질 수가 있다.

우리가 새삼 시작해야 할 풍물굿 운동은, 근래의 풍물굿이 이제까지 그러하지 못했던 것, 풍물굿으로서의 시간과 언어를 가지고 할 바를 제대로 한번 해보자는 얘기이다. 그것의 발전이 우리 정신사의 새

로운 자성을 획득하는데 중요한 기세가 되어 보자는 것이다. 명문굿
으로서의 큰굿의 통과의례화, 그리고 그것을 위한 부단한 더늠의식의
실천이 이 운동의 시작이자 첩경이다.

풍물굿 시론(時論)

다시 명칭에 대하여

풍물굿은 70년대 말에 '재생(再生)'되기 시작했다. 그 이전에는, 근 한세기에 걸친 우리의 근 현대사의 질곡과 같이 쇠락하면서도 문화적 힘으로 버텨왔던 자생적 풍물굿이 여러 지역에 아직 남아 있었고, 대회굿이었지만 농악경연대회가 꾸준히 있었고, 그리고 민속학적 보존의 관점에 머물렀지만 민속예술경연대회 등을 통해 이따금씩 선보이기도 했었다.

그러나 그것이 긍정적인 시대정신과 제대로 만나면서 새로이 조명되고 폭발적인 호응을 얻은 것은, '재생'되어 현실 속에서 활발히 살아나가기 시작한 이후의 80년대부터이다.

'재생'되었다는 것은, 풍물굿을 '다시' 많은 사람이 치기 시작했다는 의미가 아니다. 단지 양적 팽창을 이르는 것이 아니다. 새로운 생명력을 얻었다는 것이다. 그 새로움은, 풍물굿이 시대정신과 적극적으로 조우하고, 당시의 정치적 상황, 아니 역사적 차원의 사회모순 구조를 타개하기 위한 문화—예술적 바작용으로 시작되었다.

민중들의 자기 실현의지와 적극적으로 만나고, 민중창작의 의미와 진정한 놀이성을 회복 정착시켜 나갔으며, '공동체 의식'의 사회—문화적 계기를 만들었다.

전통의 의미가 보존이 아니라 당대성의 밑천이라는 진보된 관점을 만들었고, 제도적으로 고착화되어가는 관념적 예술관에 대한 진지한 문제제기가 되었을 뿐더러 새로운 미학을 탄생시키기까지 하였다. 무엇보다 대중들 속에서 명확한 민중성을 가지고 같이 향유되었다. 즉 이전까지와는 다른 새로운 질의 사고와 실천틀이 풍물굿 속으로 용해되어 들어 왔던 것이다. 그러한 힘이 밑천되었기 때문에 지금 시기보다 급격하게 변화되는 사회—문화 환경 속에서도 또다시 낯익고 새로워져야 하는, '재생'의 성과를 잇는 문화—예술적 발전의 길을 여전히 모색할 수가 있게 된 것이다.

새로운 생명력을 민중 속에서 얻어나가고 있는 시기에 우리들은 이를 풍물굿이라고 불렀다. 이전까지 통칭으로 여겨져왔던 농악이라는 개념을 비판하면서 이 용어를 정착시키려 노력했다. 이는 이전까지와는 다른 용어를 사용하기 시작했다는 단순한 문제가 아니다.

당시 농악이라는 개념에 대한 비판의 핵심은 두가지였다. 하나는 일제의 민족문화 말살정책에 의해 의도적으로 만들어진 불순한 개념이며,[1] 다른 하나는 농악이 '농민'들의 '음악', 즉 계층과 예술적 범주

---

1) 그 근거로 제시되는 것을 요약하면, 일본제국주의의 농업 수탈정책의 하나인 농업장려 운동으로 원각사의 협률사라는 단체에서 '농악(農樂)'이라 부르기 시작하였다. 농업장려의 목적에 한해서 '농악'이란 이름으로 신청을 해야만 굿판을 열 수 있었기 때문에 굿하는 단체나 마을들이 농악이라는 이름으로 공연신청을 한 데서 일반화되다가, 8·15 해방 이후 많은 학자들이 국악이론을 정리하는 과정에서 농악이라 정착되게 되었다.

위와 같은 맥락에서 농악이 글로 처음 나타난 것은 1936년 총독부에서 펴낸 『부락제(部落祭)』라는 책에서였다고 흔히 알고 있는데, 다음의 인용문에서와 같이 1931년부터라는 주장이 있다. 게다가 이 글에서는 당시의 속칭과 통칭의 개념, 즉 현장 용어와 개념 용어의 관계를 들어서, 당시에는 농악이라는 말이 통칭으로 통하기는 커녕 속칭도 아니었다는 것을 말해주고 있다.

"농악이라는 호칭이 문헌에 나타난 것은 내가 알기에는 오청(吳晴) 저 『조선의 연중행사(朝鮮の 年中行事)』(조선총독부 발행)가 처음인 것같다. 이 책은 총독부에서 일하던 오청이 1930년에 탈고하여 그 이듬해인 31년 3월에 출판되었으며, 6년 사이에 7판이 나왔으니 꽤 잘 팔린 책이었다.

를 한정시키기 때문에 이미 변화한 시대의식과 환경, 그리고 새로운 광범위한 수용 계층에 조응하지 못하는 개념이라는 것이다.

그 대안으로, 즉 식민의 불순한 의도와 그 이후에도 식민사관적 학술 상태로 온존되는 것을 극복하고 새로운 환경에 걸맞는 개념 정립을 위해 등장한 것이 풍물굿이라는 용어이다. 현장에서 그간 민중들이 스스로 만들어내고 문화시키고 자의식을 가지고 부르고 있었던 이른바 속칭[2]들에서 알맞는 용어가 확인되고, 그중 광범위하게 쓰인 풍물굿이 통칭이 되어 널리 퍼지게 되었다.[3] 그리고 이것은 의식있는

오청은 6월의 행사로서 농악을 소개하였는데, '고장에 따라 봄철의 밭갈이 무렵에서 시작되어 가을 추수기에 이르는 동안 계속되는데, 편의상 경운(耕耘)이 제일 성행하는 6월의 행사로 소개하였다. 생각컨대 이 풍속은 옛 삼한 시대에 백성들이 농공(農功)이 한창인 시절에 가무음주(歌舞飮酒)하여 즐겁게 놀던 그 유풍일 것이다' 라고 해설하고 있다.

그는 이것을 일종의 풍속으로 보고 '이것을 속칭 농부놀이 혹은 농악(農樂)이라고 한다' 고 밝히고 있다. 여기서 주목하고 싶은 점은 농부놀이나 농악이라는 호칭이 그 당시는 속칭이었다는 점이다. 그 속칭을 오늘날에는 통칭으로서 사용하게 되었다는 것을 그 글에서 알 수가 있다.

그런데…… 농악이 속칭이라고 하는데 전승해온 백성들이 그러한 속칭을 쓰고 있었다고는 도저히 믿어지지가 않는다…… 각지에서는 두레, 상두, 상모, 삭모, 꽹매기, 매구, 매귀, 지신밟기, 걸립, 걸궁, 벼까래, 군물, 굿, 농장, 풍년놀이, 농부놀이, 풍어제 등이 호칭으로 통하고 있었다. 그것을 통틀어 농악이라 부른다는 것은 그 진체, 즉 전모를 아는 사람이나 한문에 능통한 사람만이 가능한 일이다. 50년대만 해도 농악은 오늘과 같은 총칭으로서는 통하지 않았는데……

　　　　　　(김양기, 「신내린 농기와 농악놀이」, 『전통문화』 1985년 5월호, 89쪽)

2) 굿, 풍물, 풍물굿, 두레, 풍장, 매구(매귀), 호미씻이, 지신밟기, 걸립, 걸궁, 농장(農壯), 풍년놀이……

3) 그 글에서도 지적하였지만 사실 현장에서 가장 광범위하고 의미롭게 쓰이고, 그 문화적 깊이도 있는 용어는, 그리고 미래지향시켜도 좋을 개념은 '굿' 이다. 그러나, 단지 통칭 차원에서 무굿과 혼동될 수 있기 때문에 다음으로 널리 쓰이는 풍물(굿)과 종합되어 풍물굿이라는 조어아닌 조어가 되었다. 그런데, 풍물굿은 사실 무굿과 문화적 동질성을 깊게 가질 뿐더러, 굿이라는 용어를 같이 쓰더라도 크게 혼동스러울 바는 없다. 여러 가지로 자연스레 구분되기 때문이다. 풍물굿은 대개 지역 이름과 같이 쓰이고(남원굿), 무굿은 대개 굿의 성격을 주로 하여 쓰인다(진도씻김굿, 동해안 별신굿,

대중들의 지지로 정착되어 나가기 시작했다.

그래서 이런 역사적 동인과 과정에 조응하며 새로이 정립된 풍물굿 개념은, 노동현장, 농촌현장, 대학가, 일반 시민사회 등 의식있는 많은 풍물굿 수용자들이 있는 곳에서 자부심을 가지고 불리어졌다. 그리고 그러한 내적 힘을 갖는 풍물굿은 주지하다시피 80년대를 관통하면서 시대정신을 버텨 세우는데 문화─예술적으로 말못할 기여를 했으며, 그 과정에서 수많은 대중에게 친근한 사랑을 받았다.

전통문화에 대한 의식이 당대에 새롭고 유의미한 흐름으로 대두되는데 앞장서서 미학─예술적 선전과 실천을 하였다. 그리고 그 빼어난 장점인 대중들과의 수많은 직접적 접촉을 통해 생활현장에서, 지금, 현실성으로 커나가고 있다. 즉 구체적인 현실 속에서 당대성으로 활달하게 '살아있는' 개념이 바로 풍물굿인 것이다.

그런데 이러한 풍물굿 개념 대신에 불순하게 태동된 역사적 정체성이 없는, '죽어버린' 개념의 농악이라는 말이 옳다는 주장이 다시 살아나고 있다.

1997년 7월 19일 국립민속박물관 세미나실에서는 사단법인 한국농

제주 영등굿, 배연신굿, 황해도 만구대탁굿 등). 그리고 풍물굿의 굿거리나 가락 이름도 대개 굿으로 정리되기 때문에(질굿, 채굿, 호호굿 등) 현장에서는 굿이라는 용어를 자연스럽고 편하게 쓰고 있는 편이다.

그리고 굿이라는 것은 이미 여러 가지 의미로 널리 쓰이고 있으며, 이제는 굿정신(정신사, 문화, 예술─현실성 등)이라는 보다 메타된 개념으로까지 발전되었다. 필자가 쓰는 풍물굿은 그러한 굿적 의미에 보다 중요성을 두고 사용한다.

예전에 굿이라고 통칭되던 것에 대한 이야기 예.

"농악은 본시 굿이라고 불려 왔다. 예를 들면 풍장굿, 풍물굿, 매구굿으로부터 두레굿, 당산제굿, 풍어제굿, 전라도의 마당밟이굿, 경상도 지방의 지신밟기굿, 걸궁굿, 중간굿, 남사당패굿, 솟대장이패굿, 마을의 술먹이굿 등으로 불려 왔었으며……"(韓國國樂協會, 『韓國國樂全史』, 143쪽)

"고종 39년(1902) 원각사가 설립되고 산재한 모든 국악을 정비하면서 농민의 유일한 놀이음악인 굿을 농악이라고 부르기 시작하였다 하며, 이어서 지금까지 써 내려오고 있는 것이다."(같은 책, 148쪽)

악보존협회가 주최하는 학술발표회가 있었다. 문화재 전문위원 이보형은 '농악의 개념과 역사'라는 학술발표를 통해 '농악'이라는 용어를 쓰는 것이 좋다고 주장한다.

　　요즈음 농악이라는 용어를 폐기하라는 주장이 있으나, 농악이라는 용어가 이미 보편화되었고, 또 이 용어가 강원도에서 농락이라는 말로 쓰이고 있는 용례에서 볼 수 있듯이 전통사회에서 이미 쓰던 용어이니 그대로 쓰는 것이 좋다고 보인다.

　　'농락'이라는 용어는 農民樂의 줄인 말로 보인다. 與民樂을 여민악이라 이르지 않고 '여민락'이라 이르듯이 農民樂을 농민악이라 이르지 않고 '농민락'이라 일렀던 것을 줄여서 농락이라 이르는 것으로 보인다. 농악이라는 용어가 일제 때 일본인들이 쓴 것이라 하나 강원도 지역에서, 특히 영동지역에서 농락이라는 말이 보편적으로 쓰이는 것을 보면 농악이라는 말은 일본인들이 처음 쓴 것이 아니고, 우리나라에서 본디부터 쓰던 용어라는 것을 알 수 있다.

농악이라는 말이 이미 보편화되었다고 하는데, 이것은 커다란 착각이다. 풍물굿을 하는 사람들은 모두 알고있다시피 보편이라고 하는 주체들은 사실 한정되어 있다. '농악'과 연관된 그리 많지 않은 글들 속에서, 그것도 자료 분석 정도의 글들 속에서 주로 그것을 통칭으로 쓰고 있는 보수적인 학자들간에 농악경연대회나 민속예술경연대회의 주최자들(참여자들은 대부분 아니다), 관변적 성격을 띠는 농악 관계 단체들, 그리고 그 영향력에 있는 주변 사람들 정도이다. 부편화된 것은 그들뿐이다.

박제된 형태의 재현이 아니라 살아있는 풍물굿이 이루어지고 있고, 그 현대적 적응에 고심하고 있고, 올바른 정착을 위해 진지하게 노력하고 있는 현장에, 구체적 삶과 풍물굿이 만나고 있는 현장에 전혀 있지 않은 '그들만의 보편'인 것이다.

그리고 그 '보편'이라는 것을 정당화하고, 뿌리없는 용어에 대한 비판을 벗어나기 위해 '전통사회에서 이미 쓰던 용어', '우리나라에서 본디부터 쓰던 용어이니까' 계속 농악이라는 용어를 쓰자고 한다. 그 근거로 영동 지역에서 농민락이라고 써왔다는 것을 든다. 그런데 이 것은, 이제까지 농악이라는 개념을 주도적으로 사용해오고 퍼뜨린 입 장에서 그것을 정당화시키기 위해 억지로 무언가를 꿰맞추고, 그 의 미를 침소봉대하려는 혐의가 짙다.

우선 자명한 것은 굿, 풍물(굿), 매구보다 농민락은 전혀 보편적인 속칭이 아니다. 그런데도 '농민락'이라는 그 희미한 근거를 어디선가 들춰내고 찾아내어 보편을 주장하고 있다.

그것은 사실은, 농악이라는 용어의 불순한 역사, 그 뿌리 없음에 대 한 비판에 대해 현장 용어의 힘을 빌려 나름대로 뿌리가 있다는 것을 증거하기 위해서이다. 그런데 이는 스스로, 현장에서 민중들이 자부 심을 가지고 쓰고 있는 그 속칭들의 의미와 실제성을 인정하는 일이 된다.

그리고 가장 중요한 것. '일본인들이 처음 쓴 것이 아니'라 우리가 본디부터 쓰던 용어라는 것을 강조한다. 즉 정통성을 강조한다. 그러 면서 농악이라는 용어를 개념화시키는 그 역사적 정착과정의 모든 불 순함을 호도한다. 단지 그들보다 먼저 사용했던 흔적이 있기 때문이 라는 것이다. 이렇게 편의적이고 유아적인 발상이 있을 수 없다.

풍물굿을 하는 사람들은, 농악이라는 개념을 단지 일본인들이 쓴 것이기 때문에 반대하는 것이 아니다. 일본인이 쓴 것이 아니라 일제 의 식민정책이 식민지배를 용이하게 하기 위해 의도적으로 그렇게 쓴 사실을 반대한다. 용어를 반대한다는 것이 아니라 그렇게 민족성이 거세되는 개념으로서 사용된 것을 반대한다. 이것은 용어상의 문제가 아니라 우리 민족의 역사적 정체성과 그 자존의식의 문제이다.

일제가 광범한 문화조사 사업을 벌이며 꾀했던 민족문화 말살정책은 기실 토지조사사업으로 땅을 빼앗아간 것보다 더 극렬한 것이었다. 우리 민족이 나름대로 문화시켜왔던 정신사의 과정을 단절시켜버리는 거대 사건이었던 것이다. 이 후유증을 우리는 지금도 정신사의 빈곤 의식으로 앓고 있다. 그러한 불순한 의도에 의해 정착되기 시작한, 물론 그들만의 통칭으로, 농악이라는 개념을 사용한다는 것은 당연히 역사적 진보의식을 애써 무시하는 일이 된다.

따라서 역사 동태적인 것을 무시하고 용어상의 문제로만 다시 제기한다는 것은, 예를 들어 우리가 사회를 인식할 때 노동이 없으면 자본도 없다고 하니까, 그렇다면 자본이 없으면 노동도 없다고 주장하는 것과 똑같은 일이 된다. 인간의 역사, 노동의 역사, 그 질곡과 극복이라는 구체적 역사 과정을 모르고, 인간의 기본조건을 모르고, 현실을 모른다는 얘기와 똑같은 관점인 것이다. 단지 관념과 형식 논리로, 편의적으로 개념을 정착시키려 하는 사변적인 태도인데, 이는 역사의식 차원에서 문제있을 뿐 아니라 당연히 예술에 대한 기본 관점의 소양까지 문제되는 일이다.

우리 현대사의 많은 질곡은 해방후 일제의 잔재 청산을 하지 못한 것이 결정적인 역할을 한다. '반민특위' 라는 좋은 출발점이 정치적으로 불순하게 와해되면서 우리 민족의 현대사가 심한 질곡을 받아왔고, 그후 계속되는 정통성없는 정치의 재생산으로 우리 민중은 벌써 두 세대에 걸쳐 고통을 받고 있으며, 아직도 분단상태인 것이다. 그리고 정치, 사회적으로 구체적 청산이 되지 않았던 것보다도 더욱 중요한 것은 우리 정신사의 정통성을 되세우고 새롭게 꾸려나가는 그 출발이 되지 못한 사실이다.

그러나 이제 그것보다 더 당대적인 일은 일제의 불순했었던 의도 자체가 아니다. 더 큰 해악이자 구체적인 현실로 살아있는 것은 그

후의 식민사관적 보수의식, 그리고 그것과 부단히 연관되어 자라난 지적 생산체계의 허위의식의 문제이다. 그러한 허위의식에 의해, 쇠락해지면서도 자생적으로 자켜왔던 굿의 문화적 힘이 결정적으로 와해되게 된다. 즉 오랜동안 민중창작되고 현실과 꿈과, 존재적 의례와 예술성으로 단련되고, 그래서 삶의 과정으로 문화된 굿성이, 독특한 삶적 내용/형식미를 갖는 문화—예술 행위가, 그 현실지순한 문화력이 붕괴되어버린 것이다. 그 허위의식의 앞에는 굿을 총체적으로 볼 수 없는, 예술성의 관점이 전혀 없는, 무수한 더늠과 창작과정과 비평의 고통과 지향성을 느껴볼 수 없는, 아니 중요하다고조차 생각하지 않는 그런 관점만이 있다. 과거로의 추적, 인류학적 관심, 1차 자료의 수집과 분류 수준의 '잘못된' 민속학이 그것이다.[4]

이러한 관점없는 관점에 의해 풍물굿의 문화력은 자료로서 그저 정리되기 시작한다. 그야말로 박제화이다.

그런데 문제는 그러한 관점이 현실화되는 것, 즉 기획하고 물화시켜내는 것이 관변적 의식이라는 것이다. 주지하다시피 관변의식은 생각이 없다. 진정성보다는 전시와 과시에 관심이 가있다. 당연히 내용/형식의 발전에는 관점이 있을 리가 없다. 그런데 많은 관변의식이 그렇듯이 물리적으로, 겉보기에는 현실영향력을 가지고 있다는 것이 문제이다.

이러한 박제적 사고와 생각없는 기획력이 결합되어 해방 이후 우리에게 남겨준 것이 바로 이른바 대회농악, 민속경연대회 등이다. 주지하다시피 이것들은 풍물굿 고유의 내용과 언어와 그 과정의식과 시간

---

4) 민속학 자체는 고유의 기능이 있다. 문제는 그것의 관점만으로 풍물굿을 정리할 수는 없는 것이다. 이 글에서는 민속학 자체에 문제가 있다는 것이 아니라 민속학적 관점 이외에 풍물굿을 보다 여러 갈래로 해석하고 정리하고 살찌우는 시도들이 거의 없어 왔다는 것을 지적하는 것이다. 그래서 풍물굿은 그 내용/형식의 탁월함에 비해 그것의 종합화에 대한 노력은 빈약하기 그지없다.

성을 삭제시켜 왔다. 그리고 그것이 벌써 문화되었다는 사실이 지금 우리에게 커다란 해악과 고통으로 작용하고 있다.[5]

이렇듯 풍물굿은 내용과 현실로는 빈약해지면서 겉보기에는 그 지독한 개발독재 시대와 천민자본주의 시대를 지나오면서 관변적 행사 치레의 행위와 그것만큼의 사고력으로 변질되어 버렸다. 당연히 굿성의 소멸, 현실 접점의 상실, 삶 예술성의 부정 등이 일어났다. 굿이 세상의 가치와 인식의 당대성에서 빗겨나가게 된 것이다. 대중문화적 볼거리라는 수준의 관점으로까지 떨어져 그 내적 생명력이 쇠잔해져 버린 것이다. 사실 그것에 의해 농악이라는 잘못된 구체사는 풍물굿의 정신뿐 아니라 예술과 문화 차원에서도 풍물굿을 심하게 변질시켜 왔다. 그 과정에서 농악이라는 말이 고착화되어 선전되어졌고, 많은 관변적 용어가 그렇듯이 대중에게는 아무 생각없이 보편적인 개념처럼 인식되어져 있는 것이다.

그 시대의 관변적 의식이란 모든 것에서 진정성이 없었다. 물론 풍물굿 차원에서도 그렇다. 많은 전통예술, 특히 풍물굿에는 워낙 '이론'과, 미학적 실천과 그 내용이 없었다. 즉 이론적 희소성, 그것에 의한 빈약한 관념 때문에 관변적 사고가 마치 보편적인 권위를 가진 개념처럼 치부되어진 것이다. 그것이 그들이 갖고 있는 영향력의 속내이자 겉보기에 개념으로까지 수용되고 있는 현실이다. 따라서 대중은 그저 '호칭'할 뿐이다. 개념적 성숙과정이라는 차원 자체가 없어 왔기 때문이다. 이것은, 역으로, 고스란히 우리 세대의 몫이 된다. 우리의 당대성으로 그 개념의 내용을 채우고 그 형식을 만들어 나가야 한다.

농악은 살아있는 '개념'이 아니라 잘못된 선전에 의해 습관이 되어 버린 '용어'일 뿐이다. 그래서 농악은, 개념의 문제로서가 아니라 우

____

5) 그런데 진짜 문제는 차라리 박제의식과 관변의식의 문제가 아니라, 그들의 생각없음의 문제가 아니라 풍물굿 진영의 진지한 생각의 부족, 무기력함이 더 큰 문제이다.

리의 왜곡된 근현대사를 통해 잃어버린 정신사를 회복하기 위해서, 그리고 민중 속에서 살아나가는 현실·예술적인 개념으로 새삼 재생되기 위해서라도 강단있게 버려야 한다. 풍물굿 스스로 가장 전통있는 문화로서 그 전통과 정통성의 힘으로 그래야 한다. 당대성을 가지고, 현실―예술 영향력으로 단호해져야 한다.[6]

70년대 '탈춤부흥운동' 이후 우리의 수많은 진지한 전통문화, 그리고 풍물굿은 민중들의 현실 속에서 새로운 의미와 당대성을 가져나가며 그 '전통의 전통성'을 서서히 찾아가고 있다. 게다가 80년대를 지내면서 발전의 계기를 역사―사회적으로 확보하였다. 그러나 근래 들어 풍물굿 정신과 내용·형식이 일견 정체되고 있다.

그간 폭발적인 호응과 수많은 삶의 현장에 풍물굿이 '접속'되었음에도 불구하고, 사회―문화―예술적 발전이 충실하게 축적되고 있다고는 보여지지 않는다. 그래서 그전에 이미 기득된 농악이라는 용어가, 그 잘못된 것을 계속 온존시키려는 보수성을 드러내게 된 빌미가 되고 있는 것이다.

반성과 더불어 할 일은 여전하다. 풍물굿이 현실 영향력을 더욱 더 가져나가도록 노력해야 한다는 것이다. 의식있는 풍물굿장이들이 풍물굿을 얼마나 현실성으로, 미래예감으로 살아있게 하는 것이냐가 다시 이제부터 가장 중요한 일이 되는 것이다. 그 힘들이 문화로 축적되어야만 농악이라는 용어는, 그 불순한 의도와 영향력이 실제―실천적으로 청산되어질 것이다.

---

6) 농악이라는 개념에 반대하는 두 번째 이유인, '농민'들의 '음악'이라는, 계층과 예술적 범주를 한정시키는 것에 대한 문제는, 뒷 글 「풍물굿 운동에 대한 제언」을 넓은 의미로 참조할 것. 그리고 이보형도 이 영역을 포함하여 문제제기를 하지 않았기 때문에 논쟁할 것이 없다.

좌도굿, 좌도굿 정신

I

아다시피 전라도 풍물굿은 일반적으로 좌도굿과 우도굿으로 분류된다. 우도굿 지역으로는 익산, 김제, 옥구, 부안, 정읍, 고창, 영광, 장성, 함평, 나주, 광주, 장흥, 강진, 영암, 무안 등 호남의 서부평야 지역이 일컬어지고, 좌도굿 지역으로는 금산, 무주, 진안, 장수, 전주, 임실, 남원, 순창, 구례, 곡성, 승주, 화순 등 주로 동부 산간지역을 이른다.[1]

그러한 분류법에 의해 좌우도의 굿적 특성을 짧게 개괄해 보면 다음과 같다. 다른 어떠한 분류도 다음의 수준을 벗어나지 않는다.[2]

---

1) 우도굿적 요소가 가미된 지역을 구분하여 '중간농악'을 삽입한 견해도 있고(李基柱, 『全北傳統民俗』하권, '樂舞' 편), 좌도굿을 좌도 동북부, 좌도 남서부로 구분한 견해도 있다(전북대학교 박물관, 『호남좌도풍물굿』, 1994). 전자는 전주, 임실, 순창, 남원 서부(곡성)을 중간농악이라 칭하는데, "좌우도의 중간에 위치하여 좌도의 영향력이 우도보다 강하게 받는 것같으나 어쨌든 순수한 좌도도 아니고 순수한 우도도 아니다"라고 구분하고 있다. 후자는 임실, 순창, 남원(동북부굿에 속하는 지역 이외의 모든 지역), 곡성, 구례, 화순, 순천 등을 좌도 남서부굿으로 칭하며, 이 지역에서는 "쇠잽이만 전립을 쓰고 나머지 앞치배들은 모두 고깔을 쓴다. 전반적으로 볼 때 동작이 북부굿에 비해 더 작고 좁으며, 여성적인 섬세한 맛이 있다"고 그 특징을 얘기한다.
2) 이기주, 앞의 책 ; 전북대학교 박물관, 앞의 책 ; 韓國國樂協會, 『韓國國樂全史』, 1988 ; 정병호, 『농악』, 열화당, 1986 등등.

좌도굿—전원이 전립을 쓰고, 가락이 빠르고 동작도 빠르다. 단체놀이와 윗놀이(상모놀이)에 치중한다. 다양하고 짜임새가 있으며, 조직적이다.

우도굿—주로 고깔을 쓰고, 느린 가락이 많다. 개인놀이와 아랫놀음(설장구 등)에 치중한다. 구성부터 의상에 이르기까지 화려하다.

보다시피 가락과 차림새 정도의 특징으로 아주 간략하게 구분되고 있다. 왜 그렇게 되어왔는지도 불명확할 뿐더러 굿의 내용, 또는 형식미와 내용으로 심도있게 비교, 분류된 것은 없다. 단지 산간지방, 평야지방이라는 지리적 구분이 기준이 되고 있을 뿐이다. 따라서 그만큼의 생활문화적 차이 때문에 특성을 달리할 것이라는 짐작 정도를 하게 해준다. 그러나 그것도 행정단위적으로 단순 구분되어 그 문화적 특성이 제대로 충분히 분류되었다고는 볼 수 없다. 오히려 '인문(人文)지리'적 관점으로 열려있는 「산경표(山經表)」[3]에 의한 분류법이 타당성과 진정성에 있어서 더 명확하다.

윤희철에 의하면 호남의 좌도·우도는 호남정맥을 기준으로 구분되어, 호남우도는 섬진강 유역으로 산악지역이고, 호남좌도는 금강 만경강, 영산강 일대의 평야지대를 일컫는다. 산과 강과 그것의 문화를 중심으로 하는 이 구분법은 우리가 흔히 알고 있는 풍물굿에 대한 상식 몇 개를 점검하게 해준다. 예를 들어 흔히 전주는 좌도굿, 이리는 우도굿이라고 여기고 있는데, 그는 자신의 분류법에 의해 호남정맥의 서쪽인 전주는 그 근본이 우도굿 지역임을, 이리(익산)지역은 좌도굿

---

3) '백두대간'이라는 소중한 개념을 실어다 준 「산경표(山經表)」에 의해 우리 고유의 산줄기 개념이 최근에 새롭게 복원되었다. 「산경표」는 멀리 한반도의 조종산인 백두산에서 시작해 한반도 곳곳으로 뻗어내린 산줄기들을 1대간과 1정간, 13정맥으로 나누었다. 산과 강을 중심으로 한 생활권이 분류되기 때문에 각 지역의 문화적 특성을 구분할 수 있는 중요 기준을 제시해준다. 즉 실제적 문화성을 갖는 기준이 된다. 따라서 백두대간이란, 단순 지리학적 관점을 벗어나 인문성의 계기가 되는 것이자 그것으로 한반도의 근간을 이루는 산줄기인 것이다.

지역임을 인문지리적 문화동질성을 통해 말해준다.[4]

그리고 흔히 고깔을 쓰거나 전립을 썼다는 것이 좌·우도굿을 가르는 중요한 단서처럼 얘기되어지는데, 왜 그런지, 그래서 그 특성은 무언지가 확실히 주장되지 않고 있다. 그건 아직도 '영향설'[5] 정도의 상태를 벗어나지 못하는 사고방식 때문이다. 이제는 그것들이 풍물굿적으로 특성화되고, 이미 특수한 예술적 표현의 질을 획득했으면서도, 그래서 그 발전의 길이 무궁하게 열렸음에도 불구하고 과거의 영향설 정도의 수준에 아무 생각없이 아직까지도 묻혀있는 것이다. 그러면서도 고깔과 전립은 즉자적 필요성에 의해 서로 섞이게 되고,[6] 나아가

---

4) 윤희철은 「농악의 지역분류체계의 문제점」(『태백산맥은 없다』, 1997)에서, 홍유봉의 증언을 들어 전주가 우도굿 지역임을(210쪽), 이인수의 익산 성포농악에 관한 증언(212쪽)을 들어 좌도굿 지역임을 말하고 있다. 게다가 "금강 하류의 논산농악과 익산 성포농악이 호남좌도 농악이라는 최근의 연구(김택규외, 『한국의 농악』, 수서원, 1995)는 금강유역의 마을 농악이 호남좌도농악권임을 뒷받침한다"라는 근거까지 달아 놓았다.

 이외에도 화순을 좌도농악에 포함시킨 것은 잘못이라고 한다. 학자들이 화순을 좌도농악으로 본 것은 화순군 동복면 한천농악을 근거로 했는데, 화순·승주는 영산강 수계고 동복은 섬진강 수계이기 때문에 동복의 한천농악으로 화순군 모두를 말할 수 없다고 한다. 영산강 수계인 담양 동부지역은 낮은 고개를 통해 섬진강권인 순창과 교류하기 때문에 좌도농악의 영향권이지만 동복과 한천은 쉽게 오갈 수 없는 고개가 가로막기 때문에 마한 부족국가 이래로 생활권이 달랐기 때문이라고 한다.(209쪽)

 그리고 경기 충청농아이라는 설정은 모호한 면이 있는데, 한남금북정맥이 있기 때문에 경기농악만을 웃다리 농악이라고 해야 한다고 하기도 한다.(210쪽)

 그는, "실제적 구분선인 강 혹은 산줄기에 의한 농악권 이름을 정하는 것이 합리적이라는 생각이 든다. 예컨대 애매하고 혼란스러운 '경기 충청 북부 농악'이라는 명칭에 비해 '섬진강 유역 농악'"(214쪽)이라고 하는 것이 명확하고 쉬운 분류법이라고 말한다.

5) 차림새(치복과 쓸것 등)가 다르다는 것은 '영향설'과의 관계 때문이다. 3부 수록 글 「남원농악의 유래와 특성」을 보면 굿의 내용과 형식이 아직도 과도할 정도로 군악설과 연관되어 있다. 그래서 치배 전원이 전립을 써야 한다는 것이 아주 중요하게 강조된다. 그리고 고깔은, "서산대사의 「진법군고(陳法軍鼓)」 이래로 대사의 승병의식의 소산으로, 전립 대신에 화관(고깔)을 쓰는 것"(李基柱, 앞의 책, 82쪽)이라고 불교기원설과 부단히 연관되어져서 얘기된다.

6) "전국 규모의 농악대회에서 윗노리가 없는 세(勢)에서 몇 차례 우승을 못하게 되자 서

좌도·우도굿도 섞이게 된다.[7] 그리고 그것은 아무래도 풍물굿의 내용발전을 위한 진지한 형식미 탐구, 즉 자신의 굿적 논리에 의하기보다는 대회용 볼거리, 그리고 볼거리 위주의 상업적 공연을 위한 단순 필요성에 의해 차용하는 경우가 대부분이었다.

따라서 좌도굿, 우도굿은 서로 건널 수 없는 차이로 분류될 필요가 없고 현재는 지역적 특징 정도로 구분되어지면 족하다.[8] 현재의 주장 정도로는 옛날의 생활문화적 차이에서 오는 특징 이상을 구분할 근거가 없는 것이다. 좌·우도의 구분법은 그렇게 구분을 해야 하는 나름의 명확한 필요성과 필연성에 의해 애초부터 구분·재구분되지는 않았던 것이고, 또 그것이 각각 발전하면서 풍물굿의 미학―예술론적 패러다임을 얻어갔다고 할 수도 없다. 그런 어떤 시도도 없었기 때문이다. 아직도 문화적 동질성을 갖는 광범한 민속조사 차원에서 한 보고서 수준이기 때문이다. 그리고 즉자적 필요에 의해 기술―질료적

둘러 부포상모놀이는 쇠꾼들이, 채상모는 소구꾼들이 (하게 되어) 오늘에 이르렀다". (李基柱, 앞의 책, 82쪽)

"그 때(1949년), 전북에는 정읍팀과 전주팀 이렇게 두 팀의 굿패가 있었다. 정읍팀은 전부 고깔을 썼다. 그런데, 위쪽(서울)으로 올라가 고깔을 쓰고 굿을 하면 안 알아주었다. 그래서 고깔을 쓰고 하는 정읍팀 농악은 대회에 나가면 2등 아니면 3등이었다 …… 박정희 정부 이후에는 좌도 사람들이 다 돌아가고 굿패가 부숴져서 주로 '정읍농악단'에 속해서 다녔다. 그 때 정읍농악단의 소고잽이들은 '꼬깔소고' 대신 '채상소고'를 채택했다. 그래서 서울 대회에서 일등을 할 수가 있었다."(홍유봉 증언, 전북대 박물관, 앞의 책, 231~32쪽)

7) 결정적으로 좌도굿, 우도굿이 섞이게 된 것은 이른바 60년대의 여성농악단, 혼합농악단의 등장에 의해서이다. "돈을 벌러 다니는" 유랑 연예농악이 성행하던 시기이다. "이 패는 서로에게서 좋은 것만 골라서, 즉 '바싹바싹 빠른 것(경쾌한 것)'만 골라서 굿을 구성하였다."(유명철 증언, 전북대 박물관, 앞의 책, 246쪽)

8) 남원굿 유명철 상쇠가 항상 강조하는 말에 의하면 좌도, 우도라는 말 자체가 등장한 것이 최근래의 일이다. 필봉굿의 양순용 상쇠도 다음과 같은 증언을 하고 있다.

"우도 좌도의 차이가 없지는 않지만, 그 차이라는 것이 비유를 하자면 말씨의 차이와 비슷한 것이지, 요새처럼 골격부터 생판 다른 것은 아닙니다."(양진성·오광열 외, 『자료집 호남좌도 풍물굿』, 1990)

차원에서 섞이고 있다. 즉 이제는 구분의 현재성이 없어진 것이다.

그렇다면 이를 뒤집으면 두가지 숙제가 우리에게 남는데, 하나는 그 정도의 차이를 가지고 태생적 차원을 벗어나지 못한 채 서로 차별을 하지말라는 것과, 그리고 가장 중요한 관점인데, 그 차이를 각각 또는 같이 풍물굿 미학 ― 예술론적 특수성으로 발전시키는 일이다. 영향설 정도의 차이에 대한 고집은 예술적 특성으로 발전시키려는 관점으로 바뀌어져야 하고, 점점 그 의미가 없어져가는 생활문화적 차이라는 것은 새로운 문화 ― 예술적 장점을 갖는 지역 명문굿으로 발전을 꾀해야 한다. 그렇지 않은 좌·우도 구분법은 이제 무의미할 뿐더러 현실에서 생동하는 구분법이 아닌 것이다.

그런데, 이른바 현재 우리가 알고 있는 우도굿 개념의 출산 배경을 알 필요가 있다. 이는 좌도굿과 우도굿을 민속학적 태생의식이 아닌 다른 질의 문제의식으로 인식, 구분할 필요 때문에 그러하다. 필봉굿 양순용의 얘기를 들어보자.

먼저 좌도 우도 이야기 좀 해보겠습니다. 요즈음 우도굿이라는 이름으로 알려진 굿은 옛날 전주농고 농악이나 춘향농악단 등의 여성농악단이 포장걸립 다니던 시절에 그 틀이 잡힌 것입니다. 더 거슬러 올라간다면 김홍집, 신기남 시대에 무속하시던 분들이 농악을 전문적 기예로 정립한 바탕 위에 포장걸립의 무대에 맞게 여러 지방 명인들의 좋은 가락을 모아서 스텝을 만들어 공연 형식으로 만든 것이지, 농촌 평민들이 치던 굿은 아닌 것입니다.

그런데 민속학자들이 농악에 관심을 갖기 시작하면서 그분들에게 "당신들은 우도요 좌도요?" 하고 묻기 시작하자 아무래도 자기들 가락이 좌도보다는 우도지역에서 더 많이 왔다고 생각하고 우도라고 대답한 모양입니다.

학자들은 본래 나누기를 좋아하는 사람들이라, 지금은 학자들이 쓴 글만 보면 우도와 좌도는 천양지차로 다른 가락을 친 것처럼 알기 쉽습니다

만, 실제로 우도 좌도 지방의 촌로들을 만나보면 그렇지가 않습니다. 우도
도 우리 필봉만큼이나 '갠지갱' (이 글에서는 갠지갱으로 통일시켜 표기하
기로 함) 가락을 많이 쳤고, 굿 시작할 때 휘모리—된삼채—휘모리로 한
바탕 친 뒤에 외마치 질굿으로 출발하는 것도 똑같습니다.

오늘날 '우도농악' 으로 불리는 굿은 그 이름이 현대 농악으로 바뀌어야
만 그 분들도 원형보존이라는 압력에서 벗어나 자유롭게 발전할 수 있을
것이고, 전통 농악도 숨 가쁘게 뛰어 다니며 매스게임에 화려한 재주넘기
의 압력에서 벗어나 옛날의 깊은 맛을 표현하는데 전념할 수 있게 될 것
입니다.[9]

옛 명인들의 증언을 들어보면 해방공간에는 대회농악이 많았다.[10]
물론 마을굿도 나름대로 이루어지고 있었다. 60년대에는 대회농악도
있었지만 그 시대의 명인들로 구성된 포장걸립이 벌어지고,[11] 나아가
여성농악단을 주축으로 명실상부한 본격적인 전문적 연예농악단까지

---

9) 양진성 · 오광열 외, 위 자료집.

10) "막 해방이 되자, 사방에서 '농악대회' 가 다투어 열렸는데…… 그러던 중에 서울 창
경원에서 '전국농악경연대회' 가 열리게 되었는데, 전주에서도 굿패를 꾸며 이 대회에
나가게 되었다…… 그 이듬해 봄에도 농악대회가 서울 '제일운동장' 에서 있었는데…
…이 대회를 마치고는 곧바로 집으로 내려오지 않고, 바로 대구 달성공원으로 내려가
서 거기서 굿을 하고, 다시 대전으로 가서 하천가 공터에서 굿대회를 하고, 다시 부산
으로 갔다. 부산대회를 마치고 나서야 집으로 왔다. 집에 돌아온 것은 두 달만이었다.
그 이듬해에도 다시 서울운동장 농악대회에 참가하고, 다시 대구 달성공원에 가서 하
고, 마산으로 갔고, 거기 '북마산' '신마산' 하는 넓은 장소가 있는데, 거기서 굿을 하
고는 다시 대전으로 올라왔다."(홍유봉 증언, 전북대박물관, 앞의 책, 230~31쪽)

11) "1961년도 봄, 그러니까 5.16 이후에, 서울 덕수궁에서 제 1회 전국민속경연대회가 있
었다. 이 대회에 유명철이 속한 '금산농악팀' 이 전북 대표팀으로 출전해서 1등으로 송
요찬 내각 수반상을 받아와서, 거기서부터 문공부장관의 허가를 얻어, 전국 일주 포장
걸립을 다니게 되었다. 포장을 쳐놓고 돈받고 하는 굿이 포장걸립이다. 문공부장관의
인가가 나와서 포장걸립을 하면서 전국을 돌아다녔다. 서울 동대문운동장에서 시작해
서, 인천 두 군데, 그리고 어디어디를 뺑 돌아서 대전에 가서 굿(포장걸립)을 마감지
었다. 그 때가 음력 10월이었다."(홍유봉 증언, 전북대박물관, 앞의 책, 246쪽)

등장한다.[12] 창극단의 경우처럼 아예 돈을 벌러 다니는 전문 농악단이 생겨난 것이다.

60년대 초반 전문 연예농악단 시기에, 앞서 말했듯이 좌·우도굿은 섞인다. 특히 이 시기에는 좌도굿의 명인들이 타계하여 쇠잔해지고 이른바 우도굿인 정읍농악이 이름을 날릴 때였다. 이 정읍농악에도 좌도굿이 섞이게 되는데,[13] 당시 갓 탄생한 여성농악단도 이것을 기본

12) 이 때 홍유봉, 유명철 등 당시의 명인들이 가르치고 같이 참여한 남원여성농악단, 남원춘향농악단, 전북여성농악단, 호남농악단, 전주아리랑농악단, 부안여성농악단 등의 전문 연예농악단이 생겨난다. 특히 남원 춘향농악단이 가장 유명했는데, 오갑순, 안숙선, 강정숙 등도 당시 여기에 속해 있었다. 그리고 여성농악단 출현을 계기로 명인(남자)들이 구성한 단체들은 대부분 해산된다. 그리고 명인들은 각종 대회를 위해 필요할 때마다 임시로 조직되거나 여성농악단에 개인놀이를 해주러 다니거나 하였다.(「개꼬리상모의 달인 유명철 선생」, 『굿』 10호, 굿연구소, 1998, 12~14쪽)

여성으로 구성된 본격적인 전문연예농악단의 탄생을 엿볼 수 있는 홍유봉의 증언 : "그 때, 전주농고 강교장—전주농고에다 농악조직을 만든 사람—이 전북여성농악단을 만들기 위해 사방에다 광고를 써 붙였다. 그래서 학교 못 다니는 사람, 학교 중퇴한 사람 등 여성농악단을 조직하는 데 참여를 희망하는 사람들은 이력서와 호적초본 가져오라고 했다…… 그리하여, 이때 여성농악단을 조직해서, 음력 동짓달 완주군 소양면에 있는 송광사 절에 가서 밥을 해먹고 절에서 자면서 동지 섣달까지 아이들을 가르치는 일을 마치고…… 이들이 농악을 배운 뒤, 전주 중앙극장에서 발표회를 했다. 여자들이 농악을 진다고 하니 사방에서 구경들을 많이 왔다."(전북대박물관, 앞의 책, 232쪽)

이 전문연예농악단의 실상을 엿볼 수 있는 유명철이 증언 : "그래가지고, 그 뒤에, 남녀 혼합단체인 '춘향농악단'을 만들어가지고 오갑순하고 같이 다녔다. 단체 이름은 '남원농악단'이라고 했었다. 그 때 남원농악단의 농악 레퍼터리는 좌우굿의 혼합이었다. 왜냐하면 여자들은 우도굿을 하던 정읍의 전사섭과 김병섭씨가 와서 가르쳤고, 남자들은 좌도굿을 했기 때문에…… 이렇게 혼합단체로 해서 한 1년 다녔다. 그 멤버는 그 후 다 흩어졌다. 이 패는 여자들이 창—농부가같은 것—도 하고, 나중에 소리꾼을 데리고 다니면서 하기도 했다. 단체가 잘 안되면 굶기도 했다. 한번은 순천 옆 승주에서 이틀을 굶어본 적도 있다. 그래서 그 때 '별님창극단' 지방 순회 때, 마찌마리(공연 선전)를 해주기도 했다."(전북대박물관, 앞의 책, 246쪽)

13) "소고잽이들이 고깔소고 대신 채상소고를 택했다. 그래서 서울 대회에서 일등을 할 수 있었다. 고깔을 채상으로 바꿔서 정오동(좌도농악 소고)이 했다. 즉 좌도농악 소고잽이들이 가서 '뒷굿'을 했다…… '앞굿'은 정읍농악인데 '뒷굿'은 좌도농악이었다." (전북대박물관, 앞의 책, 232쪽)

레퍼토리 삼아 공연을 다니게 된다. 양순용의 증언대로 이 시기에 변화된 우도굿이 즉 요즈음 우리가 흔히 보는 우도굿의 기본형태가 된 것이다.[14] 그런데 이 '변화된 우도굿'의 풍토에 의해, 잘못된 풍토의 부분에 대해, 그것을 극복하기 위해 70년대 말에 좌도굿이라는 개념이 새로운 의미로 다시 등장하게 된다.

70년대 새마을 운동이 시작되면서 풍물굿의 자체 분화, 발전과정들은 결정적으로 와해되고, 민속경연대회식의 대회농악 정도로 그 명맥이 남게 된다. 게다가 더욱 치명적인 것은 그때까지도 자생력을 갖고 있었던 마을굿까지 깨져나가면서 대회농악도 포용해낼 수 있었던, 풍물굿의 문화적 기반이 한층 쇠락해져버린 것이다.

그러나 70년대 초부터 일기 시작한 탈춤부흥운동의 여파로 풍물굿은 70년대 말부터 대학가에서 새로운 의미로 재생되기 시작한다. 이 풍물굿 재생 노력은 민중운동과 연관되고, 당시의 억압된 형태의 문화 환경과 관변적 성격의 문화를 극복하려는 저항문화의 성격을 띠게 되면서 민중들의 공동체 의식에 뿌리를 내린 풍물굿과 새롭게 조우하게 된다.

그래서 당시 대동굿, 마을굿의 원형이 가장 많이 남아 있는 필봉굿이 대학가에 소개되기 시작했으며, 80년대에 나름대로 중요한 역할을 하게 된다. 해방 이후의 각종 농악대회, 그리고 60년대의 포장걸립과 전문 연희농악단이 융성하면서 연희 중심 형태로 편집되어 풍물굿이 갖고 있는 민중적 의식절차성이 없어지고 기능적 표현력만 극대화되어가던 것을 역으로 마을굿을 통해 극복하기 시작한 것이다.

이 때부터 풍물굿은 민중성과 천착하고 예술과 문화를 진정으로 진보시키고 사회를 진보시키는 일에 적극 나서게 된다. 이것이 이른바

---

14) 마을굿 형태의 우도굿이 살아남은 예는 드물다. 그러나 고창농악의 경우 1997년에 마을굿 형태의 문굿을 재현하기도 하였다. 그럼에도 불구하고 오채질굿의 고창가락에서 보이듯이 여성농악단의 영향을 받은 흔적이 남아 있다.

좌도굿 정신이다. 이제 좌·우도굿은 생활문화적 구분이라는 차원에서 시대정신과 적극 만나게 되는 차원으로 전이된다. 이를 계기로 옛 형태의 굿 수준이지만 여러 지역의 소중한 풍물굿 자산들이 새로이 시대의식과 만나고 기층 민중문화운동과 그 의식의 관점으로 소개되면서 대학가와 노동현장, 시민들 속에, 그리고 심지어 역으로 농민운동의 현장으로 폭발적으로 확산되게 된다.[15]

좌도굿이 그대로 다시 재현되고 확산된 것 자체가 중요한 것이 아니라 좌도굿 정신이 시대의식과 만난 사실이 유의미한 것이다. 아다시피 그 이후 풍물굿은 자체의 발전뿐 아니라 인접예술과 문화에 영향을 미쳤고, 전통예술이 새롭게 인식되고 확산되는 데 중요한 인프라로 작용했다. 그리고 무엇보다 올바른 시대정신을 가지려고 하는 여러 계층의 진지한 실천들과 만나면서 사회―역사적 진정성을 벗어나지 않았다. 그래서 풍물굿은, 사회의 전 부면에서 사람의 의식을 한번 뒤바꿔 놓았던, 사람의 존재조건과 그 숭고함을 다시 일깨워주고, 그래서 사회와 역사를 진보시켜냈던 80년대라는 시간 속에 있을 수 있었던 것이다.

그러나 90년대를 지나면서 대중문화예술의 급격한 신장, 즉 발전하는 물질운농의 수준에 조응하는 대중의 감수성, 또는 감각은 수준높게 진화하고 있는데 풍물굿은 정체되고 있는 것이 역력하게 드러난다. 여전히 '옛것' 수준의 단순재생산을 크게 벗어나지 못하고 있다. 그리고 당대성을 얻기 위한 노력도 마당극과의 혼동, 이벤트성과의

---

15) 필자는 1984년부터 몇년 동안 전북지역에서 '녹두골'이라는 문화운동단체에 속해 있었는데, 이 조그만 단체는 강습을 통해 근 1천여 명에 이르는 일반 시민들에게 풍물굿을 전수하였고, 노동운동과 연관하여 10여개 단위사업장 노동조합에 풍물굿패를 조직하였고, 농민운동과 연관하여 21개 마을에 '두레패'라고 하는 마을 풍물굿패를 조직하는 활동을 하였다. 이 조그만 전북 지역에서 눈에만 보이는 몇 년의 성과가 그럴진대 모든 지역으로 확산해서 생각해보면 그 규모는 엄청났을 것이고, 사실 엄청났다.(뒤의 「풍물굿운동에 대한 제언」을 참조할 것)

혼동을 벗어나지 못하고 있다. 80년대에 재생된, 즉 의미복원된 것 이상의 발전내용이 아직은 없는 것이다.

그럼에도 불구하고 풍물굿은, 늘 그래왔듯이, 여전히 발전과정에 있다. 사이버공동체(?) 안에서 더욱더 신체와 정신이 박탈되어 가고 있는 이 지독한 문화산업 환경 속에서 풍물굿은 더욱 더 희망이다. 몸의 의식으로, 시대정신의 한가운데서 위력한 가심의 양택(陽宅)적 공동체성을 갖는 통과의례가 될 수 있기 때문이다. 게다가 남한의 80년대라는 그 엄청난 의식과 실천, 즉 '몸과 꿈'의 시대가 축적해준, 대중적 지성의 시대에서 쌓아온 기(氣)의 덩어리들이 무형으로 흐르고 있는, 새로운 세포분열을 준비하는 이 휴지기의 시대에는 더욱 더 그렇다. 좌도굿 정신은 이제 본격적으로 개화해야 하는 것이다.

좌도·우도굿의 구분 시대는 지났다. 그리고 그것과는 이제 다른, 새로운 의미의 질을 갖는 좌도굿 정신이 새삼 소중하게 남아있다. 그리고 우도굿도 여전히 소중하다.[16] 따라서 이제 문제는 하나, 좌도굿이건 우도굿이건간에, 풍물굿의 절차의식성과 그것의 문화예술적 진정성이라는 소중한 자산을 어떻게 발전시키고 명문(名門)화시킬 것인가, 그래서 지역별로 그러한 특성을 갖고 어떻게 정착, 발전될 것인가가 숙제로 남았다.

그래서 좌도·우도의 관념적이고 쓸데없는 구분이 아니라 알토란같은 내용·형식을 가진 튼튼한 명문굿으로서 저마다의 특징을 뽐내는

---

16) 이른바 우도굿도 60년대에 '변화된 우도굿'의 영향에서 벗어나 우도굿이 본디부터 갖고 있는 절차의례성이 갖는 소중한 역할을 여러 각도에서 다시 조망해 보아야 한다. 관점이 없는 것이 문제이지, 그 싹들은 얼마든지 있는 것이다. 그리고, 60년대의 전문연예농악단이 비록 풍물굿적 진정성을 과도히 잃어버렸지만 나름대로 확장시킨 그 표현력의 긍정적인 부분에 대해서도 여러 가지 관점으로 다시 살펴보아야 한다. 아니면 더욱 더 나서서 '전문연예농악단'의 참신한 질을 적극적으로 창출해낼 수도 있을 것이다. 풍물굿성을 포기하지 않는다면. 기능적 볼거리에 치우치는 경향에 빠지는 우를 다시 범하지 않는다면.

일, 각각의 특수성으로 살고, 그 수준높음으로 풍물굿을 당대의 삶 속으로 문화시키는 일, 그것만이 이제는 진정으로 중요하다.

Ⅱ

이러한 '정체와 가능'의 시기에 풍물굿 진영에서 작은 사건 하나가 일어났다. 1997년에 누군가 pc통신에 글을 올려놓았는데, 그 글은 글쓴이의 의도와는 상관없이 풍물굿, 나아가 예술의 자기 정화력(淨化力)에 대해 뼈아프게 점검해볼 수 있는 계기가 될만한 글이다. 이 글은 많이 알려지지 않았고, 그것에 대한 비판의식도 제대로 형성되지 않고 있는 것같아 그 무기력적 무관심에 더욱 더 가슴이 아파지는 사건이다.

그 글, 「필봉굿에 대한 도발적인 문제제기」[17]를 발췌 요약하면 다음과 같다.

1. 필봉굿 = 유사종교?

필봉굿은, 말도 되지 않는 이론을 '양(순용)선생님이 얘기하셨기 때문에……'라는 식으로 우기곤 한다. 이러한 현상은 곧 믿음의 상태로까지 발전한다. 대부분의 필봉굿잽이들은 여타의 굿을 아예 무시한다. 이들에게는 여타의 굿은 좋지 않은 것, 틀린 것이다. 전라우도는 밥이고 사물놀이는 아예 논의 내상도 안된다. 양선생님을 망친 건 대학생들이다. 양선생님의 말은 말하자면 부분적인 사실일 뿐이다. 필봉굿에서 새어나오는, 도

---

17) 문제의 글은, 천리안의 '사물놀이 동호회'(go samul)를 찾아서 '21.토론실·강의실'로 들어가면 찾을 수 있다. 6. ZSSAMUL '강의실 # 3' : 풍물굿·사물놀이 강의실로 들어가면 15번에 있다. ID가 ADCASS5인 사람이 다른 곳에서 '퍼온글'로 「필봉굿에 대한 도발적인 문제제기」를 올려 놓았다. 같은 강의실 17번에 ID가 BOGYRYU란 사람이 나름대로 반론한 글도 있다.

　하이텔에서는, '우리소리 다솜'(go SORI)으로 가면 찾을 수 있다. 전문게시판 「11. 악기, 노래, 춤이 하나가 되어(풍물, 제례악)」의 324번에 ID가 munsoo인 사람이 "[좌도]필봉굿에 대한 반론〈퍼옴〉"이라는 제목으로 올려 놓았다.

대체 사실임을 의심하게 만드는 학설들이 정설인듯 하는 태도가 문제이다. 내가 보기에 필봉굿은 다른 여타의 굿을 헐뜯고 씹어댈 자격도 능력도 없는 단순한 촌굿일 뿐이다.

2. 필봉굿은 과연 좌도굿의 정통성을 보존하고 있는가?

필봉굿이야말로 여기저기 섞인 굿이다. 내가 만나본 많은 명인들은 필봉의 가락과 판제를 듣도 보도 못한 것인데, 어느날 갑자기 나타난 것쯤으로 이야기하고 있다. 우리가 한 번쯤은 보았을 『농악』이라는 책, 혹은 기타 자료들은 하나같이 좌도가락이 굉장히 빨랐음을 증명하고 있다. 유독 필봉굿만 느린 가락을 고집한다. 혹시 필봉굿은 우도가 섞인 것은 아닐까? 그리고 어느 문헌을 봐도 좌도는 굿가락이 단순, 소박한데 비하여 윗놀음이 발달했다고 나와 있다.

그런데 필봉굿은 도대체 어디를 보아서 윗놀음이 발달했다고 할 수 있나? 냉정하게 말해 양선생님은 윗놀음에 관해 아는 것이 없었다. 그러니 그 후계자들도 당연히 못한다. 따라서 학생들도 못한다. 그러니 필봉굿 후계자들은 이제 자신들이 못하니까 안하고 있으면서 그것을 원래 그랬다고 왜곡시키는 못된 짓거리를 그만둬야 한다. 곡성의 박대업씨나 남원의 유명철씨의 윗놀음을 보라. 그리고 나서 말을 해라. 하다못해 김봉열옹의 비디오라도 있으면 구해서 봐라.

3. 갠지갱, 과연 심오한(!) 가락인가?

맛의 차이야 있다. 당연히 양순용 선생이 치는 갠지갱과 당신의 갠지갱은 맛이 다를 수밖에 없다. 하지만 당신도 한 10년 쳐봐라. 당연히 초심자들과는 다른 맛일 거다. 그러나 당신은 이렇게 단순한 사실을 신비화, 절대화하고 있다. 신비한 가락은 정말로 쌔고 발렸다. 다른 가락도 쳐보고 그런 소리해라.

4. 필봉굿의 기능에 대한 입장 비판

필봉굿은 변주를 몇몇 가락이나 아주 적은 범위 내에서만 허용하고 있다. 맛이 안난다는 거다. 필봉굿은 마치 서양음악의 악보와도 같아서 겹가락이라도 들어가는 날에는 무슨 큰일이라도 일어나는 듯 호들갑을 떤다. 그런 아집은 심지어 다른 굿에 대한 비방으로 이어지게 된다. 쇠를 굵어치면 안된다는 것이다. 오로지 직타, 직타만 되뇌이는 것이다.

장구가락은 더욱 가관이다. 내가 전해들은 얘기로는 장구는 궁채와 열채가 한번도 만나서는 안되며, 마치 굴러가는 듯한 소리가 나야 한다고 했다. 그런데 유독 필봉굿은 장구가락의 단순함을 유감없이 과시하고 있다. 그렇다면 필봉의 장구 가락은 쇠가락에 맞추어서 만든 가락이라는 것이고, 즉 제대로 알지 못하니까 쇠가락에 딱 맞게 대충 얼버무린 것이라는 가설이 나오게 되는 것이다. 그것은 뿌리없음에서 나오는 열등감의 한 표현이었음이 백일하에 드러나게 되는 것이다.

5. 왜 필봉굿이 이렇게 되었나?

70년대 후반~80년대 초까지 마을굿, 대동굿에 대한 논의는 전성기를 이룬다. 이때만 해도 필봉굿은 지금처럼 있지도 않은 권위를 내세우거나 거드름을 피우지는 않았다. 순박한 굿이었을 따름이다. 어쨌든 그 와중에서 마을굿에 대한 인식이 높아지고 그것이 풍물패의 목표가 되어가면서 마침 풍물굿이 뜬 것이다. 지식인들은 특히 감동을 잘한다. 또한 머리로 사물을 보려 한다. 즉 그들이 그리는 이상적인 마을굿의 상에 필봉굿을 갖다 맞춘 것이다.

이제 서서히 부작용이 발생하기 시작한다. 차분하지 못한 정열은 급기야 하나의 굿을 절대화, 신격화하기 시작한다. 오로지 필봉굿만 굿이라는 그러한 아집과 허세가 자리잡았다. 마을굿의 환상에 사로잡힌 나머지 풍물을 온전히, 전체적으로 보지 못하고 심지어는 왜곡시키게 된다. 바로 이것이 필봉굿이 전체 풍물의 발전을 가로막는 경로다.

통신에 실린 14쪽 정도 되는 글을 가급적 주장의 내용 중심으로 발췌 정리한 것이다. 위 발췌문에서는 심한 표현은 대부분 빼버렸지만 이 글의 전문(全文)을 보면 알 수 있듯이 글의 표현이 아주 거칠다. 그리고 발췌 정도로도 대충 알겠지만, 글쓴이는 심한 강박증을 갖고 글을 쓰고 있다.

이 글은 사실 필봉굿에 대한 '비판'의 글이 될 수가 없다. 두가지 때문에 그런데, 하나는 비판의 핵심인 대안의 관점도 없을 뿐더러 비판의 내용도 사실 없다. 단편적인 상식에 입각한 주관적 '비난'만 있을 뿐이다. 두 번째는 무엇을 비판한다는 것은 부정의 부정, 상생의 관점이 필요한 일이다. 즉 진지한 애정의 행위이다. 그런 기본적인 자세가 없다. 그리고, 비난의 초점이 된 '필봉굿 후계자들'이 무지스럽다고까지 표현하는데, 이렇듯 인격적인 차원까지 이전투구하자는 행위여서는 곤란하다.

게다가 글이 전혀 논리적이지 않다. 논리란 사물의 진리와 그것의 세상에 대한 진정성을 밝혀내고, 불필요한 오해나 침소봉대되는 것을 줄이기 위해서 꼭 취해야 할 방법과 태도이다. 가장 인간적인 태도이자 그 약속인 것이다. 그래서 모든 주장은 논리적이어야 하며, 그 근거가 있어야 한다.

게다가 이 글은 기본적으로 '자신의 풍물굿'에 대한 애기가 없어서 논리전개의 기본 소양이 되어 있지 않다. 자신의 관점으로 쌓아온 그 소중한 성과가 없다. 당연히 자신의 애기로 풍물굿이 주장되지 않고 일반적인 상식과 편견적 지식 몇가지로 풍물굿을 재단한다.

예를 들어 이 글은 좌도굿의 정통으로 진안굿을 들고 있는데, 왜 그것이 좌도적으로 정통인가, 좌도적이란 것은, 그리고 정통이란 것은, 그렇기 때문에 당대의 풍물굿에 어떤 장점으로 작용하는가, 그것의 미학—예술론적 근거는 어디에 있는가, 좌도 가락이 빠르다면 그것은 왜 그래야만 하는가, 그래서 얻은 풍물굿적 특성은 당대에 어떻

게 살아남고 확산되어야 하는가라는 것에 대한 '자신의 생각'이 전제
되지 않는다. 관점과 출발부터 자신의 논리가 없는 것이다.

본인은 문헌, 책, 자료, 옛 명인들의 증언이 그렇다는데, 확실히 그
렇다는 증거도 제시하지 않고 있다. 한 두가지 분석을 한 것(예 : 직
타)도 객관적이라고 보기에는 별로 신통치가 않다. 이 글이 논문 수
준의 글이 아니고 단순한 주장의 글일지라도 확실성의 근거는 있어야
한다. 그래서 이 사람의 대안은 결국, '가서 박대업과 유명철을 보라,
하다못해 김봉열의 비디오라도 봐라. 그리고 나서 이야기하자' 라는
것으로 된다.

세상에, 이런 무책임한 일이! 자신이 스스로 증명하지 못할 일을
주장하다니. 자기 주장을 객관화시킬 능력이 없으면서도 왜 이런 주
장을 하는지 정말 모를 정도인데, '무언가가 있는 듯' 해서 충심으로
그랬다면 차라리 그런 사실이라도 제대로 알리게 유능한 기획자가 되
어 가급적 많은 사람이 그 굿을 보게 하든지, 아니면 그 굿을 찍은 비
디오 장사라도 하여 더 많은 사람이 보도록 하는게 그 주장이 그나마
솔직하게 사는 길이 될 터이다.

필자는 이 글의 내용을 문제삼고 싶지는 않다. 아니, 쓸만한 내용이
없어서 사실 문제삼을 것도 없다. 단지 이 글의 태도와 자세를 문제
삼고 싶다. 이 글을 통해 우리 풍물굿 진영의 황폐한 풍토가 일견 엿
보이고, 그것이 걱정이 되기 때문이다.

본인의 표현대로 이 글을 쓴 사람은 "87년에 이리 우도굿을 배웠
고, 88년에는 진안 중평굿, 91년 임실 필봉굿, 92년, 93년 곡성 죽동
굿, 93년 정읍 송산굿, 96년부터 현재까지 사물놀이를 배우고 있는 일
개 굿쟁이다." 근 10여년 동안 굿을 열심히 배우고 친, 오랫동안 굿
속에 있었던 사람이다. 그런데 그런 굿쟁이가 이렇게까지 천박해지고
있는 것이다. 최소한의 동업자 정신도 없이 상대편 타자에게 죽으라
고 빈볼을 던지고 있다. 왜 이 사람은 이 지경이 되었을까?

굿을 바라보는 시각이 잘못되었기 때문이다. 잘못된 시각 때문에 굿을 통해서, 굿장이로서 자기 성숙이 될 수가 없는 것이다. 굿정신에 천착하지 못하고, 그래서 풍물굿을 당대 사람들의 삶 속에 소중한 것으로 뿌리내리려는 진정성이 없이 굿의 볼거리와 그 기술에만 관심이 가 있기 때문이다. 이 사람뿐 아니라 사물놀이가 융성해지고 풍물굿의 발전이 일견 정체되어 보이는 요즈음 많은 사람이 이런 경향의 태도를 보이고 있다.

풍물굿은 예나 지금이나 삶을 가심[淨化]하는 것을 소중하게 가치 지향한다. 민중들이 오랜 질곡의 세월 속에서도 풍물굿으로 공동체를 살찌우고, 자신의 삶을 부단히 승화시키고, 사람의 일과 꿈을 살찌울 수 있었던 것은 굿의 자기 정화기능이 있었기 때문이다. 사람을 정화시키는 통과의례로 오랫동안 훈련되었기 때문이다. 더구나 80년대라는 시대정신의 한복판을 지나오면서 풍물굿은 보다 삶 속으로 천착해왔고, 그 진정성의 수준을 높여왔다. 그래서 이제 풍물굿은 보다 역사—사회적으로 삶을 가심할 것을 지향한다. 풍물굿은, 그렇게 생동하고 있는, 가심의 양택(陽宅)적 축원의례이다.

그래서 지금도 많은 사람들이 풍물굿과 만나면서 겉보기의 놀이성에만 빠져드는 것이 아니라, 그 의식—무의식적 속내를 알게 모르게 유형—무형적으로 풍물굿에 접속한다. 그 속내란 두가지 차원의 존재적 발언, 즉 자기 실현 의지, 그리고 나아가 선험되고 문화된 민족적 자존의식이다. 그것을 미래 가심하고 싶은 것이다. 최소한 그만큼의 진정성이 있는 것이다. 이것이 풍물굿이 포착해내야 할 민중성의 출발점이다. 따라서 왜 아직도 수많은 사람들이 풍물굿과 만나려 하는가 그 속내를 진지하게 살펴보아야 하고, 삶의 모순과 질곡이 점철되는 환경 속에서도 부단히 혈로를 뚫고 나오려는 그 간절한 욕망을 들여다 보는데 게을러지지 말아야 한다.

따라서, 우리의 관점은 풍물굿이 부단히 볼거리로 전락하는 것을

경계해야 한다. 물론 볼거리야 많을수록 좋지만 그것이 구조가 되어
서는 안된다. 고유의 언어가 실종될 확률이 높기 때문이다. 볼거리란
하고싶은 이야기가 부차화시켜내는 것일 뿐이다. 볼거리를 넘어서 서
로 접속, 요구하는 본질인 삶의 내용으로, 그것의 감동기제로, 그래서
의 재미로 부단히 승화되어야 한다. 그러한 볼거리이어야 한다. 즉 민
중적 미의식의 리얼리티를 가져내야 하고, 그래서 가장 큰 삶의 재미
가 되어야 한다.

  예를 들어 위 발췌된 글이 호들갑스럽게 주장하는, 필봉굿에 우도
가 섞였다는 것은 사실 아무 것도 문제가 될 리 없다. 섞인 것이 문제
가 아니라 제대로 섞였는가를 따져야 할 일이다. 그 섞임의 필연적인
질이 무엇인가를 따져야 한다. 섞인 것이 우려된다면, 그래서 꼭 섞이
지 않고 보존해야 할 것이 있다면 그것은 얼마나 소중한가가 나름의
진지한 실천행위를 통해 새록새록 증거되어야 한다. 그 준거는 민중
적 미의식을 발달시켰는가 아닌가가 문제가 되어서 그 섞여진 것의
장단점을 평가해야 한다. 그것이 풍물굿이 여전히 당대성을 얻어갈
수 있는 기본자세인 것이다. 문제는 그렇게 따지지 못하고, 우격다짐
의 몽매한 주장만 있다는 것이다.

  마찬가지로 정통 좌도굿이냐 아니냐라는 주장도 그 정통스러움의
민중석 미의식과 가치지향성이 증명되지 않는다면 공허할 뿐이고, 그
런 식의 주장은 기실 저급한 패권의식에 사로잡힌 일밖에 되지 않는
다. 그러한 태도들의 영향과 누적으로 풍물굿이 볼거리 관점으로 치
닫는 현상, 풍물굿 본래의 언어력과 시간성을 포기하고 이벤트―공
연―무대적 시간성에,[18] 그러한 감각의 언저리에만 놓이도록 경도되
는 현상이 계속되고 있는 것이고, 풍물굿이 당대적 민중성에 침잠하
는 사고와 실천이 점차 메말라가고 있는 것이다.

---

18) 공연과 무대의 개념 자체를 부정하는 것이 아니라 풍물굿이 자신의 시간성을 포기해
   왔던 것을 지적하는 것이다.

옛 풍물굿판에서 흔히 볼 수 있는, 어른들의 도굿대춤-물론 잘 추는-하나에도 뚜렷한 민중적 미의식이 있다. '절름거리는' 시간의식이 있을 뿐더러,[19] 그 추상의 시간으로 자신의 삶을 충분히 얘기하고 있는, 나름대로 내용·형식이 마춤하는 빼어난 예술성이 있다. 굿정신이 있기 때문이다.

이것을 겉보기에 세련되지 못하다고 폄하하여서는 곤란하다. 아마 추어들이 하는, 마을굿에서나 하는 수준이다라는 시각은 참 위험하다. 오랫동안 삶의 현장에서 풍물굿같은 삶의 진곡한 기제를 통해 사실 고도로 훈련된 몸의 언어인 것이다. 전문 예술가에게는 없는 아주 수준높은 표현이고 춤이다.

물론 그것이 전부 다이고 결과의 끝은 아니다. 아주 중요한 놓쳐서는 안되는 계기인 것이다. 그리고 당연히 전문 예술가들에 의해 그러한 진정성은 보다 보편적인 미학 언어로 객관화되어야 한다. 인류가 꾸준히 발전시켜온 수준높은 예술적 질과 교호해야 한다. 그 공통분모 속에 들어가야 한다. 그리고 점차 자생적으로 발전하는 대중들의 감수성과 수준높아지는 예술인식을 건드릴 수 있는 모든 조치들을 취하면서 승화해야 한다. 보다 당대적으로 설득력있는, 그리고 수준높은 대중성으로 발전시켜야 할 일은 여전히 남는 것이다.

그러나 그럴지라도 그 관점과 태도는 분명해야 한다. 그것은 보다 민중성에 천착하는 일이다.[20] 그렇지 않다면 민중 속에서 그들의 희로

---

19) 이 책 제1부의 「풍물굿의 사유공간과 존재시간」의 '인탁의 민중적 리얼리티'를 참조할 것.

20) 예술은 기본적으로 자기 영역에서 고도의 전문성, 정밀성같은 것을 가져야 한다. 그런데 예술의 속성상 그것은 맹목적 전문성에 빠질 확률이 높다. 그것을 차단하기 위해서는 어떤 전망과 어떤 시각을 가져야 한다. 즉 자기가 하는 일의 사회적 역사적 의의를 포착해내는 역량과 연결이 되어야 한다. 이 글에서도 전문성 자체의 가치를 회의하는 것이 아니라 전문성의 필요성에 덧붙여서 그것을 협소성으로부터 구출해 내는 시각이 필요하다는 것을 말한다.

애락과 같이 부침하면서 천자락 하나도 삶·죽음 차원의, 길·시간의 존재의식으로 발언시키는 씻김굿의 살풀이 의식·춤이, 현실과 꿈을 같이 아우르는 춤인 살풀이 의식이 전문 무용수들에 의해 예술적으로 특화되면서 오히려 진정스러운 많은 부분을 놓치고 있는 것을 유심히 검토해 보아야 한다. '잘 못추는' 대다수의 그런 예술적 살풀이춤이 그렇듯이 겉보기에 세련되기만 한 한풀이춤으로 변질될 수 있는[21] 결과를 조심해야 한다. 절절함과 빼어난 예술성, 풍물굿 미학의 뿌리와 출발은 여전히 민중성에 천착하는 일이다.[22]

풍물굿이 볼거리로 전락되지 않고 자신의 언어와 절차기제로서 할 바를 한 번 다해 보는 것, 그리고 여전히 민중성에 천착하는 것, 이 두가지가 항상 의념되지 않으면 풍물굿은 세상을 가심하지 못한다. 그리고 물론 스스로도 가심이 되지 않는다.

위 발췌된 글을 쓴 사람은 풍물굿에 대한 잘못된 시각 때문에 풍물굿에 의해 진지하게 정화되는 길에서 스스로 멀어졌다.[23] 그러나 이 사람도 풍물굿의 뭔가 '빛나는 것'과 만났을 것이다. 그런 감동어린 부분을 발견했을 것이다. 풍물굿이 세차게 발전할 수 있는 어떤 묘수를 만났을 것이다. 그리고 그것을 안타깝도록 얘기하고 싶었을 것이다. 지금은 한낱 무뢰배같은 태도로 사람들의 가슴을 아프게 하고 있지만, 이 사람이 그저 취미 정도로 풍물굿을 하려는 것이 아니고, 전문적으로 풍물굿장이가 되려는 사람이라면 여전히 풍물굿의 미래는 민중성에 천착하는 일임을 되새겨 보아야 한다. 그래서 더욱 '자기의

---

21) 이 책 1부의 「'문'화·문'화'·언어」 중 '살풀이' 항목을 참조할 것.

22) 노파심에서 얘기하지만, 이 말은 물론 도굿대춤을 뒤늦게 추수하여 일방적으로 미화시키거나 단순 모방하라는 것이 아니다. 그리고 시대의식과 소재적으로 만나라는 얘기도 전혀 아니다

23) 이 사람뿐 아니라 사실 풍물굿 진영의 자기 정화 수준은 높다고 할 수는 없다. 현재의 풍물굿 수준이 사실 그렇다. 예술을 통해 사람이 정화되는 분위기가 강하게 틀지워져 있지는 않다.

풍물굿' 관점을 가지고, 보다 현실 속에 살면서, 즉 실천되며 쌓여지는 개념들을 확충하면서, 그러한 언어성으로 본인이 그 무언가 빛나게 보았던 것을 진지하게 드러내야 할 것이다.

굿장이들은 세상을 가심하고 스스로를 가심한다. 가심되지 않고 어떻게 세상을 가심하겠는가? 그 가심의식의 기저는 물론 민중성이다. 그리고 그 민중성에 천착하라는 것, 그것을 바탕삼아 당대의 삶과 그 문화를 진보시켜내라는 무형의 힘, 그것이 아직도 우리에게 살아있는 개념이자 실천인 좌도굿 정신이다.

풍물굿운동에 대한 제언

머리말

노동자 풍물굿패가 심하게 고통을 받고 있다.[1] 전국 어느 노동자 풍물굿패나 문화예술조직으로서의 전망을 갖지 못하고 있으며, 벌써 몇해째나 물갈이만 되풀이하고 있다. 어쩌다가 돌출되는 풍물굿에 '미친 사람' 빼고는(그것도 대부분 문화주의적 개인 전망) 1년 이상을 조직에서 버티지 못하고 있다. 어쩔 수 없이 '미끼론'[2]에 빠지게 되어 잘 되어야 이적료도 못받고 노동조합 간부로 트레이드 '되어지고'

---

1) 이러한 노동자 풍물굿운동의 정체 내지 퇴보와 다름없이 전문성 훈련에 유리한 조건을 가지고 있는 대학 풍물굿운동은 더욱 답보상태라, 대학 풍물패의 자기 고민의 양은 더 클 것이다.

2) 문화예술이라는 '미끼'로 노동자 대중의 광범한 문화예술적 욕구를 조직한 다음, 문화예술을 이용하여 기초적인 노동자 인식을 주고, 노동조합 간부나 선진노동자 조직으로 이월시킨다는 조직논리. 주지하다시피 이는 노동자 대중의 문예적 욕구에 대한 지도내용에 관심이 없고, 노동운동 일반 차원의 지도에만 집중하기 때문에 지도의 분리가 일어나서 그나마 제대로 조직이 될 리가 없다. 나아가 이는 문화예술을 천박한 매체적 수준으로만 정체시킬 수밖에 없기 때문에 노동자계급 문예운동의 발전에 해악을 끼쳤다. 이러한 '미끼론'의 함정에는 문예활동가만 빠져있는 것이 아니라 일반 대중조직의 많은 활동가들도 은연중에 빠져있는 것도 커다란 문제이다.

있다.

그 개인들은 물론 개인적 성숙을 통해서 스스로 알아서 그렇게 되며, 그보다 많은 수는 과거의 취미활동으로서의 경험으로만, 그러나 일종의 패배의식을 가지고 떠난다. 노동자계급(이하 노급) 예술로서의 발전은 '남의 다리 긁는 얘기'로 물건너간 사실이 되었거나, '가장 광범위하게 노동자가 좋아하고 있으니까 노급문화이다'라는 어처구니없는 상식을 만들어 스스로 위안을 받고 있다. 지도대상과 지도내용의 분리―문화적 욕구에 대한 문화예술적 지도없음―라는 핵심 문제거리는 별 뾰족한 대안없음으로 해서 해묵어만 가고 있다.

예술적 창작 전범은 당최 보이질 않으며, 그나마 근래에 시도되고 있는 풍물굿 판굿에 대한 몇가지 창작 시도는 노급예술로서의 풍물굿 발전이라는 시각에서 보면 곡해되고 있어서, 창작할수록 전망은 더 멀어져 보이며 촉까지 떨어지게 하고 있다. 그것도 전문패나 노동자 풍물굿패나 그게 그 수준이다.

전국을 통틀어 교안(=예술지도안)있는 지도는 한 두 군데의 경험으로만 남아있는 상태이며, 그나마 3개월을 버틴 사례는 하나도 없다. 아직도 대부분의 지도(?)는 가치중립의 기량의 전수이다. 그것도 학교문화패 시절 선배로부터 전수받은 '좌도, 우도, 웃다리' 정도의 알량한 수준이며, 당최 어떤 연구도 이루어지고 있지 않다. 끊임없이 대중에게서 요구되어지고 있고, 신참 노동자가 배우러 줄지어 찾아오고 있어서 일단 그 알량함이 '통하고' 있고, 그 요구의 초보수준을 채워주기도 급급해서 딴 겨를이 없다. 참으로 좋은 핑계거리가 있는 것이다. 정치사상의 접목은 '어쩌다가 걸리는' 똑똑한 노동자가 있어 문화예술과는 별도로 시도는 되나 당연히 잘 될리가 없다.

풍물굿 활동(그것도 조직 위주, 창작연출 정도)을 하는 곳은 장르분과(문예창작활동)가 아니라 아직도 사무국(문예조직활동)이며, 그 수준은 노동자 대중의 양적 요구에 '버티고' 있는 수준이다.

이 모든 문제점을 해결하는 출발점은 노동자계급 문예조직을 추동해 나가면서 창작의 전범을 만들어내고 교안을 작성해내며, 나아가 예술적 전망을 획득해내어 풍물굿을 노급의 예술로 발전시키는 것이다.

현재 풍물굿 운동의 상황

현재 전국적으로 조직되어 있는 노동자 풍물굿패는 다음과 같이 규모가 엄청나다.

인노협 풍물굿패, 인천대공장풍물굿패협의회, 서울 구로지구풍물굿패연합, 서울 중동부지구풍물굿패연합, 전문노련풍물굿패, 언론노련풍물굿패, 병원노련풍물굿패, 사무금융노련풍물굿패, 외기노협풍물굿패, 전교조풍물굿패, 충남 택시노조풍물굿패, 충남 철도노동자풍물굿패, 전북노련풍물굿문선대, 전북 노동자풍물굿패 삶부림, 대구노련풍물굿패, 울산·울주지역노동자풍물굿패연합, 민족포철풍물굿패, 안양지역노동자풍물굿패연합, 수원지역노동자풍물굿패연합, 광노협풍물굿패, 광주노동자풍물굿패교류모임, 부산·양산노동자풍물굿패연합, 부산 고무사업장풍물굿패, 거제 대우조선노동자풍물굿패연합, 마창지역노동자풍물굿패연합, 진주지역노동자풍물굿패연합, 안산지역풍물굿패연합, 성남노동자풍물굿패 녹두, 도움소 등등 당장 손꼽아 보아도 이 정도이다.

그러나 이들 조직의 대부분은 앞서 말한대로 철저히 '단순 물갈이'되고 있다.

이들을 지원·지도하는 전문 풍물굿패도 각 지역에 조직되어 있으나 대부분 지역의 기량은 전문패로서 수준 이하이다. 아직도 대중의 '요청'에 의한 기량 위주의 지도에 급급하고 있다. 몇개 지역에서 풍물굿판굿 창작까지 지도는 하고 있으나 소재와 신가락의 소개, 연출 정도이며, 총합적인 인민창작의 조건을 마련해주고 있지는 못하고 있

다.(그러니 전문창작에 있어서도 계투 현실감의 획득을 통한 전문성의 구체적 상승이 일어나지 않는다)

활동의 답보가 위기의식으로 닥친 91년 들어서야 노급예술로의 발전에 문제의식을 가지기 시작했으며, 활동성과의 지속성에 대한 '계획'을 세우려 노력하나 아직 '의식성' 있게 되고 있지는 않다.

아니, 조직적 배려를 해낼 수가 없을 정도로 문예적 발전의 주관적인 조건과 역량이 취약하다. 미학적 보편성을 획득하려 상당히 노력하나 아직 현실로부터 추상화되지 않은 일반성에 대한 이해수준 정도이다.

전문패로서 판굿은 그야말로 몇 개 정도가 창작되었으나 기대 이하이다. 소위 전문창작이란게 인민창작에서 나타나는 문제점과 대동소이하게 나타나며, 보다 표현이 세련된 정도이다.

2,3개 지역에서 나름대로 '교안(예술지도안)'을 가지고 '의식성' 있게 시도하였으나 성과는 아직도 미지수이다. 아직도 많은 지역에서는 교안 개발이 이루어지지 않고 조직에서 거의 지원을 받지 못한 사무국요원(문예조직활동가)들이 치고박다가 한계를 느끼고 있으며, 아예 지도를 중지하는 곳까지 속출하고 있다. 더구나 하다가 안되니까 모든 것을 양으로 치환하려[3] 하고 있으며, 그 결과는 뻔하게도 매스게임 풍물굿을 양산해 내고 있다.

전체적으로 살펴보았을 때 수삼년 동안 어떻게 그 많은 노동자 풍물굿패를 지원·지도했을까 의아스럽다. 물론 대부분의 지역은 물밀듯 들어오는 대중의 요구수준을 채워주기에 급급한 활동을 하였다. 그러나 정작 중요한 문제는 그것을 조직활동이라고 생각해 왔던 데에 있다. 그러나 다행인 것은 이제는 다들 풍물굿 활동 전반에 대한

---

3) 감동의 문예적 창작내용은 전혀 계급적이지 않으면서도 100명의 노동자가 치니까 위용이 있어서 더욱 감동적이라는 어처구니 없는 발상이 나오고 있다. 앞으로 더욱 커다란 감동을 위해서는 200명……1,000명의 노동자를 모으러 다녀야 할 판이다.

'위기의식'을 느끼고 노급적 예술전망만이 살길이라고 여기게 된 것이다.

여러가지 문제점들

1) 첫째, 이제까지 창작된 대부분 판굿의 메시지는 창작자와 연출의 머리 속으로만 비(非)풍물굿적으로 억지 의미가 설정되고 형상으로는 전혀 보여지지가 않았다. 관중은 개념적 설명이 첨가되어야지만 '아 그렇구나'라는 개념적 이해로 불투명하게 감동을 자족해 왔다. '감동이란 그러려니' 하는 개념적 이해뿐이었던 것이다. 도대체 형상언어로 감동의 메시지가 창출되지 않은 것이다.

둘째, 단순 놀이적 신명이라는 것을 민족적 정서(단순한 우리 것)라는 미명 하에 억지감각으로 당대의 우리의 계급적 정서에 강제해 들어가는 못된 버릇이 아직 잔존해 있다.

2) 풍물굿 어법의 특수성이란 내용조직을 위한 타 장르에 대한 특수성이다. 타 장르적 내용조직의 방법과 정서의 전달방식과를 억지 비교하여 신부른 결합을 시도하지 말아야 한다. 당연히 초라해진다. 어법이 다르다는 것은 감동의 '방식'(영역, 정도, 기제, 때, 곳 등)도 다르다는 것이다. 그나마 익숙해왔던 방식으로 무차별 적용을 하여 감동을 강요(내용과 형식의 분리)하여 예술은 어렵다(?)라고 인식시키지 말고, 그 어법다운 방식을 개발하고 대중에게 익숙하게 만들어야 한다. 아다시피 예술은 익숙해야 '재미' 있고, 이 재미가 감동의 조건을 만들어준다.

특히 '극적 구조' 운운하며 연극적 서술의 방법으로 풍물굿의 내용을 담아낸다는 어처구니없는 오해를 하지 말아야 할 것. 그리고 그런 서술구조 하에 타매체(주로 노래나 구호)와의 섣부른 결합을 통해 내

용을 억지 조직하여 정서가 아닌 개념을 강조하지 말아야 한다. 어법
의 혼란은 개념적 사고를 요구하기 때문이다. 사실 극적구조조차도
제대로 되지 못했었고, 솔직이 말해 보는 사람이 부끄러웠다.

  3) 소위 '요소분해'[4]는 지양되어야 한다. 이제까지 인민주의에 빠
져있었던 풍물굿 풍토 속에서 풍물굿에 대한 과학적 분석을 시도한
의미는 좋았으나 우리에게는 분석이 중요한 것이 아니라 그 분석을
통한 주·객관적 실천운동의 재편을 위한 대안의 설정이 중요하다.
어찌 발전해야 한다는 핵심의 포착없이 단지 미학의 보편적 칼을 들
이민다면 개별의 특수화는 생기지 않는다. 하물며 자본주의적 발전의
길이 봉쇄, 왜곡당해 왔던 민속예술인 풍물굿에서랴.
  그래서 음악적 요소, 춤적 요소, 종합연희적 요소라고 분해한 의미
는 그 이전에 그저 산수적으로 음악, 춤, 연극, 노래, 놀이, 사설 등으
로 요소분해했던 것과 큰 차이가 없다. 오히려 이론적 '그럴듯함'에
치장된 실천적 '무기력'에 빠지게 하는데 일조를 할 수도 있는 것이
요소분해가 갖고 있는 함정이 된다.
  풍물굿 발전의 핵심은 '리듬악+춤'의 '통일'로서의 발전이어야 하
며, 이는 필연적으로 분리될 수 없다. 과학적 분석을 하기 위한 요소
로서의 분해도 혹 의미로울 수 있다면 그 필연적 연관이 전제되어야
한다. 그 이외의 요소는 당대에 '되살릴' 의미가 없다. 운동으로 발전
해 온 인접 장르에서 그 몫을 얼마든지 담당해내고 있는 것이다. 혹
필요할 수도 있다는 식의 분석적 확보보다는 오히려 '리듬악+춤'의
'통일'적 발전에 필요하고도 충분하게 집중해야 한다.

  4) 가락조차 죽어가고 있다.

---

4) 김영희, 「풍물운동의 올바른 자리매김을 위하여」, 『노동자문화통신』 1990년 봄호, 새
   길출판사.

풍물굿은 '하나의 정서를 만들어나가는' 탁월한 기제가 있다. '내고 달아 맺고 푸는' 구조(기승전결이라는 단순한 서술적 이야기 구조는 아니다) 속에 가락, 춤뿐만 아니라 악기의 배치까지도 고려되어지면서, 다른 장르와는 다른 정서 창출과 감동의 방식, 즉 어법을 독특하게 만들어낸다.

풍물굿의 가락과 춤은, 나름대로 주제를 구조화시키는 전체의 기제 속에서 어떻게 '연관' 되어져서 어떠한 정서를 창출하나에 기여해야 한다. 가락을 분해된 요소로 여겨 풍물굿적 기제가 아닌 억지조직된 '가상된' 틀 속에서 그저 활용 정도나 하는 방식 때문에 가락이 갖고 있었던 풍부함이 죽어가고 있다. 하나의 기제 속에서의 정서를 창출하는 '방법' 으로서 풍물굿의 어법을 찾지 못하고, 주섬주섬 타매체의 도움을 받아야 뭔가 메시지가 만들어질 것같다는 자신없는 환상에 빠져, 어떠한 정서를 창출할 수 있는 기제 속에서 놓여져야만 유의미한 가락조차 점점 죽어가고 있는 것이다.

그래서 호흡이 끊긴다, 흐름이 없다는 답답함이 호소되어지고 있는데, 이는 참으로 심각한 문제이다. 아다시피 풍물굿은 '가락＋춤' 자체가 호흡과 결합되어 있으며(리듬악, 춤의 특성), 특히 창출하는 정서 자체도 (치배뿐 아니라) 판중과 더불어 호흡의 흐름을 만들고 맞추어나기는 독특한 장르이다. 즉 예술 수체와 예술 향유대상이 '호흡을 맞추어나가는 정서창출' 이라는 독특한 기제가 있는 것이다. 가락은 그를 위해서만 유의미하며, 그래서 '안팎엮음' 이라는 기제도 조직되는 것이다.

심지어 빠른 가락을 현대 산업노동자가 현상적으로 선호하고 있다라며 2채류, 3채류가 현대의 정서에 맞는다는 어처구니없는 '분석' (가락, 정확하게 기제 속의 가락을 속도 정도로 이해하고 있다)에 의해 굿거리라는 탁월한 기제가 하나의 가락, 게다가 현대정서에 '맞지 않는' 가락으로 전락하게 되고마는 일까지 생기게 되었다.

물론 굿거리라는 '가락'을 그대로 살리자는 얘기는 아니다. 가락의 창출은 정서의 창출을 위해 존재함을 강조하기 위해서이다.

또하나의 편향은 주지하다시피 풍물굿을 공동체적 신명이라는 애매한 놀이성('일과 놀이'라고 표현은 하지만 전혀 생산자적인 의식은 없다)으로 협애하게 목적지어 그 틀로만 현재를 자의적으로 해석하는 데서 오는 가락의 무정부성과 성격없음이다. 이 또한 정서창출의 기제로서의 '방법'과 그 풍부함을 점점 거세화시켜가며 풍물굿을 단순한 기예(당대 계급사회에서의 자각적 정서가 아닌 감각적 감탄사만 존재)로 만들어가고 있다. 역시 정서를 창출할 수 없는 죽은 가락이 될 수밖에 없다.

5) 풍물굿 어법의 확립은 무엇보다도 전체적 짜임새를 요구한다(여기서부터 풍물굿의 특수성을 말해야 한다). 이는 당연히 '연관'이 강조되어진다. 이 연관은 각 부분부분의 독립적인, 또는 비풍물굿적인 탁월함(?)의 억지결합이 아니다. 그간 풍물굿적 짜임새가 '메시지를 담기 어렵다'라는 성급한 규정과 오해(여기서의 메시지란 어떠한 의미망을 말할텐데, 예술적 의미망 형성, 즉 형상적 감동의 조직과 유통은 모든 예술에게 균등하지 않다. 그래서 우리는 장르를 구별하고 어법의 특수성을 말하는 것이다)에 의해 매체의 성급하고 무책임한 결합이 초래되었고, 이는 풍물굿적 정서망의 구축이 아닌 개념적 이해를 요구했기 때문에 풍물굿이 천박해져 버렸다.

부분의 연관적 통일이 없는 자의적, 작위적 요소의 결합은 의지와 상관없이 의식과잉을 초래하고, 과잉행위(overaction)를 요구하고, 이러한 억지결합은 당연히 감각으로도 역겹다. 이는 풍물굿으로서의 '자연'스러움을 거세시켰고, 그래서 형상의 '자유'스러움을 속박하였다. 당연히 예술로서의 '풍부한' 발전의 길이 어디론가 날아가버렸다.

풍물굿이 특이한 기법을 갖고 있는 하나의 요소로 취급되어, 다른 매체라는 요소와 형식결합하여 껍데기 형식만 풍물굿같으니까 풍물굿이라고 우기는 것은 풍물굿의 장르적 발전을 당연히 저해한다. 내용과 형식이 분리되어 발전하는 사물은 없는 것이다. 거듭 강조하건대 '리듬악＋춤'의 필연적 결합이 만드는 '어떠한' 전체적 짜임새를 통한 힘있는 정서의 구축을 위해 각 요소는 연관해 들어가야 한다.

  6) 풍물굿의 미학원리를 아직도 공동체론과 신명론 정도로 가두어 두려는 인민주의적 풍물굿론에 의한 아주 잘못된 해석이 나타나고 있는데, 그 좋은 예가 소위 '뒤풀이'이다. 이제까지의 뒤풀이란 놀고 풀자이었다. 그래서 '난장'이 벌어지거나 떨떠름한 '입가심' 정도의 억지 참여이었다.

  원래 뒷굿(뒤풀이가 아님)은 관중을 감동에 의한 직접 예술체험의 장으로 참여시키는 기제이다. 뒷굿은 앞굿에 의한 감동을 직접 체험으로서 제고시키는 분명한 한 '거리'가 되어야 한다. 따라서 앞굿에서 감동을 조직해내지 못하면 뒷굿은 무의미하다. 관중에게 감동을 구걸하는 짓이 된다. 우리 풍물굿은 그렇게 초라하지 않다. 뒷굿은 또다시 다가올 투쟁에 대한 하나의 '전진의식(儀式)'이어야 한다. 물론 예술적 감동에 의한.

풍물굿이 '운동'이 되기 위해 시급히 해야 할 것

1) 창작의 출발점 확보와 기초 다지기

  현재 전문 풍물굿패의 기량 수준을 고려해볼 때 전문창작을 보다 문예운동적으로 하기 위하여서는 다음 두가지의 출발점을 시급히 잡아내고 훈련해야 한다. 이 과정에서 도출되는 창작과제는 연구하여 계속될 전문창작과 인민창작의 조건을 확보해 주는 실천지침을 만들어내야 함은 물론이다.

첫째, 무엇보다 하나의 정서를 구성해 들어갈 수 있는 풍물굿 어법으로서의 '짜임새'를 개발, 훈련해야 한다(예 : 호호굿, 갠지갠굿, 재능기영산, 시나위 구조 등의 기존 짜임새의 탁월함의 재생부터). 이는 대안 없는 요소분해가 풍물굿이 만들 수 있는 정서의 의미망을 전혀 형성하지 못하고 타 장르와 구별없는 서술적 의미요소의 결합으로 나타나 점점 예술적 발전으로부터 멀어지는 현상을 극복해내기 위해서이다.

둘째, 가락구성의 치밀한 연구 훈련(있는 가락의 '음악'화). 예를 들어 내고 죽 끄는 소리, 톡 튀어 받고, 위와 먼데 아래로 부딪치고, 가죽 튈 때 쇠가 사그라들고, 맞물려 가빠지고, 북 잦아들며 열채소리 들리고 등 정도는 표현할 수 있어야 주제와 정서를 뽑아내기 위해 있는 가락도 제대로 잘 써먹어야 한다. 중중모리의 풍부한 구성력과 정서로서의 맛 획득, 삼채'류'의 다양한 변환적 구성. 물론 춤과의 결합은 전제.

그리고 이를 위해 다음의 '기초'가 충실히 다져져야 한다.

〔기초 1〕 현재 무엇보다도 중요한 것은 전문패의 일상훈련 프로그램을 짜고 그 체계의 치밀함과 지속성을 강화해 들어가는 일이다. 그리고 우선 무지막지한 기량훈련이 요구된다. 중급 정도의 기량이 되면 쌩통백이들만 모인 '그 바닥에서 통하는 고수'를 자임하거나 바쁘다는 핑계를 대고 연구는 물론 자기훈련도 거의 하지 않는다. 있는 가락도 제대로 써먹지 못할 뿐아니라 제대로 쇠소리, 가죽소리도 못내고 있는 창피한 실정이다. 가죽소리가 아닌 통나무 두드려대는 소리 정도나 내어서는 어떤 정서도 구성해낼 수가 없다.

주제에 의한 정서 추출에 자신없으니까 '진'이나 우려먹는 매스게임식 풍물굿이 유행하고 있다. 또 신가락 찾기가 유행하고 있는데, 이 버릇은 고쳐져야 한다. 이는 풍물굿을 예술아닌 '기예'로 발전시킬 위험이 있는 것이다.(그래서 찾아낸 것이 행진가락이며, 이것이 노동자의 정서에 맞다는 주장까지 하고 있다. 물론 일견 장점은 있지

만 더욱 중요한 것은 계투를 진전시키는 주제를 위한 짜임새있는 가락의 구성과 작곡이다)

〔기초 2〕 풍물굿은 아무런 신체조건으로 하는 것이 아니다. 술먹고 와서도 만지는 것이 풍물굿이지만—그래서 익숙한 예술이 될 수 있고 이는 커다란 장점이지만—전문패는 공연인으로서의 신체훈련에 힘써야 한다. 특히 도약무를 중심으로 하는 진풀이는 여러모로 체력과 날랜 신체가 필요하다. 현재 30분도 못뛰고 헥헥대는 노가다 풍물굿은 철저하게 근절되어야 한다. 탈춤과 한국춤, 디딤과 춤을 결합한 창작연습 등의 일상 신체훈련을 지속적으로 해야 한다. 그런 일상훈련의 축적은 너름새와 디딤을 자신있고 여유롭게 만들어 줄 것이다.

〔기초 3〕 가락구성의 원칙은 '내고 달고 맺고 푼다' 이나 핵심은 긴장과 이완의 변환이다. 특히 이완의 효용을 극대화시켜야 한다. 그렇다고 단지 강약고저의 변화가 되지 않도록, 쉽게 얘기하자면 항상 세게 두드린다고 정서적으로 크게 들리거나 힘있게 들리지 않는다. '안 팎엮음' 등 가락의 성질을 잘 헤아려 '정서의 구축' 을 위해 정확하게 사용해야 한다.

요즘들어서 북이 중요 악기(?)가 되어가고 있는데, 북은 기본적으로 쇠가락의 '맛' 이다. 장구가락의 약박(略拍)이 아니다. 더구나 징박이 아니다. 제빌 세게 치지 말 것, 통나무를 두드리지 말고 '가죽소리' 를 최대한 낼 것(사족이지만 전문패답게 좋은 북을 가질 것), 극히 필요로 할 때는 '떵 —' 하게 '배창시 터지는 소리' 가 나게끔 '성격의 세기' 로 쳐야 한다.

2) 노급문예적 장르 발전을 위한 연구

노동자 풍물굿패에 대한 예술지도안(교안)은 기본적으로 창작의 과정에서 그 출발점이 찾아진다. 문예대중조직에 대한 교안의 적용 결과는 물론 인식, 가치평가 중심의 사상수준 제고이며, 이는 지도의 목적이 된다. 이때 조직동기 부여와 조직활동의 핵심은 '창작의 재미'[5]를 갖는 것이다. 그를 핵심으로 조직, 훈련, 교육 등이 연관되어져야 실제적 실천이 조직되며 조직력이 생겨난다.

다음에 제시되는 연구사안도 단순히 풍물굿의 문예적 발전을 위한 계투와 분리된 학술연구로서가 아니라 창작이 되기 위한, 그리고 예술지도안이 되기 위한 연구사안으로 제시한다.

- 자본주의 시대의 풍물굿론 ― 전통유산으로 남은 풍물굿과의 비교 ― 노동의 사회적 성격이 바뀌었다.
- 노동자 계급의 현실을 주제로 하는 국악과 풍물굿의 인식지평 확대 ― 예술은 익숙해야 재미있다. 풍물굿 비평능력 제고.
- 타 장르와 구별되는 음악과 춤이 주는 감동의 영역과 그 방식.
- (긴장과 이완이 있고 선율적 요소가 있는)리듬악＋(진이라는 규정 댄싱 속에서의 도약을 중심으로 한 디딤의) 춤의 필연적 결합으로서의 풍물굿의 특수성으로서의 강점.
- 춤으로서의 음악(춤을 위한 '효과음악'이 아님) 성격, 특히 리듬악의 특수한 전달체계.
- 세계의 리듬악(아프리카의 전투의식무를 중심으로 한 주술적 하이에라키, 라틴아메리카의 카니발적 리듬, 티벳의 격동적인 북춤 등).
- '풍물굿적 노래' 작곡.
- 엇모리, 엇박, 엇부침(밑부침, 완자걸이, 잉애걸이), 진양조, 중모

---

5) 여기서 말하는 창작이란 극본, 작곡, 구성 등의 협애화된 창작과정의 한 요소를 이름이 아니라 '조직창작'을 말한다. "'조직창작'이란 생산과정을 조직화하는 것뿐만 아니라 창작 주체에 대한 정치적·예술적 지도와 훈련, 생산민중의 투쟁 속에서의 끈질긴 선전과 선동, 각 부문, 계급 속에서의 문예운동 조직의 건설 사업 등을 포함하는 변혁운동의 정치적, 예술적 과제를 담지하기 위한 모든 조치를 그 내용으로 한다."(전북민중문화예술운동연합, 『생산과 비평 1집』, 37쪽)
   동기부여 정도로 좁게 얘기한다면 '창작과 연행의 재미' 정도로 해석해도 좋다.

리의 풍물굿 가락과 춤 개발. 정서의 다양화를 꾀할 수 있다. 음악이 아니라 '음악+춤'이기 때문에 더욱 풍부한 가능성이 있다.

- 시나위의 구조.
- 부르주아 이데올로기의 과학·기술적 대중문화를 통한 문화형식 훈련에 대한 연구, 그것의 적극적 활용을 통한 노급예술의 형식과 전달 메커니즘 강화 등등.

맺는 말

기본적으로 풍물굿은 집단이 전제되는 힘(노동과 투쟁의)으로서의 낙관과, 감동에 의한 직접 예술체험을 규정적으로 보장해주는 장르이다. 이 핵심에 의한 장르적 특수성을 잊지 말아야 한다. 그를 위해서는 풍물굿의 전통적 어법의 재해석, 그리고 그에 의한 '방법'의 확립을 위해 전통 풍물굿의 몇가지 짜임새의 의미부터 다시 반추해 보아야 한다. 그리고 그 짜임새는 당대 계투현실에서 만들어야 할 '하나의 정서'를 구축해 들어가는데, 어떻게 연관되어지나가 철저히 모색되어져야함은 물론이다.

III
풍물굿의 원형

풍물굿과 공동체적 신명

남원농악의 유래와 특성

남원농악 가락보

풍물굿과 공동체적 신명
— 공동체적 신명의 흐름을 통한 주체적 삶의 훈련

머리말

70년대 들어서면서부터 탈춤부흥운동이라는, 중요한 문화—사회적 운동이 일어났다. 그것은 민중문화라는 것을 새롭게 조망하기 시작하였으며, 여러가지 실천을 통해 민중들의 삶 속에서 꾸준히 이어져 내려왔던 민중문화적 속성들의 맥락을 찾아 이었고, 아울러 이 척박한 시대에 새로운 의미의 민중문화가 배태되어질 조건들을 만들기 시작했다. 그 이후 참문화의 맛을 본 사람들의 폭발적 문화수요에 의해서 탈춤 이외의 여러 전통 민속문화의 확산이 있어왔고, 죽어버린 옛 내용이 아닌 '이 시대의 내용'을 담아내려는 노력과 만나지면서 다시 한번 삶적 예술화의 내용들을 획득해 내었다.

더구나 탈춤이라는 문화 장르적 관점으로서의 발전·완성의 길이 아니라, 탈춤 정신의 획득, 즉 총체적 민중문화에로의 발전을 위한 쪽으로 많은 힘들이 모아졌다. 그리고 문화예술적 노력만이 아닌 지금 현재의 민중의 삶의 현장과 만나지려는 많은 노력들을 하였고, 이것은 민중운동의 발전과 궤를 같이 하면서 문화만의 발전이 아닌, 민중적 삶의 역사적 위치를 획득해내기 위한 민중문화에로의 발전으로 나아가고 있는 것이다.

풍물굿[1]도 탈춤부흥운동의 연장선 위에서 발굴되어 집단 신명의 충동성이 가장 강한 강점을 가지고 독자적인 발전은 물론 민중예술적 장르의 모든 부분에 녹아 들어갔다.(정확하게 얘기하자면 풍물굿의 원래의 모습을 부분적으로 재현하였다)

그리고 '농촌 두레활동'이라는 전문 뜬패의 활동 성과는 농민들이 자신들의 건강한 문화와 만나고, 나아가 자기 삶의 본디 모습들을 확인해 내는 기쁨을 맛보게 할 정도로까지 발전하였으며, 뜬패와 두레패 사이에서 풍물굿이 상호침투하는 과정 속에서 본디의 모습들이 서

---

1) 풍물굿에 대해 현재 가장 보편적으로 인식되어지고 쓰여지는 용어는 농악인데, 이는 다음 두가지 이유에 의해 정당성을 못가진다. 첫째 조선시대의 지배 계층과 일본 제국주의자들의 통치적 의도에 의해 민중적 대동성이 거세되어 버린 조작된 용어이고, 둘째 그 영향을 받아 뿌리없는 지식인과 학자들이 서양 장르적인 관점으로 사용하여 총체적 삶의 체계와의 연관이 부정되어버린 소위 학술용어이기 때문이다. 그후 정확한 개념을 찾으려고 노력하는 과정에서 나온 '풍물'이라는 용어가 민중들이 스스로 자부심을 가지고 현장에서 두루 써왔기 때문에 바람직하다는 의견에 찬성이지만, 풍물이 보통 굿물(악기)을 지칭하여 사용되어져서 혼동이 되는 단점이 있으며, 현장에서 그만큼 널리 쓰이고 다양하게 쓰이는 '굿'이라는 용어보다 보다 총합적인 개념이 되지 못하기 때문에 불만족스러운 면이 있다. 여러 현장에서 쓰여져 내려오는 의미들을 종합해볼 때 굿이라는 용어는, 공동체 성원의 마음을 모아(의식), 공동의 관심사를 민주적으로 해결하고(논의), 그 원만한 합의의 결과에 만족하며 노는(놀이) 총체성을 가진 삶의 한 체계라는 넓은 뜻이 있으며, 그외 좁은 뜻으로 삶의 여러 부분에서 다양하게 쓰여지고 있다.

우리의 문화(양식)라는 것은 총체적 삶의 체계와 전혀 분리해 낼 수가 없다. 우리는 제국주의 통치 기간 동안 습득되어진, 공동체 삶과 부단히 유리시키려는 개인주의적 서양 장르의 세뇌를 아직도 못벗어나고 있다. 그러한 조각조각의 시선들을 과감히 청산해버리고 보다 총합적 삶의 체계 건설의 시각으로 모든 문화들을 삶과 연관시켜내야 하는데, 이러한 의지의 노력과 부합되는 용어가 '굿'이라는 총합적인 개념이다. 그런데 이 굿은 자칫 무굿이라는 뜻으로만 좁게 인식되어져서 혼동을 줄 수 있는 소지가 많기 때문에 '풍물이 주가 되는 굿'의 개념으로 '풍물굿'이라는 용어가 우리가 사용하여야 할 정확한 개념이 된다.

서히 역동성을 가지고 드러났다. 이 성과들은 지배문화 조직자들의 전통 민속문화에 대한 애매한 박제화 시도와, 아직도 예술적 장르 관습의 폐해에 젖어 있는 풍물굿에 대한 인식을 깨끗이 씻어주기에 충분한 민중적 생명력을 가지고 있다.

풍물굿의 생명력은 공동체적 신명의 흐름을 통한 주체적 삶의 훈련이라는 데 있다. 그 집단신명은 괜히 신이 나서 생기는 것이 아니라, 같은 계급적 울타리 속에서, 그리고 나름의 삶의 규율 속에서 일상들을 주고 받으며 어려운 삶의 조건 내에서도 희로애락의 삶들을 공유해내는 오랜 인간적 관계 속에서 서로 동의해 내는 삶의 과정이 들어가 있는 집단신명이며, 무엇보다도 모든 사람을 주체적 인간으로 훈련시켜내는 신명인 것이다.

주체적으로 살자, 내가 주인이라는 도덕적 각성에서 출발하는 주체성이 아니라 삶의 필요에 의해 같이 만들어내는 공동체적 신명으로 삶 속에서 자연스럽게 자신과 집단을 주체화시켜내는 훈련의 신명인 것이다. 그리하여 풍물굿을 바라보매, 충동적인 집단신명의 효용성만의 시각이 아닌 훌륭한 민중적 삶의 훈련으로 바라보아야 하는 것이다.

문화라는 것을 삶의 총체적 양식이라는 가치중립적 시각으로 정의내리는 것은 무의미하다. 그 문화에 내재되어 있는 구체적이고 역사적인 삶들의 의지가 담겨져 있지 않은 문화라는 개념은 진보적일 수가 없는 것이다. 문화는 가치지향적 기능을 가져야 하며, 인류사를 적극적으로 만들어내는 진보적인 원래의 기능을 가져야 하며, 더구나 이 척박한 민족의 현실 속에서 많은 모순들을 해결해 내야만 하는 당위를 안고 살아가는 민족 성원 한 사람 한 사람의 자각과 염원과 힘을 모아가는 과정에서 만들어져야 하며, 사람들의 삶을 진보적이고 역사적이게끔 훈련해 내는데 기여해야 한다.

풍물굿은 그러한 주체적 삶을 훈련해내는 탁월한 기제를 가지고 있다. 민중이 자신의 구체적 현실 속에서 스스로를 교육해내는 창조성의 지혜 그 자체인 것이다. 민중의 삶 자체가 계속 호도되어가는 여러 조건 속에서도 아직까지 생명력을 잃지 않고 견뎌내온 풍물굿의 힘은 바로 여기에 있다.

이 글에서는 풍물굿만의 지양점과 지향점을 지적해낼 의도는 없다. 더구나 예술이라는 협소한 시각으로 풍물굿을 정태적으로 해석해 내고 싶지도 않다. 다만 이제까지 주로 농촌의 생활현장에서 뜬패 활동, 뜬두레 활동, 두레 활동을 해내면서 얻어낸 민중의 무한한 잠재력에 대한 일차적 실천활동의 정리일 뿐이다. 그렇지만 짧은 풍물굿의 재생 기간에도 탁월한 민중적 에네르기의 감화를 받았는데, 그 상호침투한 만큼 본디의 풍물굿의 민중적이고 진보적인 모습을 총체적 민중 삶의 역사적 발전, 민중해방을 위해 선전해 내고자 한다.

풍물굿의 현재 모습

풍물굿의 단절·왜곡은 민중정통사의 단절에 따른 민중문화의 단절·왜곡과 그 궤를 같이한다. 19세기 말까지 민중문화로서의 건강성을 지녀왔고, 또 급격하게 사회경제가 변화하는 와중에서도 다양한 변화들을 능동적으로 수용해내던 풍물굿은 세번의 커다란 단절사를 갖게 된다.

첫째가 일제 식민 통치 그 자체와 민족문화 말살정책이고, 둘째가 해방군이라는 명목 하에 가치절상되어 마구잡이로 들어왔던 GI 문화로 시작되어 식민지문화로 고착되어가는 과정에서고, 셋째가 산업화 시대 이후의 본격적인 자본주의 개인주의화 시대의 가치혼란 시기이다.

일제시대와 GI 문화 유입기까지는 그래도 풍물굿의 양적 쇠퇴와 부분적 훼손이라는 점증적인 쇠퇴과정이었는데, 풍물굿이 결정적으로 양적·질적 몰락을 가져왔던 시기는 마지막 단절기간이었던 산업화 시대에 들어오면서부터이다. 특히 새마을운동이 시작되는 70년대 초반에는 전근대적인 미신이라는 명목 하에 단위마을의 정신적 지주였던 당산나무와 더불어 마을마다 그나마 간직해오던 굿물이 깨지는 수난을 겪었고, 나아가 아예 풍물굿판을 벌이지 못하게끔 행정적 압력을 받았다.

그리하여 지배문화 주체자들의 의도적인 계획대로 민중들의 역동적인 힘이 내재되어 있는 풍물굿 정신은 거의 쇠퇴하여 버렸고, 지금 우리들의 눈에 보이는 것은, 첫째 사물놀이화, 즉 신명이 거세된 서양 장르적 개념으로서의 음악화, 둘째 매스게임화, 곧 외국 관광객을 위한 민속촌식 보여주기 농악화와 풍물굿뿐이다.

그리고 70년대 이후 민중문화운동이 다시 거세게 타오르기 시작하여 풍물굿에 대해 새롭게 눈을 돌려 발전 방향을 모색하고 실천해내는 과정 중에서도 풍물굿을 예술 장르적으로 해석해 내려는 시각에 의해 풍물굿 본디의 민중문화적 모습이 아직도 깨어나지 못하고 있는 실정이다.

이 시대의 전체적 삶과 연관되고, 민중의 총체적 삶의 흐름을 꾸려나가는 관점으로 풍물굿을 발전시켜나가는 게 아니라, 예술만의 시각, 문화만의 시각(물론 가치중립적인 개념으로서의 문화), 그것도 지배문화적 분류와 틀의 관점이 농후한 비민중적이고 서구 엘리트적인 시각으로 풍불굿을 재편집하려 하는 것들이 오히려 풍물굿이 건강하게 발전하고 민중의 삶이 발전하는데 상당히 부정적으로 작용하고 있다.

그러나 여러 부정적 현실 속에서도 풍물굿 정신(=총체적 삶으로서의 민중문화)은 죽어있지 않다. 풍물굿은 한국 사회 모순구조의 심화에 따라 계속 쇠퇴의 길을 밟아왔지만, 그리하여 현재의 통치구조와 지배문화 밑에서 풍물굿 정신은 단절되어 있는 듯이 보이지만, 단지 잠깐 동안의 마비일 뿐이지 엄연히 살아 있다.

민중들의 삶의 조건의 변화와 그 변화의 질곡에로의 심화인 것이지, 도도하게 흘러 내려오는 민족적·민중적 삶의 정통성은 아직 지배문화가 어쩌지도 못할 뿐더러, 더욱 기승을 부린다 해도 그 흐름은 변화시킬 수가 없는 것이다. 즉 삶의 조건은 변화해도 민중들의 삶 자체의 본질은 변하지 않는 것이다.

풍물굿의 본디 모습들

콩짐이나 팥짐은 무게는 가볍지만 부피가 엄청나게 커서, 반듯하게, 기울지 않게, 지기 좋게 지게짐을 잘 꾸려야 한다. 그렇지 않으면 지게질 자체도 힘들 뿐아니라 '어설프게' 일한다고 남들한테서 조롱 섞인 농담을 꼭 한마디씩 듣는다. 그리고 본인도 '어설픈' 자기의 노동능력에 대해 창피하게 생각한다. 등짐뿐 아니라 퇴비를 엉성하게 쌓아 올렸을 때도 '어설프다' 라는 소리를 듣고, 일을 하는 사람이 밥을 꾹꾹 눌러먹지 않아도 '어설프다' 라고 하는 등 생활현장의 여러 곳에서 '어설프다' 라는 말이 두루 쓰인다.

지게질은 농촌에서 가장 힘든 일인데, 지게 작대기를 잡는 여러 모습에서 노동의 여유있는 멋을 볼 수 있다.(배부른 멋의 얘기를 하자는 게 아니라 민중예술의 관점은 이런 생활인의 노동현장에서 주체들이 스스로 자연스럽게 꾸리고 향유하는 것에서 찾아야 하며, 그러한 것들을 선전해내고 그러한 기반을 만들어나가는 것이 민중문화운동이 아닌가를 얘기하고 싶어서이다) 팔짱을 낀 겨드랑이 사이에 지게 작대기를 끼고 간다든가, 빈 지게 멜빵과 어깨 사이에 작대기를 꽂아 양팔을 척 걸친 모습이나, 지게다리 사이에 작대기를 수평으로 놓고 뒤로 팔을 내려뜨려 잡아 간닥간닥 일하러 가는 모습에서 노동의 멋을 볼 수 있다.

요즈음 프로야구 선수들의 잘 던지고 때리는 데 멋이 있을 줄 모르지만, 이런 프로 노동자들의 일하는 모습에서 진정 프로패셔널한 노동의 멋, 노동하는 시간의 멋, 삶의 멋을 볼 수가 있다. 그 멋의 요체는 관조적인 사람들이 바라보는 삶과 유리된 '보는 멋'이 아니라, 노동하는 주체들이 그 멋을 알고 있는 점이 중요하며, 스스로 갖고 있는 그 멋의 기준이라는 것이 예술성 어쩌구 저쩌구 하는 관점이 아님은 더욱 분명하다.

그것은 한마디로 '어설프지 않은 것'이다. 어슬프게 일하는 것을 노동하는 사람들은 가장 창피하게 생각한다. 지게 작대기를 하나 잡아도 어설피 잡지를 않는 것이다. 이 어설프지 않다는 것은 꼭 짜여 있다는 뜻인데, 민중들의 삶 속에는 오랫동안 스스로의 공동체적 생활 속에서 같이 짜온 삶의 튼튼한 조임들이 있다. 즉 많은 사람들의 오랜 삶의 경험들의 축적이 만들어낸 집단 내재적 삶의 규율성이 있는데, 이 조임들이 튼튼한 삶의 의식들을 만듦은 물론이고, 어설프지 않게 꾸려나가는 총체적인 삶의 체계를 만들어 나가는 것이다.

구체적 현실에 부딪친 당사자만이 그 구체적 실정에 맞게끔 모든 일을 제일 잘 꾸려나갈 수 있다. 구체적 실정에 맞게끔 절대 서두르지 않고 중지를 모아 능동적으로 자신들의 삶을 꾸려나가는 집단의지적 지혜들의 축적 ― 이것이 '민중적 삶의 체계'의 근간이다. 이러한 축적체계가 어설프다, 어설프지 않다의 준거가 되는 섯이며, 이러한 준거점은 일과 생활뿐만 아니라 놀이에서도 마찬가지가 된나.

풍물굿도 그러한 삶의 체계 형성의 과정과 축적의 가운데에 놓여 있는 한 부분으로서 본디 모습을 찾아야 한다. 그러한 삶의 체계 속에서 절대 분리해 낼 수 없는 한 부분으로서만 풍물굿 발전이 의미가 있으며, 그래야만 풍물굿 발전, 삶의 발전이 될 수가 있는 것이다. 놀이에 국한시켜, 더구나 애매한 서양식 개념의 예술에 국한시켜 민중이 스스로 중지를 모아내려와 튼튼하게 주체적으로 꾸려나가는 탁월한 삶의 체계와의 연관 속에서 풍물굿을 자꾸 분리해내려는 시도는 또다른 의미의 문화적 폭력이 된다.

　민중이 합목적적인 삶의 체계적 삶의 주체자로서 오랜 동안 축적하여온 잠재력의 모습을 찾아내는 일, 그리고 그러한 잠재력을 지금의 우리 현실에 맞게끔 현재화시켜내는 일은 예술운동·문화운동만이 아닌 총체적 민중운동이 답을 줄 수가 있다. 풍물굿도 그러한 총체적 민중운동과 분리해낼 수 없는 한 부분으로서만 유의미하며, 부단히 그러하게끔 노력해야 한다.

(1) 삶 속의 공동체적 철학성

　농사절기와 관련되 세시풍속은 달마다 여러가지 이름을 갖고 있지만 중요한 것은 그 날은 분명히 노는 날이라는 것이다. 그때만 단기적으로 소위 스트레스를 풀며 놀아버리는 날이 아니라, 1년이라는 농사의 시작과 끝을 포함해서 쉬는 긴 숨으로서의 일과 놀이가 변증되어 신명을 다하는 놀이가 있는 날이다. 절기마다 그냥 한번 놀자가 아니라 구체적 현실에서, 상습적인 힘든 노동의 과정 중에서 그 노동과 연관되어 그 날 안놀면 안되는 날이기 때문에 꼭 놀아야 되는 날이다. 그래서 이 놀이는 생산적인 것이 된다.

　무슨 문화적 가치가 있느니 하면서 삶 속에서의 일과 놀이의 연관관계를 분리하여 세시풍속을 고풍스러운 관습으로만 여기는 과도한 문화적 시각은 잘못된 것이다. 기다려지는 놀이가 있기 때문에 노동은 덜 힘들고, 그날 신명나게 놀아야만 새로운 노동력이 생기어 또 반복되는 힘든 노동을 야무지게 적극적으로 대해 나갈 수가 있는 것이다. 일과 놀이가 갖고 있는 삶의 지혜로서의 철학성은 오랜 기간 동안 우리 민족에 내재해 온 자연과 인간의 관계의식이다.

　이 일과 놀이가 같이 되는 진보적인 생산의 모습이 가장 농축되어 삶 속에서 보여지는 것이 두레굿이다. 일굿인 두레굿은 언급할 필요도 없을 정도로 중요한 틀과 내용을 갖고 있는데, 즉 삶의 지혜력인 생산적 철학성이다.

이러한 세시풍속의 한 기제로서 풍물굿은 위치지어져서 일과 놀이를 흡착시켜내는 역할을 해낸다.

작대기 풍장이란 것이 있다. 저 산모퉁이 끝을 돌아서 있는 사래짧은 비탈밭에 콩짐지러 가거나 뒷산 큰골에 나무하러 갈 때 두 셋이 싸드락 싸드락 어울려 가면서 한 손엔 낫 한 손에 지게 작대기를 가지고 지게다리를 장고·쇠삼아 두드리는 풍장을 말한다. 지난 겨울 풍물굿판에서 얻어들었거나 배운 입장단 몇개를 얼싸절싸 외쳐대며 따그락 따그락 두들겨대는데, 꼭 배워야겠다고 몰두해서 치는 것이 아니라 그 자체가 재미있어서 그냥 치곤 한다.

그러다가 신명이 조금씩 동하면 풍물이 없어도 나름대로 한바탕 판을 만들어 노는데, 실제로 지금도 간혹 다음과 같은 풍물판을 만든다. 작대기 풍장을 치면서 신명이 동한 청년들 몇이 나무하러 산에 올라가서 손바람나게 휘딱 한 짐씩을 해서 야무지게 묶어 세워놓고는 아무거나 붙잡고 두드리면서 입풍물굿을 치는데, 깽매기를 맡은 사람이 휘모리 '갠지갠지갠지갠지'를 흉내내어 '줄께줄께줄께줄께' 한다. 징을 맡은 사람은 '징——'을 흉내내어 '주어라——', 장구를 맡은 사람은 '덩덩 쿵따쿵'을 흉내내어 '줄뚱말뚱줄뚱말뚱', 소고를 맡은 사람은 소고치는 모습(두 손을 모았다 하늘로 치켜세우는 모습)을 흉내내어 '푹푹 주어라, 푹푹 주어라' 한다.

다들 가락의 한 배를 맞추어 신나게 외쳐대기 때문에 그 자체가 훌륭한 풍물소리가 되며, 나중에는 목청도 더 돋우고 일어나 빙글빙글 돌면서 한참을 놀아버리다. 풍물(악기)이 없어도 꾸며내는 한판의 풍물굿판이 되는 것이다. '줄께줄께줄께줄께', '주어라——', '줄뚱말뚱줄뚱밀뚱', '푹푹 주어라'는 물론 성적인 표현이다. 한참 혈기왕성한 나이에다 더구나 노총각 장가못가는 농촌 현실에서 나름대로 성적 열기를 풀어버리는 건강한 모습을 볼 수가 있다.

민중들이 갖고 있는 성에 대한 생각들은 건강하다. 성은 음침하고,

불륜적이고, 어둡고, 「선데이서울」적인 것이 아니다. 병풍 뒤에서 은밀히 행하는 양반들의 성의식, 가치관의 혼란에서 나오는 서양의 무분별한 자본주의적 성의식의 해독에 의해 우리는 밝고 건강한 우리의 성의식을 잊어버렸다.

성은 생산의식이며 밝고 건강해야 한다. 우리 민요의 도처에서 보이는(특히 아주머니들의 노래인 진도 아리랑) 성에 대한 생각들은 생활 속에서 하하하 호호호 웃으며 풀어버릴 수 있는, 께름칙하지 않고 건강한 생각들로 꽉 차있는 것을 볼 수 있다. 물론 민요뿐 아니라 모든 전통 민속문화 도처에서 발견되는 건강함들이며, 민중들의 삶의 체계의 한 부분이며, 사물을 능동적으로 건강하게 바라보며 건강한 인간관계를 맺어가는 민중들의 철학성이 그러한 삶의 체계의 또다른 한 부분인 풍물굿에도 예외없이 관통하고 있는 것이다.

정이담이 조사 발표한 「도깨비굿」이란 것이 있는데, 대략의 내용은 이러하다.(『일과 놀이』 제1집 참조)

진도지방에는 도깨비불을 앞세운 도깨비가 지금도 가끔씩 출현하는데 사람을 홀리어서 미치광이로 만들든지 하여 폐인화시켜 버린다. 한 둘도 아니고 많은 사람들이 미쳐나가자 이제는 안되겠다 싶어서 온 마을 사람들이 모여서 벽사의식으로 행하는 것이 이 도깨비굿이다. 섬지방 특유의 억센 생활력을 가진 여자들이 주축이 되어서 도깨비를 내쫓는 굿판을 벌이는데, 도깨비가 나옴직한 날을 잘 선택해서 모든 마을의 여자들이 다 모여서 장대 끝에다 피속곳을 높이 내걸고, 소리가 날만한 주장매귀[2]식 풍

---

2) 병귀를 좇아내는 벽사의식의 한가지로 지금도 농촌에서는 더러 이를 행하고 있다. 아픈 사람을 멍석으로 둘둘 말아 마당 가운데 내어놓고 풍물소리를 내면서 쇠스랑·괭이 등으로 아픈 사람 몸에서 병귀신을 찍어내어 문간 밖으로 몰아내는 시늉을 한다. 귀신은 붉은 색과 깨진 깽매기 등의 시끄러운 소리를 제일 싫어하는데, 그래서 이때 치는 풍물굿의 풍물들은 성한 것이 아니라 깨진 깽매기, 깨진 징, 금 간 놋대야 등을 사용하여 한배도 맞지않게 불규칙하게 소리를 낸다.

물들(깨진 깽매기, 바가지, 양은 그릇, 놋대야, 숟가락 등)을 들고 나와 소리를 와장창 내면서 도깨비 있는 데까지 행진하여 도깨비들을 쫓아버린다.

흔히 공동체적 삶을 저해하는 요소가 그 공동체에 끼어들었을 때 살이 끼었다고 하며, 이 살을 풀지 않으면 도저히 공동체를 지탱하기가 어렵다고 한다. 그래서 전통민속의 도처에 살이 풀어내는 살풀이 의식이 보인다. 이 도깨비굿도 살풀이 의식의 한가지인데, 소극적인 액땜풀이식이 아니라 강한 응전력을 내보인다는 점이 중요하다. 주어진 상황에 체념한다거나, 인간이 해낼 수 없는 일이므로 해결할 수 없다거나 하지 않고 공동체적 삶에 끼인 살(도깨비)를 물리쳐 이겨낼 수 있는 상대로 보고 만반의 준비를 갖추어 집단의지를 모아 떼거리로 우 몰려가서 부정적인 현실을 쫓아내버리는 것이다.

여자들의 가장 부끄러워 하고 아무에게나 차마 내보일 수가 없는 피속곳(생리대)까지 장대 끝에다가 높이 내걸게끔 하는 주어진 부정적 현실에 대한 억센 응전력, 삶을 적극적으로 살아내려는 치열성들이, 민중들이 자기 삶을 스스로 자신만만하고 활력있게 꾸려나가는 강한 삶의 철학성을 보여주고 있는 것이다. 공동의 적을 함께 물리쳐내는 강한 응전력을 갖고 있는 이 삼재력들이 도서히 어씨해볼 수 없는 사회경제적 살이 끼었을 때 빈란으로 발전하는 것은 맥락을 같이 하는 좋은 예이며, 이러한 적극적인 민중들의 삶과 긴밀히 연결된 풍물굿의 효용에서 풍물굿의 윈초적 정신을 발견해낼 수가 있다.

화전(花煎)놀이 하면 벌써 낭만적인 생각부터 든다. 진달래꽃 피는 4월에, 1년 내내 몇푼씩 부어놓은 곗돈들을 모아 동네 여자들만 모여서 가까운 산으로 들로 소풍을 가서, 진달래꽃잎 따다가 부치미에 예쁘게 수놓아서 부쳐먹고, 풍물도 잡고, 막걸리도 한잔씩 하며 하루를 재미있게 노는 것이 화전놀이이다.

그런데 겉으로 보면 아녀자들만의 평범한 세시풍속같고, 또 낭만적으로 보일지 모르지만 실제의 화전놀이란 엄격한 교육놀이이다. 오랫만에 남자들의 가부장적 우산 아래에서 놓여나서, 우선 나이 많고 적음을 불문하고 모두들 모인 자리에서 그간에 일어났던 불편한 관계의 해소는 물론 부분적으로 교환해 냈던 마을의 대소 문제점과 알아두어야 할 점 등에 관한 정보교환을 한다. 물론 그 정보교환의 내용은 가십거리로서의 소통이 아니라 마을 내의 공동체적 규율성에 거스르지 않게끔 하는 정보들이다. 그리고 마을의 여자들만의 힘을 모아 공동으로 해낼 수 있는 것도 모색한다.

이상은 있을 수 있는 것들이지만 정작 화전놀이의 핵심은 연배가 많은 중년 아낙들이 그 마을에 새로 시집온 새색시나 시집온지 몇 해밖에 안되는 후배 아낙들에게 시키는 교육에 있다.

누구네집 시제는 언제며, 누구네집 아저씨 성질은 이러저러하니 조심하며, 누구와 누구는 무슨 친척관계이며 등등 일상생활에 관한 정보교육, 누구네집 소가 밭쟁기질을 제일 잘하며, 누구네집 평까끔의 긴밭 지심을 맬 때는 품이 몇명 들어가며, 모심을 때 새참은 어느 정도의 반찬거리를 준비해야 하며, 누구네집은 남자 일꾼이 없으니 모심을 때는 우 하니 달려들어 한나절만에 일을 해주어야 하며 등등의 농사에 관한 교육, 마을의 가장 어른격은 누구누구네집 어른들이며, 어려운 일이 생기면 어찌어찌해야 하며 등등 그 마을에 보편적으로 전해져 내려오는 내재적 생활규율[3]에 관한 교육 등 모든 면에 걸쳐 알아두어야 할 생활교육이 이루어진다.

물론 이러한 교육은 재미스러운 그날의 놀이 과정 중에서 자연스럽게 이루어진다. 또 이 교육놀이는 그 공동체에 들어온 이질적인 존재를 공동체에 익숙하게 해주는 통과의례적 놀이가 될뿐만 아니라, 연배 많은 아낙들도 젊은 아낙들을 가르치면서 자신들도 새롭게 정리하

---

3) 이때의 내재적 생활규율이란 구체적인 실정에 맞게끔 생활해온 수많은 사람들의 시행
착오에 의한 경험들로 여과되어진 공동체적 삶의 규율을 말한다.

는 상호 교육의 장이 되는 것이다. 이때 특이한 것은 젊은 아낙들에게 풍물굿 시험을 치르게 하는 것인데, 잘치건 못치건 상관없이 배운 대로 놀아봐라 해놓고는 선배 아낙들이 요모조모 관찰을 한다.

후술하겠지만, 풍물굿판에는 엄격한 내재적 규율성이 있는데 풍물굿판을 잘되게 하기 위한 규율이 아니라, 오랜 세월 동안 공동체의 집중적인 삶의 중지들이 모아져서 만들어져 내려오는 마을의 내재적 생활규율에 합당해 내기 위한 규율성인 것이다. 그리하여, 즉 시험이란 그 마을마다 있어왔던 공동체적 풍(風)을 풍물굿 솜씨를 통해서 보자는 것이다. 예를 들어 법수[4]에 맞게 치는가, 노는 것이 아니라 사람들을 모아 참 잘 놀리는가 등이 기준이 되어 시집오기 전에 살았던 마을의 풍의 깊이 정도, 그 마을의 풍물굿의 규모와 솜씨, 그러한 마을에서 성장해온 젊은 아낙들의 됨됨이와 품성들을 점쳐보는 것이다. 즉 풍물굿이 일상생활을 통해 공동체적 삶의 체계를 만들어내는 한 부분으로서 중요한 몫을 해내는 기제가 되는 것이다.

'하드렛날'이라고 지금은 많이 잊혀졌지만, 간혹 지금도 몇몇 마을에서 행해지고 있는 세시풍속이 있다. 음력 2월 초하루에 젊은 청년들이 주축이 되어 간단한 풍물을 챙겨 동네 한 바퀴를 돌아 찰밥을 거두어 하루를 재미있게 노는 날인데, 물론 겉으로 보면 그저 노는 날일 뿐이다.

음력 2월 초하루면 논도 갈아야 하고 볍씨도 골라놓아야 하는 등 슬슬 농사철이 시작되는 날이다. 농한기인 겨우내 골방에서 두부내기 화투도 치고, 덫 만들어 뒷산으로 앞산으로 토끼잡으러 다니고, 웃골 시내물가 뒤져 잠자고 있는 개구리 잡아내서 만세탕 해먹고, 마을앞 시내로 나가 메로 돌을 쳐서 물고기를 기절시켜 놓고는 건져다가 매운탕 끓여먹고, 장날이면 실실 나가서 막걸리나 축내고 하면서 실컷

---

4) 굿모리라고도 하며, 굿을 순서에 따라 짜임새있게 쳐내는 기준.

놀다가 막상 농사철이 시작되니까 일하기 싫어서 심란해지는 것이다.

그래서 청년들이 그 힘든 일을 올해도 또 해야 하느니 차라리 죽어버리겠다고 하면서 새끼줄을 모아다가 목매달아 죽는다고 산으로 올라가는 것이다. 곧 죽으러 갈 사람들이 풍물까지 챙겨 올라가서는 나무에다 새끼줄을 걸어서 목을 매달고는 훌쩍 뛰어내려서 죽어버린다. 물론 새끼줄은 썩은 새끼줄이며 사람은 죽지 않는다. 다들 그렇게 한 번씩 죽고는 풍물을 잡고 한바탕 치며 마을로 내려오면 동네사람들이 참 잘했다고 찰밥을 거두어주고, 이것을 배불리 먹으며 그날 하루를 또 논다. 그래서 이날 진짜로 마지막으로 실컷 놀고는 그 다음날부터 정신차려 또다시 농사일에 대드는 것이다.

이 하드렛굿은 간단한 의식놀이같지만, 생산의 담당자로서 주체성 있게 자기 자세를 가다듬는 중요한 삶의 놀이이다. 겨우내 실컷 놀면서 몸에 배었던 비생산자적인 자신을 죽여버리고 또다시 독한 마음 먹고 하지 않으면 안될 그 힘든 노동을 해내기 위해서 생산자적인 자신으로 새롭게 태어나는 것이다. 힘든 노동에 대해 자신있게 다시 대들게끔 거듭나는 자세에서 생산의 주체자로서 현실적인 건강한 철학성을 볼 수가 있다.

민중들이 갖고 있는 철학과 그 철학에 의한 실천적 삶은 상당히 실제적이며 현실적이며 능동적이며 건강하다. 구체적 현실을 가장 올바르게 살아내는 생산자로서의 많은 중지들이 만들어왔던 삶의 철학인 것이다. 일과 놀이가 같이 되는 인류적인 진보성이 있으며(일굿), 인간관계의 스스럼없는 건강성이 삶을 솔직하고 풍부하게 해주며(작대기풍장), 일상생활의 과정에서 그 공동체를 유지해내기 위해 중지를 모아가며 내재적 규율성을 만들어 나가며(화전놀이), 그 공동체를 파괴하는 살이 끼어들어 올 때 모두가 적극적인 하나가 되어 그 부정적인 현실에 대해 억센 응전을 해내며(도깨비굿), 생산의 주체자로서 주체성있게 자신의 자세를 가다듬어나가는 당찬 삶의 자세(하드렛굿)

에서 민중이 갖고 있는 잠재적이지만 진보성있는 삶 철학과 실천이 있다. 풍물굿도 공동체적 삶의 철학과 맥락을 같이 하며, 그러한 삶에 녹아들어가서 발전해 왔으며, 그러한 삶과의 연관에서만 풍물굿 정신이 탁월하게 살아나는 것이다.

(2) 신명적 노동의 몸짓인 대동춤

풍물굿에 대한 시각 중에서 가장 저해한 시각이 풍물굿을 가락 중심으로 바라보는 점이다. 음악성이 아주 높다는둥, 리듬 음악으로서 전세계적으로 탁월하다는둥 음악이라는 장르만으로 풍물굿 정신을 찢어발기고 있다. 이 여파는 상당해서 풍물굿의 현재의 모습이 음악으로 분류되고 있으며, 일제 때 제국주의자들과 민속학자들이 의도적으로 만들어냈던 '농악' 이라는 말이 보편화되고 있는 실정이다.

더구나 새롭게 풍물굿을 인식하고 배우려는 사람들조차 가락 위주로 죽은 풍물굿을 배우고 있다. 가락이 중요하지 않다는 것을 강조하려는 것이 아니라 풍물굿 정신이 살아나는 가장 풍물굿적인 요소를 들라면, 그것은 가락이 아니라 춤인 것이며, 꼭 여럿이 어울려야 하는 대동춤인 점을 강조하기 위함이다.

"풍물굿은 발뒤꿈치로 치는 것이여!"라는 말을 유명한 상쇠들은 꼭 한다. 가락을 아무리 잘 내도 그 가락을 내는 춤―노동의 몸짓이 신명나지 못하면 '말뚝굿' 이라 하여 죽은 풍물굿으로 여기며, 풍물굿 실력이 별로 없는 것으로 여겨진다. 가락은 충동적인 자극을 주지만 판에 들어오게끔 하는 신명까지는 만들어주지 못하기 때문에 가락만의 굿은 죽은 굿이 되는 것이다.

상쇠와 똑같은 복장을 하고서 상쇠 옆을 따라다니는 농구라는 잡색이 있는데, 장차 상쇠의 대를 이을 사람이 이 농구이다. 그런데 이 농구는 깽매기를 들지 않고 채만 들고 다닌다. 흔히 판에서 가락을 전문으로 맡으며 상쇠보다 오히려 가락이 뛰어나고 서열로도 상쇠 다음인 부쇠가 상쇠의 자리를 이어갈 것같지만 부쇠는 죽을 때까지 부쇠밖에 못한다. 상쇠의 자질 중에서 가장 중요한 점은 가락의 실력이 아니라 통솔력이다. 이 통솔력의 요체는 물론 치배들과 더불어 사람들을 판 안으로 끌어들여 '잘 놀리는' 실력이며, 구체적으로 통솔력의 힘은 굿모리와 더불어 웃놀음인 부포놀음과 발놀음이 위주가 되는 아랫놀음이 결합되는 몸놀음, 즉 춤인 것이다. 그래서 상쇠 후보감은 가락을 먼저 배우는 것이 아니라 상쇠를 따라다니며 춤 실력을 먼저 배운다.

이 농구의 예에서 보듯 신명판을 결정해내는 풍물굿의 핵심요소는 가락보다는 춤이다. 가락만 울리는, 치배들만 놀아지는 판, 초기의 아직 어설픈 판에 모든 사람들이 너도 나도 끼어들게끔 하여 완성된 풍물굿판을 만들기 위해서 치는 사람이나 노는 사람이 서로 공감해내는 면은 오히려 자신들에게 공통으로 익숙한 노동의 몸짓, 즉 춤인 것이다.

한 판의 잘된 풍물굿판을 잠깐 그 판의 밖에 나와서 보면 모두들 신명 속에서 둥둥 떠다니고 있다. 위 아래로 단순히 깐딱깐딱하는 스스럼없는 몸짓들이 어울려졌을 때 하나의 활기있는 덩어리 흐름을 형성한다. 개개인이 추어대는 간단한 보릿대춤이 집단으로 어울려져서 만들어내는 신명성이란 그야말로 무아지경이다. 개개인은 자연스러운 보릿대춤일 뿐이지만, 그것이 집단으로 이루어질 때는 그 보탬 이상의 신명 에네르기가 나오는 치밀성을 만들어낸다.

이런 판이 잘된 풍물굿판이며, 춤을 공유해내지 않으면 만들어지지 않으며, 그 춤의 요체는 보릿대춤이 된다. 본때있는 전문적인 춤이 아니라 자신들의 생산활동의 과정에서 나오는 자연스러운 노동의 몸짓이다. 이러한 노동의 몸짓으로 규율잡혀진, 서로서로 익숙한 춤만이 풍물굿판에서 부자연스럽지 않는 신명을 만들어내는 것이다.[5]

---

5) 부언하자면 풍물굿 체득은 가락보다 춤을 먼저 추게 해야 하는데, 그 춤은 다음과 같이 현장에서 전수되어지는 모양새인 보릿대춤이 누구에게도 보편성을 가져내는 모델

(3) 입장단 — 삶의 지혜력인 민중적 미의식

예전에는 풍물굿 치배들이 대중들에게 인기가 좋았다. 특히 잘 휘둘러대는 걸궁패들은 상당할 정도로 대중들의 사랑을 받았으며, 뜬쇠처럼 실력을 인정받은 민중 스타들은 대단한 환영을 받곤 하였다. 이 민중 스타들은 요즈음의 상업적 대중문화의 스타들처럼 조작되어진 것이 아니라 그 자신 대중과 같은 생활인으로서 대중들 속에서 대중들과 신명을 공유해내며, 그래서 누구에게도 인정을 받는, 확실한 공동체적 공감의식이 뽑아주는 신명 조립의 마술사들인 것이다.

어떤 지역에 나이 젊어서 잘 휘둘러댄다고 대중들에게 인정받는 상쇠가 있었다. 그것도 아주 드문 총각 상쇠인데, 이 상쇠가 속한 풍물굿패들이 인근 몇 마을로 걸궁을 나갔다. 이 상쇠는 총각인지라 특히 처녀들에게 인기가 있었고, 급기야 그중 한 처녀와 눈이 맞아 정분이 나버려 그날 밤을 같이 지내게 되었다. 풍물굿패의 신호는 나발로 이루어지는데, 나발 1초를 울리면 곧 풍물굿을 어르기 시작할테니 대기하라는 신호이며, 그 전날 밤 굿판이 끝나고 각각 여러 집으로 나뉘어져 잠을 자던 치배들은 각자 하던 일들을 멈추고 대기하게 된다. 나발 2초가 울리면 치복도 입고 악기도 점검하여 메라는 등 모든 준비를 완료하라는 신호이고, 나발 3초가 울리면 모두들 동청 마당으로 모이게 되는 것이다.

그런데 이 총각 상쇠는 어쩌다 새벽까지 깨가 쏟아졌든지 나발 1초, 2초 소리를 듣지 못하고, 3초가 울려서야 가까스로 치복을 챙겨입고 동청 마당으로 허겁지겁 달려갔다. 그래서 가까스로 굿이 이루어졌는데, 한창 어르다보니 머리 위에 상모를 못매고 나와버렸다.

이 될 수가 있다.

'자그똥 자그똥' (발을 중심으로 한 걸음새)

'옴찔옴찔' (어깨를 중심으로 하는 상체놀음)

'깐딱깐딱' (두 팔을 치켜들어 하는 팔놀음)

풍물굿은 두 손은 악기를 다루어야 하기 때문에 손이 해내야 할 너름새를 발놀음이나 부포놀음이 대신해 내는데, 특히 상쇠의 부포놀음은 너무나 기다리는 진짜 발뒤꿈치 신명기예이다. 곧 부포질을 해야 할 때가 다가오는데 굿을 그칠 수도 없고[6] 해서 굿을 치며 궁리한 끝에 치고 있는 가락에 맞는 입장단을 생각해내어 치배들과 다음과 같이 어루었다.

> 벙거지 벙거지 횃대끝에 검벙거지
> 벙거지 벙거지 물동우에 내벙거지[7]

이 입장단의 내용은, "어젯밤에 옷벗어 걸어두었던 횃대 끝에 벙거지를 걸어놓았으니, 처녀여, 물길러 가는 척하며 물동이에 숨겨가지고 갖다주렴"이다. 그래서 무사히 부포놀음을 해내었다고 하며, 이 뜻을 가진 입장단이 그 지역의 풍물굿 가락 속에 지금까지도 들어 있게 된 이유가 되었다.

우스개의 예지만, 위와 같이 구체적인 생활인들의 정서와 희로애락과 밀착된 생활의식들이 만들어낸 생활장단인 것이며, 풍물굿을 전수해내는 탁월한 지혜력으로 우리 주위에 많이 전해져 내려온다. 몇가지 예를 들어보면,

> 별따세 별따세 하늘잡고 별따세
> 꽁꺾자 콩꺾자 두렁너머 콩꺾자
> 줄기줄기 산줄기 골짝골짝 물줄기

---

6) 풍물굿은 상쇠라 하더라도 자기 마음대로 치다가 끊을 수 없으며, 만약 모든 사람들의 신명 흐름을 중간에 끊었다가는 무지막지하게 욕을 얻어먹으며 실력도 폄하당한다.

7) 상쇠가 쓰는 상모는 검정색 털벙거지에다 부포를 단 부들상모를 많이 쓰고, 부포, 전립, 벙거지라는 말로 불리운다.

쿵 쿵 문여소 복들어 강께 문여소

땅도 땅도 내 땅이다 조선 땅도 내땅이다

오동동동 가시나야 방구동동 끼지마라 붕어새끼 놀란다

……

풍물굿의 전수는 입장단을 통해서 된다. 입장단은 음의 길이와 강약뿐 아니라 가락의 느낌까지 탁월하게 전달해낸다. 보통은 구음식으로 전달되는 가락이 많은데, 예를 들면 갠지갠지, 갱 ― 매개깽응 ― 매개깽, 니리갱 두리갱 두르팽깽 등등이다. 이런 구음들은 척 듣기만 해도 쌩통배기(초보자)들도 쳐낼 수 있을 정도로 한배와 느낌이 일순간에 막힘없이 전달된다.

구음식의 가락 외에 오랫동안 내려오는 주요 가락들은 위의 예들과 같이 다분히 시적인 입장단으로 되어 있다. 가장 많이 쓰이는 삼채류인 '땅도 땅도 내땅이다 조선땅도 내땅이다'와 이채류인 '별따세 별따세 하늘잡고 별따세' 등은 지금도 전국 어디서나 들을 수 있는 입장단이다. 그리고 이와같은 입장단은 그야말로 삶과 유리되지 않는 한 구절의 생활시이다.

민중들의 미의식은 생활을 절대 벗어나지 않고 미의식만을 특화시켜내지도 않는다. 공동체적 생활을 거스르지 않는 틀 속에 그냥 포함되어 있는 생활의식 자체가 민중들의 미의식이다. 자연과 노동과 친화력있는 대도를 가지며 살이기는 직접 생산담당자로서의 건강한 생활의식 속에 포함되어 있는 나름의 어설프지 않는 삶의 노력들이 민중적 미의식인 것이다.

산간지역의 논들은 다랭이가 참 많다. 비오는 날 우산 쓰고 논에 물꼬보러 가면 논 한 다랭이가 없어져 주인이 다랭이를 세고세고 하다가 결국은 우산 밑에 가려져 있는 조그만 다랭이―우산다랭이―를 발견해낼 정도로 논다랭이가 많다. 다랭이가 많으면 논두렁 풀깎는 일이 참 고역인데, 여차저차한 다른 일로 좀 바쁘다가 행여 풀깎는 때를 놓쳐버리면 그 논두렁을 오가는 사람한테 놀림을 많이 당한다. 논두렁 풀도 제대로 못깎는 어설픈 사람이라고 하면서 노동의 숙련도를 폄하당하는 치욕적인 놀림을 받는다.

논두렁 풀은 남들 보기 좋으라고 깎는 것은 물론 아니다. 논두렁 풀을 깎지 않으면 우선 물꼬보러 다니는데 지장이 있고, 무엇보다 바람이 잘 통하지 않아 밀식재배하는 나락들 사이에 병이 잘 생기기 때문에 깎아주어야 한다. 실제적인 그런 이유들 때문이 아니더라도 논두렁풀이 수북하면 본인도 껄쩍스러울 뿐더러 오가는 동네 사람들도 다들 껄쩍스러워 한다. 뭔가 답답하고 맘이 안놓이는 등 어설픈 것이다.

어설픈 것을 못참는 것이 노동을 통해 성장해온 민중들의 생활의식인지라 너도나도 논두렁 주인한테 한마디씩 하는 것이다. 그래서 달려들어 논두렁풀을 한 두 나절만에 싹 깎아놓으면 모두들 '거 참 좋다'하며 체증이 내려가는 것처럼 시원해들 한다. 그리고 사실 논두렁풀을 싹 깎아놓으면 참 논들이 보기가 좋고 나락들도 예쁘게 보이고 안정되어 보인다. 그리고 논두렁풀을 하나 깎더라도 맵시있게 알뜰살뜰 깎아놓아야지 덜 깎은 머리처럼 옴쑥옴쑥 깎아놓으면 영락없이 또 노동력을 평가절하당한다. 공동체적 생활의식과 이렇게 결부되어 '거 참 좋게' 깎아놓은 논두렁이 민중들의 미의식—생활과 유리되지 않은, 생활과 분리해낼 수 없는 미의식인 것이다.

문자를 배울 수도 없었고, 더구나 중림무황태라는 악보를 그려낼만한 실력도 없었던 무지렁이 농민들이지만, '문자의 체계'를 이겨낼 뿐더러, 오히려 더욱 탁월하게 삶의 총체성을 체계화시켜내는 지혜력들을 만들어 내는 것이다. 이러한 민중들이 삶과 유리시킬 수 없는 미의식들을 삶과 함께 어설프지 않게 키워나가는 모습을 풍물굿의 입장단에서 볼 수가 있다.

(4) 가락 — 맺고 푸는 생활호흡

민속학자들은 풍물굿이 갖고 있는 여러 가락을 중심으로 판단하여 음악성이 아주 높은 것이 농악이라고 한다. 가락도 풍물굿의 중요한 한 구성요소이기 때문에 음악성의 강조를 무시할 필요는 없지만, 음악성만의 강조가 서양적 장르 관점의 시각만이 강조되어 풍물굿의 본디 모습들을 죽여버리는 결과가 되기 때문에, 우리가 가져야할 시각이 협소 내지 오도되어 버리는 경우가 된다. 그 결과가 오늘의 풍물굿의 부정적인 모습들인 것이다.

풍물굿의 풍물(악기) 구성은 다분히 천혜적이라 한다. 쇠·징·장구·북의 타악기와, 유일한 관악기인 날라리가 잘 어울려지면 '자지러지고' '푸지고' '신명을 긁어내고' 발과 몸을 저절로 놀리는 충동이 되는 것이다. 쇠가 자갈자갈자갈 하며 끓으면, 징은 묵직하게 징 하며 쇠를 푸지고 촉촉하게 감싸주고, 거기에 또 가죽소리가 달라붙어 장구가 콩박콩박 하면 북이 쿠웅쿵 하며 깊이를 더해준다. 어느 것 하나라도 빠지면 뒷골이 허전하여 당최 신명이 동하지 않을 정도로 짜임새가 신명조립을 위해 꽉차게끔 구성이 되어 있어서 정적인 감상이 도저히 될 수가 없는 것이다.

그런데 이 악기들만으로는 천혜적인 구성이 완성되지가 않는다. 잘되는 풍물굿판은 악기들 소리 외에 악기들 소리를 보나 신명판이 되게끔 배가시켜주는 더 중요한 소리가 있는데, 바로 여러가지 사람들의 소리이다. 많은 사람들이 신명을 돋우려고, 또는 신명을 못이기어서 여기저기서 불규칙하게 내던지는 단순한 고함, 추임새, 박수소리, 줄창 쉬지 않고 놀아대는 거친 숨소리 등등의 소리들이 하나의 규칙적인 흐름의 가락이 되고, 이 신명소리의 흐름들이 또 하나의 탁월한 풍물이 된다.

더구나 이 소리들이 있어야 기존 풍물들(쇠, 징, 장구, 북, 날라리)이 사실 기를 펼 수 있는 가락이 되며, 사람 소리 가락들이 있어야만 가락의 신명맛이 완성되는 것이다. 사람들의 호흡의 참여없이는 억지로 동하게끔밖에 못하는, 꽉차지 않는 판밖에 만들어지지 않는다.

풍물굿만이 아닌 모든 우리 음의 특성은 구성이 '내고 달아 맺고 푼다'라고 되어야만 그 음들이 제몫들을 해낼 수가 있다. 그 경지를 가장 짜임새있는 소리라고 하는데, 그 원리는 맺고 푸는 데 있다. 즉 긴장과 이완의 변환이 소리의 생명이라 한다. 물론 맺기 위해서는 소리를 '내어'(조금씩 익숙하게끔 어루어) '다는'(막 일어나는 기운들을 끌어서 달구는) 것을 필요로 하지만, 역시 맺고 풀기 위해서 내고 다는 것이다.

문제는 그 맺고 푸는 흐름이 무엇을 준거로 이루어지는가 하는 점이 중요하다. 풍물굿 가락 중에서 위의 짜임새가 탁월한 것이 오채질굿이라 하는데, 오채질굿은 '절름거리는 박자'로, 2박자 3박자가 불규칙하게 반복되는 아주 어려운 가락이다. 오채질굿이 리듬음악으로서 탁월한 음악적 기제를 가진 것이라는 '음악적' 평가가 높이 나 있고 세계의 유명한 음악가도 놀랐다고 한다. 그 음악성의 기준이 어디에서 연유하는지는 몰라도 오채질굿의 생명은 그것이 노동의 리듬이라는 데에 있다고 본다. 즉 오채질굿의 맺고 푸는 흐름이 노동의 리듬에서 나온 것임에 틀림이 없는데, 단지 지금의 노동의 리듬하고는 맞지를 않아 아직 확실하게 풀지 못하는 수수께끼로 남아 있다.

다만 유명한 상쇠나 마을 단위의 마당쇠들조차 한결같이 "외마치 홑질굿[8]은 질굿도 아니여. 질굿은 접질굿(즉 오채질굿)을 내야 제격이고 푸져"라고들 한다. 접질굿을 내야 제격이고 그제사 몸에 착 달라붙어 안심이 된다고 하는 것이다.

자신들의 몸에 익숙하다는 것은 자신들의 생활 리듬에 익숙하다는 것이고, 따라서 이 오채질굿에 맞는 노동의 리듬이 있었다는 것이다.

---

8) '징길산돈닷돈징기리산돈닷돈' 하는 식의 단순한 굿거리조의 질굿.

노동이라는 것은 분명히 맺고 푸는 리듬이 있는데, 모든 노동 자체는 살살 어르면서 일을 시작해서 조금씩 몰아나가다가 손바람나게 일을 고조시켜 후딱 해치울 때가 있어야 하는 반면(노동), 그것들을 원만하게 풀어 내면서 또다시 손바람을 내게끔 할 수 있는 푸고 다시 어르기의 때가 있어야 한다(노동력의 회복, 재생).

더구나 날마다의 노동만이 리듬을 가지는 것이 아니라, 절기의 리듬도 있고, 1년의 기간을 타는 리듬이 복합적으로 이 노동의 리듬을 만들어낸다. 그리고 노동이 중심이 되는 생산자로서의 생활모습에 맺고 푸는 노동 리듬이 생활 리듬, 즉 생활호흡으로 체화됨은 당연한 일인 것이며, 익숙한 몸짓에 달라붙게끔 발전해왔던 풍물굿 가락은 이 생활의 리듬, 노동의 리듬에서 나왔다고 하는 것은 충분히 연관해 낼 수 있는 것이다. 그 맺고 푸는 생활호흡이 반영된 가락이 오채질 굿보다는 차라리 현장 상쇠나 마당쇠들의 표현인 '안(암)퐈엮음'에서 오히려 더 정확하게 반영되고 있다.

풍물굿 치배의 구성은 상당히 의도적으로 되어 있다. 깽매기의 배열까지도 신경을 많이 쓰는데, 예를 들어 쇠의 순서는 상쇠, 부쇠, 중쇠, 종쇠(끝새, 막새)하는 식으로 나가며, 깽매기도 숫깽매기, 암깽매기를 교대로 쓴다. 상쇠는 주로 소리가 우렁차고 끝소리가 벌 울음소리와 같이 웅웅 울리는 섯으로 끝나 때리는 소리 이외에는 별로 잔게 울리지를 않는 숫깽을 쓰며, 부쇠는 소리가 자갈자갈 끓으며 섬세하고 푸지게 여운이 많은 암깽을 쓰고, 나머지 쇠잡이들도 교대로 숫깽 · 암깽을 쓴다.

상쇠는 전체를 통솔하는 지위를 가지며, 부쇠는 소리만을 주로 내는 위치를 가지는데, 암깽 · 숫깽을 교대로 쓰는 이유도 소리와 해야 할 몫의 역할 분담을 하여 보다 전체적인 판을 맺고 풀고 하는데 도움을 줄 뿐더러, 가락 전체의 맺고 푸는 협화 자체도 푸지게 하여준다. 쇠의 구성뿐만 아니라 가락 자체도 암가락 · 숫가락이 있으며, 구성도 암·수를 엮어서 한다. 즉 '안팎엮음'이 있다.

예를 들어 많이 쓰이는 삼채가락을 보면 '땅―도땅―도내―땅이다'라고 열어주는 가락이 있으면, '조선―땅―도내―땅이다'라고 닫아주는 가락이 있어야 된다고 하고, 그 열고 닫아주는 것을 암·수가 교대된다고 하여 안팎엮음이라고 한다. 그래서 같은 가락을 계속 치는 법은 없고, 꼭 암·수 교대로 변화를 주어 친다.

겉으로 보면 단순히 가락의 다양한 변주같지만 잘 놀리기 위한 가락의 다양한 변화 이외의 다른 뜻이 여럿 있다. 가락은 부르고 대답하는 제짝이 있어야 서로 제몫을 충분히 해낸다는 인식이 오랫 동안 강하게 내려왔다. 푸지게 암·수 교대하는 가락은, 신명을 꽉 차게 하는 하나의 가락 흐름을 만들어 나가는데 상당히 유용하다는 점이 있다. 무엇보다도 사람의 속 깊이 잠재되어 있는 신명을 아니놀지는 못하게끔 쿡쿡 찌르고 쑤셔내어 밖으로 끄집어내게끔 하는데, 이 안팎엮음의 유용한 경험들을 생활의 현장에서 실천해왔다.

이 점은 위의 삼채의 예에서와 같이 한 가락을 암·수 교대로 치는 것에서 보다 그 가락이 놀아지는 한거리 길이만큼의 흐름의 안팎엮음이 그 기능을 더 잘 나타내준다.

갠지갠굿[9]의 안팎엮음의 흐름을 예로 들자면, 갠지갠굿의 기본가락은 3분박 4박으로 | 갠― : ―지 : 갠― | 갠― : ―지 : 갠― | 갠― : ―지 : 갠― | 갠― : ―지 : 갠― | 으로 구성된다. '내고 다는' 가락인 질굿이나 반풍류 가락을 치다가 이 갠지갠 가락으로 넘어와서 위 기본가락을 한참 '비벼댄' 다음 | 갱― : ―― : ―매 : ― | 갠― : ―지 : 갠― | 갱― : 매― | 갠― : ―지 : 갠― | 을 소리내어 새로운 흐름을 반복하다가, | 갱― : 매― | 갠― : ―지 : 갠― | 응― : ―― : 매― | 갠― : ―지 : 갠― | 하며 또 한번의 변화를 준다('응'이란 쇠를 왼손

---

9) 삼채류로서 좌도굿에서 가장 신명을 돋구어내는 놀기 편한 가락이며, 거의 숨을 쉴 수 없을 정도로 몰아나가서 '달아맺는' 가락이다.

으로 막고 가락을 내지 않는 의미의 소리이다).

위의 기본가락과 두번의 변화를 쇠잡이의 임기응변력을 가지고 막 '엮어내어' 긴 호흡의 암·수 교대의 흐름을 만들어내면 신명은 참으로 동해진다. 여기에 멈추지 않고 그 흐름을 벗어나지 않는 잔 암·수를 더욱 다양하게 엮어내어 조이는데, | 재쟁 : —— : 기— | 갠— : —지 : 갠— | 응. : —— : 매— | 갠— : —지 : 갠— | , | 재쟁 : —— : 기— | 갠— | —지 : 갠— | 응— : —지 : 개— | 갠— : —지 : 갠 | , | 재쟁 : —— : 기— | 쟁— : —— : 쟁— | 응— : 쟁— : —기 : 쟁— | 등등을 한 가락만의 계속적 반복, 혹은 두 가락의 길고 짧은 반복, 혹은 서너 가락의 무차별 섞음, 혹은 다시 두 세 가락의 차근한 반복 등의 갖은 안팎엮음을 해대면 신명의 강도는 늦춰졌다 조여졌다 하며 한거리[10]의 흐름이 완성되어간다.

이 흐름을 점점 더 조여나가 모두의 이마에 땀이 흘러내릴 때쯤의

---

10) '한거리' 란 그 자체로서 맺고 푸는 과정을 가진 소(小) 신명의 흐름을 말하며, '한판' 이란 점점 고조되는 여러 거리들로 구성되어 풍물굿판의 시작과 끝이 있는 커다란 한 신명의 흐름을 말한다. 예를 들어 '질굿을 친다' '질굿을 낸다' 하면 질굿이란 가락만을 치다는 의미가 아니라 하나의 '질굿거리' 를 만든다는 뜻이다. 질굿거리란 한번의 소신명을 만들어내야 하는 것이 당연한 유일한 목적이며, 요즘같이 이상야릇하세 질굿이라는 가락만을 쳐내나가 사기 밈대로 끊고 어쩌구 할 수가 없는 것이다 이것은 엄연한 풍물굿의 내재적 규율로 되어 있으며, 신명조립을 제대로 해내느냐 못해내느냐가 풍물굿 질의 규준이 된다. 질굿거리의 흐름은 치밀한데(모든 거리들도 마찬가지지만) 실굿이라는 가락과 그 변주만이 존재해 있지 않다
   질굿거리의 구성을 예로 들어보면, 앞가락·본가락이 교대되는 질굿가락 → 질굿의 조임(굿거리조에서 삼채류 쪽으로) → 자연스럽게 넘어가야 하는 넘어가는 가락 → 갠지갠굿 → 갠지갠굿의 안팎엮음 → 갠지갠굿 조임 → 넘어가는 가락 → 휘모리(이채류) → 다드래기조의 안팎엮음 → 조임 → 맺음으로 구성되는데, 이 구성의 목적은 분명히 신명을 여하히 자연스럽세 만들어내느냐이며, 그를 위해 모든 거리는 이렇게 치밀하게 구성되어 있으며, 사람을 잘 놀리느냐 못놀리느냐는 말로 그 거리의 질이 가늠이 되는 것이다. 이 조그마한 한 호흡의 신명(거리의 소신명)이 모여서 카다란 한 신명(판의 대동신명)의 흐름을 만들어 나가는데, 그 '신명곡선' 을 그리자면 다음과 같으며, 모든 풍물굿의 목적은 이 신명곡선을 여하히 그려내야 하는 것이다.

시기에 마지막 엑스타시의 과정인 이채류(맺는가락)로 넘어가서, 이
이채류로 안팎엮음을 해내며 한거리 전체를 맺어 완성시킨다. 그리고
다듬거리가 다시 무르익을 때까지 풀이의 시간을 갖는 것이다.[11] 즉

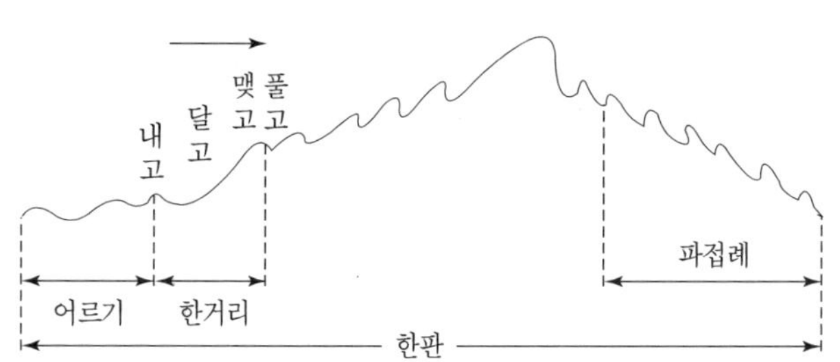

11) 모든 가락은 소위 음악성이라는 것이 기준이 될 수 없다. 거듭 강조하지만 가락의 존
재 이유는 생활호흡을 통한 신명조립에 있다. 신명조립의 기준의 내용은 내고 달아 맺
고 푸는 것이며, 그를 위해 각 가락은 고유의 역할과 위치가 있다. 요즘의 풍물굿의
부정적인 어처구니없는 모습이란 서양적 감수성의 음악성이라는 비총체적인 장르 개
념의 기준으로 이상야릇하게 풍물가락이 재편되어 본디의 가락의 속성이 호도되어가
고 있는 모습이다. 풍물굿의 가락은 고유의 역할과 전체 흐름에서의 위치가 어르는 가
락, 내는 가락, 내고 다는 가락, 달아맺는 가락, 맺고 푸는 가락, 풀어 다시 어르는 가
락 등으로 분류되어지는 것이 바람직하다.
　질굿을 다시 예로 들면, 질굿의 앞·본가락은 소리를 내어 어르는 가락이고, 넘어가
서의 갱지갠 가락은 그 어름을 달아 달구는 가락이고, 갱지갠 안팎엮음과 조임은 달아
노는 가락이고, 넘어가서의 휘모리는 맺으려 하는 가락이고, 안팎엮음은 마지막 숨까
지 조여 완전히 맺는 가락이고, 그 맺음의 정도에 따라 풀이가 있으며(이때는 먹고 쉬
는 사람들의 왁자지껄한 모습과 소리들이 가락이 된다), 다시 모이는 가락을 쳐내어
다음 신명의 거리를 재차 내고 어르는 것이다.
　이렇게 된다면 이제까지의 징박을 중심으로 한 가락의 빠르기에 의한 분류나 단순
한 놀이거리에 의한 가락의 애매한 이름붙임에 의한 분류보다는 신명조립의 기준으로
분류하는 것이 바람직하다. 완성된 모습은 아니지만 좌도굿인 임실 필봉굿중 앞굿(모
임굿, 훈령굿, 질굿, 외마치칠채굿, 호허굿, 풍류굿, 방울진굿, 영산굿의 거리도 되고,
치배들의 가락과 진과 춤중의 판)의 여러 거리들의 가락을 위의 기준으로 분류해 보
자면,
　내고 어르는 가락 : 모이는 가락, 훈령굿의 터는 가락, 질굿거리의 앞·본가락, 외마치
칠채거리의 본가락, 호허굿거리의 호허굿 어르기와 본가락, 풍류거리의 풍류가락, 가
진 영산거리의 털고 어르고 부르는 가락, 방울진거리의 어르기 가락 등.
　달아 노는 가락 : 질굿의 갱지갠굿 가락, 외마치칠채굿의 조임가락과 갱지갠가락, 호
허굿의 자진호허굿 가락, 풍류굿의 자진풍류와 갱지갠굿, 가진영산의 본가락, 재능기

가락 자체의 안팎엮음, 한거리의 흐름으로서의 맺고풀음, 전체의 한 판이 되기 위한 안팎엮음의 흐름들이 한판의 풍물굿판에 있는 것이다.

이와같이 가락의 원래 기능이란 가락 중심의 보기좋은 연주가 아니라 끊임없이 모든 사람들의 잠재적 신명들을 들쑤시고 긁어내어 신명의 판을 열어놓고, 그 신명들을 스스로 조여나가게끔 끊임없이 안팎엮음을 해나가며 몸짓의 강약, 고저 등을 자연스럽게 맺고 풀게 해주어 점점 더 전체의 집단신명을 만들어 나가는 것이다. 아울러 노동의 몸짓, 생활호흡에 착 달라붙어야만 하는 것이 기준이 되어 가락의 변화 발전이 되어 왔으며, 그렇게 기능이 되어야 하는 것 등이 가락의 존재이유가 되는 것이다.

그리고 굿판에서 추어지는 춤들인 보릿대춤이나 몸짓들은 물론 노동의 구체적 몸짓에 익숙한 모습이며, 안팎의 다양한 엮음이나 한거리의 맺고 풀음, 한판의 풍물굿판 자체는 구체적 노동의 모습뿐만 아니라 한 노동과정의 노동의 흐름, 노동하는 사람들의 생활주기 등 생

영산의 본가락 등.

맺어푸는 가락 : 훈령굿의 이채류, 질굿의 휘모리와 다드래기, 외마치칠채굿의 다드래기와 휘모리와 된삼채, 호허굿의 짝두름, 풍류굿의 휘모리, 방울진굿의 싸잽이, 다드래기 영산 등.

풀이 가락 : 신넝을 나하 후의 민족하는 소리, 이직 남은 신명이 마지막 개인적 풀이, 이번 거리에 대한 찬사와 펴가의 소리, 먹고 마시고 따르는 소리 등의 사람의 소리가락.

그리고 생활호흡을 통한 신명조립은 거리의 맺고 푸는 것에서 뿐만 아니라 한판 전체의 짜임새에서도 잘 나타난다. 가락뿐 아니라 이 거리들도 각기 고유의 역할과 위치가 있어 전체의 신명흐름을 만들어내는데, 예를 들자면 필봉굿의 앞굿의 구성순서는 대략 모임굿 → 훈령굿 → 질굿 → 외마치칠채굿 → 호허굿 → 풍류굿 → 방울진굿 → 영산굿의 순서를 가지는데 매우 엄격하게 지켜진다. 모임굿, 훈령굿은 시작을 알리는 치배 중심의 어르는 거리로서의 역할과 위치를 가지며, 질굿과 외마치칠채굿은 내는 거리, 호허굿·풍류굿·방울진굿 등은 내고 다는 거리, 좌도굿의 꽃인 영산굿은 맺는 거리를 담당하며 전체 신명이 커다란 한 신명곡선을 그려내고, 그 다음 뒷굿(놀이를 중심으로 하는 보다 큰 대동굿)으로 넘어간다. 이러한 속성을 가지고 있는 가락과 거리들이 제멋대로 규율없이 혼재되어 있는 요즈음의 가락과 굿의 구성은 도대체 사람의 신명조립의 흐름과 생활호흡과는 전혀 상관이 없는 죽은 풍물굿인 것이다.

산자로서의 총체적 삶의 호흡과 너무나도 흡사한데, 그 좋은 예가 모심을 때의 노동의 흐름이다.

'모내기판'이라는 것에는 풍물굿판과 거의 같은 호흡의 흐름이 있다. 이른 아침에 여럿이 모찔 때부터 살살 노동하기 최적인 상태의 몸이 되게 몸을 달구기 시작하여, 본격적으로 모를 심고, 새참 먹고, 일하고 쉬고, 일하고 점심먹고, 그때부터는 몸들이 손바람내기에 딱좋은 상태로 되어 일을 조여나가 마무리를 지어 맺듯이, 풍물굿판도 그러한 조그마한 맺고 풀음이 교대되어 커다란 한 흐름을 만들어 나가는 것에서 두 판(일판과 놀이판)의 호흡이 거의 비슷함을 보여 준다.

이와같이 풍물굿의 가락은 음악성의 발전이라는 시각이 아닌 신명의 흐름을 내야 하는 쪽으로 기능하고 발전해 왔으며, 그 발전의 기준은 집단신명을 맺고 푸는데 있으며, 그 맺고 푸는 흐름은 노동을 중심으로 하는 생산자로서의 노동의 호흡과, 그를 중심으로 한 생활호흡이 되고 있는 것이다.

(5) 덕담·축원의 공동체적 축복의식

이 부분은 다음 절 '마당밟이'에서 자세히 다루겠다.

(6) 뒷굿 — 더불어 놀리는 대동적 기제

뒷굿이란, 판굿 중에서 치배들과 춤꾼 중심의 진풀이가 있는 앞굿 이외의 놀이와 춤이 중심이 되어 앞굿보다 더 대동으로 놀아지는 풍물굿판을 말하며, 좁은 의미로서는 그 뒷판을 주동적으로 꾸려나가는 뒷치배들(=잡색)을 일컫기도 한다. 그래서 보통 '뒷굿이 좋다'라는 표현은 앞굿·뒷굿을 막론하고 맹활약을 하는 잡색들이 잘 논다는 뜻도 있고, 판굿의 후반부에 있는 뒷굿거리 중심의 굿판이 잘 된다는 뜻도 된다. 보통 뒷치배(잡색, 허두잽이)의 구성은 다음과 같다(필봉굿의 예).

대포수 쇠옷에 관 차림인데, 그 관에는 대장군이라고 흔히 쓴다. 치배의 총지휘자가 상쇠라면 잡색들의 지휘자가 대포수인데, 상쇠만큼 굿모리(굿의 순서와 흐름)와 진풀이를 알아야 한다. 등의 봇짐에는 포수를 흉내내어 죽은 꿩을 달고 다니나 실제로 그 봇짐 안에는 여벌의 쇠채·장구채·소구채 등이 들어 있어 치배들이 혹 굿 중에 채를 분실하거나 분질러먹으면 자연스럽게 너울너울 춤을 추어 날라다주고, 혹 귀한 부포털이 하나 둘 빠지면 잘 주워다가 보관도 한다. 주로 하는 일은 뒷치배들을 항상 잘 배열시키고 대중 속을 넘나들게 지휘하는 등 굿판 안의 보이지 않는 살림꾼 역할을 한다.

양반광대 도포에 관을 쓰고 부채와 담뱃대를 들었다. 탈을 쓸 때가 더 많은 데 코가 정상적인 것, 비뚤어진 것 2개를 붙였다. 탈춤에서 보여지듯이 풍물굿판에서도 권위를 상징하지만, 대중들한테 숱한 놀림감이 되는 어수룩한 잡색이다.

조리중 회색 바지저고리, 홍색 장삼에다 송낙까지 눌러쓰고 목탁을 들거나 헤프게 춤을 추고 다닌다. 양반광대와 마찬가지의 역할을 해낸다.

화동 말뜻으로는 꽃쟁이인데, 실제로는 짧은 붉은 두루마기 차림으로 계화를 꽂은 패랭이를 쓰고 나와 주로 춤을 춘다.

창부 짧은 푸른 두루마기를 입고 꿩작목을 패랭이에 꽂아 쓰고 나오며, 역시 주로 춤을 추며 논다.

농구 상쇠 복장, 걸립질을 주로 한다.

할미 할미의 평복.

각시 각시의 평복. 주로 남자가 분장하여 파격적인 웃음을 만든다.

무동 몸무게가 적게 나가는 사람이 맡는데, 쾌자를 입고 땋은 머리채를 달거나 복건을 쓰기도 한다. 소고잡이나 북수 등이 필요할 때 들어 올리면 그 위에서 춤을 춘다.

이 잡색들은 참 부지런한 역할들을 해낸다. 원진이 만들어지면 앞

치배들이 만든 원 안에서 흐드러지게 춤을 추어 신명을 돋구든지, 대중 속으로 들어가 벼라별 즉흥 연기를 엮어내다가, 다시 다른 진풀이가 시작되면 또 잽싸게 들어와 소고수 뒤에 정렬하여 같이 진을 푼다든가, 아예 상쇠와 앞치배들과 다른 열을 만들어 맞진풀이를 한다든가 하다가 그새 원진으로 돌아오면 또 부리나케 대중 속으로 들어가는 등 전체의 굿모리를 거스리지 않는 한에서 무시로 대중 속을 넘나들면서 대중들의 신명을 긁어내어 고조시킨다.

그뿐 아니라 소신명의 한거리가 끝나면 술을 돌린다, 모자라면 어디가서 지고 온다, 연방 치배들을 칭찬한다, 즉석 노래굿판을 꾸며낸다, 아주머니들을 홀려내어 조그만 춤판을 벌인다, 느닷없이 어사또 출두 장면을 흉내내는 등 굿판의 열기를 되도록 식지않게끔 보존해 내는 부지런함을 보인다. 더구나 마당밟이할 때는 굿치는 순서를 결정해내고, 미리 몇몇은 그 집에 먼저 들어가서 대주막 그릇을 내어 쌀을 퍼내고, 솥뚜껑 엎어 촛불 켜놓고 두부국 데워놓으라고 성화같이 재촉하고, 마당 가운데 불피워 놓고 추진 땅에 짚더미 깔아놓는 등 굿을 쳐내기 위한 좋은 조건을 만들어내고, 그런 연후에 마당밟이가 시작되면 예의 그 판 안에서의 부지런함을 떨다가 집주인에게 갖은 모양새로 아양을 부려 두둑한 굿돈이나 쌀을 받아내면 그걸 치켜들고 여봐란 듯이 굿판을 휘젓고 다니면서 치배들의 흥까지 돋우워낸다.

이 신명조립의 배우들은 풍물굿판의 신명을 결정적으로 대동화시켜주는 막강한 열음의 일을 해낸다. 대중과 치배들의 굿판 사이를 부지런히 넘나들어 대중과 신명판을 교류시켜서 대중의 관심도와 참여폭을 자연스럽게 극대화시켜 그야말로 치는 자 보는 자 노는 자 구별이 없는 한 판의 대동적 판을 만들어내는 기제 그 자체인 것이다.

이 허두잽이들이 중심이 되어 본격적인 대중 중심의 놀이판을 꾸며내는 것이 뒷굿이다. 앞굿에서는 사람들의 신명을 긁어내어 판에 참여시키게끔 어르어놓고는, 뒷굿에서는 놀이를 중심으로 거의 모든 사람들을 주체로 만드는 판을 벌인다. 앞굿은 대개 초저녁에 시작되어 밤이 으슥해지면 끝나는데, 뒷굿은 그때부터 밤을 새워낼 정도로 질과 양에서 신명이 앞굿을 압도해 낸다. 더구나 남자들 중심의 굿이 앞굿이라면, 뒷굿에는 아주머니, 할머니, 동네아이들까지도 참여할 뿐만 아니라, 시아버지·당숙·아재들이 쳐내는 판에 함부로 끼지 못하고 나무그늘이나 담 밑에서 몸으로만 동동 굴러대던 젊은 아낙들의 신명도 스스럼없이 참여해낼 수가 있는 등 이때부터는 전마을적 참여가 있는 명실상부한 굿판이 되는 것이다.

필봉마을 풍물굿의 예를 들어보자. 뒷굿의 종류에는 군영놀이 영산굿, 돌굿, 수박치기굿, 등지기굿, 노래굿, 도둑잡이굿, 탈머리굿이 있다.

군영놀이 영산굿이란 영산 가락에 맞추어 하는 개인놀이인데, 처음에는 장구놀이·북놀이·잡색놀이 등 개개 치배 중심의 개인놀이가 있은 후에 소고잽이부터 한 사람씩 불러내어 소고춤 솜씨를 보이다가, 급기야는 아주머니들이 그 소고를 뺏어 숨은 솜씨를 자랑하고, 그것이 확산되어 동네사람 거의 전부가 춤솜씨나 다른 장기를 가지고 모든 사람이 지켜보는 가운데서 한번 놀아보는 판이다. 이때의 판은 가락을 쳐주는 치배들과 소고춤 등을 추어내는 당사자만이 열을 내고 나머지는 그저 바라보는 것이 아니라, 그 당사자의 춤이 어쩐다는둥 한배가 안맞는다는둥, 얼래 저 아줌니가 언제부텀 저렇게 예쁘게 춤을 잘 추느냐는둥 별의별 즉흥평가와 추임새와 악의없는 험담을 해내며 박장대소도 하고, 몇몇은 줄칭 옆에서 계속 따라 추기도 하고, 또 몇은 따로 모여 연습도 하는둥 야단법석인 판이 된다.

돌굿은 춤굿이라고도 하는데, 그야말로 갖은 춤솜씨가 벌어지는 판이다. 느린 풍류가락에 맞추어 모두들 몇개의 동심원을 짜면서 유창하게 춤추며 돌다가 같은 한배조로 뒷가락만 추려서 치는 가락의 신호에 따라 거꾸로 돌면서 춤을 추고, 또 본가락 소리에 또 돌아서 춤을 추는 등 개개인의 자유스러운 춤들이 일정한 룰에 따라 합화가 되는 춤판이다. 보릿대춤에 아주 익숙한 아주머니들과 노인들이 주로 참여하는 멋들어진 춤판이다.

수박치기굿은 일채, 이채, 삼채 가락에 각각 맞는 박수장단을 치며 노는 굿인데, 상쇠와 잡색들, 그리고 동네사람들 모두와 애들까지도 둘씩 짝지어 앉아서 박수들을 쳐대며 논다. 이때 잡색들이 일부러 틀린 동작이나 과장된 동작, 박수 중간에 코푸는 동작, 남의 이마를 때리는 동작을 박자에 맞게 섞으며 모두들 웃기다가, 그러다가 박수가 틀리면 또 새롭게 시작을 하는 등 풍물가락과 박수 가락이 어울려져서 달뜬 분위기를 더욱 푸지게 하여준다.

등지기굿은 일명 등섬지기, 콩떡쑥떡이라고도 한다. 사람들이 마주보는 두 줄백이로 늘어서서 한편이 한 가락을 쳐내며 한 발짝 접근하면 곧 다른 편이 한 가락 치면서 한 발짝 접근, 계속 조금씩 마주 접근하여 사이사이로 빠져나가 진영이 바뀐 두 줄백이가 되면, 이제는 한가락에 뒷걸음질 한번 하며 접근하다가 등이 서로 닿으면 교대로 등으로 사람을 들었다 놓았다 하는 놀이이다. 이때 잡색들의 서열찾는 싸움, 요란스레 같이 넘어지는 모습, 자기가 들어주어야 할 때 도망가는 등 예의 신명 조립의 배우로서의 몫을 단단히 해낸다.

뒷굿이 어느 정도 진행되었을 때와 중간의 휴식기간이 너무 길었거나 할 때 가락에 맞추어 공동으로 재미있게 하는 집단 체조놀이판이다. 단순히 구령에 맞추어 콩떡쑥떡하는 동작만 반복한다면 참 단조롭고 지리하고 신판나지 않을텐데, 잡색들의 회놀이들이 그러한 단조로움을 깨뜨리며 왁자지껄한 판을 만들었다가, 그러한 웃음판 속에서 다시 시작하고 어쩌고 하다가 또 깨뜨리고 하면서 실은 커다란 신명의 맥을 요리조리 구성해내는 기제가 되는 것이다.

노래굿은 휘몰아치는 신나는 진풀이를 우선 후딱 해치우고나서 커다란 두 줄의 반원을 만들어 세마치조의 노동 리듬에 맞추어 간닥간닥하며 부르는 노래판이다. 이때의 노래는 전승되어 내려오는 콩밭매기조의 노동요로 쇠잡이나 소리꾼이 소리를 먹이면 모든 사람들이 "얼싸 허어, 절싸 허어" 받으며 꼭 일하듯이 춤을 추며 논다. 소리와 뒷소리가 투박 그 자체인데, 노동가락이라 그런지 다들 편안하게 들썩들썩 익숙한 춤들을 추어대며 노래를 따라 부른다.

여기서 특이한 것은 노래굿판 처음에 숨가쁘게 몰아부치는 진풀이를 꼭 하고는 노래판으로 들어가는데, 그 이유는 노동하는 사람들은 땀이 나지 않으면 몸이 안풀려서인지 신을 내지 못하기 때문에 진풀이를 한다고 한다. 그런데 정작 노래굿판의 재미는 딴 노래굿판에 있다. 각 굿거리 사이사이의 휴식 때 아주머니들 중심의 소규모 노래판(장구 하나나 두엇 정도와 진도아리랑, 뱃노래 중심의 민요나 또는 유행가)이 벌어지는데, 이 노래판은 치배들이 어느 정도 지치는 한밤에는 모든 여자들뿐 아니라 남자들도 낀 대규모 노래굿판으로 발전하는데, 누구랄 것도 없이 누가 첫마디만 내놓으면 그냥 그대로 합창이 되어버리고, 박수치고 춤추며 보다 근접하게 하나가 되어 놀아진다. 특히 아주머니들의 신명은 앞굿 중심의 풍물굿판보다 이러한 노래굿판에 더욱 익숙하다.

도둑잡이굿은 나름의 극놀이인데, 탈춤의 기원을 풍물굿패의 뒷굿놀이에서 찾는 일이 있을 정도로 여러 지방에서 보이는 발춤놀이와 비슷한 놀이성을 가시고 있다. 이때 치배들은 아예 풍물을 풀어놓고 동네 사람들도 빙 둘러 앉아서 어느 정도 얼개가 잡혀져 내려오는 줄거리를 토대로 즉흥적으로 해내는 놀이를 보며 같이 노는데, 우리들에게 익숙한 하나의 탈마당을 만들어낸다.

탈머리굿은 모두들 머리에 쓴 것들(부포·고깔·상모 등)과 드림 등을 풀어놓은 간편한 복장으로, 그리고 치배들도 간편한 편성으로서 마지막으로 신명을 모아 노는 파접례 마당이다. 이때 '별따자 별따자 하늘잡고 별따자', '콩꺾자 콩꺾자 두렁너머 콩꺾자', '갈리세 갈리세 구경꾼도 갈리세' 등의 입장단을 같이 따라 외치며 모든 사람들이 한

덩어리가 되어 마지막 신명풀이를 한다. 탈머리굿이 끝나면 정식 판굿의 앞굿 · 뒷굿은 모두 끝나는데, 아직도 신명을 다 풀지 못한 사람은 닭이 울건말건 계속 놀아댐은 물론이다.

뒷굿은 참여의 폭이 전마을적이며, 그렇게 되도록 있는 것이 뒷굿이다. 우리 민족이 워낙 놀기를 잘해서 이러한 탁월한 대동판을 만들어낸 게 아니라 너나 구별없이 넘나들어 모두들 주체적으로 놀게끔 여러 기제들을 능동적으로 만들어 내려왔기 때문이다. 그 예가 뒷굿의 대동적 기제인 것이다. 현재의 부정적인 풍물굿의 모습인 앞굿 중심, 그것도 보여주는 가락과 기예 중심의 죽은 모습에서는 뒷굿의 보다 대동적 의미가 사라진지는 오래이고, 뒷굿에 대한 당위만 조금 설명되어지고 있을 뿐이다.

거듭 얘기하지만, 굿이란 것은 모든 장르를 포함할 뿐아니라 생산 담당자로서의 철학성까지 포함된 총체적 삶의 놀이인 것이며, 예술장르라는 관점만으로 총체적 연관을 분리해내려는 정태적 시각이 뒷굿을 점점 죽여놓고 있다. 뒷굿이란 공동체 성원들이 주체적 능동성을 가지고 스스로 만들어 내려왔던 너나 구별없는 대동적 기제이며, 그러한 의미로서만이 새로와져야 한다. 풍물굿은 턱 떨어져서 구경하는 게 아니라 몸과 넋이 신명되어 노는 것이다.

(7) 진풀이 — 일상적 규율훈련

풍물굿의 진풀이에는 원진 · 을자진 · 달아치기 · 멍석말이 · 오방진 · 사통배기 · 호허굿 · 소리굿 · 미지기 · 좌우치기 등의 여러가지 이름의 진풀이가 있지만, 특히 미지기 · 가새진 · 방울진같은 진풀이는 자갈자갈 끓는 보릿대춤 중심의 판을 보다 역동적이고 힘차게끔 만들어낸다. 자칫 소규모의 작은 신명판으로만 내딛을 판을 이러한 활달한 진풀이가 보다 더 힘있는 판으로 만들어내는 것이다. 진풀이가 이처럼 판에 역동성을 부여해내는 일을 하지만, 더욱 중요한 일은 커다란 규율의 흐름을 잡는 일이다.

풍물굿판처럼 난장적인, 아주 자연스러운 판은 없다. 너도 나도 스스럼없이 다양하게 제멋대로 놀 수 있는 열려진 판이다. 그런데 진풀이라는 것은 일단 판을 나누었다 합했다, 잘랐다 붙였다, 꺾었다 폈다 하는 성질을 가지기 때문에 무조건적인 종횡무진하는 방종스러운 자유는 용납을 안한다. 즉 판에 어느 정도의 규율성을 만들어내는데, 중요한 점은 이 커다란 흐름의 규율성이 불문율로 잘 지켜지며, 그렇게 훈련되어진 놀이판을 서로서로 전제로 하여 이 커다란 규율이 오히려 그 흐름 내의 자그마한 파격들을 여러 사람의 신명으로 화하게끔 돋보여내는 사실이다.

이러한 놀이판에서 커다란 흐름의 규율을 서로서로 노력하여 만들어내며, 자신들의 자유스러운 개성들도 죽이지 않는 일상적 규율의 훈련을 이 진풀이는 시켜내고 있다. 이러한 공동체 성원의 일상적 규율성의 훈련은(진풀이만 훈련하는 것이 아니라, 일상 생활 곳곳에서의 규율의 훈련도 해낸다) 유사시 서낭의 돌무덤이 병기창고가 되듯이, 하나의 탁월한 싸움체계와 단결력을 만들어내는데 유용함은 물론이다.

(8) 인간하에로의 기능의 성장·전화

풍물굿 양식의 발전은 가락 하나, 춤 하나, 놀이판거리 하나하나가 대동을 가져내려는 것을 목적으로 하여 발전해 왔다. 몇몇 탁월한 상쇠가 연구하고 창작하여 개발·보급시키는 것이 아니라, 인간의 삶의 숨소리들이 스스로들 썩썩 나서서 공동체적 삶의 체계를 보다 더 확실하게 만드는 쪽으로 주체적인 대동훈련을 통해 풍물굿은 성장해온 것이다.

'상쇠 대접'이란 것이 있다. 동네에서 치는 판굿이나, 특히 다른 마을로 걸립 나갔을 때 치배들의 리더인 상쇠가 가장 두려워하는 사람들이 있는데, 마을의 노인네들이다. 동네 어귀에서 문굿부터 화려하게 굿판을 만들고나서 들당산 어를 때부터 한 사람씩 노인들이 나타나는데, 이때부터 치배들 특히 상쇠는 겉으로는 신명나게 놀아도 속으로는 정신을 바짝 차리며 긴장을 하게 된다. 집돌이가 끝나고 판굿을 어를 때쯤이면 거의 모든 사람들이 신명이 올라 너도나도 판에 끼어들어와 제법 큼직한 대동판이 되어가는데도 노인들은 삼삼오오 짝지어서 판에서 저만큼 떨어진 양달진 담벼락 밑에 있거나, 마을회관 안에서 문을 열어놓고 앉거나, 막걸리상을 갖다놓고 판 옆에 쭈그려 앉아서는 깊은 신명을 조금씩 내면서도 선뜻 판에 끼어들지는 않는다.

풍물굿판이 다 끝난 다음날 노인들이 상쇠대접을 한다며 잘 차려진 음식상을 만들어 상쇠를 부른다. 모두들 의례적인 칭찬의 소리와 '욕봤다'라며 추켜 세워주고는 그때부터 한마디씩 하는데, 이때부터 대접을 받아 즐거워야할 상쇠가 오줌을 질금질금 싼다.

먼저 한 노인이 술 한 잔 따라주고는 "자네, 어제 들당산할 때 우리 동네 치배들을 못 어르어냈기 때문에 합굿이 잘 안되었네"하며 푸짐한 상 위에서 고기반찬 한 접시를 상 밑으로 내려놓는다. 노인들이 돌아가며 한마디씩 하는데, "자네 굿의 어느 가락이 삐었네", "넘어가는 가락이 자연스럽지 못하니까 춤들이 끊기잖아", "휘모리로 넘어가서는 냅다 조여야 하는데 그렇게 느슬렁해서 어떡하나" "호허굿치고서 왜 방울진으로 넘어가나, 자네 굿모리가 엉망이여", "소고잽이들 진풀이가 규율이 없어", "노래굿 한배도 제대로 못맞추어 내는가, 그래놓으니 동네 사람들이 놀기가 껄쩍스럽잖아"하며 상쇠가 틀리거나 실수하거나 까먹었거나 못해낸 여러가지 점들을 지적해 내며 그때마다 반찬을 한가지씩 상 밑으로 내려놓느다. 그래서 별로 신통치 않은 상쇠는 나중에 간장하고만 밥을 먹어야 하는 처지가 되며, 자기의 능력을 폄하당하는 가장 치욕적인 대접을 받는 것이다.

상쇠대접이란 풍물굿의 인간화에로의 성장·전화의 준거가 되는 좋은 예이다. 굿모리를 잘 아는 사람이 오랫동안 풍물굿에 익숙한 노인들이고, 이 노인들이 굿판의 잘되고 안되고의 기준을 사람들을 잘 놀리느냐 못 놀리느냐, 그래서 그 잘 노는 대중의 열기가 공동체적으로 협화되어 온 동네의 공동체적 삶의 체계에 도움이 되느냐 안되느냐로 여기고 있으며, 그들의 오랫동안의 삶의 경험대로 그런 판을 이루어내는 굿이 잘된 굿임을 믿는 판단이 굿판의 잘되고 안됨을 가늠해내는 것이다.

그러하니 상쇠나 치배들이 풍물굿을 칠 때나 안칠 때나 항상 골똘히 생각하는 것은 그러한 노인들의 판단기준에 따라 풍물굿을 발전시킬 수밖에 없다는 것이며, 그 답을 풀어가는 데는 가락만의 발전, 춤만의 발전 등 사람들에게서 저멀리 떨어져서 답을 만드는게 아니라 구체적 굿판 속의 대중들이 신명을 내는 숨소리에 연연해할 수밖에 없으며, 그러한 집단신명의 흐름을 만들도록 풍물굿의 모든 부분을 총체적으로 발전시킬 수밖에 없는 것이다.

더구나 이러한 노력들이 탁월한 상쇠나 치배들만 하는 것이 아니라 풍물굿판의 대중들과 같이 실제적인 상호침투를 해내지 않으면 이루어지지 않기 때문에 풍물굿이 조금씩 보다 인간화에로 성장·전화해갈 수밖에 없는 깃이다. 즉 구체적 사람들 속에서, 그 사람들의 공동체적 사명의 본디 의미들 속에서 모든 대중들이 수체가 되어 기여해서 만들어내는 것이 풍물굿인 것이다.

이러한 풍물굿 정신 속에는 껍데기뿐이 아닌 실제적으로 진행되는 민주성이 제대로 들어있으며, 그 민주성을 그야말로 대중성을 가져내는 삶 속의 민주성으로 훈련해 내는 데에 풍물굿의 인간화에로의 성장·전화라는 목적과 그 실천이 기여해 내는 것이다.

(9) 우리 문화의 본디 모습

우리 문화의 본질은 다음 세 마디로 요약을 할 수가 있다.

내가

더불어

삶을 (꾸린다)

나라는 주체와 떨어지거나 내가 참여하지 않는 문화는 전혀 존재하지 않으며, 나 혼자서만이 참여해서는 아무 것도 이루어낼 수 없는 철저한 공동체성을 가지며, 그 모든 문화의 내용이 철저히 지금 현재의 삶을 내용으로 하며, 그 주체들이 구체적으로 실정에 맞게 삶들을 꾸려나가는 것 자체가 문화의 본질이 되는 것이며, 그러한 문화적 속성이 바로 삶의 속성이 되는 것이다.

이는 많은 예를 들 필요도 없이 지금의 모든 부정적 문화현실과, 아직도 잠재되어 도도하게 흐르고 있는 우리 문화의 본디 모습들과 아무 곳이나 한 군데라도 비교해 보면 명확해진다.

공동체성을 가져내는 주체적 삶들을 능동적으로 구체적 실정에 맞게끔 살아내며 훈련해 내는 우리 문화의 본디 모습들을 풍물굿도 예외없이 가지고 있다. 오히려 어떠한 삶의 양식보다도 폭넓게 생활호흡을 같이 해내며 주체적 능동성을 가지며, 삶의 건강한 철학성을 가져내고, 미의식을 가지고, 대동적이고 인간적인 적극성을 가진다. 그리하여 그 본디 모습답게 이제는 풍물굿이 공동체적 신명의 흐름을 통하여 지금의 삶들을 주체적으로 훈련해내는 데로 회복되어야 한다.

마당밟이
— 풍물굿 재생의 모범틀

풍물굿은 본디 모습대로 이 시대에 맞게끔 재생되어야 하는데, 그 이유는 풍물굿이 갖고 있는 '공동체적 신명의 흐름을 통한 주체적 삶의 훈련'이라는 풍물굿 정신이 우리 민족이 해내야 할 총체적 민중운동 속에서 상당한 몫을 해낼 수 있기 때문이다. 물론 풍물굿의 단순한 문화예술적 재현이 목적이 아님은 자명하다.

풍물굿 정신의 가장 모범적인 모습은 일굿(두레굿)에서 찾아진다. 일과 놀이가 상호 변증되는 노동의 최고 형태인 일굿이 풍물굿이 획득하여야 할 최고의 모습이 되는 것이다. 그런데 참노동인 일굿이 되기 위해서 해야 하는 풍물굿의 재생노력은 노동의 가치회복, 노동해방을 이루어나가는 총체적 사회변혁운동의 맥락과 같이 진행되어 그 일굿의 기반을 만들어내지 못하면 성취해낼 수가 없다.

따라서 일굿의 기반 확보를 위한 풍물굿의 현재의 노력의 모습은 일굿의 즉각적인 실현 자체는 아닌 것이며, 그 실제적인 모습은 그러한 목적을 이루어내야 할 현실을 민중운동 속에서의 여러 실천적 노력들의 시행착오 결과 가장 합당하게 풍물굿 정신을 회복시켜내는 실천적인 것이어야 하는데, 바로 마당밟이가 현단계 풍물굿 회복의 가장 훌륭한 모범틀이 되고 있다. 즉 실제적인 실천적 능동성이 대중 속에서 가장 밀접하게 연관되어 있는 풍물굿의 양태인 것이다.

압도적인 지배문화의 폭력 속에서 풍물굿도 많이 퇴색을 해온 점은 다른 우리 문화의 모습과 마찬가지이지만, 아직도 마당밟이는 풍물굿 정신을 많이 지닌 채로 곳곳에서 면면히 행해져 내려오고 있다. 마당밟이는 어느 지역이나 대동소이한 틀거리와 내용을 가지는데, 아직도 체계적으로 행해지고 있는 팔봉마을 풍물굿의 마당밟이를 예로 그 틀과 내용을 살펴보자.

마당밟이는 정월 초사흘부터 보름 사이에 이루어지며, 대보름 때에 판굿을 벌이는 것이 일반적이다. 마당밟이가 모범틀이 된다고해서 그 행해지는 모습만 따로 떼어낸다면 역시 그 앞뒤의 민중들의 삶의 연관과 유리시키는 일이 되며, 민중들의 삶의 체계의 한 부분인 마당밟이의 본디적 위치를 끊임없이 연관시켜 해석해낼 수가 없다.

생산의 담당자들이 1년 단위의 노동의 흐름의 과정으로서 가져내는 긴숨으로서의 일과 놀이의 관계, 그를 준비하는 '어르기'의 대동적 협화성, 총체적 논의를 모아나가는 규율있는 민주훈련, 개인의 집가심에 대한 요구를 집단적으로 풀어내고 동질감을 확인하는 것, 닥쳐올 힘든 노동에 대한 충분한 기운의 확립 등, 공동체적 삶이 앞뒤에 있는 한 과정으로서의 마당밟이가 총체적 '굿'으로서 의미가 있는 것이다.

마을 사람들의 오랜 논의의 결과 날짜와 순서가 정해지면 우선 당산굿부터 치고, 그 다음 마을의 공동 샘굿을 치는 것이 보통 순서다. 그 다음부터 집돌이를 하는데, 우선 문굿을 치고 들어가 마당을 작신 작신 밟으며 아주 신나는 마당굿을 친다. 이때의 허두잽이들의 역할은 앞에서 설명한 대로이고, 열성파 놀이꾼들은 첫집부터 끝집까지 종일 줄기차게 쫓아다니면서 노는 괴력을 발휘하는 등 많은 사람들이 어울려 다니는 어르기 과정을 같이 만든다.

마당굿을 치는 동안 집주인은 두부국이나 삐죽(닭죽)을 끓여서 술상부터 내오는데, 치배들은 "짐난다 짐난다 두부국에 짐난다(얼른치고 술먹세)"라고 외치고 한바탕 굿을 조였다가 맺는데, 이때 치는 굿의 길이가 짧기로 유명하다. 어느 정도 술과 음식으로 기운을 회복하고는 치배들을 몰아 조왕(부엌)으로 들어가 조왕굿을 친다. 이때 솥뚜껑 엎어 대주밥그릇에 쌀을 담아 촛불 켜놓고는 대주를 불러다 우선 덕담을 한다.

상쇠 : 화동[12] ──

치배들 : 어이 ──

상쇠 : 안방차지는 가모(안주인) 차지요 바깥차지는 대주차지인디, 이 집 대주가 우리 굿패를 위하여 막걸리 아흔 아홉 말과 쌀 아흔 아홉 말을

───────────────

12) 허두잽이의 하나인 화동을 불러 댓거리를 하자는 뜻인데, 보통 모든 치배들을 부르는 소리로 통하며 때로는 "대포수야 ──"라고도 부른다.

내놓는다고 했으니 굿을 잘 칠까요 말까요.

　(이때 치배들은 "그 대주 인물이 훤하게 생겼으니 잘 쳐줍시다", "쌀이 아흔 아홉 말중 두 숟가락이 모자라니 그냥 갑시다"하는 등 덕이 되는 댓거리와 농을 왁자지껄하게 한다)

　상쇠 : 이 집 대주 일년 재수가 물묻은 바가지에 깨 달라붙듯이 다갈다갈 붙으소사.

해놓고는 축원을 다같이 외쳐대는데, "오방신장 합다리굿에 객귀잡신을 몰아내고 명과 복으로 굿을 치세"하며 그 좁은 부엌 구석에서 한바탕 싸잡아도는 굿을 친다.

그 다음 짧은 질굿을 치며 장독으로 가서 철륭굿을 치는데, 이때는 식구들의 건강과 직결되는 장이 잘 담궈져야 한다는 덕담을 예의 치배들과의 댓거리를 통해 하고는 "아랫철륭 웃철륭 좌철륭 우철륭"하며 한바탕 논다.

다음은 샘굿으로, 샘에 가서 물 한 그릇 깨끗이 떠놓고는 주로 농사의 풍요로움을 비는 덕담을 하고 "아따 그 물 좋구나 벌컥벌컥 마시자" 또는 "아들낳고 딸낳고 미역국에 밥 말자" 등의 축원을 한다.

그외에 노직굿이나 집당산굿은 형편이 되는내로 치는 수도 있지만, 위 세가지는 어느 집이나 꼭 친다. 이렇게 모든 집들을 돌아나니며 조그만 신명판을 조금씩 더해가다가 보름날 뒤 판굿으로 이어지면 못말리는 판이 되어버린다.

마당밟이에는 굿으로서의 모든 요건이 다 있는데, 생활을 통한 굿에 대한 합의(회의)가 있으며, 모두들의 '맴(마음)을 모으는' 당산굿(마을굿)과 연결되게 같은 내용을 가지며(의식), 그 결과 얻은 생산적인 대동적 신명(놀이)이 있는 것이다.

그리고 마당밟이는 똑같은 내용으로 집집마다 반복되는 것이 아니라 그때그때의 상황에 맞게끔 여러가지로 즉흥성있게 변용할 수도 있다. 그 변용을 만들어낼 수있는 것도 그 판이 모두들에게 익숙해왔고, 또 쉽고 자연스럽게 익숙해지기 때문이다.

풍물굿이 본디 모습의 굿판이 되기 위해서 중요한 점의 하나는 자연스러운 판의 형성이다. 즉 생활의 어느 곳 어느 때에 자연스럽게 판이 놓여져야 하는 점이다. 무엇을 같이 해내기 위한 공동의 판을 모두의 합의 하에 만든다는 것 자체가 어떤 집단에서나 힘든 노릇인데, 마당밟이는 그들의 삶의 체계의 어느 한 부분으로 아예 설정해 놓은 정해진 판이며, 기다려지는 판이 된다. 그러므로 어떤 풍물굿판보다 대동적일 수 있는 가장 큰 굿판이 된다.

사람들의 집가심의 욕망은 대단한데, 해마다 되풀이되는 마당밟이를 행여 자기집은 빠뜨릴까봐 무척이나 신경을 쓴다. 왜냐하면 이 세상 어디에도 이만한 규모로 축복을 내려주는 체계가 없기 때문이다. 많은 사람들이 각자의 역할을 가지고, 더구나 한가지 목적을 위해 몸과 마음을 다 열어놓은 신명의 달뜬 상태로 한마음이 되어서 그 집과 그 집 사람들의 안녕택일과 복을 빌어주는 이 공동체적 축복의식놀이는 '맴을 모아' '다스림' 을 해주기 때문에 정말로 복이 내려지는 것이 된다.

반대로 나타나는 부정적인 예가 요즈음의 흉내만 내는 전문꾼의 상업적 지신밟기인데, 풍물굿이 사람들의 인심까지도 사납게 만들어 버리고 있다. 마음들이 모아져 공동체성을 다스리는 토착적 규율성이 되지 못하기 때문에 사람들의 인심까지도 비공동체적으로 만들어버리는 것이다.

마당밟이는 풍물굿의 여러 형태와의 비교뿐 아니라, 여러 다른 민속양식과 비교해도 아주 총합적인 우수한 삶적 장르라는 것이 우리에게는 중요한데, 앞서 열거한 풍물굿의 본디 모습을 종합적으로 갖고 있을 뿐아니라, 그 앞뒤의 총체적 삶과의 연관이 아주 강하기 때문이다. 삶과 분리해서는 어떤 면만 특화시켜내는 것보다 이렇게 삶과 연결된 총체적 틀로의 발전 방향을 모색해야 풍물굿이 제대로 회복되기 시작할 것이고, 아직 많지는 않지만 풍물굿 재생에 대한 여러 시도들이 그나마 민중들의 삶의 체계와 연결되게끔 하는 고리로서 작용을 해내는 모습은, 이 마당밟이를 중심으로 하는 풍물굿 재생 노력에서 가장 지대하게 나타나고 있는 것이 시행착오로서 경험되어지고 있다.

현재 농촌현장에서는 큰 문제없이 마당밟이굿은 접목만 되면 곧바로 재생이 되고 있으며, 노동현장에서도 그러한 생활과의 연관성만이 풍물굿이 지금 재생되는 요체가 된다.

예를 들면, 풍물굿을 좋아해서 모인 노동자들의 문화집단이 있었는데, 틈틈이 시간을 내어 익히느라고 놀이성 위주만을 한 풍물굿판을 만드는 정도의 모임이었다. 이 모임은 노동자답게 한달에 한번씩 정기수련회를 하는데, 임금인상 시기를 앞두고 회원 중에서 뽑힌 두 명의 자체 강사가 스스로 공부하여 강연을 하고, 또 토론도 하는 수련회를 가졌다. 그리고 회원중 몇명이 몸도 아프고 잘 풀리지 않는 일도 생기고, 또 위의 임금 문제도 잘 해결할 수 있게끔 마음이라도 다시 다스리고 모아보자는 뜻에서 토론 후에 자기네들식의 고사를 지냈고, 그후에 한 두잔씩 한 고사술이 빌미가 되어 자연스럽게 너도 나도 굿물을 잡고는 한바탕 어울어졌는데, 농촌현장에서 나름대로 한가닥씩 하는 신명에 뒤지 않는 치열한 신명판이 되었다.

단지 풍물굿의 놀이성만 가지고 놀아질 때 가지는 신명보다 부단히 삶의 한 과정으로서 그 삶의 앞뒤와 연결된 풍물굿판이 주는 신명의 힘이란 대단하여 그 자체가 생상적이게끔 되는 것이다. 즉 노동자들의 그 문화모임도 자기네들의 공동 관심사에 대해 같이 논의도 하고, 또 마음들을 모으고 다스리는 의식을 자기들식으로 갖고, 그래서 한마음이 되어 자연스럽게 놀이판이 꾸며지는 그야말로 총합적인 삶과 부단히 연관되어진 훌륭한 삶적 풍물굿을 쳐낸 것이다.[13]

___

13) 다른 예들은 노동자소모임 활동사례집인 이선영·김은숙 편, 『손에 손을 잡고』(풀빛, 1984)에 실려 있다.

삶과의 부단한 연관 속에서만 의미를 만들어내는 이러한 풍물굿 정신이 되기 위해서는 논의와 의식과 놀이가 함께 되는 이러한 마당밟이식 굿이 모범틀로 되어야 한다. 그리고 풍물굿은 민중들의 삶의 체계와 분리시켜서는 죽은 굿밖에 되지를 않고, 역으로 풍물굿 회복은 그러한 민중들의 삶의 체계를 건설해내면서 발전하지 않는 한 아무 의미가 없다.

아직까지는 마당밟이가 풍물굿의 가장 좋은 틀거리를 가지고 있으며, 이것을 모델로 하여 민중운동과 더불어 각 집단의 실정에 맞게끔 적용·변화시켜 나갈 때 풍물굿 정신이 조금씩 되살아날 것이다.

풍물굿의 재생과 민중적 삶의 회복

풍물굿이 이 시대 우리 문화의 본디 모습을 가진 채 바람직하게 재생되기 위해서, 그리고 모든 문화적 활동과 내용이 그렇게 되기 위해서는 다음 두가지가 항상 전제되어야 한다.

첫째, 문화 주체자들인 민중들은 문화회복력에 대한 힘들을 스스로 갖고 있다는 점이다. 문화회복력이라는 말은, 사회의 모순구조를 더욱 심화시켜내는 통치구조 그 자체와, 그의 한 부분인 지배문화에 의해 그 동안 많이 훼손되어져 왔고, 그래서 조금씩 민중들의 사고와 생활영역에서 벗어날 수밖에 없었던 민중문화의 본디적 속성—보다 공동체적이고 주체적이며 진보적인 속성—을 민중들 스스로 도로 가져낼 수 있는 힘을 말한다.

민중들의 삶을 저해하고 있는 혹독한 삶의 조건에 우리는 흔히 지레 주눅이 들어 그러한 조건들을 깨부수고 나오는 민중들의 억센 삶의 잠재력을 제대로 보지 못하고 있다. 삶의 조건이 열악하다고 해서 삶의 체계를 꾸려나가는 민중들의 총합적인 삶의 지혜력들도 부정적으로만 변화되어 없어져버리는 것은 아니다. 구체적 현실에서 각자 실정에 맞게끔 삶을 꾸려나가는 노력들의 총합적 흐름들이, 민중들 누구나 인간으로서 갖고 있는 자기실현 의지가 혹독한 삶의 조건들을 깨부술 수 있는 힘이 되는 것이며, 그 힘들이 문화회복력의 근원이 됨은 더욱 분명한 것이다.

인간에게는 자기실현의 욕구가 있다. 아무리 외부의 조건이 열악하더라도 자기를 인간답게 성숙시키려는 근본적인 욕구가 있는 것이다. 지배문화가 삶을 포위하여 건강한 삶에 온갖 침탈을 가해도, 그래서 일견 문화조작이 완성되어가는 것처럼 보여도, 그것이 총체적으로 사람의 본래적인 건강한 삶에 이롭지 않는 한 사람들은 자신들을 조금씩은 잃어가면서도 마지막까지 설득되지 않는다. 그래서 끊임없이 자신의 인간됨을 찾아, 지배구조가 비어있게끔 만든 자신의 인간성의 되찾음을 위해, 조금 더 능동적으로 자신의 삶을 꾸려가기 위해 방황을 하기도 하고, 어떻게 해야 될는지 모르지만 미친듯이 혈로를 찾으러 다니기도 한다.

(예를 들어 농촌 청년들도) TV에 매달려 있다가도 그게 전부가 아니구나 하고 읍내 다방에도 왔다갔다 해보고, 오토바이를 사서 씽씽 달려보기도 하고, 카세트에 매달려 보기도 하는 등 끊임없이 자신을 찾아, 자신의 삶을 보다 더 인간답게 만족시켜줄 것을 찾아 움직여 나가고 있는 것이다.

이런 헤매임들이 아직은 지배문화구조의 포위망을 못뚫고 있지만, 그만큼 나름대로 지녀왔었던 공동체적인 삶의 무기가 약해져 있지만, 혈로를 찾았을 때는, 자신과 이웃들의 삶, 집단의 삶에 이롭다고 생각되는 문화양태들이 삶의 지향성을 찾았을 때는 가지고 있던 힘들이 무섭게 분출되는 것이다.

이러한 힘들은 물론 좁게 문화양태에만 국한되는 것이 아니며, 문화만 회복시켜내지도 않는다. 이 힘들은 삶의 총체적인 변화를 진보적으로 가져내는 힘이 되는 것이며, 그것이 역사를 진보적이게끔 하는 것이다. 덧붙여 말해서, 인간의 자기실현 의지는 하나의 사람으로서 자기를 완성시켜나가는 것이며, 자기 해방의 가장 큰 원동력이 되는데, 자기 해방의 힘이 근간이 되어 우리가 가져내고자 하는, 민중들이 인간해방이 되는 사회변혁으로 완성시켜 나가도록 부단히 자기 실현 의지들이 총합화되어 나가고, 집단실현 의지가 되어야 하는데, 그리하여야 이러한 힘들이 실체적 문화회복의 힘이 되며, 실제적 문화회복의 목표가 되는 것이다.

이제까지 이러한 힘들에 대한 신뢰가 없었기 때문에 우리는 한낱 잠시 동안의 까불거림에 불과한 지배문화와 그 통치력을 평가절상하여 과대한 힘으로만 인식, 스스로 먼저 주눅들어 왔으며, 민중문화의 본의적 속성이 죽어없어진 것이 아니라 단지 삶의 조건이 열악한 것뿐임을 알지 못해왔다. 항상 거대한 잠재력으로 흘러왔던 자기실현 의지를 갖고 있는 민중들이 각각의 삶의 현장에서 실정에 맞게 꾸려내는 삶의 노력들의 총합적인 흐름에 대한 신뢰가 우리의 모든 문화적 노력 앞에 전제되어야 한다.

두번째 전제는, 민중문화 건설은 민중적 삶의 체계 건설이 되어야 한다는 점이다. 풍물굿이 시대에 맞게끔 문화회복되자는 재생의 관점도 민중적 삶의 체계를 건설해낸다는 관점을 가지지 않는 한 또하나의 발전된 문화주의로 빠질 수밖에 없는 것이다. 지배문화가 우리 문화에 가장 크게 끼친 해악은 문화를 부단히 삶과 유리시켜 내고, 그 문화의 각각을 고립시켜 보려는 점이다.

이러한 시각의 잔재들이 소위 문화 전문꾼들에게 아주 인이 박혀버려 전문성이라는 명목 하에 도대체 삶과 무관하게 발전을 하고, 그것이 일반 대중에게도 당연하다는 듯 보편적인 발전의 모습으로 아직도 뿌리깊게 남아서 해악을 끼치고 있다. 더구나 건강한 철학성과 구체적 실천성을 가지고 만들어가는 공동체적이고 총체적인 민중들의 삶의 체계를, 잉여가치를 뺏어먹고 사는 사람의 입장에서 마음대로 재

단하고 평가하고 편집하여 조각조각 분리해내고 있는 이 문화주의의
습관들은, 소위 건강한 민중문화를 건설하고자 노력하는 문화활동가
들에게도 끈질기게 남아 있어서 바람직한 민중적 삶의 체계를 건설해
내는 총체적인 연관의 활동을 아직도 제대로 못해내고 있는 것이다.[14]

그렇다면 풍물굿 재생의 관점은 명확하다. 풍물굿은 건강한 민중문
화에로의 회복과 부단히 연관되어야 하며, 민중문화의 발전은 민중적
삶의 체계의 건설과 부단히 연관하여야 한다. 이렇듯 진보적인 삶을
총체화시켜내는 것은 물론 풍물굿만의 할일은 아니며, 문화예술 장르
라 불리어지는 모든 것들이 하여야 할 일들이며, 이러한 관점만이 민
중들의 삶 속에 뿌리내리는 기본자세가 되는 것이다.

각 문화예술 장르의 발전이라는 것은 민중적 삶의 체계를 건설하기
위한 총체적 흐름을 만들기 위해 구분의 필요성이 있는 것이지 그 자
체로는 아무 의미도 없다는 것을 명심해야 한다. 즉 삶을 재생시키는
것이지 풍물굿의 재생만이 진정한 목적은 아닌 것이다. 또 삶의 재생
(인간 해방)이라는 것은 문화만의 노력으로는 어림도 없다. 물적 토
대의 확보, 사회적 제의식의 진보적 발전 등 모든 사회구성의 민중적
재생노력과 연관되어야 한다.

그리하여 민중문화의 건설은 민중운동과 부난히 연관되거나 그 자
체이어야 히는데, 그것은 민중문화 건설의 목서나 기반은 민중적 삶
의 체계 건설이어야 하기 때문이다. 그래서 민중들의 삶을 부정적으
로 찢어발겨 이제는 관행이 되어버린 잘못된 문화시각에 대한 원천적

---

14) 예를 들어 뽕짝은 왜색이고 어쩌구 하며 지배문화에 속하기 때문에 나쁘다는 단순한
문화적 재단의 판단만이 아직도 우리에게는 버릇되어져 남아 있다. 비록 퇴폐적이고
개인적인 유행가일망정 농민들의 삶의 터전에서 주체적으로 건강하게 소화를 해내어,
그 부정적인 면을 활달하게 녹여내어 자신들의 삶의 체계로 부분화시켜내는 용광로같
은 억센 삶의 의식들을 못보고 있는 것이다. 문화 내용의 문화적 정리만은 무의미하
며, 내용과 형식이 부단히 삶의 체계와 연관될 때만이 확실하게 유의미해지며, 삶의
흐름을 가져내는 참문화가 될 수 있다.

인 교정 노력과 더불어 민중적 삶의 체계 건설을 위해 모든 것이 부단한 연관의 노력을 해내야 한다. 풍물굿 재생의 두번째 전제도 여기에 있는 것이다.

풍물굿이 갖고 있는 주체성 훈련의 몫은 대단하다. 이제까지 살펴본대로 민중들 스스로 공동체적 삶의 체계를 만들어 내왔던 삶의 지혜로서 풍물굿이 갖고 있는 생활 주체성뿐 아니라, 구체적으로 풍물굿을 배우고 쳐내는 자체와 판 형성 논리가 사람을 상당할 정도로 주체화시켜 낸다. 그것도 의식적인 교육의 입장의 강요에 의해 그렇게 되는 것이 아니라 스스로의 자발적이고 공동체성의 흐름 가운데 놀이성을 통해 자연스럽게 훈련되어진다.

앞에서 얘기했던 바 자기 자신이 직접 참여해냄 없이 이루어질 수 없는 것이 우리 문화가 갖고 있는 본디 속성중 가장 기본인 주체성인 것이다. 이 주체성이란 하루 아침에 만들어지는 것이 아니고 분명히 내재적 규율을 가지고 있는 공동체 내에서 훈련되어져 내려온 결과로 가져지지만, 특히 풍물굿은 기제 자체가 그러한 주체성들을 놀이를 통해 자연스럽게 훈련해내는 교육 기제로 탁월하다. 배우는 과정뿐 아니라 놀아지는 과정에서 주체적 참여가 극대화되게끔 풍물굿 자체가 요구하고 있기 때문이다. 그뿐 아니라 남녀노소를 불문하고 굿물을 치건 술만 따라주고 다니건 각기 제몫이 있는 것이 풍물굿판이며, 스스로 뛰어들게끔 열려있는 것이 풍물굿판이기 때문에 스스럼없이 모든 사람이 능동적으로 주체가 된다.

이런 풍물굿판은 더구나 주기적으로 생활의 흐름 속에서 반복이 되고 있기 때문에, 주체성 훈련의 몫은 그야말로 지속적이고 장기적인 교육과정이 되는 것이다. 자기 자신도 모르는 사이에 개발되어지는 인간개발 훈련 차원의 이러한 훈련의 몫은 풍물굿을 재생하려는 노력들이 많아진 요즘, 풍물굿의 새로운 전수과정과 판을 만들어 나가는 과정에서 탁월하게 작용하고 있고, 또 의도되어져야 한다.

우리 문화들이 이 시대에 바람직하게 회복되어 민중적 삶의 체계 건설에 유효하기 위해서 해야할 과제와 방법은 많이 있겠지만, 앞서 말한 전제 하에서 민중을 주체적으로 훈련해 내는데 탁월한 기제로서 보다 삶과 총합적으로 연관되어질 수 있도록 풍물굿이 해야 할 구체적 역할은 많다.

우선 시대에 맞는 유의미한 풍물굿 정신의 세력화가 우선과제이며, 풍물굿 회복의 핵은 마당밟이식의 형식과 내용을 가진 마을굿 형식의 부활(농촌 현장이건 도시 현장이건)이 되어야 하며, 현재의 총체적 삶과의 부단한 연관을 가져야만 한다. 그리고 더욱 구체적이고 실천적으로 다가오는 문제와, 그에 따라 해결해야 할 점은 가락 중심의 음악성이 강조되어 죽어버린 신명판을 보다 대동적인 춤과 놀이 중심의 풍물굿이 되어야 하는 점, 판 만들기가 많아져야 하고, 그것이 또 다시 익숙해져야 하고, 그 판이 느닷없는 놀이판이 아니라 구체적 삶 속에서 생활호흡 흐름의 한 부분으로 위치지어지는 판이 되어야 하는 점, 갈수록 문화의 소규모·개인화 경향에 발맞추고 있는 풍물굿의 신명의 소형화 경향에 맞서 '박터지게 역동적으로 놀아야 복을 내려 주시는' 기세배·농기뺏기같은 보다 역동적인 '싸움신명'을 내는 훈련의 몫이 중요하게 개발되어져야 하는 점, 보릿내춤, 기초가락의 보편화 노력에 대한 점 등 풍물굿의 본디 모습으로의 회복노력 등등이 있겠는데, 더욱 구체적인 문제점들은 다음 기회에 상론하겠다.

풍물굿이 바람직하게 재생되고, 민족적 삶에 기여해내기 위해서는 민중운동과 부단히 연관시켜내고 지속시켜내야 한다. 그 바람직한 모습은 풍물굿의 본디 모습들이 민중운동 속에서 문화적 특화가 되고, 다시 민중들의 구체적 삶 속에서 용해, 편집되는 과정을 거쳐 변증 정리가 되어야 하는 점이다.

민중들이 갖고 있는 잠재력을 포위해서 닫고 있는 삶의 열악한 조건들을 이쪽저쪽에서 부단히 두드려대어 돌파구를 만들기 위해 문화

적 특화의 이제까지의 활동—뜬패활동, 뜬두레활동, 두레활동—이
보다 조직적이고 체계화되어져야 함은 두말할 필요도 없으며, 이러한
특화들이 삶의 현재진행을 통해 변증 정리되어 나오는 것들이 인간해
방으로 가는 문화의 본디 모습이 될 것이다.

지금 시대가 요구하는 민족적 삶은 정치적 삶이며, 우리 시대의 공
동체성은 정치적 공동체성이다. 그 정치성의 내용은 물론(넓은 의미
로) 인간이며 민주화이며 분단의 극복이다. 객관적 모순은 우리 삶을
질곡하고 있고, 이 부정하게 끼인 살은 통쾌하게 응전해서 풀지 않으
면 민족적 삶은 도대체 없다고 보아야 한다. 사회 변혁운동은 이제
몇몇이 하는 게 아니라 민족 성원 모두가 해내야 할 당위이다. 모든
문화활동뿐만 아니라 풍물굿 재생운동도 민족의 대명제인 사회변혁운
동의 흐름과 맥을 같이 해내지 않는 한 절대 무의미하다.

모순구조 속의 부당함을 깨쳐나가려는 삶들의 한가운데서, 그러한
대중들의 모순해결 과정에서만이 풍물굿은 자기 의미와 민중예술성을
획득해낼 수가 있다. 민중들이 구체적 실정에서 살아가는 억센 삶의
잠재력들을 현재화시켜내고 동력화시켜내는 데 기여해내야 하는 것
이다.

이러한 민중운동과의 연관에 대한 부단한 노력을 못해내거나 체계
적 진행을 희박하게 해내었을 때의 부정적인 모습이 풍물굿 재생운동
의 흐름 속에서 많이 나타났는데, 그 중의 한 예를 들면 몇년에 걸쳐
두레조직 전담반의 노력 하에 어떤 단위 마을에 풍물굿 두레패가 조
직되었는데, 이 두레패는 곧 군청에 의해 발탁되어 군청과 ○○군농
악보존회의 지원 아래 무슨 모임이다 무슨 대회다 하여 불려다닌 군
청의 전속악단이 되어버렸다. 물론 두레조직 전담반이 문화적 특화에
대한 노력들을 했겠고, 주체성 훈련도 시켰겠지만, 구체적으로 그 단
위마을과 농민운동과의 연관성을 꾸준히 계획적으로 못지켜냈기 때문
에 결국은 무의미한 일이 되고 말았던 것이다.

　사회모순의 급격한 심화에 의한 급속한 가치관의 상실과 양적 경제 성장의 허상 아래 그 동안 당최 정신없이 살아왔던 시기는 이제는 지나가고 있다. 생활조건이 급속히 붕괴되어가면서 이제는 민중들이 조금씩 제정신으로 돌아오고 있다. 민중들이 서서히 깨어나서 움직이고 있는 것이다.

　풍물굿 재생은 가혹한 삶의 조건을 부수고 민중들이 스스로의 삶의 체계를 건설해 나가고자 하는 이 거대한 흐름의 움직임에 기여해 내야 한다. 그것은 우리들이 가져내야 하는 민족적 삶의 내용을 극대화시켜내기 위해 공동체적 신명의 흐름을 통해서 민중들이 주체적 삶을 훈련해내야만 하는 것이며, 그것만이 풍물굿 재생의 의미로서 유일하다.

맺는 말

　이 시대에 민족 성원으로서 가져야 할 시대적 삶의 자세는 삶을 산다가 아니라 삶을 살아낸다는 주체적이고 적극적인 자세이어야 한다. 주어진 삶의 영역 안에서 사는 것이 아니라 자신의 삶의 영역, 다정한 이웃들의 삶의 영역, 민족의 삶의 영역을 부단히 확장시켜 나가며 삶을 살아내야 하는 것이다.

　그것은 한 사람의 지임한 존새로서 보다 인간싱을 고양시켜 나가는 일일 뿐더러 인간해방의 거대한 흐름을 만들어나가는 길이다. 자기실현 의지를 가지고 있는 각 개개인이 삶을 주체적으로 살아낼 때 그것이 민족적 삶 자체가 되는 것이다. 민중들이 구체적 실정에 맞게 자신들의 삶의 영역을 확장시키며 능동적으로 살아낼 때 그것이 역사를 진보시키는 힘이 되며, 더 나아가 구체적으로 삶의 정치성을 획득해 나가는 밑바탕이 되는 것이다.

　풍물굿이 갖고 있는 본디 모습들은 자연스러운 삶의 과정에서 그러한 삶의 주체성들을 스스로 훈련해내는 탁월한 기제인 것이며, 또 그

러한 적극적 훈련의 몫으로 풍물굿은 발전하여야 한다. 그러한 주체
적 삶에 대한 훈련은 더구나 공동체적 신명의 흐름을 통해서 되는 생
산적인 모습으로 민중들의 내재적 규율 속에서 만들어 내왔기 때문에
풍물굿은 더욱 탄탄하게 시대적 삶과 연관되어질 수가 있다.

한번의 집단신명의 힘이 공동체적으로 이루어질 때 그 힘은 단순한
놀이의 개념이 아닌, 닥쳐지는 힘든 삶들을 활기차게 대결해내고 응
전해낼 수 있는 생활호흡으로서의 생산력을 우리에게 준다. 삶을 내
용으로 하는 이러한 공동체적 신명의 경험은 우리에게 무척 소중한
데, 그 경험들은 잠재되어 민족적 정통성의 내재적 힘을 가지도록 하
며, 다시 우리들의 민족적인 삶을 살아내게끔 하는 힘의 한 근간이
되고 있다.

이러한 구체적 현실의 삶을 살아내는 민중적 삶의 체계가 갖고 있
는 잠재력들을 들추고 쑤시어내고 체화시켜 내는 데에만 풍물굿 재생
의 의미가 있으며, 그러기 위해서 풍물굿이 해내야 할 몫이란 공동체
적 신명의 흐름을 통한 주체적 삶의 훈련이 되어야만 하는 것이다.

5천년 동안의 가혹한 통치구조 밑에서도 크게 흔들리지 않아 왔던
민중적 삶의 체계가 갖고 있는 인간해방으로 가는 탄탄한 잠재력은
누구도 어쩌지 못한 채 지금도 도도하게 흐르고 있다. 잠깐 동안의
지배문화가 주는 까불거림에 눈멀었지만, 이러한 잠재력들은 다시 기
지개를 켜대며 지배체제에 통렬한 응전을 해내려 하고 있다.

잠깐의 삶의 조건의 열악성 속에서 이러한 잠재력들이 깊이 잠들고
만 있는 것처럼 여기고 있는 민족 성원의 각 주체들로부터 적극적으
로 눈떠 삶을 살아낼 때, 그리하여 이 거대한 잠재력의 흐름이 거세
게 소용돌이쳐댈 때 우리가 만들어나가는 민중이 주체가 되는 통일된
민주국가는 우리 앞에 성큼 다가올 것이다.

남원농악의 유래와 특성

남원농악의 유래

남원지방은 전라좌도라 불리는 곳에 속해 있다. 조선시대부터 내륙 산간 지역인 진안, 장수, 무주, 임실, 순창, 남원, 곡성, 구례, 광양, 순천, 여수 등 지역을 전라좌도라 불러 왔다. 이 지역에서 하는 농악을 전라 좌도농악이라 부른다.

예로부터 그 지방 고유의 특색을 가지고 있는 농악들이 많았는데, 특히 남원 지방의 독우물(甕井 : 금지면 옹정리를 말함) 농악이라 하면 그때 당시 모르는 사람이 없이 널리 알려저 있는 농악이었나고 한다. 약 30명이나 되는 전 굿패가 한 마을 사람으로 형성되었기 때문에 독우물굿이라고 하면 아주 유명한 굿이었다고 말하고 있다.

독우물굿의 유래를 보면, 조선시대 때 전판이라는 당대에 아주 이

---

* 이른바 좌도굿 중에서 필봉굿과 진안굿은 여러 지면을 통해 소개되었지만, 남원굿은 유냉철 상쇠가 활동을 재개한지 얼마 되지 않기 때문에 굿 자체가 잘 소개되어 있지 않아 이 글을 통해 소개한다. 남원굿은 현재 공식 명칭이 '남원농악'이다. 남원농악에 대한 소개와 가락보는 「전라북도 지정 무형문화재 7-4호 남원농악」의 전수장학생인 김정헌이 정리했다.

름난 상쇠가 전라좌도지역을 누비며 굿을 쳐왔다고 한다. 그 유명한 상쇠의 바디를 유한준 명인이 받았다고 한다. 유한준 명인이 독우물 굿을 이끌어 왔던 이유를 들어보자.

유한준 명인의 부친 고 유선장씨는 항일 애국지사였다. 유한준 명인은 부친이 의병에 참여, 항일운동을 하느라 가족이 산산이 흩어져 숨어 살아온 관계로 그 좋아했던 굿을 쳐보지도 못하고 지내다 그리던 조국광복을 맞게 되었다. 유한준 명인에게도 간직하고 있던 기량을 세상에 펼칠 기회가 온 것이다.

정부수립이 되고 이승만 대통령이 취임하고 서울 창경궁에서 전국 농악 경연대회가 열리게 되자 바로 이 기회를 놓칠세라 전북 대표 팀을 조직하는데 내노라 하는 굿패가 다 모였지만, 그중 독우물 굿패가 절반 이상을 차지하였다고 한다. 유한준 명인을 상쇠로 하여 출전한 전북 대표팀은 대회 1위를 차지하고 그후 전국의 농악경연대회를 모두 휩쓸었다고 한다. 이 유명한 굿패의 절반 이상이 독우물굿패여서 독우물굿이라 하면 그 명성이 널리 떨쳐졌다 한다.

그러다 동족상잔의 비극인 6 · 25를 맞게 되었고, 그렇게 전국을 누비고 다녔던 굿도 칠 수가 없게 되고 유한준 명인은 전쟁의 소용돌이 속에서 병을 얻어 52세의 나이로 생애를 마치게 되었다.

그후 유한준 명인의 부쇠로 활약하던 강태문 명인이 뒤를 이어받아 남원굿의 상쇠로 호남지방에서는 크게 명성을 떨쳐왔다. 그 무렵 당년 16세인 소년 유명철이 강태문 명인에게 농악을 배워서 남원소년농악대를 조직, 남원 춘향제 행사시 전국농악경연대회에 소년 상쇠로 출전, 특별상을 받기도 했다. 이 소년 유명철은 바로 유한준 명인의 아들이었다.

그후 강태문 명인이 조산농악대를 결성(현재 남원시 조산동), 유명철은 소년 부쇠로 전국농악경연대회에 곳곳마다 참여, 남원굿의 명성을 떨쳐왔다. 그러다 강태문 명인이 병으로 타계하자 그 뒤를 이어

오늘날까지 남원굿의 맥을 이어오고 있다. 남원굿, 특히 독우물굿의 맥을 이어오기 위하여 독우물인 금지면 옹정리 1040번지에서 후진들에게 전수를 하고 있으며, 앞으로도 전라좌도 농악 남원굿은 계속 전승될 것이다.

좌도 남원농악의 특성

예로부터 남원농악은 전 치배(굿치는 사람)가 상모를 쓰는 것이 특징이다. 상쇠 이하 징, 장고잽이까지는 부포(날짐승의 깃털)를 단 부들상모를 쓰고, 소고잽이는 창호지를 길게 오려 단 채상모를 쓴다. 고깔은 일체 쓰지 않는다. 예전에는 무명한복에 삼색복색을 두르고 짚신을 신었다 하지만 지금에 와서는 백색 바지저고리에 청색 조끼를 입고 삼색복색에 운동화를 신는다.

농기와 영기를 앞에 세우는데, 영기에는 창호지로 만든 지전을 건다. 치배는 판과 조화를 이룰 수 있을 만큼의 인원을 편성하고, 뒷굿잽이에는 나발수, 호적수, 대포수, 조리중, 각시, 양반광대 등이 있는데, 특히 각시광대는 두 사람이 있어야 한다.

남원농악은 어느 굿보다도 가락이 다양하며, 빠르고 느린 가락이 서로 조화를 이룬다. 다른 지방의 굿에서는 찾아보기 힘든 쇠노농악의 꽃이라 불리는 영산과 미지기는 관객의 흥취를 돋구어 주며 굿을 치는 치배들도 다양한 기량을 연출해 내는 가락이다.

치배들이 쓰는 부들상모는 적자(구슬을 말함) 석에 명주실로 만든 끈을 넣어서 만들었기 때문에 누그럽고, 구슬을 세우면 곧바로 서지 않고 구부러지며 세워진다. 그래야 다양한 묘기를 연출해 낼 수 있다. 묘기에는 반사, 외사, 양사, 사사, 전조시, 부포새림(또아리얹기), 개꼬리 놀음, 연봉놀이(좌연봉, 우연봉) 등 여러 가지 기능이 있다.

이런 것들이 우도굿을 대표하는 뻣상모 놀이와 전혀 다른 특징이다. 모르고 보면 멋도 없어 보이지만, 알고 보면 흥미진진한 대목이 많이 연출되는 굿으로 호평을 받고 있다.

굿머리 순서와 해설

(1) 어름굿

언제든지 처음 굿을 치게 되면 맨 먼저 시작하는 굿을 어름굿이라 한다. 전 치배가 다 들어설 때까지 소리를 내는 것이 어름굿이다. 이 굿은 주로 상쇠를 제외한 다른 쇠잽이가 친다. 보통 어름굿 가락은 두마치—된삼채—넘는가락—두마치 순으로 친다. 목적지를 향해 갈 때는 길굿을 치면서 간다.

(2) 들당산굿

보통 농촌에서 치는 굿이 마을 지신밟기굿이다(일명 뜰밟이, 마당밟이굿이라고도 함). 마을굿을 칠 때 맨 먼저 치는 굿이 들당산굿이다. 들당산굿은 치배가 거꾸로 들어 간다. 다시 말하자면 농기, 영기를 앞세우고 잡색부터 끝소고 순으로 들어간다. 그렇게 되면 상쇠가 맨 끝에 서게 된다. 이 때 굿가락은 벙어리 삼채가락으로 들어가다 일정한 목적지에 도달하면 원진을 돌 때 반대방향으로 돈다.

그러다 상쇠가 목적지에 도달하게 되면 넘는가락으로 쳐서 전 굿패를 바른 방향으로 돌린다. 두마치 가락으로 굿을 맺고 덕석모리로 들어간다. 그때부터서는 상쇠가 앞서고 태극진을 몇 번 그리다가 진을 친다. 그때는 빠른 두마치 가락으로 굿가락을 낸다.

한 차례 한 차례 진을 맺고 반대방향으로 풀어서 원진으로 세워놓고 허튼가락으로 쇠잽이가 진 안에서 기량껏 상모놀이를 하다 미지기 가락을 낸다. 이 때 전 치배가 가락에 맞춰 굿판이 절정에 이르면 쇠소리를 죽이며 상쇠가 앞줄을 불러 들인다. 앞줄이 상쇠줄에 다가

오면 상쇠가 쇠소리로 신호를 해서 앞줄을 돌려서 두 줄이 바로 서서 앞으로 가고, 또 목적지에 닿으면 상쇠의 신호로 다시 돌아가고, 이렇게 몇 차례 한다. 그때 쇠잽이는 쇠를 거꾸로 잡고 두 손을 저으며 간다.

그러다 쇠소리를 죽여서 상쇠가 소리를 내면 상쇠줄은 제자리에 서고 앞줄은 앞으로 나간다. 앞줄이 끝에 이를 무렵 미지기 가락을 내면 돌아서서 두 줄이 다시 원진으로 서게 된다. 그러다 두마치로 맺고 삼채가락을 치면 전 치배가 가락에 맞춰 움직이게 된다.

잦은삼채 ─ 두마치 ─ 된삼채 ─ 넘는가락 ─ 두마치로 맺고 마을을 향해 절을 하면 들당산굿이 다 끝난다.(당산굿도 이렇게 친다. 절할 때는 두 번을 한다)

(3) 문굿

문굿에는 두가지 굿이 있다. 하나는 마을에 굿을 치러 들어갈 때 마을 앞에서 영기로 문을 잡아 놓고 나발이 마을을 향해 신호 소리를 세 번 내고 "우리 굿잽이가 이 마을에 들어갑니다"하며 신호를 하는 굿이 있고, 또 하나는 그 마을에서 굿을 다 치고 마지막날 밤에 판굿을 칠 때 치는 문굿이 있다. 이때 치는 문굿은 군사가 전쟁에서 이기고 개선할 때의 모습을 나타낸 것이다.

우선 마을에 들어갈 때 신고하는 문굿은 영기를 앞세우고 두 줄로 갈라 세운다. 갈라 세운 후 양줄이 서로 다른 방향에서 삼채굿으로 놀다가 미지기굿을 치며 한바탕 논 후에 세워논 영기 앞으로 다시 두 줄로 세운다. 이때부터는 상쇠는 쇠를 안치고 쇠채를 거꾸로 잡고 발림으로 놀며 신호를 하고, 부쇠는 상쇠 신호를 받아서 반풍류굿을 친다. 그러다 두마치로 끝을 맺고 다시 반풍류를 치면 상쇠가 대포수를 데리고 안에서 놀다가 치배 사이사이로 돌아다니다 대포수를 제자리 세워두고 상쇠가 치배를 한 사람씩 자리를 바꿔 세운다.

이렇게 하면 다시 부쇠는 두마치로 맺고 다시 반풍류를 친다. 그러면 상쇠는 다시 치배를 다시 원위치로 바꿔 세운다. 그리고 각시광대를 데리고 원 안으로 들어와서 재미있게 놀다가 각시를 원위치에 세우면 다시 두마치를 낸다. 그러면 빠른 가락으로 맺고 양 줄이 상대 줄을 한 바퀴씩 돌고, 두마치로 세워놓고 상쇠가 쇠채를 바로 잡고 전 쇠잽이를 안으로 데리고 와서 미지기를 낸다.

한참 동안 미지기를 하다 두 줄을 데리고 왔다갔다 몇 차례 하다가 두마치로 맺은 후, 다시 삼채굿으로 내면 전 치배가 자동적으로 한 줄로 풀어 가면서 원래 자리로 들어가서 원진을 돌며 한참 놀면 잦은삼채 — 두마치 — 된삼채 — 넘는가락 — 두마치로 끝내고, 마을을 향해 인사를 하고 길굿을 치며 들어간다. 이렇게 하면 문굿이 끝이 난다.

(4) 마을 공동 샘굿

마을에 들어가면 샘굿을 치게 된다. 좋고 맑은 물 오래오래 나오며, 이 물을 먹고 자란 마을사람은 건강하고 큰사람이 나와서 부귀영화를 누리고 만수무강하라는 뜻으로 친다. 전 치배가 우물을 둘러서서 한 바탕 재미있게 치고 두마치로 맺으면 이때 상쇠가 사설을 한다.

여그 샘물 존놈 있네 좋고 좋은 장구수 아들 낳고 딸 낳고
미역국에 밥 말아서 월떡월떡 잡수세

‖잰　｜지잰｜잰 지｜잰 재｜ 잰 ｜잰 지｜잰 지｜잰　‖
‖덩　｜덩　｜덩 더｜덩　｜더 쿵｜쿵 따｜쿵 따｜쿵　‖

이렇게 치다가 두마치로 그치면 전 치배는 절을 두 번 하고 돌아서 샘굿을 끝낸다.

(5) 마당굿(지신밟기굿)

샘굿이 끝나면 본격적인 지신밟기굿으로 들어간다. 인솔자를 따라서 집으로 가면 우선 대문 앞에서 대문굿을 친다. 그 가락은 '주인, 주인 문 끌러' 하는 내용으로 치고 길굿이나 혹은 일채굿으로 마당으로 들어간다. 그러면 대포수는 우선 부엌으로 들어가서 밥상과 대주 밥그릇을 들고 나와 판 안에서 쌀을 담아주면 준비해둔 촛불을 켜고 실타래를 놓고 굿패 노는 것을 봐가며 쌀과 돈을 놓는다.

대주밥그릇에 쌀을 가득 채우는 이유는 노적이 가득 차라는 이유이고(밥이 항상 가득 차라는 이유), 돈은 항상 많은 돈을 가지라는 뜻이고, 촛불은 밝은 세상을 보며 밝게 살고, 실은 무병장수하라는 뜻이다.

마당굿에는 순서가 없다 오래 치기도 하고 짧게 치기도 한다. 쌀과 돈이 많이 나오면 오래 쳐주고 적게 나오면 짧게 쳐주는 것이 상쇠 재량에 있다.

이렇게 해서 마당굿이 끝나면 곧바로 정지굿으로 들어 간다. 이때 대포수는 마루에 있는 상을 들고 들어와서 솥뚜껑을 거꾸로 뒤집어 놓고 그 위에 상을 놓는다. 이때 재담을 한다.

상　쇠　여봐라, 대포수야!

대포수　에이!

상　쇠　마당에서는 쌀도 나오고 술도 나오고 돈도 나오고 하는데 부엌에서는 아무 것도 안 나온다고 조왕님께서 매우 꾸중하신다. 가서 주인 아낙을 데려 오너라.

대포수　에이!
　　　　(대포수를 따라온 안주인이 돈을 꺼내 솥뚜껑 위에 있는 밥그릇 위에 올려 놓고 연신 고개 숙여 인사하며 치성을 드린다)

상　쇠　(정지굿 사설) 오방신장 합다리굿 잡귀잡신은 쳐내고 명과 복만 쳐들이세.

이렇게 한바탕 신나게 치고 절을 두번 하면 정지굿이 다 끝이 난다.

다음은 장독굿을 친다. 전 치배가 장독을 둘러 서서 정지굿과 같이 신나게 치고, 굿을 맺으면 상쇠 혹은 대포수가 사설을 한다. '쥐 들어간다 쥐 들어간다 장광에 쥐 들어간다' 이렇게 덕담이 끝나면 한 바탕 굿을 치고 두마치로 맺으면 전 치배가 절을 두 번 한다.

이렇게 장광굿을 그치고 철룡굿을 친다. 철룡굿이란 뒤뜰이 철룡이다. 뒤뜰을 한바퀴 돌고 샘굿을 친다. 샘굿도 역시 주인 아낙을 불러 덕담을 하고 다시 곳간굿을 친다. 여기서도 한바탕 친 후 덕담을 한다. '노적이야 노적이야 삼천 석만 불러들이세' 하고 사설이 끝나고 나면 다시 뒷굿을 치고 두 번 절하고 나와서 마당에서 놀다가 주인 내외를 향해 인사를 하면 마당굿이 다 끝난다.

이렇게 지신밟기가 모두 끝이 나면 제일 넓은 마당을 찾아서 마지막으로 치는 것이 판굿이다. 판굿에는 남원지방에서 치는 굿가락은 모두 빠짐없이 들어가 있다.

⑹ 판굿

판굿은 전굿, 후굿으로 나뉘어져 있다. 전굿은 전 치배가 땀을 빼는 굿이고 후굿은 상쇠가 땀을 빼는 굿이다. 농악은 전쟁에서 생겼다고도 한다. 그래서 굿가락 명칭이나 순서를 보면 군사훈련이나 적과 싸우는 모습과 흡사한 요소가 많다.

이렇게 비유해 보면 전굿은 군사 기초훈련에서 전술훈련을 표현한 것이고, 후굿은 적과 싸워 이겨 당당히 개선한 장수들을 즐겁게 해준다는 의미를 나타낸다. 그래서 전굿은 훈련을 하니까 전 치배가 땀을 내고, 후굿은 적을 유인해서 죽이고 개선하고 장수들을 즐겁게 해주는 굿이기 때문에 상쇠만 땀을 흘리지, 그외 치배는 즐거운 가락에 흥취되는 장면만 연출한다.

전 굿

(1) 풍류굿

길굿을 치고 들어가서 풍류굿 가락으로 돌린다. 삼채 — 잦은삼채 —
두마치 — 된삼채 — 넘는가락 — 두마치로 맺는다.

(2) 채굿

이 굿은 군사의 제식훈련에 해당하며, 가락이 매우 다양하여 서서
히 흥을 올려 시선을 굿판에 집중하게 만든다. 채굿은 일채부터 칠채
까지 있는데, 여기서 채는 한 장단에 치는 징의 타수를 말한다. 즉,
일채는 한 장단에 징을 한 번, 칠채는 한 장단에 징을 일곱 번 친다.
채굿을 칠 때는 전 치배가 원진으로 돌며 보통걸음으로 굿을 치고,
한 가락, 한 가락 칠 때마다 끝소고부터 판 안으로 들어와서 가락에
맞춰 자기 기량을 마음껏 발휘한다.

이렇게 마지막 칠채까지 하다가 넘는가락이 나오면 상쇠가 쇠잽이
를 이끌고 판 안에 들어가 반대방향으로 돌다가 두마치를 낸다. 이때
는 바른 방향으로 비꺼 돌면서 윗놀음을 한다. 그러면 징, 장고가 다
윗놀음을 하면서 빠른 가락을 치다가 쇠잽이가 우신 연풍내를 하나
장고 앞에서 뒷걸음질을 하면 전 치배가 연풍대를 한다. 두마치로 굿
을 그치면 칠채까지 완전히 끝난다.

(3) 진풀이굿

진풀이굿은 적과 싸우기 위해 진지를 구축하는 장면이라고 할 수
있다. 진풀이굿은 치는 사람이 흥이 나고 보는 사람 역시 즐거운 기
분으로 보는 굿이다. 진풀이 가락은 보통진풀이와 잦은진풀이가 있
다. 쇠잽이가 징수, 잡색을 데리고 안에서 반대방향으로 세우고, 밖의

원진에서는 장고와 소고가 가락에 맞춰 늦은걸음으로 움직이다가 한 바탕 어우러지면 수소고가 뒷굿을 이끌고 반대방향으로 한 바퀴 돌다 한쪽으로 나가서 진을 치고 다시 원대열로 복귀하면 그때 상쇠는 수장고 앞에 가서 가락을 끊고 어름가락을 내면서 한 바퀴 돌다 수장고와 마주치면 잦은진풀이 가락을 낸다.

그때 서로 반대방향으로 돈다. 그러다 마주치면 다시 돌고 몇 차례 반복한다. 장고줄이 반대 방향으로 돌 때 상쇠가 장고 앞에 가서 가락을 맺고 어름가락으로 돌면 장고줄은 바른 방향으로 오고 쇠는 반대방향으로 가다 장고를 따라 바른 방향으로 와서 장고와 나란히 서게 된다. 그러면 진풀이 가락이 다 끝난다.

(4) 호호굿

호호굿은 진을 치고 흩어져 있는 군사들을 불러들여 점호를 하는 것과 같은 굿이다. 호호굿을 칠 때는 맨 먼저 불러들인 군사를 정리하기 위해서 열두마치굿을 친다. 전열을 가다듬은 굿을 열두마치굿이라 한다.

호호굿도 역시 진풀이굿과 같이 대열은 같다. 쇠줄이 안에 서고 장고줄이 밖에 서서 친다. 한 가락 치고 '호호' 할 때는 소고잽이와 잡색은 '호호' 하면서 한번 돈다.(징은 치지 않는다) 그러다 잦은호호굿으로 넘는가락을 한 번 치는데, 호호하기 전에 일제히 한 번씩 돌고 역시 호호할 때는 먼저와 같이 돈다. 그러다 옆걸음으로 잦은호호굿 가락을 한 장단 치다 상쇠가 수장고 앞에 앉으면 수장고는 뒷줄을 데리고 반대방향으로 가고, 장고줄이 돌아서 쇠 앞에 올 때까지 앉아 있다가 일어서면 다시 장고줄은 반대 방향으로 간다.

이 때 상쇠는 쇠를 치지 않고 쇠채를 거꾸로 잡고 너설을 것고 부쇠가 쇠를 친다. 이렇게 몇 차례 하다 호호굿 다드래기로 가면서 장고줄을 반대로 돌려 놓고 그때부터 상쇠가 쇠소리를 낸다. 이렇게 하다 장고줄이 반대방향으로 돌 때 쇠를 맺고 어름가락으로 돌아서 두 줄이 나란히 선다. 이 때 빠른 속도로 휘모리 가락을 내어 간단히 치다가 쇠잽이가 쇠를 멈추고 너설을 젓다가 미지기를 간단히 한 다음 두마치를 내서 끊으면서 장고 앞에서 앉는다. 그러면 호호굿이 완전히 끝난다.

(5) 영산

영산은 전라좌도 지역에서만 볼 수 있는 굿이다. 영산이란 굿을 치고 있지만 남원농악에서 치는 영산은 다르다. 영산은 좌도농악의 꽃이라 할 수 있는 대표적인 가락이다. 영산은 늦은영산, 잦은영산, 영산다드래기로 나뉜다.

상쇠와 부쇠가 번갈아 치는 가락으로 먼저 늦은영산은 앉아서 시작한다. 앉아서 상쇠가 한 마디 치면 부쇠, 삼쇠 순으로 한마디씩 끝나면 상쇠가 다시 받을 때는 일어서면서 상모를 돌리면서 그때부터 까치걸음으로 걸으면서 쇠잽이와 수장고가 마주서서 걸어가면서 치다 한 마디 끝나면 다음 쇠잽이가 그 자리에 가서 치고, 쇠를 안 치는 쇠잽이는 판 안에서 뒷짐을 지고 윗놀음으로 묘기를 하다 자기 차례가 되면 다시 장고 앞에 가서 치고 한다.

늦은영산은 앉아 한 번, 서서 힌 번씩 한다. 시시 힐 때는 조금 빠르게 친다. 그러다 잦은영산을 칠 때는 아주 빠르게 친다. 그 때는 전 치배가 빠른 동작을 한다. 그러다 한 차례씩 잦은영산이 끝나면 영산다드래기로 들어 간다.

영산다드래기는 두마치 장단에 치는데, 상쇠가 선쇠를 치면 나머지 쇠잽이가 똑같은 가락으로 받아치고, 이렇게 몇 차례 반복을 하다 두마치로 해서 미지기로 들어간다.(영산은 처음부터 끝까지 전 단원이 윗놀음을 하고 징은 치지 않고 윗놀음만 한다) 미지기를 한참 하다 두마치로 끊을 때 언제든지 채굿을 제외하고는 쇠잽이가 판 안에서 먼저 연풍대를 하고, 수장고 앞에 가서 뒷걸음질을 하면 그때부터 장고 이하 전 치배가 연풍대를 하며 끊는다.

(6) 노래굿(행군하는 장면)

영산이 끝나면 원진으로 멈춰서게 된다. 그 때 열두마치가락을 내서 어름가락으로 치게 된다. 그러다 다시 상쇠가 '에헤야— 헤' 하고 선소리를 하고 다시 어름가락으로 한 바퀴 돌아와서 또 상쇠가 '얼씨구려—' 하고 두마치굿을 치면 전 치배가 일제히 연풍대를 하다 그친다. 그리고 노래굿 선소리를 상쇠가 한다. 그러면 전 치배가 자연스럽게 후렴을 하면서 네 줄로 가깝게 다가서서 따라온다.

노래굿은 행군하는 굿이다. 네 줄로 다가서서 선소리를 하면 뒷소리로 받는 굿이다.

오늘도 하도 심심해 에헤이여 노래 하나를 불러 보세
　　받는 소리 : 얼싸아 절싸하
무슨 노래를 불러 볼까 에헤이여 옥설가 하나를 불러 보세
옥설가도 좋거니와 에헤이여 시방가 하나를 불러 보세
놀러 가세 놀러 가세 에헤이여 월선이 방으로 놀러 가세
월선이는 어데 가고 에헤이여 거문고 한 쌍만 남았구나

이렇게 해서 노래굿이 끝나면 일채굿을 치고 전 단원이 원위치로 돌아가면 잦은삼채—두마치로 해서 연풍대로 끝이 난다.

(7) 미지기굿

미지기는 총검술과 각개전투를 나타내는 굿이다. 미지기굿도 다른 곳의 미지기굿보다 특이하다. 타지방의 미지기는 두 줄이 마주보고 왔다갔다 하는데, 남원굿의 미지기는 두 줄이 마주보지 않고 왔다갔

다 하는 것이 특징이다.

전 치배를 원진으로 제자리에 세워놓고 쇠잽이들만 원 가운데로 들어가서 어루면서 제자리 돌기, 부포놀음 등을 한다. 한참 동안 온갖 기량을 부리다 상쇠와 부쇠가 번갈아 미지기 가락을 내는데, 매우 느리게 친다. 가락을 점점 빠르게 몰다 두마치로 잇고, 쇠가락만 멈춘 상태에서 상쇠는 신호를 하여 원을 반으로 나누어 두 줄을 만든 다음 상쇠가 신호를 하면 맞은편 줄이 다가와 서로 마주보는 두 줄을 만들며, 다시 상쇠가 쇠를 '쟁' 하고 치면 처음 왔던 줄이 뒤돌아선 다음 두 줄이 같이 앞으로 행진한다. 이 때 모두 부포를 돌리고 너설을 젓는다.

밀고 당기기를 수차례 반복하다가 앞쇠가 쇠를 막고 신호를 하면 맞은편 줄만 제자리로 돌아간다. 앞줄이 목적지까지 가면 이때 미지기를 낸다. 그러면 앞줄이 멈추면서 뒤로 돌아선다. 이때 쇠잽이가 안으로 들어가 한참 동안 기량을 부리다 두마치로 끝을 맺으면 맨 마지막에 징이 한 번 친다. 그 뒤 삼채가 나오면 전 치배가 움직이면서 가락에 맞춰 굿을 치다 잦은삼채 —두마치 —된삼채 —넘는가락 —두마치로 해서 그치면 미지기가 끝난다.

(8) 춤굿

춤굿은 전 치배가 땀을 흘렸으니 쉬운 가락으로 몸을 푸는 가락이다.(즉, 전술훈련을 연마하느라 고생을 많이 했던 군사를 여흥을 마련하는 굿이다)

전 치배를 원진으로 세워 놓고 허두잽이, 즉 잡색이 안으로 들어간다. 상쇠가 쇠를 바닥에 내려 놓으면 북, 장구를 제외한 모든 치배들도 악기를 제자리에 내려 놓고 두름을 양손에 잡는다. 장고가 굿거리 장단을 내면 자기 악기 주위를 한 바퀴 돌며 춤을 추다가 악기별로 한 바퀴씩 돌면 반풍류가락에 맞춰 전체가 한 바퀴 크게 돌다 제 자리에 왔을 때 두마치로 넘긴다.

그때 일제히 부포를 돌리며 두 사람씩 짝을 지어 마주보며 앉고 수박치기를 한다. 한참 수박치기를 하다 각자 악기를 들고 앉았다 일어섰다를 세 번 한다. 상쇠가 두마치를 내면 일제히 서서 움직이기 시작하다가 연풍대로 끝을 맺으면 춤굿이 끝난다.

(9) 등지기굿

등지기굿은 상대방을 탐색하는 굿이다. 원진으로 전 치배를 세워놓고 일채굿으로 상쇠, 뒷쇠 서로 주고 받고 몇 차례 하다가 상쇠가 앉으면 일제히 앉는다.

이때도 역시 잡색은 원진 안에서 같이 놀다 따라 앉는다. 둘씩 짝을 정하여 앉아서 상쇠 하는대로 따라서 한다. 서로 등을 댈동 말동 몇 차례 하다가 등을 대면 일제히 따라 댄다. 이때 상대가 힘을 주고 일어서면 반대편이 엎드려 주고, 이렇게 몇 차례 하고 있을 때 안에서 놀고 있는 잡색들은 장난을 하는데 상대가 기댈 때 갑자기 몸을 빼내 상대를 넘어뜨리는 등 웃음을 자아낸다. 안에서 잡색들의 장난이 끝나면 일어서서 잦은삼채―두마치로 해서 그치면 등지기굿이 끝난다.

이렇게 해서 판굿 중의 전굿이 끝이 나면 전 치배들은 잠시 숨을 돌리며 새참을 먹고 잠시 쉰다.

후 굿

(1) 도둑잽이굿

도둑잽이굿은 적장을 유인해 사살하는 장면이다. 특히 이 굿은 잡색들의 활약이 크다. 잡색들이 대포수를 데리고 투전놀이를 하다 대포수를 죽이며 갖은 장난을 치다 대포수를 내다 버리는 장면이다.

치배가 잠깐 휴식을 취한 후 일채, 삼채, 두마치로 맺은 다음 영기를 양쪽에 세워 놓고 전 치배를 두 패로 갈라 세운다. 이때 상쇠가 쇠채를 거꾸로 잡고 너설을 저으며 선두에서 지휘를 한다. 상쇠가 반풍류 가락에 맞추어 상모를 돌리고 너설을 저으며 대포수를 데리고 노는데, 대포수는 두 줄 밖에서 돌고 상쇠는 두 줄 안에서 돈다. 부쇠는 상쇠와 대포수가 두 줄의 끝에 자리할 때마다 두마치를 한 번씩 몰아준다. 그렇게 대포수를 데리고 놀다 제 자리에 세워놓은 뒤에 두마치로 가락을 맺고 어름가락을 치며 빠른 행동으로 상쇠줄이 부쇠줄을 한 바퀴 돌아와서 제자리에 서서 두마치로 맺으면 다시 부쇠줄이 상쇠줄을 또 한 바퀴 돌아와서 두마치로 맺는다.

그 다음 덕석몰이 가락을 내 양줄이 태극진을 그리다 한 차례씩 진을 친다. 그후 미지기를 내어서 양편이 주고 받고 하다가 두마치를 끊고 반풍류가락으로 풀어서 한바탕 놀다가 관객 밖으로 나가서 잠시 쉰다.

이때 잡색들이 안으로 들어와 투전판을 벌인다. 한참 놀고 있을 때 나발수가 놀이판에다 대고 나발을 분다. 그러면 큰일났구나, 순사가 나타났구나 하고 자리를 옮긴다. 이렇게 세 차례를 반복하면 밖에서 쉬고 있는 치배가 서로 반대 방향으로 돌아 들어와서 잡색들을 혼동시키다 상쇠가 대포수 모자를 벗겨버린다.(이때 가락은 어름가락을 빠른 속도로 치면서 행동을 한다)

그러면 대포수가 바로 뒤로 넘어져서 죽는 것이다.

이때 잡색들은 서로 살려 보자고 의사를 데리고 와서 진찰을 해보지만 허사다. 의사는 죽었으니 장례를 치르라고 한다. 이때 소고잽이들이 대포수를 들러 메고 상여소리로 판 안을 한 바퀴 돌고는 밖으로 나가 내다 버린다. 이때 선소리는 누구나 할 줄 아는 사람이 하고 나머지는 일제히 후렴을 한다. 잡색들은 뒤를 따라가며 곡을 하면서 따라간다. 도둑잽이굿에서는 적장을 유인해서 사살하는 장면이다. 대포수가 죽었으니 임무는 다 끝난 셈이다.

(2) 문굿(탐모리)

이번에 치는 문굿은 모든 군사를 데리고 적군을 소멸시키고 보무당당하게 개선하는 장면을 연출한다. 탐모리는 잔류병을 찾아서 사살하는 장면이다. 적장을 죽이고 군사들을 사살했으니, 어디 적군 한 사람이라도 남아있는 지 샅샅이 더듬는 굿이다. 잔류병을 모두 찾아 사살하고 뒤풀이를 하는 장면이다.

양 진영에서 반풍류 가락으로 놀다가 영기를 앞세우고 두 줄로 세운다. 반풍류 가락에 맞추어 상쇠는 너설을 저으며 안에서 놀고, 부쇠가 쇠를 친다. 한참 동안 너설을 저으며 놀다가 두마치로 가락을 맺은 후 부쇠를 데리고 들어와 어름가락과 미지기로 기량을 발휘하다 두마치로 맺고, 쇠잽이가 원위치에 들어가 두 줄이 영기를 제자리에 두고 전치배가 고개를 숙이고, 전·후, 좌·우 일곱 걸음씩을 하다 두마치 가락을 내고 맺는다.

그 다음에는 두 줄이 영기를 앞세우고 들어와서 서로 삼채굿으로 놀다가 다시 반풍류가락으로 두 줄을 자리에 세운다. 상쇠는 가락을 치지 않고 부포를 돌리고 너설을 저으며 가락은 부쇠가 이끌어 간다.

상쇠가 치배를 한 사람씩 자리를 바꿔 세운다. 그렇게 하다 두마치로 가락을 맺고 또 반풍류가락으로 치배를 원위치에 다시 세운다. 그 후 부쇠를 안으로 데리고 들어와 미지기를 한다.

미지기가 끝나면 쇠와 쇠채를 영기에 걸고, 영기에 있는 종이 너설을 양손에 들고 너설을 하늘로 두르며 두 줄을 왔다갔다 하다 잡색 중 각시 둘에게 다가가 머리에 화관을 씌운 다음 영기 앞으로 데려다 세우기를 차례대로 한다. 상쇠는 혼자 놀다가 각시 앞으로 와서 각시들을 데리고 원위치로 데려간다. 각시 머리 위에 씌운 화관을 상쇠가

들고 미친 듯이 춤을 추다가 모닥불에 던지면 문굿이 끝이 난다.

(3) 점호굿

점호굿은 군사를 점검하는 굿이다. 아군이 얼마나 사살당하고 몇 명이나 살아 남았는지 하나하나 점검하는 굿이다. 상쇠가 영기를 잡고 교차시켜 문을 만든 다음 두 줄로 세운 각 치배들의 점호를 취하는데 점호 과정은 다음과 같다.

> **상쇠** 해동 조선 대한민국 전라북도 남원시 금지면 상귀리 치배들!
>
> **전체** 예이!
>
> **상쇠** 각각 대답하라!
>
> **전체** 예이!
>
> **상쇠** 취타 삼초하라!
>
> **전체** 예이!
>
> (나발 상쇠 앞으로 나와서 나발 세 번 분 다음 상쇠 앞으로 와서 인사하고 들어간다)
>
> **상쇠** 대포수 삼타하라
>
> **진체** 예이!
>
> (대포수 나와서 손에 늘고 있던 채찍으로 모닥불을 세 번 두드린 다음 상쇠 앞으로 와서 인사하고 들어간다. 소고, 대고〔북〕, 장구, 징의 순으로 계속한다)

마지막으로 징이 나와 3번 친 후 상쇠가 쇠채로 들고 있는 징의 테두리 안쪽을 두드리며 풍류가락을 한 장단 내면 전 치배가 가락을 받는다. 풍류굿을 치면서 가새치기로 풀어 원진을 만든 다음 흥겨웁게 놀면서 두마치로 맺으면 점호굿이 다 끝난다.

(4) 헤침굿과 액막이굿

헤침굿은 굿이 끝났음을 알리는 굿이며, 구경꾼과 치배들의 1년 액을 물리치는 의미도 담고 있다. 일채로 시작해서 잦은삼채, 두마치로 맺은 다음 상쇠가 다음과 같은 구음을 외친다.

별 따세 별 따세 하늘 잡고 별 따세
콩 볶세 콩 볶세 번개불에 콩 볶세
헤치쇼 갈립시다 구경꾼도 갈립시다

마지막 구음인 '헤치쇼 갈립시다 구경꾼도 갈립시다'를 외치고 나면 두마치로 끝을 맺고, 삼채굿을 치면서 모닥불을 한 사람씩 차례로 넘는데 액을 막는 의미를 담고 있다. 그런 다음 두마치로 넘겨 연풍대, 자반뒤집기 등을 하고 맺으면 판굿이 다 끝난다.

(5) 재능기

재능기는 글자 그대로 치배들의 개인 기능을 말하는데, 쇠, 소고, 장구의 개인놀이다. 지금까지 굿을 치느라 힘이 많이 소모가 되었는데, 그래도 남아있는 힘이 있고 관객들의 요청이 있으면 하는 굿이다. 끝소고부터 차례로 나와 각자 소지하고 있는 개인기를 마음껏 발휘한다.

(6) 날당산

'우리 굿패가 이 마을에 와서 잘 놀다 마을을 떠납니다' 하고 인사를 드리는 굿이 날당산굿이다. 마을에 들어 올 때는 끝소고부터 앞세우고 오지만, 마을을 나갈 때는 상쇠가 선두에 서서 나간다. 덕석몰이 가락을 치며 빠른 걸음으로 가다 동구밖에 공터가 있으면 덕석몰이를 한 차례 하고 두마치로 맺은 뒤 삼채가락을 낸다. 이때 쇠는 부쇠가 치고 상쇠는 대포수를 데리고 몇 차례 돌면서 치배 사이로 왔다갔다

하다가 한쪽으로 포수를 데리고 빠져나간다. 그리고 그곳에서 포수를 데리고 놀다가 부포로 신호를 한다.

부쇠는 상쇠를 보면서 굿을 친다. 잦은삼채, 두마치, 된삼채, 넘는 가락, 두마치로 상쇠 웃놀음 신호에 따라 치다가 상쇠가 쇠채를 하늘을 향해 던지면 모든 것이 다 끝났으니 부쇠는 쇠를 맺고 치배를 데리고 마을을 향해 인사를 하고, 치배들은 더 이상 악기소리를 내지 않고 상쇠를 따라 조용히 마을을 떠난다.

남원농악 유명철 상쇠 약력

1942. 4. 25	전북 남원시 금지면 상귀리 82 출생.
1958	남원농악 상쇠 강태문(남원 금지) 선생께 사사.
1959	남원춘향제 전국농악경연대회에 소년농악단 상쇠로 출전 우승. 강태문 선생이 이끄는 남원농악단에 부쇠로 참여, 추석에 여수 오동도에서 열린 전국농악경연대회 1위 입상. 경북 청도, 대구 달성공원 등지로 다니며 각종 대회 입상과 공연.
1960	장고의 명인 최상근 선생과 단체 조직, 전국 순회공연에 나섬.
1962	전북내표로 전국민속경연대회에 참여 1위 입상 후 특별 흥행 허가를 받아 전국 순회공연에 나섬.
1963~66	군복무.
1966	남원 춘향, 전주 아리랑, 김제 백구, 부안 여성농악단 등을 지도하며 좌도 부들상모 개인놀이로 찬조 출연(3년간).
1969~82	구례농고, 전주농고, 남원수지중, 남원축산고, 곡성, 여천, 화순, 구례, 담양, 광양, 광주 등지에서 지도. 서울 아현동 제일 국악학원 강사, 서울 돈암동 김병섭 국악학원 강사.
1970	지리산약수제 전국농악경연대회 상쇠 출전 우승.

1973	남원춘향제 농악경연대회 상쇠 출전 우승. 광주 남도문화제 등 각종 행사에 상쇠로 참여 입상.
1975	제2회 전북농악경연대회 개인상 수상.
1978	전주대사습 제4회 전국농악경연대회 상쇠로 출전 우승.
1988	‘공간사랑’ 소극장에서 5일간 개인발표회를 끝으로 활동 중단.
1994	남원 전통문화마당 ‘벗음새’에서 전수생을 받아들이며 활동 재개. 남원 풍물동호인 ‘화목회’, 전주 놀이패 ‘우리마당’, 광주 놀이패 ‘굴림’, 광양·순천 ‘우리문화연구회’ 지도(현재).
1995	광주시립민속박물관 주관 ‘호남좌도농악’ 영상자료 촬영 지도.
1996	순창국악원 강사 활동(현재). 전주 「문화저널」 주관, ‘전라도의 춤, 전라도의 가락’ 공연에 상쇠 개인놀이 발표.
1996. 10. 19	남원에서 ‘좌도굿의 명인 유명철 상쇠 판굿’ 공연.
11. 9	전주 덕진종합회관에서 전라좌도 남원농악 발표.
1996	현재 조선대학교, 성균관대학교, 우석대학교 학생 풍물패 지도. 서울 풍물패 ‘터울림’ 등 각 대학 풍물패 및 일반 풍물패 지도.
1997. 5. 18	전주 「문화저널」 창사 10주년 앵콜 특별 공연.
8. 24	남원시 금지면 상귀 마을에서 좌도 남원농악 판굿 발표회.
1998. 1. 9	전라도지정 무형문화재 7-4호 남원농악 상쇠기능 보유자로 지정.

남원농악 가락보

굿내는 가락

• 순서 : 어룸굿―두마치 내는 가락―두마치―두마치 맺는 가락 1―된삼채 내는 가락―된삼채 본가락―두마치로 넘는 가락 1―두마치―두마치 맺는 가락 1

• 어룸굿
‖잰　｜잰　　｜잰 잰｜잰 잰‖잰잰잰｜…………… 샛‖

• 두마치 내는 가락
‖재 재 재｜잰　　지｜잰　　지｜잿　　지‖
‖덩　　기｜덩　　따｜쿵 기 닥｜쿵　　기‖
‖징　　｜　　｜징　　｜　　‖

• 두마치(혹은 휘몰이)
‖잰　　지｜잿　　지｜잰　　지｜잿　　지｜잰　　지｜잿　　지‖
‖덩　　기｜덩　　따｜쿵 기 닥｜쿵　　기｜덩　　기｜덩　　따｜쿵 기 닥｜쿵　　기‖

‖징 | |징 | |징 | |징 | ‖

• 두마치 맺는 가락 1

‖잰 지|잿 지|잰 지|잿 |잰 ‖
‖덩 기|덩 따|쿵기 닥|쿵 기|덩 ‖
‖징 | |징 | |징 ‖

• 된삼채 내는 가락

‖재 |잰 | | | | ‖재 |잰 | | | | ‖
‖재 |잰 | |재 |잰 | ‖잰 | |재 |재 |잰 | ‖
‖잰 | |지 |잰 | |지 ‖잰 | |재 |재 |잰 | ‖
‖징 | | | |징 ‖징 | | | | | ‖

‖더 |덩 | | | | ‖더 |덩 | | | | ‖
‖덩 |쿵 |따 |쿵 |따 |쿵 ‖쿵 |따 |쿵 |쿵 |따 |따 ‖
‖따 |쿵 |따 |쿵 |따 |쿵 ‖쿵 |따 |쿵 |쿵 |따 |따 ‖

• 된삼채 본가락

‖재 |잰 | |잰 | |지 ‖잰 | |재 |재 |잰 | ‖
‖잰 | |지 |잰 | |지 ‖잰 | |재 |재 |잰 | ‖
‖잰 | |잰 | |재 |재 ‖잰 | |재 |재 |잰 | ‖
‖재 |재 |잰 | |재 |재 ‖잰 | |재 |재 |잰 | ‖
‖징 | | | | ‖징 | | | | | ‖

‖덩 |쿵 |따 |쿵 |따 |쿵 ‖쿵 |따 |쿵 |쿵 |따 |따 ‖
‖따 |쿵 |따 |쿵 |따 |쿵 ‖쿵 |따 |쿵 |쿵 |따 |따 ‖

• 두마치로 넘는 가락 1

지 ‖잰 | 지|잰 ‖잰 | 지|잰 ‖×수회

　‖잰 잰| 지|잰 ‖잰 | 잿| ‖

　‖덩 | 따|쿵 ‖덩 | 따|쿵 ‖×수회

　‖더덩 | 더|덩 ‖덩 | 딱| ‖

질굿(길굿)

질굿(길굿)은 풍류굿이라고도 하며, 굿패가 행진하며 이동할 때 치는 굿이다. 또 판굿의 처음 부분에 들어가기도 한다. 당산굿을 치러 갈 때 질굿 다음에는 벙어리삼채가 이어지며, 여염집 마당밟이를 할 때는 질굿 다음에 문굿이 이어진다.

• 질굿 순서

질굿 본가락—삼채로 넘는 가락—삼채 본가락—잦은삼채로 넘는 가락—잦은삼채—두마치로 넘는 가락 2—두마치—두마치 맺는 가락 1—된삼채 내는 가락—된삼채 본가락—두마치로 넘는 가락 1—두마치—두마치 맺는 가락 1

• 질굿 본가락

1 ‖잰 |잰 | |잰 | |잰 ‖잰 | 지|잰 |잰 | |잰 ‖

2 ‖잰 | | |잰 | |잰 ‖잰 | 지|잰 지|잰 |잰 | | ‖

3 ‖잰 | |잰 | |잰 |재 ‖잰 |재 재|잰 |잰 |잰 | | ‖

4 ‖잰 |잰 |잰 |재 재|잰 |재 재‖잰 |재 재|잰 |재 재|잰 |잰 ‖

　‖징 | | | | | ‖ | | | | | ‖

1 ‖덩 |덩 | 따기|덩 | 기덩 ‖덩 |따 기|닥 따|쿵기리닥 |따다 ‖

2 ‖덩 |따 라|라 기|더 더|더 더|덩   ‖덩 |따 기|닥 따|쿵기리닥 |따다 ‖
4 ‖덩 |따 다|덩 |따 다|덩 |따 다‖더 덩|쿠 궁|따 쿵|쿵 기|덩 |따다 ‖
3 ‖덩 |덩 |따 다|쿠궁기닥쿵 |따 다‖덩 |따 기|닥 따|쿵기리닥 |따다 ‖

　　* 1, 2, 3의 가락은 각각 한 번씩 치고 4의 가락만 반복한다. 4의
가락을 한동안 치다 치배들의 가락이 맞지 않을 때 1, 2, 3의 가락을
친 뒤 4의 가락을 반복한다.

• 질굿 4의 변주
‖잰 |잰 |잰 지|잰 |재 재|잰   ‖재잰 | 지르재 재|잰 |지르재잰   ‖
‖재 재|잰 |재 재|잰 |재 재|잰   ‖잰 |재 재|잰 |재 재|잰 |잰   ‖
‖잰 |잰 |재 재|잰 |재 재|잰   ‖잰 |재 재|잰 |재 재|잰 |잰   ‖
‖잰 |잰 |재 잰| 지|잰 |잰   ‖잰 |재 재|잰 |재 재|잰 |잰   ‖
‖잰 지|잰 |잰 지|잰 |잰 지|잰 지‖재 |재 재|잰 |재 재|잰 |잰   ‖
‖잰 지|잰 |재 잰| 재|잰 |재 재‖잰 |재 재|잰 |재 재|잰 |잰   ‖
‖잰 지|잰 |잰 지|잰 |잰 지|잰 지‖재 잰| 재|잰 지|잰 |재 재|잰   ‖
‖잰 |잰 |잰 지|잰 |지르재잰   ‖잰 |지르재잰 지|잰 |지르재잰   ‖
‖지르재재 재|잰 |지르재재 재|잰   ‖지르재재 재|잰 |지르재재 재|잰   ‖
‖지르재잰 |지르재잰 |지르재잰   ‖지르잰   지르잰지|잰 |잿 | ‖
‖재 재|잰 |재 재|잰 |재 재|잰   ‖잰 |지르잰 지르|잰 |지르재잰   ‖

‖덩 |덩 |따 다|쿠궁기닥쿵 |따 다‖더 덩|쿠 궁|따 쿵|쿵 기|덩 |따 다‖
‖덩 |덩 |따 다|쿠궁기닥쿵 |따 다‖덩 |기 기|리닥따|쿵기닥쿵 |따 다‖
‖덩 |덩 |따 다|쿠궁기닥쿵 |따 다‖더 덩|쿠 궁|따 쿵|덩 |따 쿵|따 쿵‖
‖더쿵 |덩 |따 다|쿠궁기닥쿵 |따 다‖덩 |기 기|리닥따|쿵기리닥 |따 다‖
‖더쿵 |덩 |따 다|쿠궁기닥쿵 |따 다‖더 덩|쿠 궁|따 쿵|쿵 기|덩 |따 다‖
‖더쿵 |덩 |따 다|쿠궁기닥쿵 |따 다‖더 덩|쿠 궁|따 쿵|덩 |따 쿵|따 쿵‖

‖덩 |따 기리닥쿵|덩 |따 기리닥쿵‖덩 |따 기리닥쿵|쿵기리닥 |따 다‖
‖덩 | 기덩 |덩 |따 기리닥쿵‖덩 |따 기리닥쿵|쿵기리닥 |따 다‖
‖덩 |따 기리닥따덩 |따 다|다 다‖덩 | 기닥 따|쿵기리닥 |따 다‖
‖덩 | 기덩 |덩 | 기덩 ‖덩 | 기덩 |쿵기리닥 |따 다‖
‖덩 | 기덩 |덩 |따 다|다 다‖덩 |따 기리닥따|쿵기리닥 |따 다‖
‖덩 |덩 |따 다덩 |덩 |따 다‖덩 |덩 |따 다|쿵기리닥 |따 다‖
‖덩 |덩 기닥쿵|덩 |덩 기닥쿵‖덩 |덩 기닥쿵|쿵기리닥 |따 다‖
‖더 더|더 더덩 |더 더더 더덩   ‖더 더더 더덩 |더 더더 더덩   ‖
‖더 더덩 |더 더덩 |더 더덩   ‖더 덩|쿠 궁|따 쿵|쿵 기덩 |따 다‖

• 삼채로 넘는 가락(질굿 4의 가락 뒤에 한 번만 친다)

‖재 |잰 | |재 |잰 | 지‖잰 | 지잰 |재 |잰 | | ‖
‖잰 | | 지잰 | | 지‖잰 | 지잰 |재 |잰 | | ‖
‖잰 | 지잰 |재 |잰 | 지‖잰 | 지잰 |재 |잰 | | ‖
‖잰 | |잰 | |재 |재 ‖잰 | 지잰 |재 |잰 | | ‖
‖징 | | |징 | | ‖징 | | | | | ‖

‖따 |닥 | 기닥 |나 | 기‖낙 | |따 |따 |다 | | ‖
‖딩 | | 기덩 | | 기|넝 | 기넝 |궁 |따 | | ‖
‖덩 | 기덩 |쿵 |따 |쿵 ‖덩 | 기덩 |쿵 |따 |따 | ‖
‖따 |쿵 |따 |쿵 |따 |쿵 ‖쿵 |따 |쿵 |쿵 |따 |따 ‖

• 삼채 본가락

‖재 |잰 | |재 |잰 | 지‖잰 | 지잰 |재 |잰 | | ‖
‖잰 | |재 |재 |잰 | 지‖잰 | 지잰 |재 |잰 | | ‖
‖징 | | |징 | | ‖징 | | | | | ‖

‖덩 |쿵 |따 |쿵 |따 |쿵 ‖쿵 |따 |쿵 |쿵 |따 |따 ‖
‖따 |쿵 |따 |쿵 |따 |쿵 ‖쿵 |따 |쿵 |쿵 |따 |따 ‖

• 삼채 변주

‖재 |잰 | |지 르|잰 | 지‖잰 | 지|잰 |재 |잰 | | ‖
‖잰 | 지|잰 |잰 | 지|잰 ‖잰 | 지|잰 |재 |잰 | | ‖
‖잰 | |잰 | |재 |재 ‖잰 | 지|잰 |재 |잰 | | ‖
‖잰 | |재 |재 |잰 | 지‖잰 | 지|잰 |재 |잰 | | ‖
‖잰 | | 지|잿 | | 지‖잰 | 지|잰 |재 |잰 | | ‖
‖재 |잰 | 지|재 |잰 | 지‖잰 | 지|잰 |재 |잰 | | ‖
‖재 |잰 | |지 르|재 |재 ‖잰 | 지|잰 |재 |잰 | | ‖
‖재 |재 |잰 | |지 르|재 ‖잰 | 지|잰 |재 |잰 | | ‖
‖잰 | 지| 잰|재 |잰 | 지‖잰 | 지|잰 |재 |잰 | | ‖

• 잦은삼채로 넘는 가락(서너 번 반복)

‖잰 | 지|잰 |재 |잿 | ‖잰 | 지|잰 |재 |잿 | | ‖
‖재 |재 |재 |재 |잿 | ‖재 |재 |재 |재 |잿 | | ‖
‖징 | | | | | ‖징 | | | | | | ‖
‖덩 | 기|덩 |덩 |따 |따 ‖쿵 | 기 닥|쿵 |쿵 |따 |따 ‖

• 잦은삼채

‖잰 | 지|잰 |잰 | 지|잰 ‖잰 | 지|잰 |잰 | 지|잰 ‖
‖징 | | | | | ‖징 | | | | | ‖
‖덩 | 기|덩 |덩 |따 |따 ‖쿵 | 기 닥|쿵 |쿵 |따 |따 ‖

• 잦은삼채 변주

‖잰 | 지|잰 |재 |잰 | 지‖잰 | 지|잰 |재 |잰 | 지‖

‖재 ‖잰 ‖   ‖지 르‖잰 ‖   ‖지 르‖잰 ‖   ‖지 르‖잰 ‖   ‖
‖재 ‖잰 ‖   ‖지 르‖잰 ‖   ‖지 르‖잰 ‖   ‖지 르‖잰 ‖잰 ‖
‖재 ‖잰 ‖   ‖지 르‖잰 ‖잰 ‖지 르‖잰 ‖   ‖지 르‖잰 ‖   ‖
‖재 ‖재 ‖재 ‖재 ‖재 ‖재 ‖재 ‖재 ‖재 ‖재 ‖재 ‖재 ‖
‖잰 ‖   ‖지 ‖잰 ‖   ‖지 ‖잰 ‖   ‖지‖잰 ‖   ‖지 ‖잰 ‖   ‖지 ‖잰 ‖   ‖지 ‖

• 두마치로 넘는 가락 2(한번만 친다)

‖지 잿‖잰 ‖   ‖지 잿‖잰 ‖   ‖지 잿‖잰 ‖   ‖잰 ‖   ‖   ‖
‖징 ‖   ‖   ‖   ‖   ‖   ‖징 ‖   ‖   ‖   ‖   ‖   ‖
‖덩 ‖   ‖기 덩‖덩 ‖따 ‖따 ‖쿵 ‖기 닥‖쿵 ‖쿵 ‖따 ‖따 ‖

들당산굿

굿패가 마을에 들어서면 제일 먼저 들당산굿을 쳐야 한다. 당산은
마을의 수호신이며 당산나무가 있는 곳은 대개 넓은 공터가 있어 마
을 사람들의 휴식과 놀이공간의 역할을 한다. 당산굿은 말하자면 마
을에서 가장 신성하게 여기는 수호신에게 굿패가 할 수 있는 최대한
의 경의를 표하는 깃이다. 굿패가 마을에 들어서 제일 먼저 치는 '들
당산'과 마을을 떠날 때 치는 '날당산'이 있다. 마을 어귀에서 끝소고
부터 거꾸로 당산나무를 향해 가는데, 이 때 벙어리삼채를 친다. 당산
에 도착하면 시계방향으로 원을 만들어 돈 뒤 상쇠가 두마치로 넘는
가락을 치면 시계 반대방향으로 돌면서 두마치를 치고 맺는다.

덕석몰이를 하는데, 원래는 다섯 번을 하지만 두 세 번으로 생략하
기도 한다. 마지막 덕석몰이를 풀 때는 삼채를 치는데, 원진으로 복귀
하고 나서 두마치를 치다가 상쇠가 쇠를 막고 딱딱 신호하면 두 줄을
만들어서 미지기를 한다.

삼채를 치면서 당산나무 앞으로 두 줄로 늘어서서 잦은삼채ㅡ두마

치로 맺은 후 어루면서 절하기를 두번 한다. 반삼채—잦은삼채—두
마치의 순서로 치고 맺은 후 다시 어루면서 절하기 두 번. 된삼채—
두마치로 넘는 가락—두마치의 순서로 치고 맺은 후 마지막으로 어
루며 절하기 두 번을 하고 나서 질굿을 치며 당산을 물러난다.

• 들당산 가락 순서
1. 벙어리삼채—두마치로 넘는 가락 1—두마치
2. 덕석몰이 가락—두마치—삼채—잦은삼채로 넘는 가락—잦은
   삼채—두마치로 넘는 가락 2—두마치—미지기굿
3. 삼채—잦은삼채로 넘는 가락—잦은삼채—두마치로 넘는 가
   락 1—두마치—어루며 절하기 두번
4. 반삼채—잦은삼채—두마치로 넘는 가락 2—두마치—어루며
   절하기 두번
5. 된삼채—두마치로 넘는 가락 1—두마치—어루며 절하기 두번
   —질굿을 치며 퇴장

• 벙어리 삼채

‖재‖ | | 지‖재‖ | | 지‖재‖ | |지 재‖ | | 지‖
‖재 |재‖ | 지재 |재‖ | 지‖재‖ | |지 재‖ | | 지‖
‖징 | | |징 | | ‖징 | | | | | | ‖

‖덩 | 기덩 |쿵 |따 |쿵 ‖덩 | 기덩 |쿵 |따 | | ‖
‖덩 |쿵 |따 |쿵 |따 |쿵 ‖덩 | 기덩 |쿵 |따 | | ‖

• 덕석몰이 가락

‖재 |재 | |재 |재 | ‖재 |재 | |재 |재 | ‖
‖덩 |덩 | |덩 |덩 | ‖덩 |덩 | |덩 |덩 | ‖

• 반삼채

‖잰 │   │잰 │잰 │   지│잰 ‖잰 │   │잰 │잰 │   지│잰 ‖
‖덩 │   기│덩 │덩 │따 │따 ‖쿵 │기 │닥쿵 │쿵 │따 │따 ‖

판 굿

판굿은 전굿과 후굿이 있다. 판굿은 넓은 빈터나 마당이 넓은 집에서 굿패들의 갖은 기량을 보여주는 굿으로 채굿, 진풀이굿, 호호굿, 영산, 춤굿, 노래굿, 미지기, 등지기, 도둑잽이, 탐모리, 문굿, 헤침굿, 재능기 등의 순서로 구성되는데, 등지기까지가 전굿, 도둑잽이 이후는 후굿이라고 하여 전굿과 후굿 사이에는 술과 음식을 들며 잠시 휴식 시간을 가지는게 보통이다.

전굿은 전 치배가 혼신의 힘을 다하여 굿을 펼치는 것이고, 후굿은 상쇠의 놀음과 잡색들의 활동이 돋보이는 굿이다.

(1) 채굿

판굿의 기본틀을 잡는 굿으로 가락이 매우 다양하며, 서서히 흥을 올려 시선을 굿판에 집중하게 만든다. 채굿은 일채부터 칠채까지 있는데 여기서 채는 한 장단에 치는 징의 타수를 말한다. 즉, 일채는 한 장단에 징을 한 번, 칠채는 한 장단에 징을 일곱 번 친다. 채굿에서는 굿패들이 상쇠줄과 장구줄로 나뉘어 서로 반대로 도는 겹원진을 펼친다. 바깥쪽의 장구줄은 시계 반대 방향으로, 안쪽의 상쇠줄은 시계 방향으로 돌며, 잡색들은 원진 안에서 허튼 춤을 춘다.

칠채는 채굿의 맨 마지막으로서 일채부터 고조되기 시작한 신명을 최고로 높여 채굿 전체를 마무리하는 역할을 한다. 칠채 본가락과 칠채 휘모리가 끝나고 두마치로 넘는 가락 1을 치면서 채굿 내내 반대로 돌던 상쇠줄이 장구줄과 같은 방향으로 행진한다. 다시 두마치를 빠르게 몰아 상쇠 먼저 연풍대를 한 바퀴 돌아 설장구 옆에 서서 뒷걸음질을 치면 모든 치배가 연풍대를 돌고 소고는 자반뒤집기를 하며 한 바퀴 돌아 딱 끊어 맺는다.

△ 일채

• 순서 : 일채 본가락 — 잦은삼채 — 두마치로 넘는 가락 2 — 두마치 — 두마치 맺는 가락 1

• 일채 본가락

‖잰 | |잰 | 지재 |잰 | 지재 |잰 | ‖
‖징 | | | | | | | | ‖
‖덩 | 기덩 | 기더 |덩 | 기더 |덩 | 기‖

• 변주

‖잰 | 지|잰 | 지재 |잰 | 지재 |잰 | ‖
‖잰 | |지 르|재 |재 |잰 | 지재 |잰 | ‖
‖잰 | 지|잰 | 지재 |재 |재 |재 |잰 | ‖
‖잰 | |지 르|재 |재 |잰 |지 르|재 |잰 | ‖
‖재 |재 |재 |재 |재 |재 |재 |재 |잰 | ‖
‖잰 | 지 |잰 | 지 |잰 |잰 | 지 |재 |잰 | 지 ‖
‖잰 | 지 |잰 | 지 |잰 |잰 |지 르|재 |잰 | 지 ‖
‖ | |잰 | 지재 |잰 | 지재 |잰 | ‖

‖더 |더 |덩 | 기더 |덩 | 기더 |덩 | 기‖
‖더 |더 |덩 |따 |쿠 |쿵 |따 |쿵 |따 |따 ‖

• 잦은삼채 들어가는 가락(장구에만 해당. 쇠는 곧바로 잦은삼채)

‖덩 │ 따│따 │덩 │ 따│따 ‖덩 │ 따│따 │덩 │ 따│따 ‖
‖덩 │ │ 기│덩 │ │ 기‖덩 │ 기│덩 │쿵 │따 │다 ‖

* 이채(두마치 혹은 휘모리)와 삼채는 채굿에서 따로 치지 않는다.

△ 사채

• 순서 : 사채 본가락—두마치로 넘는 가락 1—두마치—두마치 맺는 가락 1

• 사채 본가락

‖잰 │ │재 │ │재 │ ‖잰 │ │재 │ │재 │ ‖
‖잰 │ │지 │잰 │ │지 ‖잰 │ │재 │ │재 │ ‖
‖징 │ │ │ │ │ ‖징 │ │ │ │ │ ‖
‖징 │ │ │ │ │ ‖징 │ │ │ │ │ ‖

‖덩 │ │덩 │ │따 │다 ‖덩 │ │덩 │ │따 │다 ‖
‖더 │덩 │ │쿵 │따 │쿵 ‖덩 │ │따 │쿵 │ │ ‖

△ 오채

• 순서 : 오채 본가락—두마치로 넘는 가락 1—두마치—두마치 맺는 가락 1

• 오채 본가락

‖잰 │ │재 │ │재 │ ‖잰 │ │재 │ │재 │ ‖
‖잰 │ │지 │잰 │ │지 ‖잰 │ │재 │ │재 │ ‖
‖재 │잰 │ │지 │잰 │ │잰 ‖ │ │재 │잰 │ │ ‖
‖징 │ │ │ │ │ ‖징 │ │ │ │ │ ‖
‖징 │ │ │ │ │ ‖징 │ │ │ │ │ ‖
‖징 │ │ │ │ │ ‖ │ │ │ │ │ ‖

```
‖덩 |    |덩 |    |따 |다 ‖덩 |    |덩 |    |따 |다 ‖
‖더 |덩 |    |쿵 |따 |쿵 ‖덩 |    |따 |쿵 |따 |다 ‖
‖따 |쿵 |    |쿵 |따 |쿵 ‖덩 |    |따 |쿵 |  |  ‖
```

△ 육채

• 순서 : 육채 본가락—두마치로 넘는 가락 1—두마치—두마치 맺
는 가락 1

• 육채 본가락

```
‖잰 |    |재 |    |재 |    ‖잰 |    |재 |    |재 |    ‖
‖잰 |    | 지 ‖잰 |    | 지 ‖잰 |    | 지 ‖잰 |    | 지 ‖
‖잰 |    | 지 ‖잰 |    | 지 ‖잰 |    |재 |    |재 |    ‖
‖징 |    |    |    |    |    ‖징 |    |    |    |    |    ‖
‖징 |    |    |    |    |    ‖징 |    |    |    |    |    ‖
‖징 |    |    |    |    |    ‖ |    |    |    |    |    ‖


‖덩 |    |덩 |    |따 |다 ‖덩 |    |덩 |    |따 |다 ‖
‖더 |덩 |    |쿵 |따 |쿵 ‖덩 |    |구따 |쿵 |따 |다 ‖
‖따 |쿵 |    |쿵 |따 |쿵 ‖덩 |    |따 |쿵 |  |  ‖
```

△ 칠채

• 순서 : 칠채 본가락—칠채 휘모리—두마치로 넘는 가락 1—두마
치—두마치 맺는 가락 1

• 칠채 본가락

```
‖잰 |    |재 |    |재 |    ‖잰 |    |재 |    |재 |    ‖
‖잰 |    | 지 ‖잰 |    | 지 ‖잰 |    | 지 ‖잰 |    | 지 ‖
‖잰 |    | 지 ‖잰 |    | 지 ‖잰 |    |재 |    |재 |    ‖
‖재 |잰 |    | 지잰 |    |잰 ‖ |    |재 |잰 |    |    ‖
```

‖징 │ │ │ │ │ ‖징 │ │ │ │ │ ‖
‖징 │ │ │ │ │ ‖징 │ │ │ │ │ ‖
‖징 │ │ │ │ │ ‖징 │ │ │ │ │ ‖
‖징 │ │ │ │ │ ‖ │ │ │ │ │ ‖

‖덩 │ │덩 │ │따 │다 ‖덩 │ │덩 │ │따 │다 ‖
‖더 │덩 │ │쿵 │따 │쿵 ‖덩 │ │구따 │쿵 │따 │다 ‖
‖따 │쿵 │ │쿵 │따 │쿵 ‖덩 │ │구따 │쿵 │따 │쿵 ‖
‖따 │쿵 │ │쿵 │따 │쿵 ‖덩 │ │따 │쿵 │ │ ‖

• 칠채 휘모리

‖잰 │ │재 │잰 │ │재 ‖ │ │재 │잰 │ │ ‖
‖재 │잰 │ │지잰 │ │잰 ‖ │ │재 │잰 │ │ ‖
‖징 │ │ │ │ │ ‖ │ │ │ │ │ ‖

‖더 │덩 │ │쿵 │따 │쿵 ‖덩 │ │따 │쿵 │ │ ‖
‖따 │쿵 │ │쿵 │따 │쿵 ‖덩 │ │따 │쿵 │ │ ‖

(2) 진풀이굿

진풀이는 갖가지 진을 감았다 푸는 활동적인 굿으로 쇠가 첫박자를 죽이며 주로 엇박으로 치는데, 우도굿의 오방진과 한배가 같지만 훨씬 나긋나긋하게 느껴지며, 특별히 정해진 순서없이 긴장의 고조와 이완을 반복하며 연주하는 게 특징이다.

상쇠가 쇠잽이를 끌고 원진 안에서 시계 방향으로 돌다가 상쇠가 설상구와 마주칠 무렵 소고잽이들은 한켠에서 방울진을 펼치고 들어온다. 진풀이 맺는 가락을 '잰 잰 잰 잰 잰잰잰잰……' 하고 치며 한 바퀴 돌아 상쇠줄과 장구줄이 마주치면서 잦은진풀이 가락 1을 연주하며 반대로 뒤집어진다. 다시 한 바퀴 돌아 상쇠줄과 장구줄이 마주치면 잦은진풀이 가락 2를 연주하며 반대로 뒤집어진다. 상쇠줄은 장구줄이 시계방향으로 올 때 다시 진풀이 맺는 가락을 '잰 잰 잰 잰 잰 잰잰잰……' 하고 치며, 다시 뒤집기를 하며 시계 반대방향으로 진행한 장구줄을 태극진으로 좇아가 원 안쪽에서 장구줄과 나란히 선다.

• 순서 : 진풀이가락 — 맺는가락 — 잦은진풀이 가락 — 맺는가락
• 진풀이 가락

```
‖잰  |   |잿  |     ‖잰  |      |잿  |      ‖
‖잰  |   |잿  |잰  ‖   |      |잿  |잰  ‖
‖   |   |잿  |잰  ‖   |재 재|잰  |잰  ‖
‖   | 재|잰  |잰  ‖   |재 재|잰  |잰  ‖
‖잰  |   |잰  |     ‖   |잰  |      |잰  ‖
‖   | 지|잰  |잰  ‖   |재 재|잰  |잰  ‖
‖   | 지|잰  |잰  ‖   |잰  |      |잰  ‖
‖   |재 재|잰  |잰  ‖   |재 재|잰  |잰  ‖
‖잰  | 지|잰  |잰  ‖   |잰  |      |잰  ‖
‖잰 지|잰 지|잰  |므르재 ‖ 지|잰 지|잰  |므르재 ‖
‖잰  |므르재|  므르|재 잰 ‖ 잰|므르잰|  므르|잰  ‖
‖잰  | 지|잰  |잰  ‖   |잰  |잰  |잰  ‖
‖   |   |잰  |잰  ‖   |재 재|잰  |잰  ‖
‖   |   |잰  |     ‖   |      |잰  |      ‖
‖   |   |잰  |잰  ‖   |      |잰  |      ‖
‖   |   |잰  |잰  ‖   |잰  |      |잰  ‖
‖   |재 재|   |잰  ‖   |잰  |      |잰  ‖
‖   |재 재|잰  |잰  ‖   |잰  |      |잰  ‖
‖   |재 재|잰 지|재 재 ‖잰 지|잰 지|잰  |잰  ‖
```

‖　｜　지｜잰　｜잰　‖　　｜재 재｜잰　｜잰 지‖
‖잰　｜　지｜잰　｜잰　‖　　｜재 재｜잰　｜잰　‖
‖잰　｜잰　｜잰　｜잰　‖잰　｜재 재｜　지｜잰 지‖
‖잰　｜재 재｜잰　｜잰　‖　재　｜재 재｜잰　｜재 재‖
‖잰　｜재 재｜　므르｜잰　‖잰　｜재 재｜잰 지｜잰 지‖
‖잰　｜　지｜잰　｜잰　‖　　｜잰　｜잰　｜잰　‖
‖　　｜　　｜잰　｜잰　‖　　｜잰　｜잰　｜잰　‖
‖잰　｜　　｜잰　｜잰　‖　　｜잰　｜잰　｜잰 지‖
‖잰　｜재 재｜　지｜잰　‖잰　｜재 재｜　지｜잰　‖
‖잰　｜재 재｜　지｜잰　‖잰　｜재 재｜　지｜잰　‖
‖잰　｜　지｜잰　｜잰　‖　　｜잰　｜잰　｜잰　‖
‖재 잰｜　지｜잰　｜재 재‖　지｜잰 지｜잰　｜잰　‖
‖잰 지｜잰 재｜　지｜잰 지‖므르 잰｜　지｜잰 지｜잰　‖
‖잰　｜　｜잰　｜　‖　｜잰　｜　｜잰　‖
‖　　｜　지｜재 재｜잰　‖　　｜재 재｜잰　｜잰　‖
‖　　｜재 재｜잰　｜잰　‖　　｜재 재｜잰　｜잰　‖
‖잰　｜　지｜잰　｜잰　‖　　｜잰　｜　｜잰　‖
‖재 잰｜므르 잰｜잰　｜재 재‖　므르｜새 새｜잰　｜재 재‖
‖재 잰｜므르 잰｜　｜므르 잰‖므르 새｜새　｜므르｜새　‖
‖잰　｜　지｜잰　｜잰　‖　　｜잰　｜잰　｜잰　‖
‖잰　｜　｜잰　｜　지‖잰　｜잰　｜　｜잰　‖
‖　　｜재 재｜잰　｜잰　‖　　｜재 재｜잰　｜잰　‖
‖잰　｜　지｜잰　｜잰　‖　　｜재 재｜잰　｜잰　‖
‖잰　｜잰　｜잰　｜잰 지‖잰　｜재 재｜잰　｜잰　‖

‖덩　｜따 다｜닥　｜따 다‖덩　｜따 다｜닥　｜따 다‖
‖덩　｜따 다｜닥　｜따 다‖따 다｜다 기｜닥　｜따 다‖

‖덩 │따다│덩 │따다‖덩 │따다│닥 │따따‖
‖덩 │따다│닥 │따뗘‖덩 │따 │닥 │따다‖
‖더쿵│ 따 │닥 │따다‖덩 기덩 │닥 │따다‖
‖따 │쿵 │쿵 │따다‖덩 │쿵 │닥 │따다‖
‖더더│더더│더더│더 기‖덩 │덩 │닥 │따다‖
‖덩 │ 따 │닥 │따다‖쿵 따│쿵 │닥 │따다‖
‖덩 │따다│덩 │따다‖덩 │덩 │닥 │따다‖
‖더더│덩 │더더│덩 │덩 │덩 │닥 │따다‖
‖덩 │ 기닥 │따다‖쿵 기│다 기│닥 │따다‖
‖덩 │따다│닥 │따다‖쿠쿵│닥쿵│쿵 │따다‖

• 맺는가락

‖잰 │ │잰 │ ‖잰 │ │잰 │ ‖
‖잰 │ │잰 │ ‖잰 │잰 │잰 │잰 ‖
‖잰 │잰 │잰 잰│잰 잰‖잰잰잰│············· 잿 ‖

‖덩 │따다│덩 │따다‖덩 │따다│덩 │따다‖
‖덩 │따다│덩 │따다‖덩 │덩 │덩 │덩 ‖
‖덩 │덩 │덩덩│덩덩‖더더더│············· 덩 ‖

• 잦은진풀이 가락

1 ‖잰 │잰 │잰 │잰 ‖잰 지잰│잰 지잰‖재 잰│지잰 │잿 ‖
1 ‖덩 │덩 │덩 │덩 ‖더 더덩│더 더덩‖더 덩│기덩 │덩 ‖

2 ‖잰 │재재│잰 │잰 ‖재잰│ 지잰 │잿 ‖
2 ‖덩 │따다│쿵 따쿵‖따쿠│쿵따│쿵 따쿵 ‖

(3) 호호굿

호호굿은 군사훈련에서 점호를 하는 것과 같은 굿으로 가락과 진, 외치는 소리를 통해 대동단결의 모습을 보인다. 처음에 상쇠줄과 장구줄이 두 줄로 둥글게 진행하며 열두마치를 치는데, 이때 징이 열두 번을 치기 때문에 이를 가리켜 열두마치라고 한다. 열두마치가 끝나고 치배들이 호호굿 가락을 치면서 '호호' 하고 부르는 소리를 하면 소고잽이는 소고의 테를 치면서 빙글 돈다. 호호굿 가락과 호호굿 넘는가락을 치고 잦은호호굿 들어가는 가락(재잰 재잰 재잰 잿)을 치며 모두 옆걸음질을 하다가 상쇠줄이 그 자리에 앉는다.

이때부터 잦은호호굿이 시작되어 장구줄이 밖으로 뒤집어져 돌고, 상쇠줄도 일어나 뒤집어 돈다. 여기서의 진은 앞서 했던 진풀이굿의 잦은진풀이와 같다. 다시 호호굿 도드래미를 치며 몇 번 뒤집기를 한 다음 장구줄이 시계방향으로 와서 상쇠줄과 마주칠 때 호호굿 맺는가락(어룸굿)을 치며 반대로 뒤집어진다.

장구줄이 시계 반대방향으로 돌 때 상쇠줄은 태극진을 펼쳐 장구줄을 좇아가 원 안쪽에서 장구줄과 나란히 서서 바로 두마치를 내어 미지기를 하고 부포를 돌리고 너설을 젓는다. 이어서 두마치를 바짝 몰아 모두 연풍대를 한 비퀴 돈 다음 두마치 맺는 가락(재잰 재잰 잰 잿)를 치며 쇠잽이들은 제자리에 앉는다.

• 순서 : 열두마치 — 어룬다 — 호호굿 본가락 — 호호굿 넘는가락 — 잦은호호굿 들어가는 가락 — 잦은호호굿 — 호호굿 도드래미(다드래기) — 호호굿 맺는 가락 — 두마치 내는 가락 — 두마치 — 미지기 — 두마치 맺는 가락 2

① 열두마치 첫 가락(한 번 친다)

‖재 |잰 | |잰 | 지|잰 | |잰 | ‖

‖징 | | |징 | | | | | ‖
‖더 |덩 | |덩 | 기|덩 | |덩 | ‖

② 열두마치 둘째 가락(일채와 동일, 다섯 번 친다)

‖잰 | |잰 | 지|재 |잰 | 지|재 |잰 | ‖
‖징 | | | | |징 | | | | ‖
‖덩 | 기|덩 | 기|더 |덩 | 기|더 |덩 | 기‖

• 호호굿 본가락(징을 치지 않는다)

‖잰 |잰 | |호 |호 | ‖
‖잰 |잰 | |허 |허 | ‖
‖잰 | |잰 | | 재|잰 | |잰 | | 재‖
‖잰 | |잰 | 지|잰 |잰 | |잰 |잰 | ‖
‖잰 | 지|잰 | 지|잰 |잰 | 지|잰 |잰 | ‖
‖재 |잰 | |재 |잰 | |잰 | |잰 | ‖

‖덩 |덩 | |호 |호 | ‖
‖덩 |덩 | |허 |허 | ‖
‖덩 | |덩 | | 더|덩 | |덩 | | |덩 | ‖
‖덩 | 기|더 |덩 | |더 |덩 | ‖
‖덩 | 기|덩 | 기|덩 |덩 | 기|더 |덩 | ‖
‖더 |덩 | |더 |덩 | |덩 | |덩 | ‖

• 호호굿 넘는 가락(한 번만 친다)

‖잰 |잰 | |호 |호 | ‖
‖잰 |잰 | |허 |허 | ‖
‖잰 | |잰 | | 재|잰 | |잰 | | 재‖

‖잰 |　 |잰 |　 지|잰 |잰 |　 |잰 |잰 |　 ‖

‖잰 |　 지|잰 |　 지|잰 |잰 |　 지|잰 |잰 |　 ‖

‖재 |잰 |　 |재 |잰 |　 |잰 |　 |잰 |　 ‖

‖잰 |잰 |　 |잰 |　 지|잰 ‖

‖잰 |잰 |　 |호 |호 |　 ‖

‖잰 |잰 |　 |허 |허 |　 ‖

‖덩 |덩 |　 |호 |호 |　 ‖

‖덩 |덩 |　 |허 |허 |　 ‖

‖덩 |　 |덩 |　 |　 더|덩 |　 |덩 |　 |　 더‖

‖덩 |　 |덩 |　 기|덩 |덩 |　 |더 |덩 |　 ‖

‖덩 |　 기|덩 |　 기|덩 |덩 |　 기|더 |덩 |　 ‖

‖더 |덩 |　 |더 |덩 |　 |덩 |　 |덩 |　 ‖

‖덩 |덩 |　 |덩 |　 기|덩 ‖

‖덩 |덩 |　 |호 |호 |　 ‖

‖덩 |덩 |　 |허 |허 |　 ‖

• 잦은호호굿 들어가는 가락(한 번만 친다)

‖새 |샌 |　 |재 |샌 |　 ‖재 |샌 |　 |잿 |　 |　 ‖

‖더 |덩 |　 |더 |덩 |　 ‖더 |덩 |　 |따 |　 |　 ‖

• 잦은호호굿

‖잰 |　 지|잰 |재 |잰 |　 지‖재 |잰 |　 |잰 |　 |　 ‖

‖재 |잰 |　 지|재 |잰 |　 지‖재 |잰 |　 |잰 |　 |　 ‖

‖덩 |　 기|덩 |쿵 |따 |쿵 ‖쿵 |따 |　 |따 |　 |　 ‖

‖덩 |쿵 |따 |쿵 |따 |쿵 ‖쿵 |따 |　 |따 |　 |　 ‖

• 호호굿 도드래미

‖잰 | |재 |재 |잰 | ‖잰 | |재 |재 |잰 | ‖
‖덩 | 기|덩 |덩 |따 |따 ‖쿵 | 기 닥|쿵 |쿵 |따 |따 ‖

• 맺는가락

‖잰 | | |잰 | 잰| 잰|잰 잰|잰 잰|……   ……|잿 | | ‖
‖덩 | | |덩 | 덩| 덩‖덩 덩|덩 덩|……   ……|덩 | | ‖

• 미지기

상쇠 ‖땡 | |뚜 뚱| |뚜르뚱| |뚜 뚱| | ‖
부쇠 ‖ |막 갱| |막 갱| |막 갱| |막 갱‖
상쇠 ‖뚜 뚱| |뚜 뚱| |뚜 뚱| |뚜 뚱| ‖
부쇠 ‖ |막 갱| |막 갱| |막 갱| |막 갱‖
장구 ‖덩 기|덩 따|쿠궁기닥|쿵 기|덩 기|덩 따|쿠궁기닥|쿵 기‖

• 두마치 맺는 가락 2

‖재 |잰 | |재 |잰 | |잰 | | |잿 | | | ‖
‖징 | | | | | | | | | 징| | | ‖
‖더 |덩 | |더 |덩 | |덩 | | |따 | |덩 | | ‖

(4) 영산

영산굿은 부포놀음과 함께 가락이 세련된 굿으로 좌도굿의 꽃이라
할 수 있다. 영산에는 늦은영산, 잦은영산, 영산다드래기가 있으며,
상쇠가 일정한 순서의 가락을 치고 나면 그 가락을 부쇠가 받아치는
식으로 진행한다. 징을 치지 않는 영산굿은 어깨춤이 덩실덩실 솟아
나는 춤가락으로 흥겹게 진행된다. 영산굿을 칠 때는 부포놀음을 하
는데, 부포놀음이란 전립에 깃털을 꽃봉오리처럼 만들어 달고 이리저

리 돌리며 재주를 부리는 기예를 말한다.

부포놀음에는 한쪽 방향으로 돌리는 외사, 양쪽으로 한 번씩 돌리는 양사, 양쪽으로 두 번씩 돌리는 사사, 전립의 테두리를 콕콕 쪼아 돌리는 전조시, 깃털을 뒤로 넘겨 좌우치기를 하는 개꼬리, 깃털을 세워 깃털만 돌리는 연봉놀이, 깃털을 전립 가장자리 위에 얹는 또아리 얹기 등이 있다.

늦은영산은 처음에 앉아서 한 번씩 치고 상쇠가 일어나서 부포놀음을 하며 가락을 치면 나머지 쇠잽이들도 일어나서 뒷짐을 지고 부포놀음을 한다. 징은 영산굿 내내 어깨에 메고 있는다. 이어 잦은영산으로 빠르게 주고 받다가 영산다드래기로 넘겨 다시 가락을 주고 받고 두마치로 넘겨 부포를 돌리고 너설을 젓는다. 미지기를 주고 받고 삼채로 넘겨 삼채굿을 치고 맺는다.

• 순서 : 늦은영산 — 잦은영산 — 영산다드래기 — 미지기 — 두마치 — 두마치 맺는 가락 2 — 삼채 내는 가락 — 삼채 본가락 — 잦은삼채로 넘는 가락 — 잦은삼채 — 두마치로 넘는 가락 1 — 두마치 — 두마치 맺는 가락 1 — 된삼채 내는 가락 — 된삼채 본가락 — 두마치로 넘는 가락 2 — 두마치 — 두마치 맺는 가락 3

• 늦은영산

```
‖잰 |  |  |  |  | 지|잰 |  |잿 |  |  |  지‖
‖덩 |  |  |  |  |쿠 |쿵 |  |따 |  |  |   ‖
‖잰 |  |  |므 르|잰 |  지|잰 |  |잿 |  |  |  지‖
‖덩 |  |  |쿵 |  |쿠 |쿵 |  |따 |  |  |   ‖
‖잰 |  | 지|잿 |  |  지|잰 |  |재 |재 |잰 |  지‖
‖덩 |  | 기덩 |  | 기덩 | 기덩 |쿵 |따 |  ‖
‖재 |재 |잰 |  |므 르|잰 |잰 |  |재 |재 |잰 |  지‖
‖더 |더 |덩 |  |더 |더 |덩 | 기덩 |쿵 |따 |  ‖
```

```
‖재 |잼 |   |므 르|잼 |   지|잼 |     |재 |재 |잼 |     지‖
‖덩 |쿵 |따 |쿵 |기닥|쿵 |덩 |   기덩 |쿵 |따 |       ‖
‖재 |잼 |   |므 르|잿 |   지|잼 |   |   |   |   |   ‖
‖덩 |쿵 |따 |쿵 |기닥|쿵 |덩 |   기덩 |쿵 |따 |       ‖
‖므 르|잼 |   |므 르|잼 |   지|잼 |   |   |   |   |   ‖
‖덩 |쿵 |   기덩 |쿵 |   기덩 |   기덩 |쿵 |따 |   |   ‖
‖잿 |   |므 르|잿 |잿 |   지|잼 |   |   |   |   |   ‖
‖잿 |잿 |   |므 르|잿 |   지|잼 |   |   |   |   |   ‖
‖잿 |   |잿 |   |잿 |   지|잼 |   |   |   |   |   ‖
‖덩 |   기덩 |쿵 |기닥|쿵 |덩 |   기덩 |쿵 |따 |   |   ‖
‖잿 |   |   |   |   |잼 |   |   |   |   |   ‖
‖덩 |   기덩 |쿵 |기닥|쿵 |덩 |   기덩 |쿵 |따 |   |   ‖
‖잿 |   |   |잼 |   |   |잿 |   |   |잼 |   |   |   ‖
‖덩 |   기덩 |쿵 |따 |   기덩 |   기덩 |쿵 |따 |   |   ‖
‖   |   |재 |재 |잼 |   |   |   |재 |재 |잼 |   |   ‖
‖덩 |   기덩 |쿵 |따 |   기덩 |   기덩 |쿵 |따 |   |   ‖
‖   |   |재 |재 |잼 |   지|잼 |   |재 |재 |잼 |   |   ‖
‖덩 |   기덩 |쿵 |기닥|쿵 |덩 |   기덩 |쿵 |따 |   |   ‖
‖재 |재 |잼 |   |므 르|잼 |잼 |   |재 |재 |잼 |   |   ‖
‖더 |더 |덩 |   |더 |더 |덩 |   기덩 |쿵 |따 |   |   ‖
‖재 |잼 |   지|잼 |   |재 |므 르|잼 |   |잿 |   |   |   ‖
‖더 |덩 |   기덩 |   |따 |쿵 기|닥 |   |따 |   |   |   ‖
```

• 잦은 영산

잦은영산은 늦은영산을 빠르게 몰아 친다.

• 영산 다드래기

상쇠와 부쇠가 가락 1, 2, 3을 한 번씩 주고 받는다.

1 ‖잿 |잰 |잰 지|잿 재| 잰 |잰 지|잰 지|잰 ‖
2 ‖잰 지|잿 재|잰 지|잿 재| 잰 |잰 지|잔 지|잰 ‖
3 ‖잰 잰| 지|잰 지|잿 재| 잔 |잰 지|잔 지|잰 ‖
4 ‖덩 |덩 |덩 쿠|쿵 따 |더 쿵|쿵 따 쿵|덩 따|쿵 ‖

다음 가락을 주고 받는다.

상쇠 ‖잰 |잰 지|잰 지|잰 ‖
부쇠 ‖잰 |잰 지|잰 지|잰 ‖
상쇠 ‖재 잰|잰 지|잰 지|잰 ‖
부쇠 ‖재 잰|잰 지|잰 지|잰 ‖
     ‖덩 |따 다 |쿵 기 닥|쿵 ‖
     ‖덩 쿵|따 다 |쿵 기 닥|쿵 ‖

다음을 함께 친다.

‖잰 |잰 지|잰 지|잰 |재 잰|잰 지|잰 지|잰 ‖
‖덩 |따 다 |쿵 기 닥|쿵 |덩 쿵|따 다 |쿵 기 닥|쿵 ‖

• 두미치 맺는 가락 2

‖재 |잰 | |재 |잰 | |잰 | | |잿 | | ‖
‖징 | | | | | | | | | | | ‖
‖더 |덩 | |더 |덩 | |덩 | | |따 | | ‖

• 삼채 내는 가락

‖징 | | |딱 | | ‖징 | | |딱 | | ‖
‖징 | |재 |재 |잰 | ‖
‖잰 | | 지|잰 | | 지‖잰 | 지|잰 |재 |잰 | ‖

‖잰 | 지|잰 |재 |잰 | 지‖잰 | 지|잰 |재 |잰 | ‖
‖잰 | |잰 | |재 |재 ‖잰 | 지|잰 |재 |잰 | ‖
‖징 | | |징 | | ‖징 | | | | | ‖

‖쿵 | | |따 | | ‖쿵 | | |따 | | ‖
‖쿵 | |따 |따 |따 | ‖
‖덩 | | 기|덩 | | 기‖덩 | 기|덩 |쿵 |따 | ‖
‖덩 | 기|덩 |쿵 |따 |쿵 ‖덩 | 기|덩 |쿵 |따 |따 ‖
‖따 |쿵 |따 |쿵 |따 |쿵 ‖쿵 |따 |쿵 |쿵 |따 |따 ‖

• 두마치 맺는 가락 3
‖재 |잰 | | |잰 | |잰 | | |잿 | | ‖
‖징 | | | | | | | | | | |징 | | ‖
‖더 |덩 | | |덩 | |덩 | | |따 | | |덩 | | ‖

(5) 춤굿

춤굿은 굿거리, 삼채, 두마치 등의 가락에 맞추어 춤과 진풀이를 하는 굿이다. 춤굿을 시작하려면 상쇠가 어룸굿을 치면서 치배들을 한 원으로 정렬하며 판을 한 바퀴 돈 뒤 제 자리에 와서 쇠를 바닥에 내려 놓는다. 이때 북, 장구를 제외한 모든 치배들도 악기를 제자리에 내려 놓는다. 장구와 북이 굿거리를 연주하면 태평소는 멋진 연주를 시작하고, 이에 맞추어 치배들은 삼색띠를 양손에 잡고 자기 악기 주위를 돌며 춤을 추다가 쇠는 쇠끼리 장구는 장구끼리 원을 그리며 춤을 춘다.

상쇠가 신호를 하면 장구가락이 삼채로 바뀌고, 이 장단에 맞춰 전체가 한 바퀴 크게 돌다 제자리에 왔을 때 다시 상쇠의 신호에 따라 두마치로 넘긴다. 두마치가 연주되면 상쇠의 움직임에 따라 두 사람

씩 짝을 지어 마주보며 앉고 일어서기를 두 번 한 뒤 수박치기를 한
다. 상쇠가 쇠를 막고 딱딱 신호를 보내면 모두 악기를 잡는다. 장구,
북을 제외한 모든 치배들은 부포나 상모, 너설을 돌리며 두 번 앉고
일어선다. 그리고나서 상쇠는 쇠만 판 안으로 데리고 들어가서 두마
치를 한 바탕 몰아친 후 삼채로 넘어간다.

• 춤굿 순서
어룸굿 — 굿거리 — 삼채 — 두마치 — 짝드름 — 두마치 — 삼채 내는
가락 — 삼채 — 잦은삼채로 넘는 가락 — 잦은삼채 — 두마치로 넘는 가
락 1 — 두마치

(6) 노래굿

• 순서 : 어룸굿 — 열두마치 — 어룸굿 — 상쇠소리 — 두마치 — 미지기
— 노래굿 가락 — 노래 — 일채 — 잦은삼채로 넘는 가락 — 잦은삼채 —
두마치로 넘는 가락 2 — 두마치

① 원진 상태에서 어루면서 쇠잽이들은 원 안으로 들어가 징구와
두 줄로 선다. 열두마치를 치고 나서 어룬다. 쇠와 징은 인쪽, 징구
이하는 바깥쪽에 서서 두 줄로 걸어가며 노래굿 가락을 친다. 상쇠의
선소리, 나머지 치배들의 받는 소리로 노래한다. 상쇠의 선소리에는
쇠와 징을 치지 않는다.

상쇠 에헤이야아 헤 — (어룬다)
상쇠 얼씨구려 — (두마치 — 미지기 — 맺고 어룬다)

② 두 줄로 걸어가며 노래굿 가락을 친다.

• 노래굿 가락

```
‖잰 | 재 |잰 |잰 | 재 |잰   ‖
‖징 |   |   |징 |   |     ‖
‖덩 | 따 |다 |덩 | 따 |다   ‖
```

• 맺는가락

```
‖재 잰|   |재 |잰 |   |잿   ‖
‖징 |   |   |징 |   |     ‖
‖덩 | 따 |다 |덩 | 따 |다   ‖
```

③ 상쇠의 선창, 나머지 치배들의 후렴으로 노래한다. 상쇠의 선창
에는 쇠와 징을 치지 않는다.

• 노래 가사
오늘도 하도 심심해 에헤이여 노래 하나를 불러 보세
(후렴) 얼싸아 절싸하
무슨 노래를 불러 볼까 에헤이여 옥설가 하나를 불러 보세
옥설가도 좋거니와 에헤이여 시방가 하나를 불러 보세
놀러 가세 놀러 가세 에헤이여 월선이 방으로 놀러 가세
월선이는 어데 가고 에헤이여 거문고 한 쌍만 남았구나

(7) 미지기굿
어루면서 쇠잽이들과 잡색 한 원으로 정렬, 원을 만든 후 상쇠는
쇠잽이들만 원 가운데로 불러온다. 어루면서 제자리 돌기, 부포놀음
등을 한다. 상쇠와 부쇠 번갈아 짝쇠를 주고 받는데, 처음에는 매우
느려서 장구는 삼채를 친다.

```
상쇈 ‖뚜 │ 뚱│ │  │  │    ‖뚜 │ 뚱│ │  │  │  ‖
부쇈 ‖ │  │ │막 │ 깽│  ‖ │  │ │막 │ 깽│  ‖
장구 ‖덩 │ 기덩 │덩 │따 │따 ‖쿵 │기닥쿵 │쿵 │따 │따 ‖
```

가락을 점점 빠르게 몰다 두마치로 잇고, 두마치 도중 쇠잽이들은 다시 원진으로 복귀한다. 쇠가락만 멈춘 상태에서 상쇠는 '잿잿잿잿' 신호를 하여 원을 반으로 나누어 두 줄을 만든 다음, 상쇠가 '잿잿잿잿' 하는 신호를 하면 맞은편 줄이 다가와 서로 마주보는 두 줄을 만들며, 다시 상쇠가 쇠를 '잿' 하고 치면 처음 왔던 줄이 뒤돌아선 다음 두 줄이 같이 앞으로 행진한다.

이때 모두 부포를 돌리고 너설을 젓는다. 밀고 당기기를 수차례 반복하다가 상쇠가 쇠를 막고 '잿잿잿잿' 치면 맞은편 줄이 제자리로 돌아가면 원진을 만들어 다시 두마치로 넘겨 맺은 다음 삼채—삼채 잦은가락—두마치 등의 순서로 진행.

(8) 등지기

원의 상태에서 상쇠부터 시작하여 잡색까지 둘씩 짝을 정하여 앉는다. 일채 가락을 상쇠와 나머지 쇠잽이들이 번갈아지면서 상쇠의 움직임에 따라 징구를 제외한 모든 치배들은 서로 등과 엉덩이를 내고 밀었다 당겼다 한다. 이 때 잡색들은 원 안에서 짝을 이루어 등지기를 하는데, 상대가 기댈 때 갑자기 몸을 빼내 상대를 넘어뜨리는 등 웃음을 자아낸다. 채가락을 계속 치면서 상쇠가 먼저 일어서면 다음 가락에는 모두 일어선다. 일채를 빨리 몰면서 쇠잽이들은 원 안에서 시계방향으로 돌면서 잦은삼채—두마치 등의 순서로 치고 맺는다.

• 가락순서 : 일채—잦은삼채—두마치로 넘는 가락 2—두마치

여기까지가 전굿이고, 한동안 술과 음식을 들며 휴식을 취한 뒤 후
굿으로 들어가는데, 후굿은 도둑잽이, 탐몰이, 문굿, 헤침굿, 재능기
등이 있는데, 주로 춤과 재담, 연기, 진풀이로 구성되어 있어 전굿보
다 시간이 많이 소요된다.

(9) 도둑잽이

판굿 중에서 잡색들의 재담, 사설, 연희 등이 많아 가장 극적인 굿
이 도둑잽이굿이다. 상쇠가 영기를 비롯한 모든 굿패들을 거느리고
원진을 돌다가 두 줄로 세운 다음 반풍류 가락에 맞추어 줄 밖의 대
포수을 데리고 노는데, 상쇠는 가락을 치지 않고 부포를 돌리고 너설
을 저으며, 가락은 부쇠가 상쇠의 부포짓을 보고 이끌어 간다.

대포수는 두 줄 밖에서 돌고 상쇠는 두 줄 안에서 도는데, 대포수
를 두 바퀴 돌린다. 부쇠는 상쇠와 대포수가 두 줄의 끝에 자리할 때
마다 두마치를 한 번씩 몰아준다. 그런 후에 반풍류를 치며 두 줄이
반대편으로 갈리었다가 반대편에서 상쇠줄은 안으로 부쇠줄은 밖으로
돌아 제자리로 와서 만나면 원진형태에서 두마치를 몰아 맺고, 굿패
들이 제자리에 앉으면 잡색들이 안으로 들어와 노름판을 벌인다.

노름이 한참일 때 징이 울리면 잡색들이 놀라 자리를 옮겨 놀기를
반복한다. 마침내 상쇠가 어룸굿을 치면서 뛰어들어 대포수의 관을 쳐
서 벗겨 놓고 지나가는데, 이것이 대포수의 목을 베는 것이다. 땅바닥
에 나자빠진 대포수를 보고 잡색들이 통곡을 하며 살리려 하나 죽은
것을 확인하고는 대포수를 메고 상여소리를 하며 판을 한 바퀴 돌아
한쪽으로 낸다. 이 때 치배들은 상여소리에 맞추어 반풍류 가락을 치
며 두 줄로 따라 돌다 직선 두 줄로 제자리 서서 탐모리로 들어간다.

• 반풍류

‖잰 | | 지잰 | | 지‖잰 | 지잰 |잰 | |재 ‖

```
‖재 |잰 |  지재 |잰 |  지‖잰 |  지잰 |잰 |   |재 ‖
‖징 |  |  징 |  |  ‖징 |  |   |   |   ‖


‖덩 |  |따 |쿵 |따 |쿵 ‖덩 |  기덩 |쿵 |따 |  ‖
‖덩 |쿵 |따 |쿵 |따 |쿵 ‖덩 |  기덩 |쿵 |따 |  ‖
```

(10) 탐모리

반풍류 가락으로 놀다가 영기를 앞세우고 두 줄로 세운다. 상쇠는 너설을 저으며 안에서 놀고 부쇠가 쇠를 친다. 한참 동안 너설을 저으며 놀다가 두마치로 가락을 맺은 후 부쇠를 데리고 들어와 어름 가락과 미지기로 기량을 발휘하다 두마치로 맺고, 쇠잽이가 원위치에 들어가 두 줄이 영기를 제 자리에 두고 전 치배가 고개를 숙이고 전후, 좌우 일곱 걸음씩을 하다 두마치 가락을 내고 맺는다.

(11) 문굿

상쇠가 영기에 걸려있던 화관을 내려 춤을 추면서 굿패들을 어룬다. 계속하여 반풍류 가락에 맞추어 춤을 추다가 잡색 중 각시 둘에게 차례로 다가가 머리에 화관을 씌운 다음 영기 앞으로 데려온다. 영기 앞에서 상쇠와 각시들은 한덩어리가 되어 어울리다가 제지리로 데려가 부쇠의 두마치 가락에 맞추어 춤을 춘다.

다시 반풍류 가락이 연주되면 상쇠는 화관을 벗겨 든다. 이어서 부쇠가 치는 두마치 가락에 상쇠가 춤을 추다가 화관을 뒤쪽의 모닥불을 향해 던지면 모든 여흥이 끝나게 된다.

(12) 점호굿

점호굿은 상쇠가 영기를 잡고 교차시켜 문을 만든 다음 각 치배들의 점호를 취하는 굿이다. 점호 과정은 다음과 같다.

상쇠　대한민국 전라북도 ○○시(군) ○○읍(면,동) ○○마을 치
　　　배들!
전체　예이!
상쇠　각각 대답하라!
전체　예이!
상쇠　취타 삼초하라!
전체　예이!
　　　(취타 상쇠 앞으로 나와서 나발 3번 분 다음 인사하고 들어간
　　　다. 소고, 대고[북], 장구, 징의 순으로 계속한다)

마지막으로 징이 나와 3번 친후 상쇠가 쇠채로 징의 테두리 안쪽을
두드리며 풍류(굿거리)가락으로 한 번 두드리면, 전 치배가 가락을
받는다. 풍류굿을 치면서 가새치기로 풀어 원진을 만든 다음 삼채ー
잦은삼채ー두마치 순으로 쳐서 맺는다.

(13) 헤침굿
헤침굿은 굿이 끝났음을 알리는 굿이며, 구경꾼과 치배들의 1년액
을 물리치는 의미도 담고 있다.

• 헤침굿 순서
구음ー헤침굿 가락치기를 반복ー두마치ー된삼채 내는 가락ー된
삼채ー두마치로 넘는 가락 1ー두마치

• 헤침굿 구음
별 따세 별 따세 하늘 잡고 별 따세
콩 볶세 콩 볶세 번개불에 콩 볶세
헤치쇼 갈립시다 구경꾼도 갈립시다

마지막 구음인 '헤치쇼 갈립시다 구경꾼도 갈립시다'를 외치고 나면 헤침굿 가락—두마치—된삼채—두마치로 넘겨 연풍대, 자반뒤집기 등을 하고 맺는다.

• 헤침굿 가락
‖잰 잰| 지|잰 잰| 지|잰 지|잰 지|잰 잰| 지‖
‖덩 쿵| 기|덩 쿵| 기|덩 쿵|쿵 따 쿠|덩 따|쿵 기‖

(14) 재능기

재능기는 쇠, 소고, 장구의 개인놀이다. 특히 남원 좌도굿의 쇠 개인놀이는 일명 개꼬리상모로 불리는 좌도 부들상모로 재주를 부리는데, 난이도와 예술성에 있어 이미 수십 년 동안 최고의 자리를 차지해 왔다. 좌도지역에서 유명철 선생을 제외하고 쇠 개인놀이를 할 수 있는 이는 최근 몇 십 년 동안 아무도 없었다. 쇠 개인놀이는 상모놀음뿐만 아니라 가락의 다채로운 변주도 일품으로 꼽힌다.

한편 소고 개인놀이는 현재 생존해 계신 홍유봉 선생의 법제를 그대로 따랐는데, 홍유봉 선생은 '최상근 일행' 당시 일곱째 소고잽이였다고 한다.

(15) 인사굿
‖잰 |잰 | |잰 |잰 | ‖재 재|잰 |잰 |잰 | |잿 ‖
‖덩 |덩 | |덩 |덩 | ‖더 더|덩 |덩 |덩 | |따 ‖

마당밟이굿

(1) 마을샘굿
마을샘굿은 마을샘이 일년 내내 마르지 않고, 또 그 물을 마시고

무병장수하기를 기원하는 굿이다. 들당산을 마치고 나서 굿패는 질굿
을 치면서 마을의 공동우물로 가 샘굿을 친다. 굿패들이 샘을 시계
반대 방향으로 돌면서 둘러선 다음 두마치로 맺는다. 상쇠가 물맛을
보고 나서 사설을 하면 샘굿 가락을 내게 된다.

• 샘굿 순서
질굿—삼채로 넘는 가락—삼채—잦은삼채로 넘는 가락—잦은삼
채—두마치로 넘는 가락 1—두마치—샘굿사설—샘굿가락—두마치
로 넘는 가락 2—두마치—어루며 절하기 두번

• 샘굿사설
여그 샘물 존놈 있네 좋고
좋은 장구수 아들 낳고 딸 낳고
미역국에 밥 말아서 월떡월떡 잡수세

• 샘굿가락
‖잰　|지 잰|잰 지 잰 재| 잰 |잰 지 잰 지 잰 　‖
‖덩　|덩　|덩 더덩 　|더 쿵|쿵 따|쿵 따쿵 　‖

(2) 마당밟이
마당밟이는 각 가정의 재앙을 물리치고 복을 불러들이는 굿으로 마
당굿, 부엌굿, 곳간굿, 장독굿, 샘굿 순으로 이어진다. 대문 앞에 당도
한 굿패가 문굿 가락을 내면 주인이 대문을 열고 맞아들이면서 마당
밟이가 시작된다.

① 문굿
굿패가 질굿을 치며 행진을 하다 집 앞에 도착하면 문 앞에 서서

문굿을 친다. 주인이 나와 문을 열면 두마치로 맺는다.

　•문굿 순서 : 문굿 가락 — 두마치로 넘는 가락 2 — 두마치
　•문굿 가락

‖ 잰 　|잰 　|잰 지|잰 　|재 잰|잰 　 지|잰 지|잰 　 　‖
‖ 덩 　|덩 　|덩 쿠|쿵 따 |더 덩|쿵 따 쿵|덩 따|쿵 　 　‖

　② 마당굿

집안으로 들어가 마당에서 치고 노는 굿이다. 이 때 치는 일채는 집안에서 이동할 때 질굿으로도 쓰인다. 마당으로 들어온 굿패는 삼채, 미지기, 영산 등 놀기좋고 흥겨운 가락을 친다. 소고잽이는 소고춤을 추며 잡색들은 원진 안에서 제각기 익살스런 행동을 취한다. 이는 판굿을 간단하게 줄여서 치는 것이다.

　③ 정지굿(부엌굿, 조왕굿)

정지굿은 부엌을 지키는 조왕신에게 명과 복을 비는 굿이다. 먼저 대포수가 쌀을 가득 담은 주인의 밥그릇을 들고와 뒤집어 놓은 솥뚜껑 위에 올려 놓은 다음 일채굿을 두마치로 몰아서 맺는다. 이어 상쇠가 대포수를 시켜 안주인을 내려오게 하여 지성을 드리게 히고 곧바로 상쇠의 사설로 이어진다.

　상　쇠　여봐라, 대포수야!
　대포수　예이!
　상　쇠　마당에서는 쌀도 나오고 술도 나오고 돈도 나오고 하는데, 부
　　　　　엌에서는 아무 것도 안나온다고 조왕님께서 매우 꾸중하신다.
　　　　　가서 주인아낙을 데려 오너라.
　대포수　예이!

　　　　(대포수를 따라온 안주인이 돈을 꺼내 솥뚜껑 위에 있는 밥그
　　　　릇에 올려놓고 연신 고개숙여 인사하며 치성을 드린다)
　상　쇠　(정지굿 사설) 오방신장 합다리굿 잡귀잡신은 쳐내고 명과 복
　　　　만 쳐들이세.

• 정지굿 순서 : 일채 — 잦은삼채 — 두마치로 넘는 가락 1 — 두마치
— 정지굿 사설 — 정지굿 가락 — 반삼채 — 잦은삼채 — 두마치로 넘는
가락 — 두마치 — 어루며 절하기 두 번

• 정지굿 가락

‖잰　|　재 |잰 지|잰　|재 잰|　　|잰　|　　|　　‖
‖재 잰|　지|재 잰|　지|재 잰|　　|잰　|　　|　　‖
‖덩　|　기덩 기덩 |쿵 따|　　|쿵　|　　|기‖
‖덩 쿵|　따 |쿵 따| 쿵 |쿵 따|　　|쿵　|　　|　　‖

④ 곳간굿

곳간은 온갖 곡식을 쌓아두는 곳이니만큼 곳간굿은 그 집의 물질적
인 풍요를 빌어 주는 굿이다.

• 곳간굿 순서 : 일채 — 잦은삼채 — 두마치로 넘는 가락 1 — 두마치
— 곳간굿 사설 — 곳간굿 가락 — 두마치로 넘는 가락 — 두마치 — 어루
며 절하기 두 번

• 곳간굿 사설
노적이야 노적이야 삼천 석만 불러들이세

- 곳간굿 가락

‖잰 |지잰|잰 지잰 재| 잰 |잰 지잰 지잰   ‖
‖덩 |덩 |덩쿠쿵|따 |더덩|쿵따쿵|덩 따|쿵   ‖

⑤ 장독굿

장맛은 그 집의 음식맛을 좌우한다. 치배들은 안주인이 고사상을 앞에 놓고 비는 동안 장맛이 변치 않기를 비는 장독굿을 친다. 장독 굿은 사설과 가락이 따로 없으며, 삼채―반삼채―잦은삼채를 치고 두마치로 맺는다.

⑥ 철륭굿

장독굿이 끝나면 치배들은 집을 한 바퀴 도는 철륭굿을 치는데, 이 때의 가락은 일채 가락을 친다.

⑦ 고사소리

집안을 한 바퀴 돌고 나면 마루에 올라서서 고사소리를 한다. 이 때 부르는 노래들에는 액맥이타령, 업타령, 노적타령이 주가 되고, 기 타 비단타령, 패물타령이 있다. 고사소리와 성주풀이도 한다.

〈액막이타령〉
[후렴] 에헤루 액이야 에헤루 액이아 어기영차 액이로구나.
1. 정월이월에 드는 액은 삼월사월에 막고
   삼월사월에 드는 액은 오월단오에 다 막아낸다.
2. 오월단오에 드는 액은 유월유두에 막고
   유월유두에 드는 액은 칠월칠석에 다 막아낸다.
3. 칠월칠석에 드는 액은 팔월한가위 막고
   팔월한가위 드는 액은 구월귀일에 다 막아낸다.

4. 구월귀일에 드는 액은 시월모날에 막고
   시월모날에 드는 액은 동지섣달에 다 막아낸다.
5. 정칠월 이팔월 삼구월 사시월 오동지 육섣달 내내 돌아 가드래
   도 불우지변과 열락지환 금재수 낙상수 어수아리 더수아리 냉매
   제악 내부수설을 다 막아낸다.

〈업타령〉
후렴　 ‖에―루 업이야 에―루 업이야
　　　 ‖어기영차 업이로구나

만경대 구름 속에 학성이 업도 들어오고
야월공산 깊은 밤에 귀촉도 불여귀 두견이 업이 들어온다

두껍이 업일랑은 장광으로 모셔드리고
인생의 업일랑은 머리 곱게 단장하여 방안으로 모셔드리자
순담양 왕대밭에 쟁기업으로 들어온다

〈노적타령〉
후렴　 ‖ 에―루 노적 에―루 노적
　　　 ‖ 어기영차 노적이로구나

김만경 너른 들에 다물다물 쌓인 노적
이 댁으로 다 들어온다

장성월평 진부자 노적
이 댁으로만 다 들어온다

충청도 소새들 다물다물 쌓인 노적
이 댁으로만 다 들어온다

〈패물타령〉

패물을 부른다	패물을 부른다
황금 적금 순금이며	십상천은 오동이요
백통 변통 구리 주석	봉쇠 열쇠 철나무쇠
더디 녹용 난삼이며	산삼 사삼 가삼이며
해구신 용래주사	당사향 인황우황
청담 백담 흑담이며	산재담 웅담이며
동행무궁에	도침 당침 세침
가진죽절 용봉장	근봉채며
나부장 국화장에	월태화용 단장할제
면경 채경 없을소냐	
분통 치통 지고통	경명주사 북도다리
원삼 나삼 아얌이며	족도리까지
꾸역꾸역 꾸역에	들어와서
재개주산 되었으니	어찌 아니가 좋을소냐
섬겨드리고 가자	고사로다

〈비단타령〉
〔후렴〕　에―루 비단 에―루 비단
　　　　어기영차 비단이야

소환부사 삼백척	번듯 떴다 일광단
악양루 고소대	적선애미가 월광단
등태산 소천하	공부자의 대단(이요)

임보내고 홀로앉아   독수공방 상사단

튀겨주마 혹을 달아   행화춘풍에 장원주
화랑충성 만화방창   붕접분분에 낙화단
해남포 육진포   상부문포 조적이며
남능갑사 운문이며
토주 분주 명주 조포   부포 황제포며
도실마포 나주세목   일곱세 두 번조세까지
꾸역꾸역 들어오니   어찌 아니가 좋을소냐
섬겨드리고 가자   고사로다

⑧ 샘굿

어느 개인집을 들어 가서 마당밟이를 할 때에는 샘굿을 제일 나중에 친다. 샘굿까지 다 치고 나면 인사굿을 치고 나서 그 집을 나오는 것으로 끝이 난다. 이 때 샘굿의 가락과 사설은 마을샘굿과 같다.

날당산굿

마을의 집들을 다 돌고 판굿까지 다 치고 나면 마을 떠나기 바로 전에 날당산굿을 친다. 이 날당산은 삼채―잦은삼채―두마치―된삼채―두마치까지를 치는데, 남원굿 날당산의 가장 큰 특징은 상쇠가 쇠를 전혀 치지 않고 오로지 부포짓과 발림으로만 신호를 한다는 것이다. 그러면 부쇠가 그것을 보고 쇠가락을 이어가게 된다. 한마디로 날당산은 상쇠가 얼마나 재능이 있으며 치배들끼리 호흡이 맞는가 하는 것을 시험하는 마지막 관문이라고 할 수 있다. 날당산이 다 끝나면 치배들은 더 이상 악기소리를 내지 않고 조용히 마을을 떠난다.

• 날당산 순서

삼채 ― 잦은삼채 ― 두마치 ― 된삼채 ― 두마치 ― 인사굿

설장구가락

(1) 다스름

(2) 휘모리

덩 기덩 따 쿠쿵기닥 쿵 기×

덩 따 따 쿠쿵기닥 쿵 기×

닥 쿵 쿠쿵기닥 쿵 기×2

덩 기덩 따 쿠쿵기닥 쿵 기×

더 더 덩(궁편 채편) 더 더 덩(채편)×2

더 더 덩(궁편 채편) 더 더 덩(궁편 채편)×1 더 더 더 더 더 더 덩
　×2

덩 기덩 따 쿠쿵기닥 쿵 기×

따 쿠 쿵 따 쿵 따 쿵 기 따 쿠 쿵 따 쿵 따 쿵 기×

궁 궁 궁 따쿵 쿵(궁편) 쿵(채) 쿵(궁편) 궁(채) 쿵(궁편)쿵(채)쿵
　(궁편)쿵(채)

쿵 쿵 쿵 따쿵 덩 따다 덩 따다 덩 따다 쿵기닥쿵

쿵 쿵 쿵 따쿵 덩 따다 쿵기닥쿵

쿵 쿵 쿵 따쿵 덩 잿

딱 쿵 쿵기닥쿵 기×

덩 따 따 쿠쿵기닥 쿵 기×

더쿵 따다쿵기닥쿵 기×

따 쿠 쿵 따 쿵 따 쿵 기(궁,채) 따 쿠 쿵 따 쿵 따 쿵 기(채편)×

(3) 오방진

덩 기덩 기덩 덩 닥다 더 더 덩 기더 더 덩 기덩 덩 닥다기

덩 따기닥 따기 쿠쿠닥쿠쿵다기×2

따 쿠 쿵 따 쿵 따 쿵 기×

더 더 덩 기더 더 덩 기덩 덩 닥다 덩 기덩 기덩 덩 닥다기

덩 따기닥 따기닥 따기닥 따기×2

덩 따기닥 따 다다다기닥따×1

덩 따기닥 따기덩 따기닥 따기×2

더 더 덩 기더 더 덩 기덩 덩 닥다 덩 기덩 기덩 덩 닥다기

덩 따기닥 따기 쿠쿠닥쿠쿵다기×2

따 쿠 쿵 따 쿵 따 쿵 기(궁,채) 따 쿠 쿵 따 쿵 따 쿵 기(채편)×

닥 쿠쿵(궁편)기닥 쿠쿵(채편)기×

쿵 기닥(궁편) 쿵 기닥(채편)×

쿵 쿵 쿵 따쿵×2

쿵 기닥(궁편) 쿵 기닥(채편)×

더더더더덩(궁)더더더더덩(채)×2

덩 쿵 따 덩 쿵 따

쿠쿵 쿵 쿠쿵 따쿵따

쿠쿵 쿵 쿠쿵 따쿵따

더쿵 쿵 기닥 쿵 따

덩 기닥따 으따기닥따

(4) 굿거리

덩덩 따쿠 더쿵 따쿠 더쿵 따쿠 쿵 기닥 따다

덩 기다쿠 덩 따라라라쿠 덩 기다쿠 쿵기닥 다라

덩 기다쿠 덩 기다쿠 덩 기다쿠 쿵기닥다기

덩 따기덩 덩 따기덩 덩 따기덩 덩따다다기

덩 쿵기닥쿠 덩 쿵기닥쿠 덩 쿵기닥쿠 쿵기닥다기
덩 기덩 덩 따라라라쿠 덩 기다쿠 쿵기닥다기
더쿵 따쿠 더쿵 따쿠 더쿵 따쿠 쿵 기닥 따다
더쿵 따쿠 쿠쿵 따쿠 쿠쿵 따쿠 쿵 기닥 따다
어루기
덩덩 따쿠 더쿵 따쿠 더쿵 따쿠 쿵 기닥 따다
덩 따라라라 덩 따라라라 덩 덩따다 쿵기닥 따다
덩 기다쿠 덩 따라라라쿠 덩 기다쿠 쿵기닥 다라
더더덩 덩덩덩 더더덩 덩덩덩×2 더더덩 덩 더더덩 덩×2
더더더덩 더더더덩×2
쿵 쿵 쿵따쿵따 쿵따쿵 따쿵 따쿵 덩 쿵따
쿠쿵 쿵 쿠쿵 따쿵따
쿵 따쿵

(5) 삼채
덩 따따 쿵 따따
쿵 기닥따 쿵 따따
쿵기리닥따 쿵 따따
쿵기리닥따 쿵기리닥따 궁기리닥따 쿵기리닥따
쿵기닥따 쿵기닥따 쿵기닥따 쿵기닥따
더쿠쿵 쿵기닥쿵 쿵따따 쿵따
더쿵 쿵 기닥쿵 따
덩 기닥 따 으따기닥 따
덩 기덩 기덩 기덩 쿵따다
덩 기덩 쿵따쿵 쿵기닥쿵 쿵따기
따쿵따 쿵기닥쿵 쿵따쿵 쿵따기
덩쿵따 쿵따쿵 쿵따쿵 쿵따따

따쿵따 쿵기닥쿵 쿵따쿵 쿵따기
덩 기덩 덩따따 쿵따쿵 쿵따따
더쿠쿠쿵따다 따쿵따 쿵따다
더쿠쿠쿵따쿵 쿵따쿵 쿵따따
따쿵따 쿵기닥쿵 쿵따쿵 쿵따기
쿵따쿵 쿵따쿵 쿵따쿵 따쿵 따쿵 따쿵 따쿵
쿵따쿵 쿵따쿵 쿵따쿵
쿵 따쿵×4 쿵 따쿵×6
쿠쿵 쿵 쿠쿵 따쿵 따
쿠쿵 쿵 쿠쿵 따쿵 따
쿠쿵 쿵기닥 닥쿵따
덩 기닥 따 으따기닥따
덩 기덩 기덩 기덩 쿵따다
덩 기덩 쿵따쿵 쿵기닥쿵 쿵따기
따쿵따 쿵기닥쿵 쿵따쿵 쿵따기
덩 따쿵따 기덩 따쿵따 기덩 따쿵따쿵 쿵따쿵 쿵따기
따쿵기닥쿵 따쿵기닥쿵 덩 따 쿵따쿵 쿵따쿵 쿵따기
덩 따쿵따 기덩 따쿵따 기덩 따쿵따쿵 쿵따쿵 쿵따기
쿵따쿵 쿵따쿵 쿵따쿵 따쿵 따쿵 따쿵 따쿵
쿵따쿵 쿵따쿵 쿵따쿵 따쿵 따쿵 덩 쿵 따
쿠쿵 쿵 쿠쿵 따쿵 따
쿵 쿵 쿵 따쿵 따
덩 더러러러 따쿵

IV
설장구론 서설(序說)

설장구론
김병섭 설장구
유남영 설장구
황규언 설장구
박판열 설장구

설장구론

풍물굿에서 이른바 구정놀이[1]라는 개인놀이가 확연히 보장된 것이

---

1) 지금의 구정놀이는 대개 각 악기나 치배별로 한 두 사람씩 나와서 보여주는 것 위주로 설정되어 있고, 그렇게 보여주기 위주로 진행이 된다. 큰 굿에서도 거의 마찬가지이다. 그런데 원래의 구정놀이의 의미와 형식은, 빼어난 한 두 사람을 보여주는 것과 더불어 모든 치배, 심지어 신명을 이기지 못해 나서기 원하는 관중들도 참여시키는 기제를 갖고 있다. 즉 구정놀이 거리는 무굿의 대감놀이처럼 치배와 관중이 각각의 개성을 나름대로 뽐내거나 드러내는 오신(娛神)적인 장이다. 곧 사람의 숨소리와 개성으로 '난무하는', 아주 중요한, 이미 보장된 대동의 기제인 것이다. 훈련되고 절제된 빼어남을 가진 전문 치배와, 그 언어와 예술성이 나름대로 디기히게 소화된 여러 개성들이 교호하여 예술이 소통되고 '문화되고 있는 중'임을 보여주는 그런 굿정신이 담뿍 들어 있다. 그래서 한 두 개의 전문성있는 보여주기 개인놀이도 사실은 그러한 수많은 '개성들의 백미'로서 밑천있게 드러나는, 행복하고 생생한 행위가 된다.

　이러한 구정놀이의 근본성을 잘 간직하고 있는 것이 필봉굿의 '재능기 영산' 거리이다. 가락의 구조에서부터 판의 성격과 기제가 그것을 보장해주고 있다. 그야말로 수많은 개성이 그러한 예술적 자발성과 기제로 재(才)가 되어 능(能)해지는, 재능(才能)되는 현장이다. 따라서 혼동되고 있듯이 재능기 영산은 상쇠용 연주가락이 아니라 많은 사람의 개성을 들쑤시고 자랑시켜 내는 첨예한 '굿적 선동'의 행위이다. 재능기 영산에서 모든 빼어난 가락이 총집합되고 잘 구성되어 동원되는 그 본래의 의미를 잘 새겨보아야 한다. 혼자 뽐내려는 것이 아니라 다기한 개성들을 부추기고 불러내고 물레질해야 하기 때문인 것이다. 그 가락들은 스스로 중요한 행위가 되어 스스로를 살찌운다.

　그런데 80년대 초까지만 해도 그러한 성격으로서 구정놀이되었지만, 요즈음은 그

설장구이다. 그리고 특화되었다. 그 자체의 판, 즉 고유의 시간과 언어를 가지게 된 것이다. 그것은 예술적 서정을 직조해낼 수 있는 기본 소양이 된다. 따라서 설장구는 풍물굿판 이외의 공간에서도 독자적으로 연행될 수 있다.

설장구가 그 특유의 언어력과 구성력으로 스스로 무언가를 애기하기 시작한지는 사실 얼마 되지 않았다.

판굿에서 장구잽이가 나와 설놀음으로 치는 가락을 설장구 가락이라 이른다. 설놀음이란 판굿에서 꽹과리잽이나 소고잽이나 장구잽이가 나와서 개인(個人)으로 벌이는 놀음을 가리키는데, 요즈음은 이를 '개인놀이' 라 이르기도 한다. 오늘날 전승되는 설장구는 호남우도 농악(湖南右道農樂)에서 비롯되었다 한다. 근대 설장구의 명인 최화집(崔化集)이 호남우도 농악의 군영놀이에서 공연되던 장구의 설놀음을 다시 짜서 근대 설장구를 완성한 것이라 하는데, 그의 제자들에 의하여 오늘날과 같은 설장구로 발전하였고, 이 가락이 전국적으로 퍼졌다 한다.[2]

농악에서 설장고라 하면 한 사람이 치는 장고놀음을 가리킨다. 설장고라는 연주형식이 따로 있었던 것이 아니고, 지금부터 60여년 전에 전라도에 유명한 장고 명인 김홍집이라는 이가 있었다. 그때까지 상쇠와 장고잽이, 또는 장고잽이끼리 미지기, 제자리뛰기, 바꿈질, 삼진삼퇴, 옆걸음치기, 연풍대 따위로 이리저리 움직이며 굿거리, 덩덕궁이, 세산조시 등 여

시간성이 점차 축소되고 있다는 느낌이 많이 든다. 성질 급한 대회굿적 관점으로는 전혀 꿈도 꾸어볼 수 없는 일이지만 큰굿에서는 보다 참을성있게 그 거리의 의미를 본격적으로 확충시켜낼 필요가 있다. 기제 자체도 아주 좋을 뿐더러 '살아있는 가락' 이 흔쾌하게 가시화된다. 즉 현장에서 그 시간성으로 '눈에 보이는' 가락이 된다. 사람들만 개성으로 난무하는 것이 아니라 가락도 그만큼의 다기한 개성으로 변화되어 살아나며 그리된다.

2) 이보형, 「설장구가락 해설」, 〈한국음악 제 27집-사물놀이〉, 국립국악원.

러 가락을 치던 것을 김홍집은 설장고 혼자 나와 발림을 하며 구정놀이, 굿거리, 덩덕궁이, 세산조시, 동살풀이, 후두락가락 등 장고가 칠 수 있는 모든 기교를 구사할 수 있게끔 짠 데서 오늘날 설장고가 생긴 것인데, 김홍집의 제자들에 의하여 세상에 퍼졌고, 이것이 경상·경기·충청도로 전파되어 지역마다 여러 가지 설장고 가락이 생겼던 것이다.[3]

'장고가 칠 수 있는 모든 기교를 구사할 수 있게' 짜기 시작한 설장구가 여러 장구잽이들의 더늠에 의해 발전되다가[4] 예술적 서정의식의 수준으로 상승시켜낸 사람이 김병섭이다. 즉 설장구의 예술성을 본격적으로 보여주기 시작했다.

7~8분 정도 하는 일반 설장구와 달리 김병섭의 설장구는 12분을 끄는 대작(大作)이다.[5] 그럼에도 불구하고 일관성이 있다. 전체적으로 가락이 눈에 보일 듯이 선명하게 흐르고 있으며, 그것과 철저히 연관된 동선(動線)과 발림 등이 그 가락의 성격과 뚜렷한 일체성을 가진다. 이를 바탕으로 변화되고 직조되는 전체의 짜임새는 어떤 의미체계를 목표하며, 그 결과로 하나의 정서 덩어리를 만들어 낸다. 즉 예술적 서정이 뚜렷이 목표되고 결과되고 있다. 이것이 김병섭 설장구가 다른 설장구와 확연히 구분되는 점이다.

많은 설장구들은 "잘 휘둘러댄다"라는 것에 만족한다. 단지 기예적인 볼거리 수준을 벗어나려 하지 않는다. 볼거리의 연속이지 서정의 흐름은 없다. 따라서 구경거리는 있는데 남아나는 것, 또는 감동이 없다. 목표나 짜임새의 불투명성으로 인하여 하나의 통일된 정서를 애

---

3) 이보형, 「전통적인 짜임새 부족한 '사물놀이와 재즈'」, 『전통문화』 1985년 10월호, 146쪽.

4) 예를 들어 설장구의 이른바 '매도지(매도진)'라는 맺이가락은 정읍의 이봉문 설장구에 의해 더늠되었다고 한다.(이 책의 「정읍 유남영 설장구」 해설을 한 김진우의 증언)

5) 고 김병섭 설장구를 볼 수 있는 자료는 문예진흥원 영상자료 : VTV-0288. VHS, 국립극장, 13min, 제1회 한국명무전.

초부터 만들기 힘든 경우가 대부분이다.

김병섭 설장구의 이러한 예술적 가능성은 설장구라는 장르 언어의 의미를 미학적으로 열어놓았다는 데에 아주 커다란 의미가 있다. 인간의 감성과 인식과 가치의 어떤 부분을 하나의 몽똥거려진 정서로 만들어내는데 있어서, 시(詩)가 아니면 안되는 대목이 있듯이 설장구가 아니면 안되는 구체·추상의 서정 공간·시간을 예감해 주고 있는 것이다. 즉 장르 언어의 특수성을 김병섭의 장구는 생각케 해준다. 이는 더늠의 여지, 즉 창작의 방법과 가능성을 확실히 열어놓은 것에 다름 아니다.

더구나 김병섭의 설장구는 인생 자체라는 덩어리를 나름의 언어로 간결하게 느끼게 해준다. 호흡과 신명이라는 감동기제를 통해서 자기만의 '인생선(人生線)'을 독특하게 추상(抽象)시켜 주는 것이다.

설장구는 주요한 예술행위로 특화되었고, 자신의 장르성을 고유하게 갖게 되었다. 그렇다면 연행되는 장르답게, 그리고 가락이 연주되는 것이 아니라 보여지고 춤이 되는 그 독특한 장르답게 사람을 우선 보이게 해야 한다. 사람이 연행된다는 것이 보여져야 한다. 그 사람이 만드는 무언가의 서정을 드러내는 것이 가장 중요한 출발점이 되어야 한다.

장구는, 좋은 가락을 들려주고 그 가락에 맞춘 발림을 멋들어지게 보여주는 것으로 끝나는 것이 아니다. 거기에는 사람이 없다. 장구라는 질료의 기획—운영자만 있을 뿐이다. 그 가락을 내고 발림을 하는 사람을 보여주어야 한다. 그 사람이 장구라는 질료를 가지고 만들어 내는 어떠한 정서가 읽혀야 한다. 장구를 치는 사람, 그리고 그 사람이 만들어 내는 정서, 나아가 그 정서를 만들어 내는 사람의 정서의 변화까지 읽혀져야 하는 것이다. 장구에 얽매여 장구의 발언을 하는 것이 아니라 장구를 치는 사람의 서정이 덩어리가 되어 흘러가야 한다.

설장구는 가락을 눈에 보이게 하는 것이 가장 기본적인 설득력이어

야 한다. 가락이 눈에 보이는 것처럼 그 이면의 서정, 즉 '눈에 보이
는 가락의 서정성'이 사람의 몸과 정신으로 보이게 해야 한다. 그리
고 다른 개인놀이처럼 가락이 반주를 해주는 것이 아니라 가락을 직
접 연행해야 하는 설장구이기 때문에 더욱 그렇다.

음악의 연주자들은 음악을 생생하게 '들려준다.' 춤은 몸의 언어를
생생하게 '보여준다.' 설장구는 보여주고 들려준다. 그러나 역시 보여
주는 것에 가깝다. 가락도 보여주고 몸도 보여준다. 그래서 가락의 몸
보다는 몸의 가락에 가깝다. 몸의 가락으로 뭔가를 적극적으로 얘기
해준다.

춤의 몸은, 그 내용은 보다 선율적이지만 몸 자체는 보다 리듬적이
다. 더구나 한국춤에 있어서랴. 율동과 몸짓은 기본적으로 리듬적이
다. 설장구는 '리듬적'임을 리듬으로써 '보여준다'. 그리고 리듬 자체
를 만들며, 그 리듬의 흐름 속에 스스로 있다. 리듬 자체를 보여주는
것이다. 리듬을 갖고 노는 것이다. 딴 예술 장르에서는 해볼 수 없는,
아주 중요하면서도 독특한 설장구만의 장르성이다.

그리고 설장구는 몸과 표정 자체가 그대로 고스란히 읽힌다. 연행
자가 분장이나 연기나 표정을 통해 드라마틱한 효과를 창출하는 것이
아니기 때문이다. 풍물굿 복색 그대로 그 사람 그대로, 새로이 가공된
인물이 아니라 연주자의 '생(生)분장' 그대로 연행한다. 연주자의 표
정뿐 아니라 그 표정의 사람, 즉 인생의 모습 그대로가 드러나는 것
이다. 설장구에 대한 자기 해석력뿐 아니라 그 연행에 대한 '인생적
태(態)'가 중요할 수밖에 없다.

따라서 설장구잽이는 단지 가락의 연주자로서 만족하면 안된다. 그
런 익명성을 벗어나야 한다. 사람을, 개성을 드러내야 하는 것이다.
각 설장구의 구성력과 예술성을 통해서도 그리되어야 하지만, 똑같은
구성의 설장구를 연주하더라도 각각의 연주자가 다른 만큼 설장구의
서정과 감동의 수준도 달라져야 한다.

베에토벤의 운명교향곡을 칼 뵘이 지휘할 때와 번스타인이 지휘할 때와 카라얀이 지휘할 때면, 그 연주시간은 50분 정도를 기준으로 각각 몇 분 씩 차이가 난다. 선율과 서정의 해석뿐 아니라, 그래서 리듬의 빠르기도 도처에서 차이가 나는 것이다. 이렇듯 들려주기만 하는 음악조차도 사람의 해석의 차이가 나는데, 들려주고 보여주어야 하는 설장구는 그러한 해석의 차이뿐 아니라 인생의 냄새까지 각각 독특하게 나야 하는 것이다.

똑같은 살풀이춤을 추더라도 20대의 춤과 50대의 춤은 다르다. 겉보기 기량적으로 설익었다, 잘한다라고 단순 평가하는 그 오래고도 못된 버릇을 버리고, 무엇을 그 사람이 만들고 있는가, 세상을 어떻게 해석하고 있는가를 더 중점적으로 감수(感受)하려고 노력한다면 각 개성, 즉 사람이 보이기 시작한다. 그 연배의 이야기가 보인다. 기량의 문제를 벗어난 사람의 이야기가 보인다. ‘사람의 기량’의 문제가 보인다. 아니, 춤이란 원래 그런 것이다. 당연히 춤쟁이는 그런 자신의 인생을 살풀이를 통해 이야기하는 것이 가장 기본적인 관점이 되어야 한다. 물론 대중의 보편적인 정서를 건드려낼 수 있는 쪽으로 추상, 상승해야 대중에게 당대적으로 감동을 줄 수가 있다.

이렇듯 설장구는 음악의 해석자이면서 춤의 연행자이다. 들려주는 것, 보여주는 것이 아니라 들려주고 보여주어야 하는 것이다. 이것은 한계가 아니라 엄청난 장점이 된다. 춤의 입장에서 보면 설장구는 상대적 구속을 받고 있다고 여겨질 수도 있다. 거추장스러운 소품을 들었기 때문이다.[6] 음악의 연주자 입장에서도 마찬가지이다. 음의 연주에만 집중하기가 불리하기 때문이다.

그러나 설장구 입장에서는 그것은 얽매이는 것이 아니다. 오히려 뭔가의 응집력이 좋을 수 있다. 그래서 오히려 스스로 연주하는 가락

---

6) 그래서 춤의 입장에서 하는 ‘설장고 춤’은 보기에도 거추장스럽다. 가락과 춤이 서로를 구속하기 때문이다.

의 흐름을 탄 조그만 발림 하나가 뇌성벽력같은 것일 수가 있다. 그
것이 이 장르만이 해낼 수 있는 장점인 것이다.

  설장구는 각각의 삶의 모습과 태도로 연행한다는 것뿐 아니라 그
연조(年祚)의 냄새가 확실히 나야 한다. 조그만 발림 하나도 그 연배
의 냄새로, 관점으로 드러내야 하고, 그만큼의 의미부여를 적극적으
로 해들어가야 한다. 현재 설장구의 구성도 그것을 요구한다. 인생선
이 흐르는 것같은 구성력을 가지고 있기 때문이다. 각 나이의 ‘연조
(年調)’의 장점이 각각 특화되는 설장구가 이제 나와야 하는 것이다.

  그래서, 너무나 당연한 얘기겠지만, 김병섭 설장구는 김병섭이 칠
때가 가장 예술적 감동의 수준이 높다. 그 연조의 냄새로 자신의 얘
기를 하기 때문이며, 그의 설장구는 그런 식으로 더늠하고 변화시키
고, 스스로 그렇게 훈련하며 예술성을 적층해 왔기 때문이다.

  하보경 옹은, 손만 들어도 춤이 된다. 70~80살의 연조가, 그 세월
의 무게가 아니면 안되는 깊이와 절제미가 담뿍 들어 있다. 그가 북
을 들면, 북채라도 들면 그 북은 많은 시간의식을 세상에 실어다준다.
그 북의 ‘소리 하나의 춤’은 북을 엄청난 아우성의 세상사를, 그것의
시간과 인생살이의 많은 시간을 뭔가의 담백한 것으로 응축시켜내어
보여주고 들려준다. 청천벽력같은 소리 하나가 그의 손에 조용히 들
려 있는 것이다. 사람의 행위를 이미 벗어나고 있는 수준인 것이다.

  그래서 하보경 옹은 나이가 들수록 절제미가 더 많아진다. 사람의
행위의 사이, 그 여백의 이야기들이 경외(敬畏)로 더 좋고 감동이 크
다. 물론 그 여백과 절제미의 공력은 세상이 응축된 한모금의 서정으
로 그렇게 달고 맛있을 수가 없다. 채희완의 얘기대로 ‘쩔어서’ 무르
녹아 있다.[7]

----

7) (손하나만 들어도 춤이 된다라는 것은) 불완전한 움직임도 아니고 움직임의 미완성도
   아니고, 차라리 그것은 움직임의 최종적인 완성의 극치이다. 이러한 표현형태는 단순
   한 표현기교에서 오는 것이 아니라, 현상의 본질을 몸으로 깨우치고 이를 다시 몸으로

양길순의 춤은, 확실히 40~50대의 인생이 깔린다. 흔들림이 없다. 자신에게도 그렇고, 세상에 대해서도 그렇다. 세상의 안정감 자체가 그에게 있다. 얼마나 단단한지 귀기스럽기까지 한다. 젊은 힘이 아니라 철학적 완강함이다. '춤의 불혹(不惑)'이 완연하다. 그리고 그에게서는 모성성(母性性)이 느껴진다. 박애와 헌신이라는 기본적 모성이 아니라 험난한 질곡의 모성사를 이겨낸 것같은, 그래서 우리시대 모성성을 예감해주는 그런 당대적 태를 보여준다. 게다가 예술적으로 고급스러워진 모성을 느낄 수 있게 한다. 참 든든하고 편안하다.

그의 도살풀이는 이제 살풀이 개념을 막 지나갈 것같이 정점에 있는 것이다. 세상에 대한 풀이 수준을 이미 넘어서려 하고 있다. 94년 문예회관 대극장에서 양길순이 춤을 발표했을 때 평론가 정병호는 '양길순만의 규모있는 매력'을 크게 호평한다. 그리고 "양길순만의 앙칼지고 결연한 분위기탓에 춤사위 사위마다가 제단 앞에 선 사제같은 신명을 되살린다"라며, 사제—예술의 내림이 아니 예술—사제의 공력, 즉 '인탁의 환원'이라는 경지, 사람의 존재적 아름다움을 새삼 강조한다.

김삼진의 춤은, 확실히 30대의 춤이다. 우선 밝다. 그리고 자신만만하다. 춤의 기술로 얘기하는, 그래서 힘차지만 경직된, 그래서 표정이 과장된, 사람보다는 질료의 가공자로 우선 주장되는, 진지한 부류는 춤의 존재조건을 의심하고 실험하는 그런 20대의 시대를 확실히 가름한다. 아직도 20대를 헤어나오지 못하고 있거나 60대를 겉흉내내는,

---

담아낼 수 있는 정신적 고행을 겪은 자만의 것이다. 그리고 그것은 흐르기는 흐르되 흘러서 넘치지 않음이고, 애이불비(哀而不悲)하는 절제이다. 또한 그것은 들리지 않는 것을 듣고(聽) 보이지 않는 것을 보는(明) 총명이며, 자기를 듣고 자기를 봄으로써 세계 본연의 이치를 소우주로서의 자기와 일체화시키는 정관이다. 그것은 또한 젊음의 욕망을 제거하고 '있음'에서 '없음'으로 나아가 '없음'으로서 '있음'의 무한한 가능성을 전개하는 노경의 세계이다…… 이러한 춤은 쩔어서 무르녹아 있다.(채희완, 「한국 전통무용의 성격」, 『전통문화』 1986년 1월호, 156쪽)

속없는 여러 30대의 춤꾼과 그가 다른 점이다. 그래서 그녀는 표정이 필요없다. 웅지(雄志)의 얼굴만 보여준다. 그러나 참으로 30대답게, 그 표정의 실핏줄같은 두께 속에는 그녀가 보인다. 그 찰나의 두께 속에 아주 깊이 겹쳐 있다. 그것이 그녀를 배어나오게 한다.

양길순은 그것조차 무화되어 나가지만, 김삼진은 그 정도의 차이로 있다. 그리고 있다는 것이 자랑스럽다. 그녀에게는 세상을 전유하지 못할 것이 없다. 그리고 몸이 그렇게 된다. 그러면서도 그의 춤은, 여전히 뭔가를 세우고 갈고 닦아서 생기는 그 과정을 보여준다. 아주 편하게 보여준다. 세상을 품으려는 만큼의 몸과 의식과 그것의 춤이 있다. 그것 자체부터 그녀의 서정덩어리는 시작된다.

양길순과 김삼진은, 아니 김삼진부터는 표정이 '있으며 없거'나 표정을 다른 것으로 무화시킨다. 겉보기 표정은 없으나 만가지 표정의 시간과 서정을 감동으로 드러낸다. 공력이 떨어지고 세상을 춤으로 전유하는데 게으른 춤꾼들이 늘상 표정짓는, 그 이상야릇한 애매한 미소, 모든 춤을 춤이 아니게 하는 그 못된 버릇의 표정이 전혀 없다. 물론 쓸데없는 드라마틱한 분위기도 없다.

양길순과 김삼진은 생(生)분장이 무엇인지, 어떻게 그 인생의 모습으로 춤을 추어야 히는지를, 즉 '표정의 이면'을 춤으로 보여준다. 이 사람들은 '춤의 나이'가 있는 깃이다. 이는 설장구의 생분장이 확실히 배워야 할 아주 중요한 덕목이자 기본 소양이다.

이제 막 30대에 접어든, 풍물굿을 하는 후배가 하나 있다. 20대 초반부터 맹렬히 좋아하고 숙련을 한 덕에 기량이 무르익어 가고 있다. 이 후배와 김병섭 설장구의, 그 인생선같은 흐름의 설장구에 대해 얘기하다가 그 친구에게도 자신의 인생선을 설장구로 한 번 그려보아야 하지 않겠나 한 적이 있는데, 그는 대뜸 "이제 30밖에 안먹었는데 무슨 인생을 얘기하겠는가"이다. 물론 겸손한 태도이겠지만, 태도는 태도로 끝나고 중천(中天)에 서려 하는 나이답게 예술과 현실을 보다 내세워야 함에도 불구하고 그는 태도로서만 자신을 주장했다.

인생이란 과거사가 아니다. 흔히 인생 하면 회고를 먼저 떠올리는데, 그런 구체적 삶이 축적되었던 것, 그리고 축적되는 것만이 인생이 아니다. 사람에게 더 중요한 인생이란 현실이자 미래인 삶, 즉 현실·이상이 일여되어 추동되는 삶이다. 축적된 삶의 추억보다는, 다소 쓸쓸한 존재적 수동성보다는 올바른 세계관 자체와 그것에 의한 미래의 추상적 예감 자체가 존재의 한계를 이겨내려는 인생을 담을 수 있다. 따라서 보다 본질적으로 인간의 존재에 대한 물음을 현실―미래적으로 적극화시켜낼 수 있다. 그것 역시 인생아니겠는가.

물론 오랜 세수의 인생도 존재의 본질에 접근하지만, 아무래도 개인적 해탈이나 정리의 수준에 가깝다. 세수를 많이 먹은 사람만이 반드시 인생을 깊게 얘기한다고 할 수는 없다. 오랜 시간이라는 풍부함이 풍족하게 있을 터이지만 반드시 깊지만은 않다. 물론 그러한 삶의 역정의 자생적 깊이는 여러모로 예술화의 장점이 된다. 그러나 문제는 '인생의 시간성'을 어떻게 가지느냐이다. 어떤 시간을 어떻게 살아내느냐, 어떤 세계관과 어떤 현실성을 가지느냐, 그리고 어떤 풍부함이냐라는 것이 기준되어야 한다. 그것이 인간의 존재적 조건을 이겨내려는 시간성 개념이다.

인생은, 인간의 존재적 자생성에 의해 그만큼 풍부해지는 세수의 개념도 있지만, 모든 나이에도 그 나이의 격을 가진 채 세상을 더 깊고 넓게 살 수가 있는 시간성도 있는 것이다. 신의 시간은 종으로 흘러가지만 사람의 시간은 횡으로 깊어져서 넓어진다. 이것은 유한 존재 사람이기 때문에 가질 수 있는 존재적 시간성이다. 그리고 이것은 예술의 존재조건이자 이유이기도 한다. 김삼진과 양길순과 하보경은 '인간의 시간'과 예술의 존재성을 통일시켜 갖고 있는 것이다.

30대의 후배도 얼마든지 자신의 인생을 얘기할 수가 있다. 올바른 세계관과 태도의 강건함, 그만큼의 믿음감, 나아가 그러한 믿음의 폭주기관차적 여유로움…… 등등이 얼마든지 기본되어 '생분장으로' 드러날 수 있다. 그 생분장으로 자신의 설장구를 만들고 연출해야 하는 것이다. 그러나 그는 그것 대신에 옛 어른들의 설장구를 단지 흉내낸다. 자신의 인생을 드러내려 하지 않고 예술적 진정성과 열정을 도덕적 태도의 겸손함으로 위장 치환시켜 놓고 본질적으로는 예술적으로 게을러지고 있는 것이다.

따라서 그가 하는 옛어른들의 설장구 흉내는, 진정으로 어설프기 그지 없다. 자신의 진지한 얘기가 일단 아니기 때문이다. 그러나 대중의 겉보기 박수는 받을 수 있다. 그러나 그것을 잘 헤아려 보면 너무나 당연히 예술적 기예의 흉내, 그만큼의 휘둘러대는 모습에 보내는 감각적 추임새 정도일 것이다.

대중은 감각으로 대하면 감각의 박수만 보낸다. 진정성으로 연관되면 누구보다 철학적 감동을 세상에 각각 쌓아 나아간다. 그래서 세상은 풍부해지는 것이다. 예술은 대중과 세상에 추상되고, 대중은 그것을 세상에 문화시킨다. 보다 진지한 예술과 그의 대중은 당연히 그 문화의 당대적 철학—미학 수준을 높인다. 이 젊은 설장구는 이제 진정으로 자신의 예술관과 대중관, 그리고 그 소통의 방법까지를 진지하게 성찰해 보아야 한디.

예술은 무엇보다 세상을 먼지 예김해주는 일을 한나. 세상을 총체적으로 책임지지는 못하지만, 세상의 미래를 누구보다 진지하게 예감해준다. 예술가의 생분장은, 설장구의 생분장은 그렇다면 예간외 인생까지 자신있게 드러내야 한다.

그래서 젊은 설장구는, 옛 어른들의 곡진함과 근면스러움의 끄트머리에서 겸손하게 뱉어내는, 그래도 자신을 못이기어 드러내는 그 잠깐의 추임새적 몸짓, 그 인생의 끝자락, 또는 '인생의 주제'를 살짝 넘은 시간의 예술적 공간을 그 전체 인생과의 철저한 연관으로 보아야 한다. 그러한 진정성없이, 그러한 인생의 진지성은 방기한 채 자신이 그런 인생도 아니면서 그 인생의 끝자락 신명 한마디만을 차용하여 흡사 자기 것인양 발언하는 것은 결국 자신을 많이 상하게 하는 일이 된다.

그것의 결과는 고스란히 본인뿐 아니라 대중에게도 공히 '까닭모를 멋', 스스로를 가식하여 천박화시키는 '직설적 도취' 라는 그 천박함을 훈련시킨다. 대중들의 그런 박수를 받으면 예술과 자신이 과연 신장될 수 있다고 생각하는가를 부단히 성찰해 보아야 한다.

옛어른들의 멋스러움이란 단순치장의 결과가 분명 아니다. 그 치장적 측면의 결과만 극대화시키는 단세포적인 생각없음의 우를 범하지 말아야 한다. 그것은 예술적 직관 수준도 절대 될 수가 없는 것이다. 스스로 깊어진 얘기가 아니기 때문이다. 남의 인생을 자신이 살았다고 착각하지 말아야 한다. 자신의 인생과 예술과 설장구를 간곡하게 살펴야 한다. 그로부터 설장구는 된다.

모든 설장구는 자신의 인생의 격, 나이스러움을 가져야 한다. 물론 입문부터 그렇게 차근히 다져가야 한다. 그것은 세수의 문제가 아니고 사람의 존재성과 예술의 존재의식 때문에 그러하다.

당연히 이것은 아주 중요한 예술적 창조와 훈련을 필요로 한다. 즉 설장구를 부단히 자기 것으로 더늠하며 쳐야 한다는 것이다. 그 더늠이 실험되고 쌓여지는 풍토가 되어야 한다. 그래야 예술의 가장 큰 덕목, '개성으로 예감시키는 세상의 풍부함' 이 드러날 수가 있다. 우선의 실천은 옛어른들의 태(態) 몇가지를 이리저리 섞어서 흉내내는 것을 지양하고 그 나름의 예술적 깊이를 배우는 것으로 끝내는 것, 그래서 설장구의 익명성을 빨리 벗어나는 것이다. 그러면서 자신의 개성을 소중하게 쌓아나가는 것, '자신' 이 그렇다는 것, 그것의 설장구, 그것의 문화, 이것이 풍토화되어야 한다.

요즈음 설장구를 흔히 볼 수 있는 곳은 대회굿이다. 주지하다시피 대회굿은 왜곡된 시간성과 환경 때문에 여러 가지 부작용을 심하게 낳고 있는데 설장구도 예외가 아니다. 주어진, 획일적인 짧은 시간과 경연이라는 성격에 의해 여러 가지 바람직하지 못한 변형이 일어나고 있다.

가장 커다란 것이 원래 설장구라고 할 수 있는, 혼자 치는 설장구(이른바 독장구)가 점차 기피되고 있는 점이다. 그러면서 설장구의 언어가 변형, 실종되고 있다. 언제부터인가 설장구 개인놀이는 웬일인지 여럿이 짝을 지어서 나오더니 지금은 대부분의 설장구가 그러하다. 2장, 3장, 4장, 6장, 8장 하는 식인데, 이렇게 짝을 지어 나오는 설장구가 점차 그 내용과 형식이 피폐해진다는 생각을 도무지 지울 수가 없다.

이는 독장구가 자신의 언어로 자신의 얘기를 충분히 하는데 비해, 짝장구는 그 짝이 필연적으로 이루어졌다고 하는, 그래서 할 수 있는 독특한 이야기가 일단 없다. 독장구의 이야기를 단지 여럿이 짝을 지어서 할 뿐이다. 그것도 둘이나 셋이나 넷이나 여섯이나 전혀 구별없이 독장구의 형식 그대로를 같은 박자의 빠르기에 맞추어 쳐낸다. 구성원 전부가 똑같은 율동으로 몸을 맞추어서 그리 한다. 그러면서 독장구의, 그 내용·형식이 고유하게 잘 통일된 예술적 언어는 실종되고 형식모방의 단순 볼거리만 남는다. 그래서 애초부터 각각의 개성은 점차 상쇄되어나가거나 아예 드러날 수기 없게 되이 있다.

농악대회라는 것이 설장구를 기본적으로, 찬찬히 그 내용·형식을 음미하기 위한 시간성보다는 볼거리 위주의 조급한 시간을 요구하기 때문이다. 그 시간성은 개성을 드러내고 교호하는 예술적 시점과 그것의 공간집중력을 보장할 수가 없다. 예술성의 시간보다는 이벤트적 일탈의 시간이 필요할 뿐이다. 그런 여유없음과 관점없음이, 그렇게 변질된 시간성의 관념이 독장구를 횅뎅그레하게 여기게 되었고, 그래서 우선 겉보기에 규모와 율동 수준이 큰 짝장구가 등장하며, 보다 볼거리의 요란함으로 변화되기 시작했다.

경연대회라는 것은 우선 규모를 오해한다. 양적 규모의 관점만 있지 규모의 규모성, 즉 그 규모만이 할 수 있는 이야기의 규모는 없다. 양적 규모만의 필요성은 획일화의 과시를 벗어날 수가 없다. 규모성을 올바르게 이해한다면, 그래서 한 사람의 개성의 깊이에 대한 찬찬한 추적의 즐거움이라는 관점을 가질 수 있다면 독장구는 그 연행의 공간과 시간을 꽉 차보이게 한다. 집중력이 있기 때문이다. 그런데 대회농악의 시간은, 그 조급성은 그러한 관점을 원천적으로 박탈한다. 그래서 겉보기 규모를 키워서 보상받을 수밖에 없는 것이다.

대회농악의 시간성이라는 것은 설장구의 구성력에도 영향을 미치는데, 가장 큰 것은 이미 옛 명인들이 확장시켜 놓았던 그 언어력과 예술적 설득력을 우선 보기에도 양적으로 깎아 먹는다는 것이다. 시간에 맞추기 위해, 대회적 환경에 맞추기 위해 그 절제된 풍부함이 원칙없이, 내용과 형식미의 관계도 일체 무시된 채 아주 과감하게 삭제된다. 서정의 흐름이 애초부터 설정될 리가 없다. 예술적 진정성을 낮은 수준의 율동성으로 대체하는 것이다.

이것의 심각한 문제는 이러한 생각없는 연행과 자세가 연행의 시간뿐 아니라 그 앞뒤의 예술적 재생산의 시간까지 연장된다는 것이다. 예술적 태도와 자세와 생각은 필요없고, 단지 잘 휘둘러대는 기술력만 있으면 된다. 기가 막히는 일이다. 더욱 풍부하게 발전시켜 당대성으로 살아나가게끔 하는 노력이 부단해야 할 터인데 애써 만들어놓은 것도 제거를 하고 있는 것이다.

특히 '굿거리' 부분의 생략과 변형이 가장 큰데, 심지어 그 거리 자체가 통째로 빠지기도 한다. 그 이유중의 많은 부분이 대중이 지리하게 여긴다는 것이다. 예술 내용을 떠나서 대중에 대한 몰이해까지 벌어지고 있다. 이것은 나아가 예술적 태도의 진지함을 스스로 버리는 일이다. 아다시피 굿거리는 설장구의 주요 내용이자 백미이다. 가장 많은 이야기가 있을 뿐더러 설장구를 하는 사람의 개성이 가장 잘 차이가 나며 드러나는 장이다. 이것이 대회굿의 시간성에 익숙한 관점에 의해 지레 지리하게까지 인식되게 되었다. 알맹이와 개성이 근본적으로 박탈된 것이다. 그런 설장구의 설득력은 이제 '설장구적'일 리가 없다. 당연히 볼거리의 매스게임이 되는 것이다.

짝장구는 아직 자신의 언어가 없다. 독장구와 똑같은 구성의 설장구를 연행하기 때문에 그렇다. 왜냐하면 독장구 구성의 예술적 구성과 설득력은 기본적으로 한 개성을 드러내며 하는 이야기이기 때문이다. 짝장구는 그 언어체계와 방법 그대로 단지 사람의 수를 늘려 그대로 적용할 뿐인데, 당연히 그 언어적 설득력은 해체될 수밖에 없다.

독무의 이야기를 군무의 이야기로 그대로 대체할 수는 없는 것이다. 가야금 산조를 여러개의 가야금으로 똑같이 맞추어서 연주한다고 생각해보라. 베토벤의 바이올린 소나타를 여섯 대의 바이올린으로, 똑같은 메트로놈의 속도에 맞추어서 유니즌으로 연주한다고 생각해보라. 각 개성의 해석의 차이를 드러내어 감동을 주는 원래의 설정과 그 예술적 축적은 애초부터 어불성설이 되어버린다. 그런데 그런 것이 동일시되는 편의적인 발상이 대회굿에서 벌어지고 있는 것이다.

그런데 이것의 결과는 짝장구 자체만 망해가는 것이 아니라 기존 독장구가 열어놓았던 예술적 경지까지 그 이미지가 훼손딩하고 있다는 것이다. 기본적으로 모든 설장구는 이제 율동의 이미지로 사람들의 인식에 문화되어가고 있는 것이다.

겉보기에도 대회농악의 짝장구는 예술성으로 빛을 발하기보다는 확실한 볼거리로 드러난다. 뭔가 열심히 뛰어 다니는 '기예의 땀', 그 정도의 냄새는 나지만 그것일 뿐 남아나는 감동은 없다. 여럿이 한다고 하지만 사실 그러한 군무의 형식미조차 없다. 어느 정도의 예술적 수준조차도 발언되지 않는 것이다. 혼자서 해도 되는 얘기를 혼자의 내용·형식을 죽이고 단지 여럿이 손발을 맞추고 있을 뿐이다.

특히 2인무는 아주 중요한 예술적 형식을 갖고 있는데, 보다 추상적인 독무와 달리 상대적으로 구체적 언어를 갖는다. 두 개의 개성이 갈등하고 긴장하고 그것이 증폭되는 등, 그래서 뭔가의 서정덩어리가 눈에 보이게끔 한다. 독무와는 아주 커다란 질을 갖는 언어적 형식미가 있다. 그런데 대회농악의 쌍장구도 역시 독장구의 구성을 차입해 갔기 때문에 애초부터 형식적 차이가 없다. 게다가 짝장구에 있어서도 2장과 4장이, 또는 3장과 5장이 예술적 필연성에 의해 서로 차이되지 않는다. 아니 생각조차 되지 않고 있다.

이는 2장이나 기타 군무적 설장구가 필요없다는 얘기가 전혀 아니다. 오히려 없는 것이 더 문제이다. 그래서 그 개념들이 오용되고 있는 것이다.

우선 2인무로서의 특성이 빛을 발하는 그런 2인 설장구가 부단히 실험되어야 한다. 3장, 4장……등의 모든 짝장구도 마찬가지이다. 짝의 개념이 아니라 2인무, 3인무, 군무 등의 개념이 되어야 한다.

그것은 우선 자신의 규모에 맞는 언어를 가지려고 해야 하는 것부터 출발한다. 그 규모만이 할 수 있는 얘기와 형식미를 점차 가져나가야 한다. 그 규모의 형식미에 맞는 새로운 가락과 구성력을 이제부터라도 상상해 들어가고, 실험, 확장시켜야 한다. 독장구의 내용을, 형식과 내용의 통일성을 간과하고 그 형식만 차용하여 사람의 수만 보기좋게 늘려서 하는 편의적인 발상을 걸어내야만 설장구가 해야 할 이야기는 참으로 많아진다.

그래야 뛰어난 독장구의 언어력과 2인무와 군무적 상상력이 서로를 상생시킬 수가 있고, 설장구의 예술적 지평은 넓어진다.

김병섭 설장구

해설 : 김원호

가락보 : 전주풍물굿회

　김병섭씨는 1922년 정읍 출신이다. 17세부터 김학선씨로부터 장구를 배웠고, 그후 자신의 더늠을 만들어가다 결국 하나의 절륜있는 독특한 바디를 이루어 낸 설장구의 명인이다.

　휘모리부터 시작하는 일반 설장구와는 달리 김병섭은 삼채류의 짧은 서주로 판을 시작한다. 풍물굿에서의 질굿이 판이라는 공간에 새로운 시간의 의미망을 부여해 주듯이 이 서주는 아주 긴딘하게 새로운 판에의 몰입성을 마련해 버린다.

　본격적인 시작인 휘모리 대목은 사방의례성이 깔려 있어서 정화(淨化)의 즐거움을 준다. 휘모리는 그 빠르기에 의해 대부분 목구멍 차원의 급박한 호흡성을 가지나 김병섭의 휘모리는 그 호흡이 아랫배에 머물러 있는 특징이 있다.

　당연히 유장해지고 그 여유로움은 그만큼의 여지, 즉 개입과 교호의 관계를 석극적으로 만들어준다. 내놓으면 통제하기가 힘들어 그 자체로 발달하고 끝나버리는 휘모리가 제어되는 보기 드문 현상이 일어나는 것이다. 메트로놈 빠르기가 다른 설장구와 별 차이가 나지 않는데도 이상하리만치 공간성과 자유로움의 넓이와 풍부함을 보장해준다. 의외로 '진중(鎭重)한 휘모리'를 만날 수가 있는 것이다. 그것은 김병섭의 설장구가 물리적 빠르기를 새로운 시간성의 빠르기, 즉 예술적 공간으로 치환시켜버리는 예술적 공력이 있기 때문이다.

이어지는 동살풀이 대목은 휘모리의 연장이지만, 그 느낌은 전혀 다르다. 다소 치기스럽다. 호흡도 확실한 목구멍 수준으로 잦다. 그래서 어쩌면 편하다. 즉, 분명한 이완의 역할을 하는 것이다.

이 호흡긴장―내용이완의 아이러니한 통과신명(通過神明)은 다음에 이어질 굿거리라는 심층있는 본격적인 형식이완―내용긴장의 해방감을 예비해준다. 동살풀이는 연관적 의미와 역할, 즉 관계성을 갖는, 서정의 유휴지같은 대목인 것이다. 그리고 동살풀이 자체를 '절름거리게' 하는, 아주 좋은 대목이 있다.

단 두 장단(‖덩 |다구|궁 |다구|궁 |다구|궁 |다 ‖, ‖덩 |다구|궁다|궁다|궁 |다구|궁 |다‖)으로 다른 시간감을 만들고, 그리고 시침을 뗀 채 다음 두 장단(‖덩 | |기닥|다 |궁 | |기닥|다 ‖, ‖궁 |다 |궁 |다 |궁 |다 |궁 |다라‖)으로 다시 현실로 서서히 돌아온다. 단선구조를 단 네 장단이 입체화(복합화)시켜주는 것이다.

굿거리 대목은 김병섭 설장구의 백미이다. 양과 질과 구성력에서 타의 추종을 불허한다. 일반 설장구는 보통, 빠르기를 기준으로 굿거리와 자진굿거리, 그리고 그 이음절인 다스름으로 구성된다. 즉 단순 형식적으로 구획되어 있지 성격으로 분류―연관되어 있지 않다.

김병섭은 나름의 성격을 가진 6개의 굴곡을 만들어내고 있는데, 그 구분―통일의 흐름과 주제 집착력이 명확하다. 어떤 투명한 자유로움이 깊게 흘러다니고 있는 것같은 느낌을 준다. 중층적이고 다원적인 삶 자체를 고유의 예술언어력으로 깨끗하게 정화(精華)시켜내고 있는 것이다. 그 경지는, 즉 인간―현실―미래로 '열린 창'은 당연히 그 추상수준에서 뭔가를 생각하게 해준다. 물론 그 생각은 지식—두뇌 차원의 사고가 아니라 아랫배—가슴—머리가 통일되며, 형식이완—내용긴장된 세계와 관계를 맺는 독특한 몸신명이라는 생각틀로 그리되는 것이다. 이 '무형적 생각'의 훈련과 축적이 사실은 풍물굿의 본디 굿성인 것이다.

첫 굴곡은 굿거리 기본가락, 박을 쪼개나가는 과정을 보여주는 관형구, 그리고 궁채숨김, 다시 기본가락의 호흡변화로 구성되어 있다. 가락적 관형구를 진행한 다음 궁채를 숨기고 발림을 강조하여 춤으로 승화시키는 것이 재미있다.

이 첫 굴곡은 굿거리답게 가락보다는 발림, 즉 몸으로 가락을 구축하고 해체하는 것을 보여준다. 몸에 가락이 타는 경우이다.

둘째 굴곡은 삼채맺이적 성격을 굿거리화시키고, 그것을 살짝 깨면서 미분박으로 분해하는 과정으로 넘어간다. 다시 그 정서를 깨고, 깨자마자 춤가락을 눈에 보여준다. 다시 그것을 확인하고 기본가락을 연결한다.

셋째 굴곡은 중중모리적 구성 가락이 아주 간결하게 반을 형성하고 있고, 나머지 반은 양산도이다. 이 양산도는 가락 구성이 특이하다. 양산도적 관념의 맛과 중성적인 가락이 섞여 있다. 그런데 이것이 발림과 덧붙여져서 풍물굿적 냄새가 확연히 난다.

넷째는 중간 다스름. 휴지기, 구성적 이완의 시간이다. 특이한 것은 일반적으로 소멸시키는 흘림채를 오히려 강조 살려내어 다음 대목으로 잇게 한다.

다섯째는 김병섭 설장구에만 있는 대목인데, 이것이 아주 별미이다. 동살풀이적 가락인데, 이것이 굿거리의 3분 4박 시스템을 해체하지만, 여전히 굿기리조를 벗어나지 않는다. 즉 굿거리적 변용으로 작용한다. '굿거리적 동살풀이'가 만들어지는 것이다. 내용으로 절름거릴 뿐더러 굿거리 전체를 한번 출렁거리게 만든다. 게다가 다음에 이어지는 10박의 파격은 말도 못할 자유로움을 준다. 마치 김운태가 상모적 엇부침을 한다음 허튼 상모춤을 출 때의 그 놓여나는 시간의 상쾌함[1]같은 것을 느끼게 해준다. 그러면서도 어떤 진지함을 준다. 사제적 공력의 농축 한 자락을 은연중에 보아버린 느낌이다.

여섯째는 맺이적 풀이인데, 단선으로 끝나는 것이 아니라 두 번의 굴곡을 만든다. 특히 그 접점(따구궁―궁―궁―따)은 의외의 정서를 만든다. 다른 설장구에서는 스텝밟기 가락 정도인데 김병섭은 비릿한, 아주 연민을 불러일으키게 구성해 놓았다. 그 성찰의 느낌으로 굿거리 전체를 맺이한다. 그리고 '삼채적 배려'를 하고 넘어간다.

삼채대목은 네 개의 덩어리로 구성되어 있다. 기본 암수 장단과 반삼채로 구성된 것, 맺이와 풀어헤치는 가락이 결합된 것, 좌우치기 하는 가락과 맺이, 그리고 좌돌고, 우돌고 하는 큰맺이의 4가지이다.

이어지는 연풍대는, 돌기 전에 맺이가락으로 조이는 것을 두 번 하는게 이채롭다.

김병섭 설장구 가락보

1. 이 가락보는 'KBS 명인명무전' 공연 실황중 김병섭 선생의 공연 장면을 전주풍물굿회가 녹취(錄取)한 것이다.

2. 구음가락보를 사용하였으며, 다음과 같은 일반적인 읽기 방법을 참조하여 풀면 된다.

• 양장고를 칠 때는 '궁'을 다른 글자체인 '궁'으로 표시함.

• '기닥' 표시는 가급적 겹장으로 치는 것이 좋다. 그외 '다'나 '기닥'이 애매한 것은 '다'로 표기하니 자기 습관대로 홑장·겹장을 넣을 것. '기닥'의 꾸밈음 '기'는 물론 앞박자의 시가(時價)를 가지는 것이 좋다.

---

1) 이 책의 1부 「풍물굿의 사유공간과 존재시간」 중 '유명철의 시간꽃'을 참조할 것.

표기는 같은 칸에 함.

　•'쿵'으로 표시된 것은 강박을 특히 강조한 것이다. '덩'으로 진하게 표시된 것은 강박을 강조하거나, '기닥'의 꾸밈음 '기'를 보다 분명하게 한 음가를 가지고 치라는 의미이다.

　•'저(정)'는 열채의 꾸밈음이 없는 '더(덩)'으로 치는 것이 편리하다.

　•'따'는 첫박이나 강박일 때, '다'와 '라'는 강약의 미세한 차이 정도이다.

　•짝으로 치는 삼채는,

‖덩 |　|궁|궁|다|구|궁|다|구|궁|다|　|　‖

‖따|궁|다|궁|다|구|궁|다|구|궁|다|　|　‖

를 기초로 하여 다음의 변화를 개인의 습관이나 빠르기에 따라 넣거나 빼거나 할 것.

　1박은 '덩—더', '더궁다', '저구저'로의 변화. 2-2박, 3-2박은 겹장(기다)으로 변화.

　2-3, 3-3박은 '저' 또는 '다구'로의 변화.

　•'더궁'은 '(기)다구궁', '더'는 '(기)다구'와 같다. 개인의 습관대로 칠 것.

•다스름

‖덩 |　|구|궁|기다구|궁|다|구|궁|기다구‖

‖궁|다|구|궁|기다구‖×…

‖궁|기다구‖×…

‖덩 |　|　|덩|　|　|덩|　|　|더궁|다|　|　‖

‖덩 |　|　|덩|　|　|더|궁|　|더궁|다|　|　‖

‖덩 |　|덩|궁|다|　|구궁|다|　|저궁|다|　|　‖

‖따|궁|다|궁|기다|구궁|다|　|저궁|다|　|　‖　×3

‖더 |궁 |다 |궁 |다 |구 |궁 |다 |궁 |다 |궁 | ‖

‖더 |궁 |다 |궁 |다 |구 |궁 |다 |궁 |다 |궁 | 다‖

‖궁 |다 |궁 |다 |궁 |다 |궁 |다 |궁 |다 |궁 |다 ‖×2

‖궁 |다 |궁 |다 |궁 |다 |**궁** |다 |**궁** |다 |**궁** |다 ‖×2

‖궁 |다 |**궁** |다 |**궁** |다 |궁 |다 |**궁** |다 |**궁** |(다)‖×2(맺을때 다 는 생략)

‖다구|궁 | **다구궁** | |다구|궁 | **다구궁** | ‖×2

‖궁 | |기다구|궁 |기다| **궁** | |기다구|궁 |기다| ‖×2[2]

‖궁 | |기다**궁** | |기다궁 | |기다구|궁 |기다| ‖×2

‖궁 | |기다**궁** | |기다궁 | |기다**궁** | |기다‖×2

‖구다**구**다|구다**구**다|구다**구**다|구다**구**다|구다**궁** | | ‖

‖더 |궁 | |더 |궁 | |덩 | |**궁** | |다 | ‖

‖더 |궁 | |궁 | | |구|궁 | |궁 | |다 | ‖

‖궁 | |**궁** | |궁 | |**궁** | |궁 | |**궁** | ‖

‖구 |궁 | |궁 | | |구|궁 | |궁 | |다 | ‖

‖더 |궁 | |덩 | | |기닥| **궁** | |다 | ‖

‖따 | | |궁 | | |기닥| **궁** | |다 | ‖

‖덩 | | |**궁** | | |궁 | |다 |**궁** |다 | ‖

‖덩 | | |더 |러 |러 |러 |… |… | | | ‖

• 휘모리

‖덩 | |덩 | |**궁** |다 |**궁** | ‖×5

‖덩 | |다 |다 |**궁** |다 |**궁** | ‖×3

‖궁 |다 |**궁** | |궁 |다 |**궁** | ‖

‖궁 |다 |**궁** |다 |궁 |다 |**궁** | ‖

---

2) 혹은,

‖궁 | |더 |궁 |다 | |**궁** | | |**더** |궁 |다 | ‖×2

‖궁 | |**더** |**궁** |다 | |궁 | | |더 |궁 |다 | ‖×2

‖궁 |기다궁 |기다궁 |기다궁 | ‖

‖구다구다|구다구다|구다궁 | | ‖×2

‖덩 | |다 |다 궁 |다 궁 | ‖×3

‖덩 | |궁 |다 궁 | |짝 | ‖×2

‖따 | |궁 | |궁 |다 궁 | ‖×2

‖다 | |궁 | |다 | |궁 | ‖×2

‖덩 | |덩 | |궁 |다 궁 | ‖

‖더 |더 |덩 | |더 |더 |덩 | ‖×2

‖더 |더 |덩 | |더 |더 |덩 | ‖

‖더 |더 |더 |더 |더 |더 |덩 | ‖×2

‖더 |더 |더 |더 |더 |더 |더 |더 ‖

‖더 |더 |더 |더 |덩 | |따 | ‖

‖덩 | |덩 | |궁 |다 궁 | ‖×3

‖따 |구 |궁 |다 |궁 |다 |궁 | ‖
‖따 |구 |궁 |다 |궁 |다 |궁 | ‖]×2

‖따 |구 |궁 |다 |궁 |다 |궁 |다 ‖
‖구 |궁 |다 |구 |궁 |다 |궁 | ‖
‖따 |구 |궁 |다 |궁 |나 |궁 |나 ‖
‖누 |궁 |다 |구 |궁 |나 |궁 | ‖]×2

‖따 |구 |궁 |다 |궁 |다 |궁 | ‖
‖따 |구 |궁 |다 |궁 |다 |궁 | ‖]×3

‖궁 | |궁 | |궁 |다 궁 | ‖

‖궁 | | | |궁 | | | | ‖×2

‖궁 | |궁 | |궁 | |궁 | | ‖

‖궁 | |궁 | |궁 |다 궁 | ‖

‖덩 | |다 |라 덩 | |다 |라 ‖

‖덩 | |다 |다 궁 | |다 | | ‖

‖궁 | |궁 | |궁 |다 |궁 | ‖

‖덩 | |다 |다 |**궁** |기다|**궁** | ‖

‖궁 | |궁 | |궁 |다 |궁 | ‖

‖덩 | | | |짝 | | | | ‖

‖따 | |궁 | |**궁** |다 |**궁** | ‖

‖덩 | |다 |다 |**궁** |다 |**궁** | ‖×4

‖따 | |궁 | |**궁** |기다|**궁** | ‖×4

‖덩 | |다 |다 |**궁** |다 |**궁** | ‖

‖더 |궁 |다 |다 |**궁** |다 |**궁** | ‖×3

‖따 |구 |궁 |다 |궁 |다 |궁 | ‖ ⎤
                                    ⎟×2
‖따 |**구** |**궁** |다 |**궁** |다 |**궁** | ‖ ⎦

‖따 |구 |궁 |다 |궁 | | |다 ‖ ⎤
‖따 |**구** |**궁** |다 |**궁** | | |다 ‖ ⎟
                                    ⎟×2
‖따 |구 |궁 | |따 |**구** |**궁** | ‖ ⎟
‖따 |구 |궁 | |덩 | | | ‖ ⎦

• **동살풀이(오방진)**

‖덩 | |덩 | |덩 |덩 |다 |다 ‖

‖더더덩 |**더더덩** |따 |궁 |다 |다 ‖

‖덩 | |기닥|다 |**구궁**|**다구**|**궁** |다 ‖×2

‖따구|궁다|궁다|궁다|구궁|다구|궁다|구구‖[3]

‖따구|궁다|궁다|궁다|구궁|다구|궁다|궁 ‖

‖다구|궁 |궁 |다구|궁 |궁 |다 |다 ‖

‖덩 |다라|덩 |다라|다 |덩 |다 |다 ‖

‖덩 | |**궁** | | |궁 | | ‖

---

3) 혹은, ‖따구|궁다|궁기|다구|궁기|다구|다구|궁 ‖×2

‖덩 | | | | | |기닥|다 ‖
‖덩 |다라|닥 |다라|닥 |다라|닥 |다라‖
‖덩 |다라|닥 |다 |다다|다다|닥 |다 ‖
‖덩 |다다|다다|다다|다다|다다|닥 |다 ‖
‖덩 |다구|궁 |다구|궁 |다구|궁 |다 ‖
‖덩 |궁 |궁다|궁다|궁 |다구|궁 |다 ‖
‖덩 | |기닥|다 |궁 | |기닥|다 ‖
‖궁 |다 |궁 |다 |궁 |다 |궁 |다라‖
‖덩 |다라|닥 |다 |덩 |다라|닥 |다 ‖
‖덩 |다라|닥 |다 |덩 |덩 |다 |다 ‖
‖다구|궁 |**다구**|**궁** |다 |궁 |다 |다 ‖
‖다구|궁 |덩 | |다 |궁 |다 |다 ‖
‖덩 | |기닥|다 |**구궁**|**다구**|**궁** |다 ‖×2
‖따구|궁다|궁다|궁다|구궁|다구|궁다|구구‖
‖따구|궁다|궁다|궁다|구궁|다구|궁다|궁 ‖
‖따구|궁 |**따**|**구**|**궁** |따구|궁 |**따**|**구**|**궁** ‖×2
‖궁 |기다|**궁** |기다|궁 |기다|**궁** |기다‖×2
‖궁 |기다|**궁** |기다|궁 |기다|궁 |기다‖×2
‖궁 |기다|궁 |기다|**궁** |기다|**궁** |기다‖×2
‖궁 |기다|**궁** |기다|궁 |기다|**궁** |기다‖×2
‖궁 |기다| |기다|궁 |기다| |기다‖×2
‖궁 |기다|**궁** |기다|궁 |기다|**궁** | ‖
‖덩 | | | | | | | ‖
‖궁 |기다|**궁** |기다|궁 |기다|**궁** | ‖
‖궁 | |**궁** | |궁 |다 |궁 | ‖
‖궁 |기다|**궁** |기다|궁 |기다|**궁** |기다‖×2 (맺을 때 마지막 '기다'는 생략)

‖구 │다 │궁 │ │ │ │ │ │ ‖×2
‖구 │다 │구 │다 │구 │다 │궁 │ │ ‖×2
‖궁 │다 │궁 │다 │궁 │다 │궁 │다 ‖×10 정도
‖더 │궁 │ │더 │궁 │ │덩 │ │궁 │ │다 │ ‖

• 굿거리

‖덩 │다 │ │다 │ │다 │다 │ │기다│다 │ │다 ‖
‖덩 │다 │닥다│다│닥 │다 │다다│닥 │ │닥│다│닥 │다라‖
‖덩 │다 │다구│덩 │다라│라라│덩 │다 │다구│덩 │다라│라라‖
‖덩 │다 │다구│덩 │다라│라라│덩 │다 │다다│궁다│닥 │다 ‖
‖덩 │다 │다구│궁다│닥 │다다│궁다│닥 │다다│궁다│닥 │다다‖
‖궁다│닥 │궁다│닥 │궁다│닥 │궁다│닥 │다다│궁다│닥 │다다‖
‖궁다│다궁│다다│궁다│다궁│닥 │다 │닥 │다다│ 다닥│딱 ‖
‖다닥│ 닥│ 다닥 │닥 │다라│더궁│ │구│궁 │쿵 │다 ‖
‖덩 │다 │다구│덩 │다 │다구│덩 │다 │다다│궁다│닥 │다 ‖×2
‖덩 │궁다│궁 │덩 │궁다│궁 │덩 │궁다│궁 │궁다│닥 │다 ‖×2
‖덩 │다라│덩 │다라│덩 │다라│덩 │궁 │다구│궁다│닥 │다 ‖
‖덩 │다 │다구│덩 │다라│라라│덩 │더덩│ 더덩 │더궁│다 ‖

‖다구│궁 │덩 │다구│궁 │덩 │다구│궁 │다구│궁 │다구│궁 ‖
‖다궁│ 다│궁 │다궁│ 다│궁 │다궁│다궁│다 │궁다│다궁│다 ‖
‖덩 │덩 │궁다│궁다│궁다│궁 │다궁│ 궁│다구│궁 │덩 │덩 ‖
‖더더│덩 │더더│덩 │더더│덩 │더더│더더│더더│더더│더더│덩 ‖
‖저구│저저│궁 │저구│저저│궁 │저구│정 │저구│정 │저구│정 ‖
‖저구│저구│저구│저구│저구│저구│저구│저저│구저│구저│저구│정 ‖
‖덩 │덩 │궁다│궁다│궁다│궁 │다궁│다궁│다구│궁 │덩 │다 ‖
‖덩 │ │다구│덩 │ │다구│덩 │ │다구│덩 │다라│라라‖

‖덩 |다 |다 | 다딱 |다라|저구|정 |다다|궁다|닥 |다라‖
‖덩 |다 |다구|덩 |다라|라라|덩 |다 |다구|덩 |다라|라라‖
‖덩 |다 |다구|덩 |다라|라라|덩 |구궁|다구|궁다|닥 |다라‖

‖덩| |덩 |덩 | |덩 |덩 | |덩 |덩 |다라|라라‖
‖덩 |궁 |다구|궁 |궁 |다구|궁 |궁 |다구|궁다|닥 |다 ‖×3
‖덩 |덩 |다구|궁 |덩 |다구|궁 |덩 |다구|궁다|닥 |다 ‖
‖덩 |덩 |다구|궁 |덩 |다 |다궁|다궁|다구|궁다|다궁|다 ‖
‖덩| | |덩| |더궁|다 |다 |궁|다|**궁**|다|궁|다|**궁** ‖세마치 네장단
‖다|궁|다|**궁**|다|궁|다|**궁** |다|궁| |궁 |다 |**궁** | | ‖
‖덩| | |덩| |더궁|다 |다 |**궁**|다|**궁**|다|**구**|**궁**|다 ‖
‖다|궁|다|**궁**|다|궁|다|**궁** |다|궁|다 |궁| |다 |궁| | ‖

‖덩 |더궁|다구|궁다|구궁|다구|궁다|구궁|다구|궁다|구궁|다 ‖×2
‖덩 |더궁|다구|궁다|구궁|다구|궁다|구궁|다구|궁다|구궁|다구‖
‖궁다|구궁|다구|궁다|구궁|다구‖×…
‖궁다|구궁|다저|궁다|구궁|다저‖×…[4]
‖궁다|구궁|다구‖×…
‖궁다|ㅎ다‖×…

‖궁다|궁다|궁다|궁다|궁다|궁다|궁다|궁다|궁다|궁다|궁다|궁다‖×2
‖궁다|궁다|궁다|궁다|궁다|궁 ‖
‖덩 |더궁|다구|궁다|구궁|다구|궁다|구궁|다구|궁다|구궁|다 ‖

‖덩 |궁 |다구|궁 |궁 |다구|궁 |궁 |다구|궁다|닥 |다 ‖

---

4) 혹은, ‖궁다|저궁|다구|궁다|저궁|다구‖×…

‖덩 |다라|라라|덩 |다라|라라|궁 |궁 |다구|궁다|닥 |다 ‖
‖덩 |다 |다구|덩 |다라|라라|덩 |다 |다구|덩 |다라|라라‖
‖덩 |다 |다구|덩 |다라|라라|덩 |다 |다다|궁다|닥 |다 ‖

‖덩 | |다 |다 |궁 |다구|쿵 |다 |궁 |다구|쿵 |다 ‖×2
‖덩 | |다 |다 |궁다|다다|닥 |다 |다구|궁 |덩 |다 ‖×2
‖덩 | |다 |다 |쿵 |다 |다닥| 다닥 |따 |궁 |다 ‖×2
‖덩 | |다 |다 |궁 |다 |다구|궁 |궁 |다구|궁 |다 ‖×2
‖덩 |**궁**다|궁궁| 다**궁** |다궁| **궁**| 궁| 다**궁** ‖엇모리 느낌
‖덩 |**궁**다|궁궁| 다| 다다궁| **궁**| 궁| 다**궁** ‖

‖덩 |**궁**다**궁** |덩 |**궁**다**궁** |더궁| **더궁**| 더궁| **더궁** ‖
‖덩 |**궁** |궁다**궁** |궁다**궁** |다궁| 다**궁** |다궁| 다**궁** ‖
‖궁다**궁** |궁다**궁** |궁다**궁** |다궁| 다**궁** 덩 |**궁** |다 ‖
‖다구**궁** |궁 |궁 |궁 |다 |**다구궁** |궁 |궁 |궁 |다 ‖
‖다구**궁** |궁 |다 |**다구궁** |궁 |다 |다구|궁 |궁 |다 ‖
‖다구**궁** | |**다구궁** | |다구|궁 | |**다구궁** | ‖
‖덩 |**궁** |궁다|**궁**다|궁다**궁** |다**궁**| 다궁 덩 |**궁** |다 ‖
‖더궁| 궁| 구궁 |**다궁**다 덩 | | | |**다궁** ‖
‖정 |정 |저구|정 |저구|정 |저궁| 저궁 |저구|저저|궁 ‖
‖다 |다 |다다|궁다|궁다|닥 |따궁|다궁|다구|궁다|저궁|다 ‖
‖더궁| **궁**| 구궁 |**다궁**|다 ‖

• 삼채

‖덩 | | |덩 | | |덩 | | |더궁 |다 | ‖
‖덩 | |덩 |궁 |다 | |구궁 |다 | |저궁 |다 | ‖
‖따 |궁 |다 |궁 |기다| 구궁 |다 | |저궁 |다 | ‖

‖더 |궁 |다 |궁 |기다| 구궁 |다 | 데궁 |다 | ‖ ⌉
‖따 |궁 |다 |궁 |다 | 데궁 |기다| 구궁 |다 | ‖ ⌋×2

‖덩 | |덩 |궁 |다 |다 |궁 |다 |저 |궁 |다 | ‖×4

‖따 |궁 |다 |궁 |다 | |따 |궁 |다 |궁 |다 | ‖×3

‖덩 | |덩 |궁 |다 |다 |궁 |다 |저 |궁 |다 | ‖×3

‖덩 | |더 |궁 |따 |따 |궁 |기따|따 |궁 |다 | ‖×2

‖덩 | |구 |궁 |기다|구 |궁 | |구 |궁 |다 | ‖×2

‖더 |궁 |구 |궁 |다 | |더 |궁 |구 |궁 |다 | ‖×2

‖더 |궁 | |궁 | |더 |궁 | |궁 | |더 |궁 | |궁 | ‖

‖더 |궁 | |구궁 |기다| 구궁 |따 | |구궁 |딱 | ‖ ⌉
‖더 |궁 |구 |궁 |다 | | ‖   ⌋

‖따 |궁 | |따 |궁 | |따 | |덩 | |다 | ‖

‖덩 | | |기닥| |다 |궁 |기다| 구궁 |다 | ‖

‖덩 | |궁 | |덩 | |궁 | |덩 | |궁 | ‖
‖다 |궁 | |다 |궁 | |다 |궁 | |다 |궁 | ‖
‖궁 |기다|궁 | |궁 |기다|궁 | |궁 |기다|궁 | ‖
‖구다|궁 | |구다|궁 | |구다|궁 | |구나|궁 | ‖
‖구다|구다|구다|구다|구다|구다|구다|구나|구나|궁 | | ‖
‖더 |궁 | | | |구 |궁 | |다 |궁 |다 | ‖
‖더 |궁 | |궁 |기다| |다 | |궁 | |다 | ‖
‖덩 | |다 |다 |궁 |기다|다 | |궁 |다 |다 |다 ‖
‖궁 |기다|다 | |궁 |기다|다 |궁 |기다|다 |궁 |다 ‖
‖궁 |기다|다 |다 |궁 |기다|다 |다 |궁 |기다|다 |다 ‖
‖궁 |기다|다 |궁 |기다|다 |궁 |기다|다 |궁 |다 | ‖
‖저 |구 |저 |구 |저 |구 |저 |구 |저 |구 |저 |구 ‖
‖저 |구 |저 |저 |구 |저 |구 |저 |저 |구 |따 | ‖

‖더 |궁 | |더 |궁 | |덩 | |덩 | |다 | ‖
‖더 |궁 | |궁 |기닥| |다 | |덩 | |다 | ‖
‖덩 | | |기다 |다 | |다 | |다 |닥 | ‖

‖덩 | |덩 |궁 |다 | |덩 | | |딱 | | ‖
‖덩 | |덩 |궁 |다 | |덩 | | | | | ‖
‖더 |구 |더 |궁 |다 | |덩 | | |딱 | | ‖
‖더 |구 |더 |궁 |다 | |덩 | | | | | ‖
‖더 |구 |더 |궁 | | |더 |구 |더 |궁 | | ‖×2
‖더 |궁 | |더 |궁 | |더 |궁 | |더 |궁 | ‖
‖덩 | |궁 | |다 | |덩 | |궁 | |다 | ‖
‖더 |궁 | |궁 | |구 |궁 | |기다 |다 | ‖
‖더 |궁 | |궁 | |구 |궁 | |다 |궁 |다 | ‖
‖더 |궁 | |궁 |기닥| |다 | |궁 | |다 | ‖
‖덩 | | |기닥| |다 |궁 |다 | |기닥| |다 ‖

‖덩 | |더 |궁 |다 | |덩 | |더 |궁 |다 | ‖
‖덩 | |더 |궁 |다 |구 |궁 |다 |저 |궁 |다 | ‖
‖따 |궁 | |따 |궁 | |따 |궁 | |따 |궁 | ‖
‖덩 | |더 |궁 |다 |구 |궁 |다 |저 |궁 |다 | ‖
‖덩 | |구 |궁 | | |덩 | |구 |궁 | | ‖
‖덩 | |더 |궁 |다 |구 |궁 |다 |저 |궁 |다 | ‖
‖덩 | |궁 | |궁 |다 |궁 |다 |궁 |다 |궁 | ‖
‖따 |궁 | |따 |궁 | |따 |궁 | |따 |궁 | ‖
‖궁 |다 |궁 | |궁 |다 |궁 | |궁 |다 |궁 | ‖
‖따 |궁 | |따 |궁 | |덩 | |궁 | |따 | ‖
‖더 |궁 | |궁 | |구 |궁 | |기다|궁 |다 | ‖

‖덩 | | | | | | | |다 궁|다 | ‖
‖덩 | | 궁| | |궁 | |기다궁| | | ‖

• 연풍대

‖덩 | |다 궁|다 | |더 |궁|더 |궁|다 | ‖×4 정도
‖덩 | |다 궁| | |더 |궁|더 |궁|다 | ‖×3
‖덩 | 궁| |궁 |기다궁| |궁 |기다궁| ‖
‖다 |궁| |다 궁| |다 |궁| |다 |궁| ‖
‖궁 |기다궁| |궁 |기다궁| |궁 |기다궁| ‖
‖따 궁| |따 궁| |덩 | 궁| |따 | ‖
‖더 |궁| 궁| |구 궁| |기다궁|다 | ‖
‖덩 | | |더러|러러|…|… | | |덩 | | ‖
‖덩 | 궁| |다 | |덩 | 궁| |다 | ‖
‖더 |궁| 궁| |구 궁| |기닥| |다 | ‖
‖더 |궁| 궁| |구 궁| |기다궁|다 | ‖
‖덩 | | 궁| | |궁 | |기다궁|다 | ‖
‖덩 | | 궁| | | | |다 궁|다 | ‖×2
‖덩 | |다 궁|다 | |더 |궁|더 |궁|다 | ‖×2
‖덩 | | 궁| | |궁 | |기다궁| | ‖×4
‖덩 | | 궁| | |덩 | | 궁| | ‖×3
‖궁 | |기다궁| | |궁 | |기다궁| | ‖×4
‖더 |궁| 더 궁| |더 |궁| 더 궁| ‖
‖덩 | 궁| |다 | |덩 | 궁| |다 | ‖
‖더 |궁| 궁| |구 궁| |기닥| |다 | ‖
‖더 |궁| 궁| |ㅜ ㅎ| |다 궁|다 | ‖
‖더 |궁| 궁|기다| |따 궁| | | | | ‖
‖덩 | | | | | | | | | | | ‖

유남영 설장구

해설과 가락보 : 김진우(정읍송산굿 보존회)

유남영 선생 설장구 가락의 뿌리

- 설장구 계보 : 전순동—김홍집—안봉구—이봉문—이정범—김병섭
- 상쇠 계보 : 노재일—김도삼—김(전)광래—전사종—유남영, 권재규(상쇠 계보를 이었다고 할 수는 없으며, 사제관계로 보는 것이 타당)

▲ 상쇠 계보
주요 활동 시기별
① 김제 중심 활동

<pre>
?····모세물 ┬ 김재옥···· 나금추
            └ 현판쇠
</pre>

② 정읍 중심 활동

<pre>
?····노재일 ···· (?박만풍) ···· 김도삼 ┬ 김광래 ┬ 전사종
</pre>

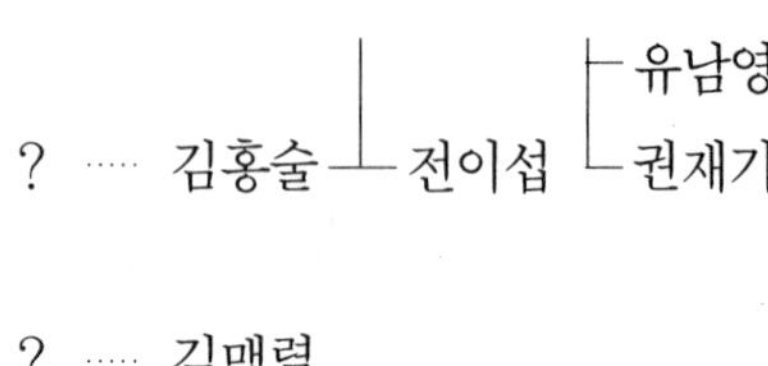

③ 부안 · 고창 중심 활동

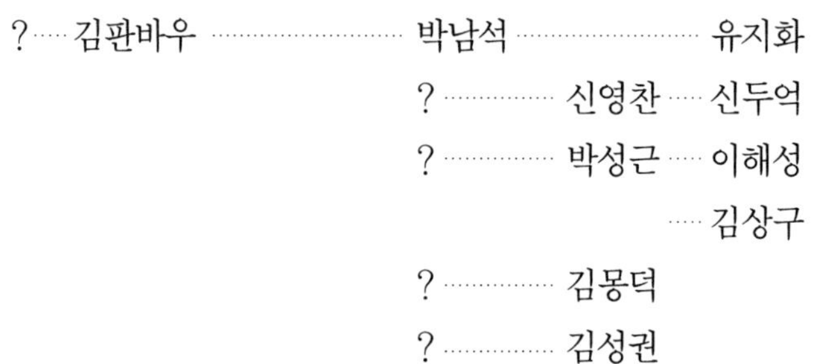

* 김광래 상쇠 시절의 쇠 서열(대개 4명으로 구성)

김광래―박성근―전이섭―(신두억, 신영찬―전사종, 김상구)

▲ 설장구 계보

정읍 중심의 주요 활동

```
└김승길 ┄┄┄┄┄┄┄┄┄┄┄ 이동원┬박판금
                          ├김형순
                          └임재식

        ? ┄┄┄ 전경환
        ? ┄┄┄ 김오채
```

가락보

유남영 선생은 과거 재인들이 다 그렇듯이 장구가락에 밝은 쇠잽이라고 할 수 있다. 틈틈이 자득하면서 이봉문의 가락을 이정범에게 가르쳤다는 것과, 장구의 판굿가락에 대하여 모두 실기로써 제자들에게 전수하신 것을 보면 선생의 음악적 자질의 바탕이 좋았다고 하겠다.

선생께서 설장구 가락을 연마하시던 때는 1930년대 후반으로 이 당시에는 독장구놀이(외구정놀이)를 하던 시대이다. 다시 말해 대회나 상업적 무대를 위한 매스게임식의 쌍구정놀이, 합장구놀이가 탄생되기 이전이므로 선생께서 치신 구정놀이 가락이 정형화된 가락이라고는 보이지 않는다. 독장구놀이란 말 그대로 장구잽이가 자신의 최대한 기술을 선보이는 개인놀이였으므로, 당시의 멍 장구잽이들인 김홍집, 안봉구, 이봉문 등의 화려한 구정놀이를 모델삼아 개인직으로 가감하거나 색다른 동작들을 만들었을 것이라고 추정된다.

선생께서 치셨던 구정놀이 가락의 원류는 당연히 이봉문의 바디일 것이다. 선생께서 생전에 말씀하시던 "내가 봉문이헌테 다 배운 것이여"라는 점과 입이 마르도록 이봉문에 대한 칭찬을 했던 점 등을 종합해 볼 때 이봉문의 전수에 의한 것이라고 보여지기 때문이다. 물론 현재의 유남영류 구정놀이 가락은 전수 당시의 이봉문(당시 20대 후반)의 수준만큼이었거나, 아니면 이봉문이 후배들에게 알아먹을만큼 조절하여 가르쳐 준 내용이었으리라 여겨진다.

여기에서 주지할 바는 전수과정 중의 '원칙의 제시'라고 하겠다. 선생 역시 제자들에게 원칙을 가지고 가르치셨는데, 남기신 원칙의 하나는 "듣는 이로 하여금 어떤 가락을 치고 있는 지 모르게 가락을 변화무쌍하게 풀어 넘겨야 한다"는 점이다.

그에 더하여 또 하나의 원칙은 "가락을 넘길 때는 비슷비슷하게 가락에 다리를 놓아가며 쳐야 사람들이 언제 가락이 넘어 간 줄 모르고 그 흥에 빠져 든다"는 것이다.

그 외에 "요즘 사람들 가락은 째(멋)만 내려다 보니 가락의 흐름이 똑 똑 끊기고 쓸데없이 소리를 죽이거나 쉬었다가 하는 식이 많은데 그러면 안된다. 장구 소리가 욱신욱신 울려나야 하고, 끊기는데 없이 단숨에 몰아쳐야 한다"는 것과 "동작에서도 발바닥이 10cm 이상 떨어지면 안되고 나짓나짓하게 쳐야 한다"고 말씀하셨다.

여기에서 주의해서 새길 말은 변화무쌍하게 가락을 변주하라고 하면서도 발짓은 나짓나짓하게 하라는 것이다. 이 모양이 바로 우도장구의 맵시라는 것이다.

이렇듯이 독장구 시절을 지나 이 시절을 기억하는 명 장구잽이들이 상업예술에 발을 딛으면서 가락과 동작에 화려한 변주 기법과 새로운 춤 동작들을 결합시켜나가는 등의 발전을 꾀하였는데, 이 때가 이정범, 김병섭, 전사섭 등으로 이어지는 농악계의 신 중흥기가 아니었나 싶다. 유남영 선생은 그 시절에 생업 전선에 있음으로 인해 새로운 변화에 노출되지 않았다고 보이며, 그런 나름의 가치로서 선생의 가치가 부여된다고 하겠다.

(1) 다스름

‖덩 │   │구 │궁기│닥 │구 │궁 │따 │구 │궁기│닥 │구 ‖

‖궁 │따 │구 │궁기│닥 │구 │궁 │따 │구 │궁기│닥 │구…‖

‖궁기│닥 │구 │궁기│닥 │구 │궁기│닥 │구 │궁기│닥 │구…‖

‖궁기닥 |궁기닥 |궁기닥 |궁기닥 |궁기닥 |궁기닥⋯‖
‖궁따|궁따|궁따|궁따|궁따|궁따|궁따|궁따|궁따|⋯⋯|⋯⋯|⋯⋯‖

(2) 이채

처음 시작에서 가락의 빠르기를 잡고 다스름에서 진행이 원활하게 이뤄지도록 머리가락을 내고 시작하는 점이 색다르다.

열채와 궁채가 엇지물리는 비껴치기 타법을 구사해야 제 가락을 칠 수 있으므로 타법 연습에 심혈을 기울여야 한다.

'더더덩 더더덩 더더더더더더덩' 하는 식으로 합박을 연속으로 치는 후두둑 가락의 경우와 빠르게 접가락을 칠 경우, 그리고 매 박과 박, 장단과 장단 사이의 잉어걸이와 같은 느낌을 주는 곳에서 막어치는 타법과 비껴치는 타법의 느낌이 확연히 달라지는 것을 알 수 있다.

다음 특징으로는 이채의 도입부가 상대적으로 짧으면서도 칠 가락은 모두 치고 간다는 것과 '따구궁따궁따궁' 가락의 연결이 변주를 활용하여 순차적인 배수와 약수의 진행원칙을 잘 지키고 있다는 점이다.

쑥바더듬이 가락에서는 일반적으로 행해지고 있는 가락과 조금 달라서 기존의 장구잽이들이 배울 경우 헷갈리는 경우가 있는데, 맨 첫 가락과 맨 마지막 가락이 머리와 꼬리로써, 그리고 안의 몸통에 해당하는 가락에서는 좌우로 대비되는 암수로 짝을 이루고 있는 형태가 안정적으로 느껴진다.

그 다음으로 특이한 것은 대개의 경우 '덩 따따궁따따, 더궁따따궁따따, 또는 덩따따따궁따따' 의 가락을 연이어 치면서 쑥바더듬이로 인한 긴장을 풀게 되는데, 유남영 선생의 가락에서는 '덩 따따궁따따' 를 3회 치면서 까치설음으로 전진하였으면 '따 궁 궁따궁' 이라는 가락을 꼭 한번을 쳐서 돌아설 수 있도록 해 줘야 한다는 것이 지론으로 서 있다. 그 다음 가락에서도 마찬가지이다.

'따 궁 궁따궁'은 돌 때 치는 가락이라는 것이다.

가락의 진행이 비슷비슷하게 넘어가야 한다는 원칙에서 볼 때 그 다음 '따구궁따궁따궁'으로 이어지는 전환이 자연스럽다는 점도 주지의 사실이다.

```
‖더 ‖더 ‖덩 ‖    ‖더 ‖더 ‖덩 ‖      ‖
‖더 ‖더 ‖더 ‖더 ‖더 ‖더 ‖덩 ‖      ‖


‖덩 ‖    ‖덩 ‖ 따‖구궁‖기닥‖궁 ‖      ‖4~8회
‖따 ‖    ‖궁 ‖   ‖구궁‖기닥‖궁 ‖      ‖2회
‖따 ‖    ‖궁 ‖   ‖따 ‖    ‖궁 ‖      ‖2회
‖덩 ‖    ‖덩 ‖기닥‖구궁‖기닥‖궁 ‖      ‖4회
‖더 ‖더 ‖덩 ‖    ‖구궁‖기닥‖궁 ‖      ‖2회
‖더 ‖더 ‖덩 ‖    ‖더 ‖더 ‖덩 ‖      ‖
‖더 ‖더 ‖더 ‖더 ‖더 ‖더 ‖덩 ‖      ‖
‖더 ‖더 ‖더 ‖더 ‖더 ‖더 ‖더 ‖      ‖
‖더 ‖더 ‖더 ‖더 ‖더 ‖더 ‖덩 ‖      ‖
‖덩 ‖    ‖덩 ‖기닥‖구궁‖기닥‖궁 ‖      ‖3회
‖덩 ‖    ‖따 ‖따 ‖구궁‖기닥‖궁 ‖      ‖
‖더궁‖    ‖따 ‖따 ‖구궁‖기닥‖궁 ‖      ‖
‖따 ‖구 ‖궁 ‖따 ‖궁 ‖따 ‖궁 ‖      ‖8회
‖따 ‖구 ‖궁 ‖따 ‖궁 ‖따 ‖궁 ‖따 ‖
‖구 ‖궁 ‖따 ‖궁 ‖궁 ‖따 ‖궁 ‖      ‖6회
‖따 ‖구 ‖궁 ‖따 ‖궁 ‖따 ‖궁 ‖      ‖4회
‖덩 ‖    ‖궁 ‖    ‖궁 ‖따 ‖궁 ‖      ‖
‖덩 ‖    ‖    ‖    ‖궁 ‖    ‖    ‖      ‖
‖덩 ‖    ‖    ‖    ‖궁 ‖    ‖    ‖      ‖
```

‖궁 | |궁 | |궁 | |궁 | ‖
‖궁 | |궁 | |궁 |따 |궁 | ‖
‖덩 | |다 |다 |덩 | |다 |다 ‖
‖궁 | |궁 | |궁 |따 |궁 | ‖
‖덩 | |다 |다 |궁 | |따 | ‖
‖따 | |궁 | |궁 |따 |궁 | ‖
‖덩 | |다 |다 |궁 | |따 |따 ‖
‖궁 | |궁 | |궁 |따 |궁 | ‖
‖덩 | | |기닥 | |따 | ‖
‖덩 | |따 |따 |구궁|기닥|궁 | ‖3회
‖따 | |궁 | |구궁|기닥|궁 | ‖
‖더궁| |따 |따 |구궁|기닥|궁 | ‖3회
‖따 | |궁 | |구궁|기닥|궁 | ‖
‖따 |구 |궁 |따 |궁 |따 |궁 | ‖4회

(3) 오방진

이채에서 오방진으로 넘어갈 때 장단의 변화를 눈치채지 못하도록 오방진 가락의 머리가락에서 이채 마지막 가락과 유사한 변주가락을 만들어 다리를 놓아 진행시키는 것을 볼 수 있다.

또 하나의 특징으로 후렴구와 같은 반복 가락을 볼 수 있는데, 그것은 필요에 따른 여러개의 변주를 암시함과 동시에 다음에 이어질 진오방진 가락의 예시이기도 하다.

'덩 기닥 따 기다다다 기다다닥' 등에서 나타나는 것과 같이 일반적으로 보여지는 가락의 뭉개짐을 방지하고 빨라지는 것을 막는 보완장치를 갖는 연주방식을 쓰고 있는 점도 다른 류와 다른 점이라고 하겠다.

```
‖따 |구 |궁 |   |따 |구 |궁 |따 |궁 |   |궁 | 기|닥 |   |따 ‖2회
‖덩 |   |   |   |덩 |   |   |   |덩 |   |덩 | 기|닥 |   |따 ‖2회
‖덩 |   |   | 기|닥 |   |따 |   |궁 |따 |따 |구 |궁 |   |따 ‖2회
‖더 |더 |덩 |   |더 |더 |덩 |   |더 |궁 |따 |구 |궁 |따 |궁 ‖2회
‖덩 | 기|닥 |따구|궁기|닥 |궁 |   |더궁|   |덩 | 데|궁 | 따|궁 ‖2회
‖더 |더 |덩 |   |더 |더 |덩 |   |덩 |   |덩 | 기|닥 |   |따 ‖
‖덩 |   |다 |다 |덩 |   |다 |다 |덩 |   |덩 | 기|닥 |   |따 ‖
‖덩 |   |   | 기|닥 |   |따 | 기|닥 |   |따 | 기|닥 |   |따 ‖2회
‖덩 |   |   | 기|닥 |   |따 | 기|다 |다 |다 | 기|다 |다 |닥 ‖
‖덩 |   |   | 기|닥 |   |따 | 기|따 |닥 |   |기리|닥 |   |따 ‖
‖덩 |   |   | 기|닥 |   |따 |   |덩 |   |   | 기|닥 |   |따 ‖
‖더 |더 |덩 |   |더 |더 |덩 |   |더 |궁 |따 |긍 |궁 |따 |궁 ‖2회
‖덩 | 기|닥 |따구|궁기|닥 |궁 |   |더궁|   |덩 | 데|궁 | 따|궁 ‖2회
```

(4) 이채

후두둑가락에서 앞의 속도를 유지하라고 선생께서는 당부하셨다.

```
‖따 |구 |궁 |따 |궁 |따 |궁 |   ‖8회
‖따 |구 |궁 |   |따 |구 |궁 |   ‖2회
‖따 |궁 |따 |궁 |따 |궁 |따 |궁 ‖4회
‖덩 |   |궁 |   |궁기|닥 |궁 |   ‖2회
‖궁기|닥 |궁기|닥 |궁기|닥 |궁기|닥 ‖4회
‖궁따|궁따|궁따|궁 |궁따|궁따|궁따|궁 ‖
‖궁따|궁따|궁따|궁따|궁따|궁따|궁따|궁 ‖
‖궁따|궁따|궁따|궁따|궁따|궁따|궁따|궁따‖
‖궁따|궁따|궁따|궁따|궁따|궁따|궁따|궁 ‖
```

한 숨을 돌리지만 늘어지지 않게 빨리 가락을 연결해야 하며, 다음
가락 역시 속도가 늦어지는 것을 경계해야 한다.

‖따 |구 |궁 |　 |따 |구 |궁 |　 ‖2회

(5) 재넘기
재넘기의 마지막 가락에서 한 배가 부족한데, 그것에 대하여 옛부
터 해온 관행이라고 말씀하셨다.

‖덩 |　 |궁 |　 |따 |　 |덩 |　 |궁 |　 |따 |　 ‖
‖더 |궁 |　 |궁 |　 |구 |궁 |　 |따 |　 |따 |　 ‖
‖더 |궁 |　 |궁 |　 |구 |궁 |　 |따 |궁 |따 |　 ‖
‖더 |궁 |　 |궁 |따 |　 |따 |　 |궁 |　 |따 |　 ‖
‖덩 |　 |　 |기닥 |　 |따 |　 |따 |　 |따 |따 |　 ‖
‖따 |　 |　 |궁 |　 |　 |덩 |　 |더 |궁기닥 |　 ‖
‖덩 |　 |　 |더 |더 |덩 ‖

(6) 굿거리(각 2회)
객관적으로 굿거리의 구성에 있어서는 좀 미약하다. 그러니 굿기리
가락이 상대적으로 단순하여 처음에는 실망스럽다가도 치면 칠수록
어렵고 맛있는 가락만 알짜배기로 실속있게 배열하였다는 것을 알 수
있었다.
비껴치기 타법이 아니면 굿거리를 선생과 같은 맛으로 연주하기가
불가능하다.

‖궁 |궁 |따구|궁 |궁 |따구|궁 |궁 |따구|궁기닥 |따다‖
‖덩 |다기|따구|궁 |다기|따구|궁 |다기|따구|궁기닥 |따다‖

‖덩 |다기|따구궁 |다르|르르|덩 |다기|따구|궁다|르르|르르‖
‖궁 |궁 |따구궁 |궁 |따구궁 |궁 |따구|궁기|닥 |따다‖

(7) 다스름(점점 빠르게)

‖덩 | |구 |궁기닥 |구 |궁기닥 |구 |궁기닥 |구…‖
‖궁기닥 |궁기닥 |궁기닥 |궁기닥 |궁기닥 |궁기닥…‖
‖궁 |따 |궁 |따 |궁 |따 |궁 |따 |궁 |따 |궁 |따…‖

(8) 자진굿거리(각 2회)

‖궁 |궁 |따구궁 |궁 |따구궁 |궁 |따구|궁기|닥 |따다‖
‖덩 | 기|닥구궁 | 기|닥구궁 | 기|닥구|궁기|닥 |따다‖
‖덩 | |덩 |덩 |다르|르르|덩 | |덩 |덩 |다르|르르‖
‖궁 |궁 |따구궁 |궁 |따구궁 |궁 |따구|궁기|닥 |따다‖

(9) 재넘기
속도가 늘어지지 않도록.

‖더더덩 |덩 |덩 |덩 | |따구|궁따|궁따|궁 |덩 ‖(2회)
‖더더덩 |덩 | |따구|궁 |덩 ‖(2회)
‖더더덩 | |따구|궁 ‖(2회)

‖덩 | |궁 | |궁기|닥 |궁 |따 |궁기|닥 |궁 | | ‖
‖따 |궁 | |따 |궁 | |따 |궁 | |따 |궁 | | ‖
‖궁기|닥 |궁 | |궁기|닥 |궁 | |궁기|닥 |궁 | | ‖
‖따 |궁 | |따 |궁 |따 |궁 | |궁 | |따 | | ‖
‖더 |궁 | |궁 | |구 |궁 | |따 |궁 |따 | | ‖
‖덩 | |궁 | | | | | |(|따 |궁 |따 |) ‖

(10) 삼채

삼채가락에서 열채의 접가락이 풍부하게 들어가며, 가락의 막음을 열채로 해 준다는 것을 알 수 있다.

가장 특이한 것으로 다른 모든 사람들의 경우에 굿거리에서 들어가는 24박이라는 가락이 선생의 류에서는 삼채에 있다는 점이다.

그리고 그 24박의 맺음가락이 '접어접친가락' 이라는 이름 하에 아주 난이도가 높은 가락으로 알려져 있다.

삼채에서는 반복적인 느낌이 드는 곳이 있는데, 그것은 삼채굿을 푸지게 치고 놀던 옛 관행으로부터 생긴 것으로 보인다.

그래서 재넘기를 넣어 새로 머리가락을 내는 경우가 많이 생긴다.

```
‖덩 |  |  |덩 |  |  |덩 |  |따구|궁기|닥 |     ‖
‖덩 |  |  |덩 |  |  |더 |궁 |따구|궁기|닥 |     ‖
‖더 |궁 |따 |궁기|닥 |따 |궁 |따 |구 |궁기|닥 |   ‖
‖따 |궁 |따 |궁기|닥 |따 |궁 |따 |구 |궁기|닥 |   ‖(3회)
‖덩 |  |더 |궁기|닥 |따 |궁 |따 |구 |궁기|닥 |   ‖(3회)
‖덩 |  |따 |따 |궁 |따 |따 |  |  ‖(2회)
‖궁 |따 |따 |따 |궁 |따 |따 |  |  ‖(2회)
‖궁 |따 |따 |궁 |따 |  |  |  |  ‖(2회)
‖궁 |따 |따 |따 |궁 |따 |따 |따 ‖
‖궁 |따 |따 |따 |궁 |따 |따 |궁 ‖
‖따 |따 |궁 |따 |따 |궁 |딱 |  |  ‖
‖더궁|  |덩 |  |더|궁기|닥| 따구|궁기|닥| (구)|덩 |덩 |더궁기|닥 ‖
‖더 |궁 |  |궁 |따 |  |기|딱 |  |궁 |  |따 |  |  ‖
‖디 |궁 |  |기|닥 |  |따(구)|궁기|닥 |따구|궁 |따 |  |  ‖
‖덩 |  |  |덩 |  |  |덩 |  |따구|궁기|닥 |     ‖
‖덩 |  |  |덩 |  |  |더 |궁 |따구|궁기|닥 |     ‖
```

```
‖더 |궁 |따 |궁기|닥 |따 |궁 |따 |구 |궁기|닥 |    ‖
‖따 |궁 |따 |궁기|닥 |따 |궁 |따 |구 |궁기|닥 |    ‖(3회)
‖덩 |  |더 |궁기|닥 |따 |궁 |따 |따구|궁기|닥 |    ‖(3회)
‖덩 |  |궁 |  |궁기|닥 |궁 |  |궁기|닥 |궁 |    ‖
‖따 |궁 |  |따 |궁 |  |따 |궁 |  |따 |궁 |    ‖
‖궁기|닥 |궁 |  |궁기|닥 |궁 |  |궁기|닥 |궁 |    ‖
‖따 |궁 |  |따 |궁 |  |덩 |  |궁 |  |따 |    ‖
‖더 |궁 |  |궁 |  |구 |궁 |  |따 |궁 |따 |    ‖
‖덩 |  |  |궁 |  |  |궁 |  |따 |궁 |따 |    ‖
‖덩 |  |  |더 |더 |더 |궁 |  |따 |궁 |  |    ‖
‖덩 |  |  |덩 |  |  |덩 |  |따구|궁기|닥 |    ‖
‖더 |궁 |따 |궁기|닥 |따 |궁 |따 |구 |궁기|닥 |    ‖
‖따 |궁 |따 |궁기|닥 |따 |궁 |따 |구 |궁기|닥 |    ‖(3회)
‖덩 |  |더 |궁기|닥 |따 |궁 |따 |구 |궁기|닥 |    ‖(3회)
‖덩 |  |따 |궁 |따 |  |덩 |  |따 |궁 |따 |    ‖
‖덩 |  |따 |궁기|닥 |따 |궁 |따 |따구|궁기|닥 |    ‖
‖따 |궁 |  |따 |궁 |  |따 |궁 |  |따 |궁 |    ‖
‖덩 |  |따 |궁 |따 |구 |궁 |따 |구 |궁 |따 |    ‖
‖덩 |  |구 |궁 |따 |  |덩 |  |구 |궁 |따 |    ‖
‖덩 |  |구 |궁기|닥 |따 |궁 |따 |구 |궁기|닥 |    ‖
‖따 |궁 |  |따 |궁 |  |따 |궁 |  |따 |궁 |    ‖
‖덩 |  |따 |궁 |따 |구 |궁 |따 |구 |궁 |따 |    ‖
‖덩 |  |궁 |  |궁기|닥 |궁 |  |궁기|닥 |궁 |    ‖
‖따 |궁 |  |따 |궁 |  |따 |궁 |  |따 |궁 |    ‖
‖궁기|닥 |궁 |  |궁기|닥 |궁 |  |궁기|닥 |궁 |    ‖
‖따 |궁 |  |따 |궁 |  |덩 |  |궁 |  |따 |    ‖
‖따구|궁 |  |궁 |  |구 |궁 |기|닥 |  |따 |    ‖
```

```
‖따구|궁 |  |궁 |  |구 |궁 |  |따 |궁기|닥 |  ‖
‖따(덩)|궁 |  |궁 |따 |  |따 |  |궁 |  |따 |  ‖
‖덩 |  |기|닥 |  |따 |  |따 |기|닥 |따 |  ‖
‖따 |  |궁 |  |덩 |  |따구|궁기|닥 |  ‖
‖덩 |  |더 |더 |덩 |궁 |  |따 |궁 |  |  ‖
‖덩 |다 |다 |궁 |다 |다 |더 |궁 |더 |궁 |다 |다 ‖(4회)
‖덩 |  |궁 |  |궁 |기|닥 |궁 |따 |  ‖(4회)
‖덩 |  |궁 |  |궁 |  |따 |궁 |  |  ‖(4회)
‖궁 |기|닥 |궁 |기|닥 |궁 |기|닥 |궁 |기|닥 ‖(4회)
‖궁따| 궁 |따궁| 따 |궁 |  |궁따| 궁 |따궁| 따 |궁 |  ‖
‖궁따| 궁 |따궁| 따 |궁따| 궁 |따궁| 따 |궁따| 궁 |  ‖
‖따 |구 |궁 |  |  |따 |구 |궁 |  |  ‖(2회)
‖덩 |  |궁 |  |따 |  |덩 |  |궁 |  |따 |  ‖
‖더 |궁 |  |궁 |  |구 |궁 |  |따 |  |따 |  ‖
‖더 |궁 |  |궁 |  |구 |궁 |  |따 |궁 |따 |  ‖
‖더 |궁 |  |궁 |따 |  |따 |  |궁 |  |따 |  ‖
‖덩 |  |기|닥 |  |따 |  |따 |기|닥 |따 |  ‖
‖따 |  |궁 |  |덩 |  |더 |궁기|닥 |  ‖
‖덩 |  |더 |더 |덩 |궁 |  |따 |궁 |  |  ‖
```

황규언 설장구

해설과 가락보 : 이명훈(호남우도 고창방장농악단)

황규언 선생의 설장구 구성은 일반적 방식인 다스름, 휘모리, 오방진, 굿거리, 삼채의 순으로 되어 있다. 가장 큰 특성은 잔가락이 발달되어 있지 않는 반면, 그 가락에 맞는 발림이 풍부하다는 것이다.

휘모리의 특색은 박을 두 배로 늘려서 치는 부분이 있는데 이는 특별한 변화없이 진행되는 휘모리에 여유와 멋진 발림을 부여해주는 역할을 한다. 그렇다고 긴장감이 없어지는 것이 아니라, 긴장—여유—긴장의 진행 속에 오히려 긴장감은 더해간다.

오방진은 평이하다. 가락과 구성도 단순하다.

굿거리는 세 가지의 다른 이야기(가락과 발림)가 있고, 그 사이사이에 기본 장단을 흐르게 한다. 특히 두 번째 이야기는 반굿거리로서 고창 설장구의 가장 특징적인 부분이다. 고창 지역에서는 굿거리보다 빠른 가락을 된굿거리라 하고, 굿거리의 반장단에 맞는 독립된 가락을 반굿거리라고 칭해진다.

삼채는 긴장—이완, 이완—긴장의 구성이 아주 탄탄한 것이 장점이다.

• 내드림

‖ 덩 │   │구 │궁 │기대구 │궁 │다 │구 │궁 │기대구 ‖
‖ 궁 │다 │구 │궁 │기대구 ‖ ×…
‖ 궁 │기대구 ‖ ×…
‖ 궁대│궁다‖ ×…

뒤로 돌아서 시계 반대방향으로 원 안으로 들어가서 두 줄로 마주
보고 선다. 가락은 갈수록 빨라진다.

• 휘모리

‖ 덩 │   │덩 │   │구궁│기닥│궁 │   ‖ ×8 미지기. 상장고가 부장고쪽으로 먼저 밀
　　　　　　　　　　　　　　　　　　　고 당긴다
‖ 덩 │   │다 │다 │구궁│기닥│궁 │   ‖ ×8
‖ 따 │   │궁 │   │구궁│기닥│궁 │   ‖ ×8 가세치기
‖ 구궁│기닥│궁 │기 │구궁│기닥│궁 │기 ‖ ×… 미지기
‖ 궁 │기닥│궁 │기 │궁 │기닥│궁 │기 ‖ ×…
‖ 덩 │   │   │   │궁 │   │   │   ‖제자리에서 여유있게 열채편을 감아 올린다
‖ 궁 │   │   │   │궁 │기닥│궁 │   ‖ ×2
‖ 구궁│기닥│궁 │기 │구궁│기닥│궁 │기 ‖ ×… 미지기
‖ 궁 │기닥│궁 │기 │궁 │기닥│궁 │기 ‖ ×…
‖ 따 │   │궁 │   │구궁│기닥│궁 │   ‖ ×4 제자리에서 열채를 바깥쪽으로 채편을
　　　　　　　　　　　　　　　　　　　감아돌린다
‖ 덩 │   │궁 │   │궁 │   │궁 │   ‖
‖ 따 │   │궁 │   │구궁│기닥│궁 │   ‖

• 오방진

‖ 덩 │   │덩 │   │덩 │덩 │다 │다 ‖제자리에서 뛰면서 조금씩 뒤로 물러난다
‖ 더더│덩 │더더│덩 │덩 │덩 │다 │다 ‖

‖덩 ¦   ¦기닥¦다 ¦구궁¦다구¦궁 ¦다 ‖ ×2

‖따구¦궁다¦궁다¦궁 ¦따구¦궁다¦궁다궁 ‖ ×4 두 장단 뒤로, 두 장단 앞으로

‖따구¦궁다¦궁다¦궁 ¦따구¦궁다¦궁다궁 ‖제자리에서 시계방향으로 뒷걸음으로 돈다

‖따구¦궁다¦궁다¦궁 ¦따구¦궁다¦궁다궁 ‖ ×2

‖더더¦덩 ¦더더¦덩 ¦덩 ¦덩 ¦다 ¦다 ‖제자리에서 뛰면서

‖덩 ¦   ¦덩 ¦   ¦덩 ¦덩 ¦다 ¦다 ‖

‖덩 ¦다다¦닥 ¦다다¦닥 ¦다다¦닥 ¦다다‖ ×2 미지기. 상장고가 부장구를 민다

‖덩 ¦다라¦닥 ¦다다¦다다¦다다¦닥 ¦다다‖ ×2 부장고가 상장고를 민다

‖더더¦덩 ¦더더¦덩 ¦덩 ¦덩 ¦다 ¦다 ‖제자리에서 뛰면서

‖덩 ¦   ¦덩 ¦   ¦덩 ¦덩 ¦다 ¦다 ‖

‖따구¦궁 ¦따구¦궁 ¦따구¦궁 ¦따구¦궁 ‖×… 미지기

‖덩 ¦   ¦궁 ¦   ¦궁 ¦기닥¦궁 ¦   ‖ ×4 제자리에서 열채를 바깥으로 감아돌린다

‖궁 ¦기다¦궁 ¦기 ¦궁 ¦기다¦궁 ¦기 ‖×… 제자리에서 몰아친 다음 맺는다

• 굿거리

‖따구¦궁 ¦   ¦따구¦궁 ¦   ¦따구¦궁 ¦   ¦따구¦궁 ¦   ‖×2 오방진에서 굿거리
로 넘어오는 가락. 뒤로 한걸음씩×2, 앞으로 한걸음씩×2

‖덩 ¦다기¦덩 ¦덩 ¦다기¦딩 ¦덩 ¦나기¦넝 ¦넝 ¦더러¦러러‖뒤로 한박씩 뛰면서 좌우
45˚정도 방향을 틀면서 뛴다

‖덩 ¦궁 ¦다구¦궁 ¦궁 ¦다구¦궁 ¦궁 ¦다구¦궁기¦닥 ¦다 ‖

‖덩 ¦   ¦덩 ¦덩 ¦다라¦라라¦덩 ¦구궁¦다구¦궁기¦닥 ¦다 ‖×… 기본

‖덩 ¦다기¦덩 ¦덩 ¦다라¦라라¦덩 ¦구궁¦다구¦궁기¦닥 ¦다 ‖

‖덩 ¦다기¦덩 ¦덩 ¦다라¦라라¦더궁¦따기¦닥구¦궁기¦닥 ¦다 ‖제자리에서 오른발과
손을 들어올리며

‖덩 ¦다기¦덩 ¦덩 ¦다라¦라라¦따 ¦궁 ¦다구¦궁기¦닥 ¦다 ‖원진을 만들어 돈다

‖덩 ¦다기¦덩 ¦덩 ¦다라¦라라¦딱 ¦따다 ¦닥 ¦닥 ¦다 ‖시계 반대방향

‖더구¦궁다¦궁 ¦더구¦궁다¦궁 ¦더궁¦   ¦궁¦다구¦궁 ¦저궁¦다 ‖

‖저구궁 |저구궁 |저구궁 |저궁| 제궁 |저궁| 제궁 ‖안으로 모여서 제자리
　　　　　　　　　　　　　　　　　　　　에서 친다

‖궁깨따궁 |궁깨따궁 |궁깨따궁 |따궁|기궁|다구|궁 |정 |다 ‖

‖덩 | |구 |궁 |기다구 |궁 |다 |구 |궁 |기다구 ‖

‖궁 |다 |구 |궁 |기다구 ‖ ×… 제자리에서 뒤로 시계방향으로 돈다

‖궁 |기다구 ‖ ×…

‖궁다|궁다‖ ×…

‖덩 |궁 |다구|궁 |궁 |다구|궁 |궁 |다구|궁기|닥 |다 ‖ ×2 뒤로 시계방향으로
　　　　　　　　　　　　　　　　　　　　뛰면서

‖덩 | |덩 |덩 |다라|라라|덩 |구궁|다구|궁기|닥 |다 ‖ ×… 기본

‖덩 |다기|덩 |덩 |다라|라라|덩 |구궁|다구|궁기|닥 |다 ‖

‖덩 |다기|덩 |덩 |다라|라라|더궁|따기|닥구|궁기|닥 |다 ‖원진을 만들어 돌다가
　　　　　　　　　　　　　　　　　　　　두 줄로 만든다

‖덩 |다기|덩 |덩 |다라|라라|따 |궁 |다구|궁기|닥 |다 ‖

‖덩 |다기|덩 |덩 |다라|라라|딱 |따다|다 |닥 |닥 |다 ‖

‖덩 |다라|라라|덩 |다라|라라|덩 |구궁|다구|궁기|닥 |다 ‖ ×2 '덩' 마다 뒤로 3번
　　　　　　　　　　　　　　　　　　　　뛴다

‖다구|궁 |궁 |궁 |궁 | |다구|궁 |궁 |궁 |궁 | ‖ ×2

‖다구|궁 |궁 |다구|궁 |궁 |다구|궁 |궁 |다구|궁 |궁 ‖몸을 180° 틀면서 한발씩
　　　　　　　　　　　　　　　　　　　　앞으로 나간다

‖더 |궁 | |더 |궁 | |더 |궁 | |더 |궁 | ‖뒤로 한걸음씩

‖덩 |궁 |궁다|궁다|궁다|궁 |다궁| 다궁 |덩 |궁 |다 ‖앞으로 한걸음씩 치면서
　　　　　　　　　　　　　　　　　나간 다음 다궁·다궁에 오른발을 한번씩 들어준다

‖더궁| 궁| 구궁 |다궁|다 |덩 | 궁| |궁 |다궁|다 ‖제자리에서 오른손을
　　　　　　　　　　　　　　감아올려치고 제자리에서 오른손을 허리 뒤로
　　　　　　　　　　갔다가 위로 올려친다

• 삼채

‖덩 | | |덩 | | |덩 | |더 |궁 |다 | ‖제자리에서 뛴다

‖덩 | |더 |궁 |다 |더 |궁 |다 |더 |궁 |다 | ‖×… 기본

‖따 |궁 |다 |궁 |다 |더 |궁 |다 |더 |궁 |다 | ‖원진으로 돌다가 두 줄
　　　　　　　　　　　　　　　　　　　을 만든다

(더 |궁 |다 |궁 |다 |더 |궁 |다 |더 |궁 |다 |)

‖덩 | |궁 | |덩 | |궁 | |덩 | |궁 | ‖오른쪽 방향으로 뛰기

‖다 |궁 | |다 |궁 | |다 |궁 | |다 |궁 | ‖왼쪽 방향으로 뛰기

‖궁 |기다|궁 | |궁 |기다|궁 | |궁 |기다|궁 | ‖왼쪽

‖따 |궁 | |따 |궁 | |덩 | |궁 | |따 | ‖오른쪽

‖더 |궁 | |궁 | |구 |궁 | |다 |궁 |다 | ‖옆걸음으로 걸으면서
　　　　　　　　　　　　　　　　　　　열채를 감아돌린다

‖덩 | | |궁 | | |궁 | |다 |궁 |다 | ‖

‖덩 | | |덩 | | |덩 | |더 |궁 |다 | ‖제자리에서 뛴다

‖덩 | |더 |궁 |다 |더 |궁 |다 |더 |궁 |다 | ‖×… 기본

‖따 |궁 |다 |궁 |다 |더 |궁 |다 |더 |궁 |다 | ‖원진을 만들며 돈다

(더 |궁 |다 |궁 |다 |더 |궁 |다 |더 |궁 |다 |)

‖덩 |따 |다 |궁 |다 | |덩 | |더 |궁 |다 | ‖×4 원진으로 까치걸음

‖덩 |따 |다 |궁 |다 | |덩 |따 |다 |궁 |다 | ‖×… 원진. 자진걸음으
　　　　　　　　　　　　　　　　　　　로 몰아간다

‖덩 | |궁 | |궁 |다 |궁 |다 |궁 |다 |궁 | ‖안으로 빠르게 들어오
　　　　　　　　　　　　　　　　　　　면서

‖따 |궁 | |따 |궁 | |덩 | |궁 | |따 | ‖제자리에서 느리게 풀어
　　　　　　　　　　　　　　　　　　　줌. 따궁에 오른발 발림

‖더 |궁 | |궁 | |구 |궁 | |다 |궁 |다 | ‖뒤로 물러나면서

‖덩 | | |궁 | | |궁 | |다 |궁 |다 | ‖

장단	설명
‖덩 | | ‖덩 | | ‖덩 | ‖더 ‖궁 ‖다 |	‖제자리에서 뛴다
‖덩 | ‖더 ‖궁 ‖다 ‖더 ‖궁 ‖다 ‖더 ‖궁 ‖다 |	‖×… 기본
‖따 ‖궁 ‖다 ‖궁 ‖다 ‖더 ‖궁 ‖다 ‖더 ‖궁 ‖다 |	‖원진을 만들며 돈다
(더 ‖궁 ‖다 ‖궁 ‖다 ‖더 ‖궁 ‖다 ‖더 ‖궁 ‖다 |)	
‖더 ‖궁 | ‖구궁‖기닥| ‖더 ‖궁 | ‖구궁‖기닥|	‖×2 반장단에 왼발부터 발을 들어 바꿔가며 뒤로 물러난다
‖더 ‖구 ‖궁 | ‖더 ‖구 ‖궁 | ‖더 ‖구 ‖궁 |	‖제자리에서
‖더 ‖구 ‖구구‖구구‖⋯⋯‖⋯⋯‖⋯⋯‖⋯⋯‖⋯⋯‖⋯⋯‖	‖
‖덩 | ‖궁 | ‖덩 | ‖궁 | ‖덩 | ‖궁 |	‖뒤로 뛰면서
‖더 ‖궁 | ‖구궁‖기닥| ‖따 | ‖궁 | ‖따 |	‖제자리에서
‖더 ‖궁 | ‖궁 | ‖구 ‖궁 | ‖다 ‖궁 ‖다 |	‖옆걸음으로 열채를 감 아돌리며 원을 돈다
‖덩 | | ‖궁 | | ‖궁 | ‖다 ‖궁 ‖다 |	‖×… 시계방향으로 제자 리에 올 때까지 연풍대를 한다. 원은 시계 반대방향
‖덩 | | ‖덩 | | ‖덩 | ‖더 ‖궁 ‖다 |	‖제자리에서 뛴다
‖덩 | ‖더 ‖궁 ‖다 ‖더 ‖궁 ‖다 ‖더 ‖궁 ‖다 |	‖×… 기본
‖따 ‖궁 ‖다 ‖궁 ‖다 ‖더 ‖궁 ‖다 ‖더 ‖궁 ‖다 |	‖장단을 빨리 치며 미지 기를 한다
(더 ‖궁 ‖다 ‖궁 ‖다 ‖더 ‖궁 ‖다 ‖더 ‖궁 ‖다 |)	
‖덩 | ‖더 ‖궁 ‖다 | ‖덩 | ‖더 ‖궁 ‖다 |	‖제자리에서 오른쪽으로 두바퀴 돌며
‖덩 | ‖더 ‖궁 ‖다 ‖더 ‖궁 ‖다 ‖더 ‖궁 ‖다 |	‖
‖따 ‖궁 ‖다 ‖궁 ‖다 | ‖따 ‖궁 ‖다 ‖궁 |	‖제자리에서 왼쪽으로 두바퀴 돌며
‖덩 | ‖더 ‖궁 ‖다 ‖더 ‖궁 ‖다 ‖더 ‖궁 ‖다 |	‖
‖덩 | ‖더 ‖궁 ‖다 | ‖덩 | ‖더 ‖궁 ‖다 |	‖제자리에서 오른쪽으로

두바퀴 돌며

‖덩 |　　|더 |궁 |다 |더 |궁 |다 |더 |궁 |다 |　‖

‖덩 |　　|궁 |　|궁 |다 |궁 |다 |궁 |다 |궁 |　‖제자리에서 오른쪽으로
　　　　　　　　　　　　　　　　　　　　　계속 돈다

‖다 |궁 |　|다 |궁 |　|다 |궁 |　|다 |궁 |　‖

‖궁 |다 |궁 |다 |궁 |다 |궁 |다 |궁 |다 |궁 |　‖

‖따 |궁 |　|따 |궁 |　|덩 |　|궁 |　|따 |　‖

‖더 |궁 |　|궁 |　|구 |궁 |　|다 |궁 |다 |　‖

‖덩 |　|　|　|　|　|　|　|다 |궁 |다 |　‖팔을 벌리고 오른쪽으
　　　　　　　　　　　　　　　　　　　　　로 두 바퀴 빠르게 돈다

‖덩 |　|　|덩 |　|　|덩 |　|더 |궁 |다 |　‖제자리

‖덩 |　|×|×|　|　|궁 |　|다 |궁 |다 |　‖××할 때는 오른발을 든다

‖덩 |　|　|덩 |　|　|덩 |　|더 |궁 |다 |　‖

‖덩 |　|　|더러|러러|……|……|……|……|따 |궁 |　‖

‖덩 |　|　|　|　|　|　|　|　|　|　|　‖

박판열 설장구

해설과 가락보 : 김창선(김제농악단)

덩 구궁 다구궁 기기구궁 다구궁 기기구궁 다구궁 드르구
궁 다구궁 드르닥구궁 다구궁 드르닥구궁 다다구궁 드르닥구궁 다다
구……

다스름으로 장구의 얼굴을 내밀면 판은 열이 오르고, 드르닥 닥닥
따닥 열채소리가 두터웁고 간결하게 들려오고, 구궁 구궁 궁채소리가
또렷또렷 감겨지면서 장구의 세계가 열린다.

팔순의 몸으로 그러한 소리의 세계를 여는 박판열 선생의 모습을
아직까지 볼 수 있다는 것은 우리에게 다행한 일이 아닐 수 없다.

박판열 선생의 장구는 그 짜임새에 있어서는 정읍, 이리, 김제지역
에서 행해졌던 우도 설장구놀이와 마찬가지로 내드림―휘모리―동
살풀이―후두득―굿거리―자진모리로 이어진다.

본디 설장구란 혼자 연주하는 것이고, 그래서 연행 때마다 가락이
변화되고 첨삭되는 것이기 때문에 매번의 정황과 개인의 연출력에 따
라 다르게 연행된다.

아래의 가락보는 자료 보존을 위해 1992년에 VTR로 녹화한 것을

정리한 것이다. 선생의 장구의 특징 몇 가지를 정리해보자.

우선 열채붙임의 특이성과 궁채 쓰임새의 색다른 모습을 엿볼 수 있다. 이는 타법의 다른 측면을 볼 수 있는 문제이다. 열채붙임은, 그 소리가 따닥 따닥 간결하거나 때로는 드르닥 드르닥닥 하면서 붙여 치는 것이 그 쓰임새가 분명한 것을 볼 수 있다.

예를 들면 굿거리 가락중 많이 쓰여지는 '덩 궁기닥궁 덩 궁기닥궁 덩 궁기닥궁 덩다닥 다'를 '덩 드르닥궁 덩 드르닥궁 덩 드르닥궁 덩 다닥 다'로 쳐냄으로써 넘겨 치는 부분 '덩 궁기닥궁'을 '덩 드르닥 궁'으로 궁편에서 모두 쳐낸다.

또한 자진모리에서 그 일반적 기본형을 '더궁다궁다구궁다구궁다 다궁다궁다구궁다구궁다'라고 할 때, 그는 세 번째 박중 2분박에 해당하는 '다'를 '드르닥'으로 붙여 침으로써 '더궁다궁다구저드르닥구궁 다'로('닥구'는 '저'로 친다) 소리를 내어 앞의 '궁' 소리와 뒤의 '궁' 소리를 '정'과 '저'로 만들어 낸다.

궁채의 쓰임새를 보면, 소위 소삼대삼이 들어가기 전 휘모리 가락을 풀어서 칠 때 일반적으로는 '다구궁다궁다궁 다구궁다궁다궁'으로 치지만, 선생은 궁편쪽을 칠 때 앞박의 '다구'를 꼭 '더구'로 궁채를 감아서 친다. 따라서 바로 뒤의 '궁다'도 '다궁'으로 바뀐다. 즉 '더 궁다구궁다궁 다구궁다궁다궁'으로 친다. 마찬가지로 한 장단을 두 번 이어서 칠 때도 '더궁다구궁다궁 더궁다구궁다궁 다구궁다궁다궁 다구궁다궁다궁'으로 친다. 궁편에서의 궁채놀림과 열채편에서의 궁 채놀림의 쓰임새를 분명히 가르는 좋은 예라 할 수 있다.

또 하나의 특징은 가락을 뒤집어 치는 경우이다.

굿거리에서, '덩 덩 구궁기닥궁 저정 다닥 구궁 정 다'로 이른바 굿 거리 24박을 내는 가락이 그러하다. 이는 '덩 덩 구궁기닥궁'과 '저정 다닥 구궁 정 다'라는 가락의 성격이 다른 두 장단을 이어서 만든 것 이다. '덩 덩 구궁기닥궁'의 휘모리조는 창작성이 짙은 가락이며, '저정 다닥 구궁 정 다'는 보통 이 경우에 치는 가락인 '저정 구궁기닥 정 다'(뒤의 '정'은 '닥궁')를 두 번째 박인 '구궁'을 '다닥'으로 뒤집어 침으로써 뒤의 가락도 뒤집어지면서 전체가 전혀 색다른 가락의 맛으로 바뀌어진다. 물론 이 가락은 자진모리 맨끝, 즉 설장구의 마지막 맺이에서도 나타난다.

이상 박판열 선생 장구의 특징에서 타법을 중심으로 확장, 발전시켜야 할 대목이 있는데, '다궁'과 '덩', '다구궁'과 '저궁'의 관계와 차이점에 대한 것이다. 즉 열채를 펴서 치는 것과 두 소리를 맞물려 치는 것과의 관계를 가락적으로, 또는 그것의 흐름 속에서 정리해본다면 가락 창작의 가능성을 엿볼 수 있지 않을까 생각된다.

박판열 선생의 장구 속에서는 분명하게 드러나는 이러한 것들을 곧바로 가락의 확장이나 창작으로 가기에는 무리수가 따르지만, 꼭 점검해봐야 할 사항이라 생각되어 그 의문을 던져본다.

• 내드림

```
‖덩 |   |구 |궁 |다 |구 |궁 |기기구 |궁 |다 |구 ‖
‖궁 |기기구 |궁 |다 |구 |궁 |드리구 |궁 |다 |구 ‖
‖궁 |드딱구 |궁 |디 |구 |궁 |드딱구 |궁 |다다구 ‖
‖궁 |드딱구 |궁 |다다구 |궁 |드르딱 |구 |궁 |다다구 ‖ ×…
‖궁 |다다구 ‖ ×…
‖궁다|궁다‖ ×…
```

• 휘모리

```
‖덩 |   |덩 |   |구궁|기닥|궁 |   ‖
‖덩 |   |다 |다 |구궁|기닥|궁 |   ‖ ×4
‖따 |   |궁 |   |구궁|기닥|궁 |   ‖ ×4
```

‖덩 │   │덩 │   │구궁│기닥│궁 │   ‖×4

‖더 │더 │덩 │   │더 │더 │덩 │   ‖×2

‖더 │더 │덩 │   │더 │더 │덩 │   ‖

‖더 │더 │더 │더 │더 │더 │덩 │   ‖×2

‖덩 │   │덩 │   │구궁│기닥│궁 │   ‖×4

‖더궁│다구│궁다│궁 │따구│궁다│궁다│궁 ‖×4

‖더궁│다구│궁다│궁 │더궁│다구│궁다│궁 ‖

‖따구│궁다│궁다│궁 │따구│궁다│궁다│궁 ‖×2

‖더궁│다구│궁다│궁 │따구│궁다│궁다│궁 ‖×4

‖궁 │   │궁 │   │궁 │다 │궁 │   ‖

‖덩 │   │   │   │궁 │   │   │   ‖

‖궁 │   │   │   │궁 │   │   │   ‖

‖궁 │   │궁 │   │궁 │   │궁 │   ‖

‖궁 │   │궁 │   │궁 │다 │궁 │   ‖

‖궁 │   │다 │다 │궁 │   │다 │다 ‖

‖궁 │   │다 │다 │궁 │   │다 │다 ‖

‖궁 │   │궁 │   │궁 │다 │궁 │   ‖

‖궁 │   │다 │다 │궁 │   │다 │다 ‖

‖궁 │   │궁 │   │궁 │다 │궁 │   ‖

‖덩 │   │   │다 │닥 │   │다 │   ‖

‖따 │   │궁 │   │궁 │다 │궁 │   ‖

‖덩 │   │다 │다 │궁 │다 │궁 │   ‖×6

‖따 │   │궁 │   │궁 │기다│궁 │   ‖×6

‖덩 │   │다 │다 │궁 │다 │궁 │   ‖

‖구 │궁 │다 │다 │구 │궁 │다 │다 ‖×4

‖더 │궁 │다 │구 │궁 │다 │궁 │   ‖×4

‖따 │구 │궁 │다 │궁 │다 │궁 │   ‖

• 동살풀이

‖덩 | |덩 | |덩 |덩 |다 |다 ‖
‖다구|궁 |다구|궁 |덩 |덩 |다 |다 ‖
‖덩 | |궁 | |궁 |다구|궁 |다 ‖×2
‖더궁|다구|궁다|궁 |따구|궁다|궁다|궁 ‖×4
‖더구|덩 |더구|덩 |덩 |덩 |다 |다 ‖
‖덩 | |덩 | |다 |궁 |다 |다 ‖
‖덩 |다다|닥 |다다|닥 |다다|닥 |다다‖×3
‖덩 |다다|닥 |다다|덩 |다다|닥 |다다‖×2
‖더구|덩 |더구|덩 |다 |궁 |다 |다 ‖
‖덩 | |덩 | |덩 |덩 |다 |다 ‖
‖덩 | 기닥 |다 |구궁|다구|궁 |다 ‖×2
‖더궁|다구|궁다|궁 |따구|궁다|궁다|궁 ‖×4
‖따구|궁 |따구|궁 |따구|궁 |따구|궁 ‖×2
‖궁 |기닥|궁 |기닥|궁 |기다|궁 |기닥‖×3
‖덩 | |궁 | |궁 |다 |궁 | ‖×2
‖궁 |기닥|궁 |기닥|궁 |기다|궁 |기닥‖×2
‖구다|궁 | | |구다|궁 | | | ‖
‖구다|궁 |구다|궁 |구다|궁 | | | ‖
‖궁다|궁다|궁다|궁다|궁다|궁다|궁다|궁다‖
‖궁다|궁다|궁다|궁 | | | | | ‖

‖다구|궁 | |다구|궁 | |다구|궁 | |다구|궁 | ‖
‖덩 | |궁 | |다 | |덩 | |궁 | |다 | ‖
‖구 |궁 | |궁 | |구 |궁 | |느락| |다 | ‖
‖더 |궁 | |드락| |구 |궁 | |정 | |다 | ‖
‖덩 | | |드락| |닥 | |닥 | |다 |닥 | ‖

• 굿거리

‖덩 |궁 |다구|궁 |궁 |다구|궁 |궁 |다구|궁 |드락|다 ‖
‖덩 | |기닥|구덩 |다다|닥구|덩 |다다|닥구|덩 |기닥|다 ‖×2
‖덩 | |기닥|구덩 |다다|닥구|덩 |더구|닥구|덩 |기닥|다 ‖×2
‖덩 | |기닥|구덩 |다다|닥구|덩 |구궁|닥구|궁다|구궁|다 ‖
‖덩 |다다|닥구덩 |다다|닥구덩 |다다|닥구덩 |기닥|다 ‖×2
(덩 |궁 |기닥|구덩 |궁 |기닥|구덩 |궁 |기닥|구덩 |기닥 |다)
‖덩 |닥 |다다|덩 |닥 |다다|덩 |궁 |다다|궁다|닥 |다 ‖
‖덩 | |덩 |덩 | |덩 |덩 | |덩 |덩 |다다|다 ‖×2
‖덩 |궁 |다구|궁 |궁 |다구|궁 |궁 |다구|궁 |기닥|다 ‖×4

‖덩 | |구 |궁 |다 |구 |궁 |기기|구 |궁 |다 |구 ‖
‖궁 |기기|구 |궁 |다 |구 |궁 |드르|구 |궁 |다 |구 ‖
‖궁 |드락|구 |궁 |다 |구 |궁 |드락|구 |궁 |다다|구 ‖
‖궁 |드락|구 |궁 |다다|구 |궁 |드락|구 |궁 |다다|구 ‖×…
‖궁 |다다|구 ‖×…
‖궁다|궁다‖×…

‖덩 | |덩| 구|궁|기|닥|궁| |저|궁| 개딱| 구|궁 |정 |다 ‖
‖덩 |다다|궁다|다 |덩 |다다|궁다|다 |궁다|다다|궁다|다 ‖
‖궁다|다다|궁다|다 ‖
‖궁다|다다|궁다|다다|궁다|다다|궁다|다궁|다다|궁다|다궁|닥 ‖
‖저구|저구|정 |저구|저구|저구|정 |저궁|다 ‖
‖저궁| 개딱| 구|궁 |정 |다 |덩 | |개딱| 닥| 닥| 다닥 ‖

• 삼채

‖덩 | | |덩 | | |덩 | |더 |궁 |다 | ‖

‖덩 | | |궁 | | |덩 | |더 |궁 |다 | ‖

‖덩 | | |더러|러러| |궁 | |더 |궁 |다 | ‖

‖더 |궁 |다 |궁 |다 |구 |궁 |다 |구 |궁 |다 | ‖×…기본

‖다 |궁 | |궁 |다 |구 |궁 |다 |구 |궁 |다 | ‖

‖덩 | |더 |궁 |다 | |덩 | |더 |궁 |다 | ‖×4

‖더 |구 |더 |궁 |다 | |더 |구 |더 |궁 |다 | ‖×4

‖더 |궁 |다 |궁 |다 |구 |궁 |다 |구 |궁 |다 | ‖×…기본

‖다 |궁 | |궁 |다 |구 |궁 |다 |구 |궁 |다 | ‖

‖덩 | |궁 | |덩 | |궁 | |덩 | |궁 | ‖

‖다 |궁 | |다 |궁 | |다 |궁 | |다 |궁 | ‖

‖궁 |기다|궁 | |궁 |기다|궁 | |궁 |기다|궁 | ‖

‖다 |궁 | |다 |궁 | |덩 | |궁 | |따 | ‖

‖더구|구구| |궁 | |구 |궁 | |기닥| |다 | ‖×4

‖덩 | | |더러|러러| |덩 | |더 |궁 |다 | ‖

‖더 |궁 |다 |궁 |다 |구 |궁 |다 |구 |궁 |다 | ‖×…기본

‖다 |궁 | |궁 |다 |구 |궁 |다 |구 |궁 |다 | ‖

‖덩 | |구 |궁 |다 | |덩 | |구 |궁 |다 | ‖

‖덩 | |구 |궁 |다 |구 |궁 |나 |구 |궁 |다 | ‖

‖다 |궁 | |다 |궁 | |다 |궁 | |다 |궁 | ‖

‖덩 | |구 |궁 |다 |구 |궁 |다 |구 |궁 |다 | ‖

‖덩 | |구 |궁 | | |덩 | |구 |궁 | | ‖

‖덩 | |구 |궁 |다 |구 |궁 |다 |구 |궁 |다 | ‖

‖덩 | |궁 | |덩 | |궁 | |덩 | |궁 | ‖

‖다 |궁 | |다 |궁 | |다 |궁 | |다 |궁 | ‖

‖궁 |다 |궁 | |궁 |다 |궁 | |궁 |다 |궁 | ‖

‖다 |궁 | |다 |궁 | |덩 | |궁 | |따 | ‖

‖구 |궁 | |궁 | |구 |궁 | |다 |궁 |다 | ‖×2
‖덩 | | |더리|르르| |궁 | |다 |궁 |다 | ‖

‖덩 | |다 |궁 |다 | |더 |궁 |더 |궁 |다 | ‖×…
‖덩 | |궁 | |다 | |덩 | |궁 | |다 | ‖
‖구 |궁 | |궁 | |구 |궁 | |다 |궁 |다 | ‖×2
‖덩 | |궁 | |덩 | |궁 | |덩 | |궁 | ‖
‖다 |궁 | |다 |궁 | |다 |궁 | |다 |궁 | ‖
‖궁 |다 |궁 | |궁 |다 |궁 | |궁 |다 |궁 | ‖
‖다 |궁 | |다 |궁 | |덩 | |궁 | |따 | ‖
‖구구|궁 | |구궁| |구 |궁 | |다 |궁 |다 | ‖
‖구 |궁 | |궁 | |구 |궁 | |다 |궁 |다 | ‖

• 연풍대

‖덩 | | |궁 | | |궁 | |다 |궁 | | ‖×…
‖궁 | |기닥|궁 | |기닥|궁 | |기닥|궁 | |기닥‖×2
‖덩 | |궁 | |다 | |덩 | |궁 | |다 | ‖
‖더 |궁 | |궁 | |구 |궁 | |기닥| |닥 | ‖×2
‖더 |궁 | |기닥|구 |궁 | |정 | |따 | ‖
‖덩 | | |기닥| |닥 | |기닥| |기다닥| ‖
‖덩 | | | | | | | | | | ‖

학민글밭 · 69
풍물굿 연구

지은이 | 김원호
펴낸이 | 양해경
펴낸곳 | 학민사

등록번호 | 제10-142호
등록일자 | 1978년 3월 22일

주소 | 서울시 마포구 대흥동 150-1번지(121-809)
전화 | 02-716-2759, 702-3317
팩시밀리 | 02-703-1495
홈페이지 | http://www.hakminsa.co.kr
이메일 | hakminsa@hakminsa.co.kr

1판 1쇄 | 1999년 4월 5일
1판 2쇄 | 2007년 11월 30일

ISBN 978-89-7193-106-6(03600), Printed in Korea